OEUVRES

DE

M. CHARLES BRIFAUT.

ŒUVRES

DE

M. CHARLES BRIFAUT,

DE L'ACADÉMIE FRANÇAISE,

PUBLIÉES

Par M. RIVES,

ancien conseiller d'Etat, doyen des conseillers à la cour de cassation,

et M. A. BIGNAN.

TOME I.

PARIS.

PROSPER DIARD, LIBRAIRE,

RUE DU BAC, 41.

M DCCC LVIII.

AVERTISSEMENT.

Je remplis, de concert avec mon cher et honorable collaborateur M. A. Bignan, le dernier et pieux devoir d'une tendre amitié, en présentant à tous ceux qui conservent parmi nous le goût des bonnes lettres, les œuvres de M. Charles BRIFAUT, de l'Académie française. Il n'a rien écrit qui ne méritât d'y figurer également; mais nous avons dû respecter sa volonté suprême, en ne formant les six volumes dont elles doivent être composées que des productions qu'il a lui-même destinées à la publicité.

La lecture de ses intentions à cet égard prouvera que jamais tâche comme la nôtre n'a été plus facilement accomplie.

Après m'avoir chargé de l'exécution de ses dernières volontés, il inséra dans son testament olographe du 9 avril 1857 la disposition qui suit :

« Je prie M. Rives de vouloir bien faire imprimer la partie de mes œuvres qu'il trouvera indiquée dans mes papiers ; et, comme cette partie ne s'allie pas avec la nature de ses fonctions et la gravité de son caractère, je lui associe M. A. Bignan, mon ami, qui voudra bien se charger de tous les détails qui concernent l'impression et la publication. Le prix des ouvrages, s'il y a un prix, sera partagé par tiers entre M. Bignan, M. Rives et mon frère. »

Lors de la levée des scellés, deux lettres cachetées furent trouvées dans son secrétaire : l'une pour M. Bignan, l'autre pour moi.

Voici la lettre adressée à M. Bignan :

« Mon cher Bignan,

» J'ai été si satisfait de mes relations avec vous pendant ma vie, que je veux en obtenir la continuation après ma mort. C'est par cette raison que je me détermine à vous demander vos services en faveur de ma petite renommée littéraire. Monsieur Rives, qui vous est connu, vous expliquera ce que je désire de votre amitié pour l'époque, bien prochaine peut-être, où j'aurai fermé les yeux. Je m'affaiblis ; je ne tiens presque plus au monde, mais, jusqu'à la fin, je m'y plairai tant que j'y trouverai des hommes de votre mérite et de votre caractère.

» A vous, toujours à vous dans quelque région que j'habite.

» Brifaut.

» Paris, le 5 février 1850. »

La lettre qui me concernait, datée du 1er février 1850, est ainsi conçue :

« C'est à vous, mon ami, que je confie le soin de régler tout ce qui concerne ma chétive succession, et de servir de conseil au frère que je laisse après moi. Vous ne refuserez pas, je l'espère, ces deux corvées de l'amitié..... Je vous recommande, mon ami, d'étudier la petite note que je joins à cette lettre, dans laquelle sont tracées mes instructions et mes intentions relativement aux manuscrits dont je vous fais le propriétaire absolu. Maintenant je n'ai rien à vous dire de plus. J'abandonne à votre sagesse et la direction de mes affaires, et la destinée de mes ouvrages, vous priant surtout de dérober à l'oubli celui qui a pour titre : *Du Religionisme moderne*, et la suite.

» Adieu. Je vous donne rendez-vous dans l'éternité. »

La note dont parle cette dernière lettre, contient la nomenclature des manuscrits à publier, leur classement dans les œuvres, et les instructions à suivre.

« Je prie M. Rives, portent celles-ci, de s'entendre s'il a des scrupules, en sa qualité de magistrat, sur la publication par lui des pièces de théâtre; je le prie, dis-je, de s'entendre là-dessus avec M. Bignan, qu'il connaît, qu'il estime, et qui se chargera, j'en suis certain, de surveiller l'impression; car c'est celui de nos littérateurs qui m'a toujours montré le plus d'attachement. Le mien n'a été qu'une restitution, mais je me suis bien acquitté.

» Je désire qu'avant tout on donne au public mes Mémoires, et ensuite le recueil intitulé : *Passe-temps d'un reclus.* »

Une autre note, signée et datée du mercredi 22 août 1855, porte :

« Je prie M. Rives et M. Bignan de ne rien ajouter, de ne rien retrancher au texte de mes ouvrages. Je veux qu'ils paraissent dans l'état où je les aurai laissés, sauf les fautes grossières qu'il faut corriger, s'il y en a. Mais je demande que ces corrections soient faites à frais communs : cette recommandation est de rigueur.

» On choisira parmi mes contes, mes épîtres, mes

poëmes, etc., ce qui paraîtra le moins indigne de la publicité, et j'en fais don à mon ami Bignan pour en disposer comme il lui conviendra. »

Enfin, la veille du jour où il reçut les derniers sacrements de l'Eglise, l'ami dont je passerai le reste de ma vie à déplorer la perte, me désigna spécialement, entre les trois exemplaires qu'il a laissés de ses *Récits d'un vieux parrain à son jeune filleul* (ses Mémoires), celui qui devait être *seul livré à l'impression;* en sorte que la IIIe partie de l'ouvrage (1840-1849), qui ne se trouvait pas transcrite dans ce dernier exemplaire, restera inédite entre mes mains, avec les autres manuscrits qu'il a exceptés aussi de la publicité.

M. Bignan et moi avons observé non moins religieusement la défense *de rien retrancher* des *Récits* et des *Passe-temps,* toutes les fois que l'obligation absolue de les publier a pu se concilier avec la volonté de l'auteur. Il avait approuvé d'avance notre détermination, en indiquant lui-même l'un des passages que nous avons dû omettre.

Il m'est doux de remercier ici en son nom ses honorables compatriotes, M. le docteur Noirot et M. Henri Joliet, docteur en droit, de leur zèle affectueux à nous seconder dans l'accomplissement de notre tâche.

Combien nous regrettons que M. François Brifaut, qui avait mis un empressement vraiment fraternel à réaliser le vœu de notre ami en consacrant à couvrir les frais de l'impression une partie de ce qu'il avait reçu de lui, nous ait été enlevé au moment où elle venait à peine d'être commencée!

RIVES.

NOTICE SUR M. CHARLES BRIFAUT.

M. Charles Brifaut est du petit nombre de ces écrivains qui durant leur vie ne nous ont pas donné toute la mesure de leur talent. Aussi le monde lettré a-t-il appris sa mort sans soupçonner quelle perte il venait de faire. Son souvenir n'a obtenu qu'à peine un faible grain de l'encens que la complaisance prodigue souvent à la médiocrité. Je tâcherai de réparer envers cet homme de tant d'esprit et de cœur un oubli que mon amitié est tentée d'appeler une injustice, et qui, je dois pourtant l'avouer, a sa raison d'être. Depuis plus de trente années, en effet, l'honorable académicien n'avait communiqué avec le public que par un rapport sur les prix de vertu et par deux réponses aux discours de réception de M. Ancelot et de M. le comte de Falloux. Sont-ce là de nos jours des titres suffisants à la popularité? Le vieil athlète est mort comme il vivait, à peu près inconnu à la littérature militante de la génération actuelle. Seuls, quelques vétérans du Parnasse, ainsi qu'on le disait sous le premier Empire, se remémoraient son touchant poëme de *Rosamonde*, la brillante réussite de son *Ninus II*, les orageuses représentations de sa *Jane Grey* et de son *Charles de Navarre*, ses opéras des *Dieux rivaux* et d'*Olympie* mis en musique par Spontini, sa spirituelle collaboration à la *Gazette de France* et au *Lycée français*, deux agréables volumes de *Contes* et de *Dialogues* honorés d'abord des suffrages de la société royale des Bonnes lettres, puis d'un article de M. de Féletz dans le journal des *Débats*, et la solennité de son introduction à l'Académie, où, tout plébéien qu'il était, il remplaça en 1826 M. le marquis d'Aguesseau, et fut reçu par M. le marquis de Pastoret. La ville de Dijon se souvenait aussi qu'il avait inauguré en 1828 l'ouverture de son nouveau théâtre par une jolie pièce de vers et par une petite comédie intitulée : *Les Déguisements, ou une Folie de grands hommes*. Ses *Ephémères*, recueil poétique, naquirent et moururent dans l'ombre en 1850, attendu qu'il garda l'anonyme et n'en fit présent qu'à ses plus intimes amis. L'opinion publique le supposait donc insouciant de sa réputation; et cependant les produits de son esprit toujours fécond enrichissaient en silence son portefeuille. Avare de ses écrits, il thésaurisait, semblable à certains Crésus qui aiment à faire les pauvres, et dont le testament est destiné à trahir l'opulence. La publication de ses nombreux ouvrages posthumes répondra victorieusement au reproche qu'on pouvait lui adresser de céder aux distractions mondaines ou à l'influence parfois léthargique du docte fauteuil; elle attestera que l'âge n'avait pas ralenti l'essor de sa pensée. Les vers et la prose coulaient toujours faciles de sa plume septuagénaire, et par reconnaissance il demeurait fidèle au culte de ces lettres qui l'ont fait ce qu'il a été. Fils de ses œuvres, s'il est monté dans une classe supérieure à celle où son origine l'avait placé, c'est par droit de conquête : conquête plus légitime et plus glorieuse que bien d'autres!

Né à Dijon, le 15 février 1781, d'une obscure mais honnête famille d'artisans, Charles Brifaut perdit sa mère de bonne heure, et n'en reçut pas moins dans la maison paternelle les soins que réclamait la faiblesse de sa santé. Il nous raconte en ses Mémoires les naïves joies de son enfance, ses premières démangeaisons de poésie, et même ses précoces velléités de mariage, vocation trompeuse à laquelle il devait donner un constant démenti. La Révolution ne tarda pas à déranger tous ses projets de félicité. Son père, contraint de chercher le salut dans l'expatriation, se réfugia au sein de nos armées; mais, bientôt atteint de nostalgie, il revint malade et blessé de la campagne des bords du Rhin. A peine rentré dans ses foyers, il craignit d'être découvert et dénoncé au club révolutionnaire. Comment échapper à la prison, à la mort, s'il ne fuyait encore sa ville natale? Dans cette cruelle perplexité, il imagina de solliciter un permis de séjour, et, pour faire valoir sa supplique, d'emprunter l'organe de l'innocence. Il confia donc à son fils aîné Charles la périlleuse tâche de présenter et de lire à ses juges une demande d'où sa vie dépendait. Le jeune orateur de dix ans, accompagné de son frère, eut le courage de comparaître devant la terrible assemblée. Sa présence inattendue au milieu des bonnets rouges et des vociférations démagogiques, sa voix d'abord tremblante et puis rassurée par le silence de l'auditoire, étonnèrent, attendrirent, désarmèrent nos Dracons en sabots et nos Brutus en carmagnole. L'inflexible tribunal pardonna par miracle à sa piété filiale. Malheureusement un accident mortel lui enleva le père qu'il avait eu le bonheur et la gloire de sauver. Le pauvre orphelin, victime de la dépréciation des assignats et de la méchanceté d'un tuteur, restait sans ressources dans le présent, sans espoir dans l'avenir. Mais la Providence était là; elle lui envoya pour anges gardiens un respectable ecclésiastique, M. l'abbé Rousselot, et l'évêque constitutionnel de Dijon, M. Volfius. Ces deux hommes de bien, membres d'un Ordre célèbre qu'on a pu accuser de troubler les Etats, mais non de mal enseigner le latin, le recueillirent tour à tour chez eux, et l'instruisirent, l'élevèrent chrétiennement. Grâce à leur exemple et à leurs conseils, il développa par de sérieuses études les germes d'une heureuse intelligence. Avant la fin de cette pieuse et grave éducation, un démon était venu le tenter, et ce démon, c'était, on le devine, celui de la poésie. Travaillé de ce besoin de renommée qui n'est pas toujours l'indice du talent, mais qui lui sert d'aiguillon, il tournait incessamment des regards d'envie vers Paris, le champ clos de toutes les gloires, et, à l'époque des fêtes du couronnement, il s'y rendit, impatient de gagner ses éperons littéraires. Une bourse de trente louis prêtée par un homme qu'il a raison d'appeler un ami rare et précieux, composait son unique fortune; mais un capital si léger avait pour contre-poids le bagage d'une tragédie, prémices de sa muse, et trésor d'espérances.

La France alors respirait échappée aux étreintes étouffantes de la Révolution, et, passant avec une docilité empressée du Consulat à l'Empire, se reprenait d'amour pour la seule république qui soit vraiment dans ses goûts et dans ses mœurs, la république des lettres. Mais les poëtes ne s'improvisaient pas comme les héros. Cette célébrité qu'il rêvait, le jeune aspirant ne réussit point à s'en emparer de prime abord. De 1804 à 1813, malgré un poëme et une ode en l'honneur du mariage de Napoléon et de la naissance du Roi de Rome, il la poursuivit, Dieu sait avec quelle ardeur et quelle persévérance! Dans cet intervalle, l'aménité de son caractère, les charmes de son esprit, la distinction de ses manières et de sa personne, lui avaient concilié l'amitié de M. Sage, le chimiste, qui le logea à la Monnaie, et celle du ministre de l'intérieur, M. de Montalivet, qui l'admit dans son intimité. L'archichancelier Cambacérès l'invitait à ces dîners illustres dans les annales de la gastronomie, et il y rencontrait des convives qui pouvaient être des protecteurs. Toutefois l'accès du théâtre ne lui était pas aussi facile que l'entrée des salons. Sa première œuvre dramatique, *Déjanire*, reçue avec acclamation, n'avait pu être jouée faute d'un acteur qui osât se charger du rôle colossal d'Hercule : les véritables Hercules de l'Empire ne se trouvaient que dans les camps. Enfin, un deuxième ouvrage, *Don Sanche*, eut le privilége d'affronter la scène, mais après avoir été forcé par la censure de prendre le nom de *Ninus II*, de déserter la Castille pour l'Assyrie, et de troquer le manteau espagnol contre le costume asiatique. Tout dépaysé et tout travesti qu'il était, *Ninus II*, épaulé par Talma, conquit les suffrages du public. Une action artistement conduite, une vive peinture des remords vengeurs qui s'attachent au fratricide, de beaux élans d'amour maternel, des situations un peu factices mais pathétiques, un style presque toujours noble et brillant, le firent saluer comme un second *OEdipe* annonçant un second Voltaire; et, sans être un chef-d'œuvre, il fut, avec les *Templiers, Omasis, Hector* et *Artaxerce*, une des productions les plus recommandables de cette tragédie impériale trop vantée alors, trop décriée ensuite. Dans ce temps-là un seul triomphe au théâtre créait une réputation. M. Brifaut, atteint cependant par la griffe de Geoffroy, mérita des éloges dans la plupart des journaux et des compliments dans les salons le plus à la mode. Les hôtels du faubourg Saint-Germain daignèrent lui entr'ouvrir leurs portes, et dès lors ce noble faubourg devint le quartier général, le centre de sa vie toute parisienne. Comme le chantre de *Corinne*, il aima passionnément le fameux ruisseau de la rue du Bac, et, plus heureux, il ne se vit pas contraint de s'en exiler : quand il l'abandonnait, c'était de son plein gré, pour se transporter dans les châteaux où l'appelaient de flatteuses invitations. Jamais il n'éprouva le désir de visiter les pays étrangers : la France lui suffisait, pourvu qu'il n'eût dans la France d'autre résidence que Paris. Aucune existence n'a donc été, durant un demi-siècle, plus tranquille, plus sédentaire et plus agréablement monotone que la sienne. Châteaubriand a dit que, s'il avait la folie de croire au bonheur, il le placerait dans l'habitude : M. Brifaut semble avoir mis en pratique cette sage théorie. S'il vécut d'abord dans la compagnie des gens de lettres et des artistes, l'esprit, qui est aussi un titre de noblesse, lui valut bientôt son admission dans les cercles de l'aristocratie. Son nom, pour résonner en haut lieu, n'eut pas besoin du prestige de la particule nobiliaire : on envia, on se disputa sa présence; car le nouveau parvenu...... je me trompe, le nouvel arrivé savait non-seulement bien lire les vers et bien jouer la comédie, mais causer avec la politesse innée d'un gentilhomme de vieille date. Les femmes, même les moins jolies et les moins jeunes, trouvaient en lui un chevalier courtois qui avait pris on ne sait où les usages et le ton de l'ancien régime. Exempt de fatuité comme de fadeur, quelquefois controversiste, mais sans causticité, plus souvent louangeur, mais sans adulation, on aurait pensé, à voir son aisance et sa grâce, qu'il avait eu pour berceau un hôtel ducal au lieu d'une demeure plébéienne. Longtemps accueilli d'égal à égal par les grands seigneurs et par les grandes dames qui se faisaient un plaisir de l'avoir pour leur commensal ou pour leur amphitryon, lorsque de douloureuses infirmités, souffertes avec un stoïcisme évangélique, le condamnèrent à la retraite, cette retraite ne dégénéra point en Thébaïde. S'il n'alla plus dans le monde, le monde vint chez lui, par sympathie, l'auteur des *Maximes* aurait dit, par égoïsme, tant ses qualités privées avaient la vertu de l'aimant! Sa chaise longue eut toujours l'honneur d'un brillant entourage : on aurait dit une petite cour. Je dois ajouter que la position qu'il s'était conquise dans la société de la noblesse, ne le rendit pas dédaigneux d'amitiés moins aristocratiques. Les plus modestes littérateurs, à moins qu'ils ne fussent de la famille des Colletet et des Darnaud Baculard, étaient ses bienvenus; point envieux, ni exclusif, point médisant ni vaniteux, il ne se prévalait nullement de son titre d'académicien, même envers les candidats. Affable pour tous, comment n'aurait-il pas eu le secret d'acquérir et de garder des amis? Le crédit que lui procuraient ses hautes relations, ce n'est qu'au profit des autres qu'il l'employait. Son grade dans l'ordre de la Légion d'honneur fut celui de simple chevalier. La seule place qu'il ait remplie, est celle de censeur dramatique, et, ces scabreuses fonctions, il les exerça de manière à satisfaire les exigences de la morale publique sans blesser l'irritabilité immémoriale des hommes de lettres. Comme plusieurs de ses confrères il aurait pu être bibliothécaire, chef de bureau, préfet, député; moins ambitieux, il préféra au mouvement des affaires et aux agitations de la tribune, le matin les charmes de l'étude, le soir les délassements du monde. En partageant ainsi sa vie, il était plus certain de conserver son repos et son indépendance.

L'inflexibilité de principes dont il se montrait jaloux lui fit, en deux occasions, sacrifier ses intérêts à son devoir : premièrement, lorsque, dans les Cent-Jours, le duc d'Otrante lui proposa, par l'entremise de Lemontey, une pension de la part de Napoléon; puis quand Louis-Philippe, par l'organe de l'intendant général de sa liste civile, offrit de lui continuer celle qu'il tenait des bontés de Charles X. Voici, dans cette seconde circonstance, la réponse que lui dicta ce qu'il appelait son fanatisme bourbonien : « Honoré des bienfaits du Roi déchu, je » me vois dans l'impossibilité d'en recevoir d'autres. Je » ne puis ni ne veux déplacer ma reconnaissance. Puis- » que le gouvernement est généreux, j'espère qu'il me » pardonnera d'être fidèle. » Ce noble refus témoigne combien, sous l'apparence de la modération, il cachait un caractère ferme et résolu. Je lui ai souvent entendu redire qu'il avait la prétention de ne mener personne, mais qu'il ne reconnaissait à personne le droit de le mener. Monarchiste par sentiment non moins que par conviction, s'il s'accusait d'avoir, en louant Napoléon, cédé à l'entraînement général des muses, un tel *Meâ culpâ* venait d'une fausse susceptibilité de conscience. Les éblouissants prodiges du génie militaire ne devaient-ils pas alors fasciner l'imagination d'un jeune poëte ? Ne pouvait-il être impérialiste à une époque où il n'était point encore question en France de légitimité ni de Restauration ? Que ses rimes napoléoniennes lui soient donc légères ! Ce qui importe à son honneur de royaliste, c'est qu'à dater de 1814 il ne déserta jamais le drapeau dans lequel il saluait le *labarum* de l'ordre social. Sa raison refusait d'admettre que toutes les lumières eussent simultanément jailli du volcan de 93, et il respectait les croyances sanctionnées par le temps comme une sauvegarde contre le péril des nouvelles utopies. Est-ce à dire pour cela qu'il tournât le dos au progrès ? Non. Il consentait à marcher pas à pas avec les sages ; mais il avait peur de courir trop vite avec les fous. Quoiqu'il n'ait joué qu'un rôle passif sur le théâtre si mobile de la politique moderne, ses opinions légitimistes l'exposèrent aux épigrammes de l'ultra-libéralisme ; mais l'injustice des partis n'osa incriminer ni sa pensée ni ses actions. La considération ne lui a pas manqué plus que le bonheur. En dépit d'une fortune et d'une santé médiocres, sa vie, jusqu'à l'heure où vinrent les deuils du cœur et les maux physiques, triste cortége de la vieillesse, n'a été qu'une longue série de félicités. Enfant gâté de la nature (je cite ses propres paroles), il n'avait avec elle qu'à se baisser et à prendre.

Quant à sa destinée littéraire, si elle semble n'avoir pas été aussi pleine qu'elle devait l'être, il est permis de craindre qu'elle n'ait été amoindrie par un genre d'existence quasi-seigneurial. Ces somptueux hôtels de Paris, où il ne pressait que des mains amies et ne rencontrait que des visages souriants, l'enlaçaient d'un réseau de dangereuses séductions : c'étaient autant de délicieuses Capoues où sa muse, bercée au bruit des compliments, paraissait s'endormir sur les lauriers de *Ninus II*. Recherché, caressé, fêté par son cher faubourg Saint-Germain, s'appartenait-il assez entièrement pour fortifier dans le calme inspirant de la méditation un talent qui risquait de s'étioler dans l'énervante atmosphère du grand monde, bien que d'autre part il eût l'avantage de n'être en contact qu'avec des intelligences d'élite? Après tout, et il avait la modestie d'en convenir lui-même, ce talent, plus gracieux qu'énergique, plus correct que hardi, n'était pas de ceux qui révolutionnent le domaine de la littérature. Admirateur des anciens modèles, et faiblement sensible aux beautés des chefs-d'œuvre anglais et allemands, M. Brifaut avait la paisible mission de continuer la tradition classique, et non de se frayer des routes aventureuses. Les anarchistes en poésie l'effarouchaient autant que les démagogues en politique. Remarquons, toutefois, qu'il se rattachait moins à la grande école du XVIIe siècle qu'à celle du XVIIIe, dont il était un des derniers représentants. Voltairien non par le fond, mais par la forme, beaucoup de ses tragédies sont taillées sur le patron romanesque d'*Alzire* et de *Sémiramis*, comme beaucoup de ses contes ont un air de malicieuse parenté avec *Gertrude* et les *Trois manières*. Aussi, venu cinquante ans plus tôt, comme il aurait brillé au théâtre, à l'Académie, à la cour! J'aime à penser que, loin de pousser jamais la philosophie jusqu'au pyrrhonisme, ni la gaieté jusqu'à la licence, poëte dijonnais, il n'eût pas été bien flatté, au point de vue moral, d'être le compatriote de Piron.

Les œuvres posthumes ne changent d'ordinaire que très-peu de chose à l'opinion établie sur les écrivains; mais il n'en sera pas de même de celles-ci, qui semblent destinées à révéler dans leur auteur un homme presque nouveau. Tout ce que le public connaît de son talent ne saurait en faire concevoir une idée aussi favorable, aussi complète que ses manuscrits en prose, qui manifestent une âme sincèrement religieuse ou un esprit ingénieusement observateur. A mesure que l'extrême vieillesse approchait, sa pensée, longtemps disséminée dans les jeux de la fantaisie ou dans les fêtes du monde, se repliait par degrés sur elle-même, et devenait plus grave, comme étant déjà plus voisine de la céleste source où elle allait remonter. Témoin des conséquences désastreuses qu'entraîne l'oubli des principes dans les phases révolutionnaires, il a essayé de venir au secours de l'ordre menacé. La plume était sa seule arme défensive : il l'a donc saisie pour écrire en 1836 une apologie du christianisme intitulée : *Du Religionisme moderne*. Là, toujours penseur, et penseur chrétien, il se pose en disciple fervent de Tertullien, de Bossuet, de Bonald, de Châteaubriand et du Lamennais de 1819. Une matière qui semblait épuisée lui inspire des vérités neuves, et, bien qu'une logique rigoureuse manque à son argumentation, en s'adressant au sentiment plus qu'au dogme, il proclame d'une voix persuasive des maximes conservatrices. Une autre dissertation, portant ce titre : *De la Réorganisation sociale,* avec la date de 1848, prouve qu'il a su encore glaner quelques épis dans le champ si largement moissonné par Montesquieu, le comte de Maistre et Ballanche. Ennemi déclaré des iconoclastes en politique comme en religion, le monarchiste et catholique écrivain combat avec une éloquente indignation les témérités socialistes qui parmi nous ont failli tout détruire sous prétexte de tout régénérer. Ces deux ouvrages, le dernier surtout, tracé à la lueur de la conflagration européenne, ont le courage de sonder la profondeur de l'abime et le mérite de faire pénétrer, à travers les ténèbres humaines, un rayon de la lumière divine. Le style, qu'on peut taxer d'être parfois antithétique ou déclamatoire, se signale par l'élévation, par le coloris, par la chaleur. La conviction y respire : c'est de bonne foi qu'un héros de salon, un auteur de pièces de théâtre et de poésies légères s'est métamorphosé en austère prédicateur et en sage publiciste.

Les autres manuscrits n'ont guère moins de prix dans des genres opposés. Le langage se plie à la diversité des sujets, ici élégant et noble dans les notices sur Fénelon et sur Louis XVI, là plein d'abandon et de charme dans les *Récits d'un vieux parrain à son jeune filleul.* Ces *Récits,* qu'on pourrait surnommer *le Mémorial de la rue du Bac,* ressuscitent une grande partie des personnages plus ou moins notables que M. Brifaut, fidèle habitant de Paris, a, durant sa longue carrière, ou fréquentés dans l'intimité ou observés dans le monde. Là figurent tour à tour le prince, le diplomate, le comédien, le peintre, le publiciste, le poëte, Talleyrand et Constantin, Gérard et Guérin, Fleury et Talma, Delille et Fiévée, Fontanes et Raynouard, Lemercier et Châteaubriand, sans compter tous les survivants qui auront la vaniteuse satisfaction de voir leurs noms inscrits en regard de ces noms illustres. Les dames, dont quelques-unes ne sont peintes qu'en buste, et pour cause, y trônent à l'avant-scène; les princesses véritables coudoient les reines de théâtre et les bas-bleus; l'infatigable chroniqueur nous apprend des particularités curieuses concernant Madame de Staël et Madame de Genlis, Madame Lebrun et Madame Grant, Mademoiselle Duchesnois et Mademoiselle Mars. Le talent si attrayant de Madame de Duras et de Madame de Bawr lui fournit le texte d'un galant panégyrique. Une femme que la persistance de sa beauté a rendue célèbre et qui méritait d'être louée aussi pour sa bonté et pour son esprit, Madame Récamier obtient de sa part un juste tribut d'hommages. Des pages touchantes consacrent le souvenir de la vénérable duchesse d'Uzès, qui, dans les suprêmes dispositions de sa volonté dernière, l'avait confondu avec les objets de ses plus tendres affections, en lui léguant une pension viagère de douze mille francs. Les regrets qu'il lui voue partent du cœur : légataire reconnaissant, il ne se contente pas de la bénir comme une bienfaitrice ; il la pleure comme une mère.

Dans cette galerie de portraits des hommes qui, à différents titres, ont illustré notre époque, Napoléon Ier occupe nécessairement une place. M. Brifaut semble rester, à son égard, sous la pression des souvenirs haineux de 1814 et de 1815. Je ne sache pas, cependant, qu'il ait eu des motifs personnels d'animosité, si ce n'est peut-être l'arrêt de mort lancé contre sa tragédie de *Jane Grey*, que Talma, à Fontainebleau, lut au grand empereur en présence de Fontanes et de quelques autres courtisans. Mais le dépit du poëte, si toutefois il en eut, peut-il, à quarante ans de distance, avoir influé sur l'opinion du citoyen? Je l'ai trop bien connu pour révoquer en doute sa sincérité, quoique la rigueur de son jugement démente ici l'indulgence habituelle de son caractère. S'il se livre ailleurs à des boutades de dénigrement, c'est par distraction et comme à son insu. Le style admiratif est le style qu'il affectionne. Prodigue de louanges envers ses amis et ses amies, on l'accusera d'embellir, de flatter ses modèles. Dans quelle île enchantée, dira-t-on, a-t-il rencontré tant d'hommes parfaits, tant de femmes adorables? Je répondrai que ce n'est pas la faute du peintre s'il voyait ou croyait voir presque tout en beau. La nature lui avait donné des yeux qui rapetissaient les défauts et grossissaient les qualités. Et puis, il avait posé son chevalet dans les hauts étages de la société, parmi un monde qui a aussi ses travers, mais qui sait les dorer d'un vernis traditionnel d'urbanité française. Le témoignage de ce qu'il a vu et entendu dans ce monde choisi contribuera certainement à redresser plus d'une fausse opinion sur la noblesse, qui a parfois méprisé la roture, mais que la roture a trop souvent calomniée. Quoi qu'il en soit, piquantes anecdotes, bruits de ville et de cour, scènes intéressantes ou comiques, traits de mœurs saisis sur place, tout fait des *Récits d'un vieux parrain à son jeune filleul* un panorama varié qui amuse, qui instruit et qui attache.

Les *Passe-temps d'un reclus*, formant la suite des *Récits*, nous montrent en M. Brifaut tantôt le conteur agréable, tantôt l'Aristarque impartial, tantôt le moraliste consciencieux. Dans la première partie de ses Mémoires, il avait adopté un ordre à peu près chronologique; dans la seconde, il s'abandonne volontiers aux caprices de son imagination. La folle du logis l'emporte çà et là, effleurant ou creusant mille questions d'histoire, de philosophie, de théâtre, de politique, de religion, et semant à la course un essaim d'idées ingénieuses mais justes, satiriques mais vraies, qu'on prendrait quelquefois pour un post-scriptum des *Lettres persanes*. Toutes ces appréciations, dont la franchise et les contrastes centuplent la valeur, suivent la grande route du bon sens, au lieu de s'égarer dans les chemins de traverse du paradoxe. Je n'ai pas besoin de dire que l'esprit y surabonde et que la loi des convenances y est toujours respectée, soit que le narrateur fasse parler les autres, soit qu'il se mette en scène; car il est souvent son propre historiographe. Discute-t-il un sujet sérieux? son langage a de la gravité et de la noblesse; brode-t-il un texte léger? sa qualité dominante est une vivacité juvénile qui, par exception, se marie au ton élégant et poli de la meilleure compagnie. Alors les *Passe-temps d'un reclus* offrent comme un *fac-simile* de sa conversation; on croit entendre causer encore l'ami qu'on a perdu; le charme recommence; l'illusion est complète. Peut-être aurait-on souhaité que l'homme de lettres se fût moins effacé devant l'homme du monde. Chose remarquable cependant! ces Mémoires, qui ont rarement pour objet la littérature, n'en sont pas moins une œuvre éminemment littéraire.

M. Brifaut, accaparé par une société où il avait gagné, à force d'amabilité, ses lettres de naturalisation, a dû avoir des occasions journalières de répondre à des provocations amicales et à des confidences intimes. Nous regrettons qu'il n'ait point gardé copie de sa volumineuse correspondance: un choix de ses billets, maintenant épars en bien des mains françaises ou étrangères, mériterait les honneurs de la publicité. Son style épistolaire, coquet et parfumé, semble porter un jabot et des manchettes; mais, sans être embarrassé par cet excès de parure, il va, vient, loue, critique, disserte, badine avec une prestesse merveilleuse, et, à travers la gaze de la plaisanterie, laisse percer une rare expérience du monde. Il est aisé de s'apercevoir que l'écrivain n'a pas seulement écouté aux portes des salons : ces portes se sont devant lui ouvertes à deux battants.

Les lecteurs trouveront, sinon l'équivalent, du moins le dédommagement de cette perte dans la réimpression des discours qu'il prononça au sein de l'Académie, comme récipiendaire et comme directeur. D'autres opuscules contrastent avec le calme solennel de l'oraison académique. M. Brifaut possède cet art de raconter qui est l'apanage des habiles causeurs, et, en même temps, il dramatise ce qu'il raconte. On voit que la recherche des combinaisons scéniques a été longtemps l'objet de ses études. On ne pourra donc lire sans un vif intérêt trois *Nouvelles* diversement recommandables : l'une historique, *le Duc de Monmouth;* les deux autres romanesques, *la Fille du régicide* et *les Amours d'un sexagénaire.*

Telles sont les œuvres en prose appelées à faire briller sous un jour nouveau le chantre de *Ninus II.* On le louera d'appartenir à la classe privilégiée de ces écrivains qui ont à la fois cultivé la prose et la poésie, sans leur permettre d'usurper réciproquement leurs attributions respectives. Grave ou légère, sa prose a de solides et de brillantes qualités : rien d'oiseux, rien de vague, rien de vulgaire; elle est même, si je ne m'abuse, supérieure à sa poésie, principalement à sa poésie tragique, qui a de la pureté, de la correction, de l'élégance, mais souvent une pompe stérile ou une facilité voisine de la négligence. Indépendamment du fréquent retour des mêmes rimes et des mêmes images, cette poésie exprime l'amour et la haine, la jalousie et la vengeance, l'ambition et le remords, dans un langage trop compassé, trop méthodique; elle nous conduit au but, et ne nous y entraîne pas. D'où cela vient-il? Sans doute de ce que le fonds est responsable de la forme. Si l'action avait plus de mouvement, et si la passion éclatait avec plus de force, le style serait également plus rapide et plus chaleureux. A l'exception de *Ninus II*, le premier fleuron de la couronne dramatique de M. Brifaut, toutes ses tragédies jouées ou inédites, depuis *Jane Grey* et *Charles de Navarre* jusqu'à *Cyrus* et *Artaxerce, Aurélien, Théodose, Alexis IV, empereur de Constantinople, Sigismond, roi d'Austrasie*, et *Ivar ou les Scandinaves*, contiennent bien des tirades à effet et des péripéties à émotions; mais leurs beautés partielles et l'habileté de leur agencement n'empêchent pas d'y reconnaître un assemblage de matériaux déjà employés à des échafaudages identiques ou analogues. Le mélange de l'histoire et du roman s'y oppose à l'unité de l'effet général; et, si elles échappent à la tendance philosophique du théâtre de Voltaire, elles ne sont point assez fréquemment sillonnées par ses éclairs d'imagination et de sensibilité. Toutefois, il en est deux qui, grâce à leurs sujets, autant qu'on peut le conjecturer par la lecture, subiraient probablement à leur avantage, comme *Ninus II*, l'épreuve de la représentation : l'une, *François Ier à Madrid*, reproduit avec bonheur le chevaleresque et patriotique héroïsme du glorieux vaincu de Pavie; l'autre, *Lamech ou les descendants de Caïn*, combinée dans la vue d'un traité d'alliance entre l'ancienne et la nouvelle école, est animée d'un intérêt constant, et ne renferme que très-peu de ces anachronismes de pensées et de langage inévitables dans une composition biblique et, qui pis est, antédiluvienne. Du reste, la *Mort d'Abel* de Legouvé et l'*Abufar* de Ducis lui ont servi de types en plusieurs endroits; car ici, comme ailleurs, ce n'est guère par la nouveauté et par la hardiesse des conceptions que se distinguent les tragédies de M. Brifaut. Certes, elles ne sont pas le produit d'un talent médiocre; mais aujourd'hui ce n'est plus du talent, c'est du génie qu'il faudrait pour rajeunir la vieille Melpomène française.

L'art comique, qui peut se soutenir par le seul secours de l'observation, était plus en harmonie avec la finesse pénétrante de l'esprit de M. Brifaut. *La Tante et le Neveu, le Protecteur, l'Amour et l'opinion, la Leçon dangereuse,* présentent une intrigue qui pourrait être plus fortement nouée; mais toutes ces pièces ont pour mobile une intention morale. Bien qu'elles n'aient point donné congé aux valets émérites et aux soubrettes surannées du vieux répertoire, elles retracent assez fidèlement quelques ridicules contemporains, en esquissant les mœurs plus qu'elles ne peignent les caractères. Comme elles ne montent jamais dans la mansarde, ne descendent jamais dans la rue, mais choisissent toujours le salon pour domicile, leurs personnages conversent sans grossir la voix, et ne se permettent que le sourire d'une légère ironie ou d'un paisible enjouement; leurs jeunes amoureux tombent encore à genoux pour rimer des déclarations, et leurs grandes coquettes seraient les ingénues de certaines comédies modernes. S'il faut leur chercher un terme de comparaison, elles rappellent, je ne dirai pas Molière ou Regnard (qui peut rappeler ce génie si profond et ce talent si gai?), mais un de leurs successeurs les plus dignes d'estime, quoique les plus dissemblables; par l'entente de la scène, par la délicatesse des situations et par l'enjolivement des détails, la plupart sont du marivaudage en vers, et loin de moi la pensée d'en faire ainsi la critique! Marivaux a créé une école, dans un genre secondaire, il est vrai; mais toute création n'est-elle pas chose difficile et méritoire?

La poésie de M. Brifaut convient mieux, ce me semble, à la comédie qu'à la tragédie, parce que c'est dans le style tempéré qu'elle déploie le plus d'agilité et de franchise. Le dialogue participe du langage héroïque et du langage familier : effectivement, il met en présence tous les personnages, anciens ou modernes, réels ou fictifs, morts ou vivants; l'idée d'opposer l'un à l'autre deux interlocuteurs rivaux ou ennemis relève de l'art dramatique. Aussi M. Brifaut réussit-il à marquer les contrastes des caractères et des passions dans chacune de ces petites scènes, drame en raccourci, qui a son exposition, son nœud, son dénoûment. Le conte, qui admet un plus grand nombre d'acteurs et ouvre à l'invention un champ plus libre, lui offre les moyens de développer tout ce que ses idées ont de varié, tout ce que son imagination a d'aimable : là, il n'imite pas, il invente; et, comme il s'agit de narrer et de narrer avec esprit, nulle part il n'est mieux sur son vrai terrain; non content de marcher, pour la conduite du récit et pour la facture des vers, dans la ligne tracée par les maîtres du genre, il vise à ne jamais franchir les limites de la bienséance, et s'arrange de façon à pouvoir être lu à haute voix devant les jeunes dames et devant les demoiselles, j'entends les demoiselles à marier. Dans les sujets qui, sous une plume moins prudente, auraient eu du penchant à être trop gais, sa malice est toujours décente, sa liberté toujours mesurée ; c'est une manière d'être neuf, après La Fontaine et Voltaire.

Les nouveaux dialogues, les nouveaux contes exhumés de son portefeuille appartiennent à la même famille que leurs aînés. Des épîtres, des élégies, des poëmes historiques ou moraux, ajoutés à ses anciennes productions, achèveront d'attester la souplesse de sa muse. La publication de six volumes comprenant presque tous ses ouvrages en prose et un grand nombre de ses pièces de théâtre et de ses poésies diverses, ne pourra donc que glorifier sa mémoire et étendre sa renommée, dont elle proclamera les titres les plus importants et les plus durables. En montrant le prosateur à côté, et, je le pense, au-dessus du poëte, elle prouvera que, malgré les infirmités croissantes de l'âge, la littérature, sa première passion, est restée sa dernière amie. On sera surpris de la quantité et de la valeur des travaux dont son cabinet avait seul la confidence. On verra que le lettré n'a pas été absorbé en lui par le mondain. Jusqu'au terme d'une vieillesse patiemment soutenue et chrétiennement couronnée, la nature lui a laissé un esprit actif, une âme jeune, un cœur aimant. C'est le 5 juin 1857 qu'il a terminé une vie toute pleine d'honorables souvenirs. Si sa mort n'a pas eu l'importance d'un événement public, elle a été du moins un grand deuil pour tous ses amis et une perte sensible pour l'Académie, témoin, au jour de ses funérailles, le discours de M. Biot, qui, en sa qualité de chancelier, remplaçait le directeur absent. Ce discours annonce dignement l'hommage plus complet qui lui sera rendu dans la séance solennelle où M. Vitet, son ancien confrère, recevra M. Jules Sandeau, son très-spirituel successeur :

« Messieurs, un devoir imprévu comme la mort même
» me donne aujourd'hui la douloureuse mission d'ap-
» porter sur cette tombe les sincères et unanimes regrets
» de l'Académie française. Je crains de ne pouvoir pas
» assez les exprimer, comme elle les ressent. Je n'ai
» connu M. Brifaut que dans les derniers jours de sa
» vie, lorsque, malgré la maladie et les souffrances qui
» devaient bientôt nous priver de lui, il venait avec une
» constante assiduité assister aux réunions de l'Acadé-
» mie, prendre part à ses travaux et honorer d'un so-

» lennel hommage la mémoire d'un de ses membres les
» plus illustres. D'autres vous parleront de ses talents
» littéraires, de ses œuvres dramatiques, de ces poëmes
» touchants qu'il appelait modestement des *Ephémères,*
» où tant de vers heureux, élégants et faciles, font naître
» dans l'âme des impressions qui ne s'effacent plus. Moi,
» je ne puis que vous raconter les soins affectueux dont
» il était l'objet parmi nous, les témoignages d'intérêt,
» d'attachement qui se pressaient autour de lui, et mon-
» traient, mieux que les paroles ne pourraient le faire,
» combien il était estimé et aimé. Il a joui de consola-
» tions jusqu'au dernier moment; et, après les assu-
» rances que la religion nous donne d'un éternel avenir,
» quoi de plus doux peut nous être accordé aux ap-
» proches du terme fatal, que de sentir près de soi des
» amis qui chériront notre mémoire? Cette continuation
» fidèle de leurs sentiments ne lui manquera point, et
» ils seront partagés par tous ceux qui liront ces chants
» si purs, si aimables, que son cœur lui avait inspirés.
» Sa mort a été calme; son esprit grave et doux s'y était
» préparé par des pensées pieuses qui soutiennent
» l'homme dans cette dernière épreuve et, le détachant
» des misères de la vie, lui montrent le ciel comme un
» asile où il trouvera le repos et la vérité. Puisse chacun
» de nous supporter ses maux avec autant de patience,
» voir approcher sa fin avec la même résignation reli-
» gieuse, et laisser après soi autant de regrets! »

L'éloquente simplicité de ces paroles a profondément ému les nombreux amis qui s'étaient fait un devoir d'escorter jusqu'au cimetière du Mont-Parnasse la dépouille mortelle d'un homme si digne de sympathie et d'estime. Un seul, et le plus cher de tous, manquait à cette triste cérémonie : c'était le vénérable frère du défunt, M. François Brifaut, qui devait bientôt le rejoindre dans la tombe, et que ses infirmités retenaient captif à Dijon, où sa vieillesse, séparée du monde par la souffrance, trouvait moyen de s'en rapprocher par les bonnes œuvres.

Avant de dire adieu à un ami qui m'a témoigné une bien flatteuse confiance en m'associant à l'excellent M. Rives pour la publication de ses ouvrages, je remonte par la pensée le cours de sa longue existence, et, me reportant à son point de départ, je remarque quelle influence salutaire ont exercée sur toute sa destinée les préceptes de vertu et de piété donnés à son enfance. Sans cette précieuse sauvegarde, livré à l'inexpérience de la jeunesse au milieu d'un monde qui venait de traverser les désordres de la Révolution et les scandales du Directoire, n'aurait-il pu, comme beaucoup d'autres, dévier de cette ligne droite si malaisée à suivre dans les époques de transformation sociale? S'il s'est conquis un rang dans l'aristocratie des lettres et de la société, il ne l'a dû ni à l'intrigue, ni à la faveur, mais uniquement à son mérite. Pour obtenir le respect, il s'est toujours le premier respecté lui-même, et la morale n'a jamais eu à se plaindre d'un seul de ses écrits, pas plus que d'une seule de ses actions. La source de son talent était des meilleures; il puisait ses inspirations dans la pureté de son cœur, dans la noblesse de son caractère. La sincérité de ses doctrines littéraires répondait à la conscience de sa foi religieuse et de ses principes politiques. Dans nos jours si féconds en apostasies de toute sorte, la conduite et les œuvres de M. Charles Brifaut ont droit d'être honorées comme un double exemple d'inaltérable fidélité à deux grandes croyances, la religion et la monarchie.

A. BIGNAN.

DISCOURS.

DISCOURS.

M. Brifaut, ayant été élu par l'Académie française à la place vacante par la mort de M. le marquis d'Aguesseau, y prit séance le 18 juillet 1826, et prononça le discours suivant :

Messieurs,

Les littérateurs célèbres paraissent au sein de l'Académie française précédés par des chefs-d'œuvre ; je m'y présente appuyé de vos seuls bienfaits. C'est pour eux un pays de conquête ; pour moi, Messieurs, c'est la terre de l'hospitalité. J'y viens méditer à l'ombre de vos trophées ; j'y viens, consultant tour à tour chacun de vous, demander des lumières à la philosophie, des leçons à l'histoire, des mouvements à l'éloquence, des vérités à la morale, des règles à la critique, des inspirations à la poésie ; heureux si je pouvais surprendre à l'école de mes maîtres quelques-uns des secrets de leur génie, et justifier dans l'avenir l'honneur d'une adoption qui me cause autant d'embarras qu'elle m'inspire de reconnaissance.

La reconnaissance, vous le savez, Messieurs, a des attributs qui la distinguent. Le faste et le bruit ne l'accompagnent point. Timide et voilée, comme la pudeur, elle s'exprime avec des demi-mots, craint de déplaire en remerciant, d'offenser par des éloges, et préfère à la jouissance éclatante de se montrer sans réserve le plaisir délicat de se laisser deviner.

Vous m'avez entendu, Messieurs. Vous entretenir davantage du sentiment dont mon âme entière est pénétrée, ce serait continuer à vous parler de moi. Je me hâte d'aborder un sujet plus digne de vous, plus digne du public qui m'écoute.

Il est des noms qui disent tout : sitôt qu'on les a prononcés, l'éloge est fait. Mon prédécesseur eut le bonheur de porter un de ces noms-là ; il s'appelait d'Aguesseau.

Ici je m'arrête. Mille souvenirs m'assiégent et me pressent. J'aperçois la vénérable figure de l'aïeul qui vient se placer entre le petit-fils et moi. Une vie de gloire et de vertu se développe à mes yeux, et, par un mouvement involontaire, je m'incline devant la sainte image de ce grand homme, de cet illustre chancelier qui fut, pendant près d'un siècle, l'oracle de la magistrature, le modérateur entre la nation et le trône, le modèle des hommes d'Etat, et surtout des hommes de bien ; pieux à force de lumières, tolérant à force de piété ; toujours simple dans la grandeur, toujours pur au milieu de la corruption ; également incapable ou de trahir son devoir pour plaire à l'autorité, ou de résister à l'autorité pour se populariser dans l'opinion ; exilé deux fois par l'intrigue des cours, deux fois rappelé par l'estime du prince ; génie aussi prudent qu'éclairé, qui porta d'une main sûre le flambeau de la sagesse dans l'abîme des lois, poursuivit de grands abus avec cette circonspection qui ne veut rien compromettre, et les détruisit avec cette persévérance qui finit par triompher de tout ; se joua innocemment parmi les fleurs de la littérature, sans descendre des hauteurs de l'administration ; parcourut toutes les régions des connaissances humaines, non dans le vain désir d'agrandir sa pensée, mais dans le noble espoir de perfectionner son siècle, fit servir ses talents au triomphe de ses vertus, sa gloire au bonheur public, et sa vie à l'éternelle instruction des ministres, des citoyens, des magistrats et des sujets.

Que si nous entrons avec lui dans l'intérieur, j'allais dire dans le sanctuaire de sa maison, le père de famille va se montrer à nous aussi respectable que le législateur nous a paru imposant. C'est un autre spectacle, Messieurs, c'est un égal sujet d'admiration.

Qui n'aimerait à reposer ses yeux sur ce chaste tableau des mœurs d'un autre âge ? Qui ne se plairait à suivre le chancelier d'Aguesseau sous les ombrages de Fresne, où la science et la vertu semblaient se réfugier avec lui, comme elles accompagnaient ces sages de l'antiquité fuyant la frivole perversité des villes pour retrouver leur âme dans la solitude et féconder leur pensée par la méditation ? C'est là que, sans pompe, sans cortége, affranchi des hommages de la flatterie qu'il dédaigne et des sollicitations de l'importunité qu'il plaint, ce vrai philosophe chrétien, tantôt par des entretiens sublimes, tantôt par de graves lectures, instruit son fils à tout sacrifier au bien public. C'est là qu'il lui fait jurer d'opposer sans cesse les lois immuables de la justice aux capricieuses volontés de l'arbitraire, de ne cacher la vérité ni au souverain ni au peuple, qui en ont souvent une égale crainte, et toujours un égal besoin; enfin, de n'user de la portion d'autorité dont il peut un jour être dépositaire, que pour faire bénir la source auguste d'où elle émane, jaloux de la conserver tant qu'elle sera entre ses mains un gage de protection et d'utilité, tout prêt à y renoncer dès qu'on voudra qu'il en fasse un instrument de ruine ou d'oppression.

Ainsi la grande image de la patrie était incessamment devant les yeux du digne successeur de L'Hôpital. Ainsi c'était en présence même de la France qu'il formait pour elle le fils dans lequel il devait revivre. Ses exhortations, ses exemples, ses écrits, tout respirait le sentiment patriotique dont il était animé. Et quelle noble jouissance pour le vertueux chancelier, en contemplant les progrès de son élève! Quel charme dans les relations de chaque moment entre les hôtes de cette demeure presque sainte! quelle paix au fond des cœurs! quelle sérénité sur les visages! Pas un moment perdu pour le travail, pas une pensée dérobée à la vertu, pas un sentiment qui ne fût celui du devoir!

Descendre d'un tel homme, quel magnifique titre d'honneur, et en même temps quel immense fardeau d'obligations! L'académicien auquel je succède fut, par sa naissance, dévoué à la vertu et à la gloire. Il accepta ce double engagement, et, j'en atteste vos souvenirs, il sut assez bien payer sa dette à la mémoire de son aïeul et à la France, pour que ni l'une ni l'autre n'eussent rien à lui redemander.

Revêtu, jeune encore, de ces fonctions délicates et pénibles, brillantes et épineuses, par lesquelles son grand-père préluda aux sublimes destinées qui l'attendaient dans la première place de l'Etat, M. d'Aguesseau eut, ainsi que lui, le don d'attirer sur sa personne les regards du public et l'estime de sa compagnie. Etonné de trouver en lui ce zèle éclairé, cette probité scrupuleuse, ces ressources de l'éloquence et ces richesses du savoir, qui semblaient transmis au nouvel avocat général comme une portion sacrée de son patrimoine, plus d'un vieux magistrat, à l'exemple de Denis Talon, devinant, un siècle auparavant, le grand chancelier dans le brillant orateur, fut tenté de s'écrier à son tour : Je voudrais finir comme ce jeune homme a commencé.

Apportant dans les relations sociales autant de grâce et de politesse qu'il mettait de sagesse et d'intégrité dans l'exercice des fonctions publiques, M. d'Aguesseau sut se faire des amis après s'être créé des admirateurs. Aux heureux dons de l'extérieur il joignait un caractère facile. Le goût des lettres l'appelait naturellement vers leur sanctuaire : d'abord néophyte, il devint bientôt initié. L'Académie française l'admit dans son sein.

Il est le dernier, Messieurs, de cette ancienne Académie fondée par Richelieu, par ce géant anti-féodal qui aimait les hommes de génie comme on aime ses pairs, avec passion, mais non sans jalousie ; protégée ensuite par Louis le Grand, ce monarque politique, administrateur et conquérant, qui imposa la gloire à son siècle et l'admiration à tous les autres ; anéantie après cent cinquante ans par la tyrannie révolutionnaire, encore plus ennemie de la supériorité du talent que de celle des titres ; et enfin reconstituée de nos jours, avec ses nouveaux membres et ses premiers règlements, par le roi législateur, auquel il fut donné de rajeunir toutes nos institutions et de rétablir toutes nos libertés.

J'ai parlé de la tyrannie révolutionnaire. Hâtons-nous de traverser l'époque où elle triompha parmi nous. M. d'Aguesseau ne fut point au nombre de ses victimes. Elle eut une heureuse distraction; elle l'oublia, ou plutôt il s'en fit oublier. Caché dans cette terre de Fresne, qui devait être pour lui un tranquille refuge comme elle avait été une retraite glorieuse pour son aïeul, il y laissa passer le temps des orages entre sa famille et quelques amis parmi lesquels la destinée, qui lui voulait du bien, avait placé l'un de vous, Messieurs, courtisan plein de grâce, diplomate plein de dignité, poëte ingénieux et fin, historien philosophe et élégant, fils d'un guerrier qu'on vit signaler dans les camps la valeur de Thémistocle, dans les conseils la rigidité d'Aristide, et père d'un autre homme de guerre qui, à l'exemple de Xénophon, retraça dernièrement avec tant d'énergie les prodiges d'une retraite plus étonnante et plus glorieuse que celle des Dix-Mille. Attaché par une étroite alliance à M. d'Aguesseau, celui dont je parle, et que vous avez tous nommé, ne l'abandonna point, de même qu'il n'en fut point abandonné au milieu des dangers, qui les menaçaient également, puisqu'ils étaient également hommes de bien.

Plus tard, M. d'Aguesseau reparut et prit place dans les rangs d'une nouvelle magistrature créée par le gouvernement consulaire. Pour la présider, on voulut sa personne, et son nom pour la décorer. Successivement juge, diplomate, sénateur, il se vit enfin transféré par la Restauration à la chambre des pairs, où la mort l'a surpris courbé sous le poids des infirmités plus que sous le fardeau des ans, négligé par la renommée, pour laquelle il ne faisait plus rien, mais visité par la vertu, pour qui on peut toujours faire quelque chose.

Avec lui, Messieurs, est prête à s'éteindre une race respectable à la France, à l'Europe, à l'humanité. M. d'Aguesseau ne laisse qu'une fille qui sent tout le prix de son nom, mais qui ne pourra le transmettre à ses héritiers. Qu'importe? Ce nom, devenu immortel, est entré dans le patrimoine de notre pays ; c'est au milieu des louanges qu'il traversera les générations; le siècle qui passe le lèguera aux pieux hommages du siècle qui doit lui succéder; il suffira de le prononcer pour émouvoir à l'instant tous les cœurs, pour arracher des larmes d'admiration de tous les yeux.

Gloire à la haute magistrature française, qui, durant tant de siècles, enrichit l'Etat d'honorables familles, dignes de figurer auprès de celle dont l'éloge est aujourd'hui dans ma bouche et dans votre pensée! Gloire à cette haute magistrature française qui, toujours libre et jamais factieuse, puisant son indépendance dans son désintéressement et sa considération dans son indépendance, s'éleva par degrés entre le trône et la nation, comme une médiatrice nécessaire, pour resserrer le lien entre la nation et le trône! Aux jours d'obéissance, on la voit, le code de nos lois à la main, soutenir, aux pieds du souverain même, nos libertés civiles et religieuses contre d'ambitieuses tentatives, qui viennent échouer devant sa fermeté toujours impassible. Dans les temps de révolte, elle passe avec la justice du côté de la majesté royale menacée, et, par son courageux dévouement, sait confondre ou du moins étonner l'audace des factions. Partout dans notre histoire éclatent des exemples de ce double héroïsme. Faut-il rappeler ce chancelier de L'Hôpital, qui, pressé par une cour à la fois stupide et barbare, refuse, en signant l'anéantissement des huguenots, de signer la guerre civile? Faut-il montrer cet Achille de Harlay, qui tend dédaigneusement les mains aux fers de la rébellion en prononçant ces belles paroles du sujet fidèle, ces paroles dont le seul souvenir suffit pour faire pâlir le factieux puissant? Parlerai-je de Mathieu Molé, se plaçant avec toute sa vertu devant le trône insulté, et prouvant au milieu des insurrections populaires qu'*il y a loin du poignard d'un scélérat au cœur d'un honnête homme?* Qui n'admirera le chancelier Voisin lorsqu'il résiste aux ordres du plus grand, mais du plus absolu des monarques, lorsqu'au lieu de reprendre des mains de Louis XIV les sceaux qui venaient de sceller le pardon illégal d'un coupable, il les repousse avec ces sublimes et immortelles paroles : Ils sont souillés, je n'en veux plus. Ajoutons, Messieurs, ajoutons avec joie que, dans cette lutte remarquable, le sujet ne l'emporta point sur le souverain. Eclairé par un mouvement magnanime, Louis XIV en eut un qui ne le fut pas moins; il jeta au feu les lettres de grâce, et le chancelier reprit les sceaux qu'il était digne de conserver : triomphe aussi honorable à la majesté du trône qu'à l'inflexibilité de la justice! Et si nous remontons dans nos vieilles annales, combien de nobles traits ne pourrons-nous pas ajouter à ces traits mémorables qui, représentant la magistrature fidèle à tous ses devoirs dans toutes les positions, la rendent chère au souverain comme l'auxiliaire sacré de ses prérogatives, précieuse au peuple comme la première sauvegarde de ses libertés?

Tels étaient, Messieurs, ces hommes de la vieille France, où l'on croit qu'il n'existait ni indépendance, ni patriotisme. Devant ces généreux martyrs de la loi, rien ne pouvait, rien ne devait prévaloir, excepté la justice. Ils ne voyaient qu'elle; ils lui sacrifiaient, je ne dirai pas la faveur, à laquelle ils n'avaient jamais aspiré; je ne dirai pas l'opinion, dont ils ne recherchaient point le suffrage; mais souvent la liberté, mais quelquefois jusqu'à la vie. Inébranlables aux menaces autant qu'ils étaient inaccessibles aux séductions, la peur des supplices ne les faisait pas plus reculer que les promesses de la fortune ne les faisaient fléchir. Renfermés ordinairement dans le sanctuaire des lois, ils n'apparaissaient au milieu du siècle que pour l'éclairer sur de grands intérêts, ou pour le soustraire à de grandes catastrophes :

leurs obligations remplies, on ne les apercevait plus. Seulement les bénédictions de la veuve et de l'orphelin venaient de temps en temps rappeler leurs noms au monde qu'ils avaient servi et dont ils étaient oubliés. Qui de nous, Messieurs, n'apprécierait les immenses bienfaits de cette puissance légale, toujours armée pour le bien, toujours prête à marquer les bornes du pouvoir et de l'obéissance, sans les laisser jamais franchir impunément? Et quel bonheur pour une nation qu'il existe dans son sein des hommes autorisés par une mission spéciale à dire au souverain la vérité sans audace, mais sans restriction, à couvrir de l'égide des lois la faiblesse et la timidité, à servir d'interprètes à la justice contre les passions! Quel bonheur pour une nation qu'elle ait eu des magistrats qui, sous la régence d'Anne d'Autriche, l'ont sauvée des barricades de la Fronde, comme, sous le règne de Henri II, ils l'avaient dérobée aux bûchers de l'inquisition!

Mais que fais-je? Est-ce à moi d'esquisser un tableau dont les vastes proportions dépassent et trahissent ma faiblesse; un tableau qui, pour être achevé, demanderait le talent de l'homme d'Etat que je vois présider aujourd'hui cette illustre et imposante assemblée (1)? — Magistrat lui-même, il nous eût appris, mieux qu'un autre, tout ce qu'un magistrat peut renfermer d'intégrité dans sa vie, de modération dans sa conduite, de vertus dans son cœur, d'érudition dans sa mémoire, d'utilité dans ses écrits; et, en applaudissant à une si noble peinture, nous eussions rendu un hommage détourné à celui qui l'aurait tracée.

Félicitons-nous, Messieurs, de voir marcher à la tête

---

(1) M. le marquis de Pastoret, qui devint ensuite chancelier de France.

de notre nation un roi devant lequel on ne peut faire l'éloge de la droiture et de l'équité, sans que toutes les pensées et tous les regards se reportent naturellement vers lui. Quelle reconnaissance ne devons-nous pas à ce prince auguste, dont l'âme entière s'est révélée à nos yeux dans la solennité de son avénement! Escorté du souvenir de soixante souverains ses aïeux, appuyé sur huit siècles de gloire, il n'a monté au trône qu'en traversant l'hospice du pauvre, il n'a saisi le sceptre qu'après avoir proclamé l'émancipation de la pensée; comme s'il eût voulu prouver dans le même jour aux Français que tout son règne reposerait sur une double base : l'amour de l'humanité et le respect pour les lois! Plus tard, au pied des autels, en présence du Dieu qui lui donna la douce et consolante mission de faire le bonheur de trente millions d'hommes, il a, comme saint Louis, juré de défendre les droits sacrés de la religion, mais sans compromettre ceux de la royauté; il a promis d'être, comme Louis XII, le père d'un peuple éclairé qui le chérit; enfin, semblable à Henri IV, il ne s'est armé, pour achever de conquérir les cœurs, que de la toute-puissance de la grâce et de la séduction des bienfaits. En quelles mains plus sûres pourraient être confiées nos destinées que dans les mains de ce noble élève du malheur, accoutumé à ne connaître d'autre politique que la vertu, d'autre science que la justice, d'autre gloire que notre félicité! Honneur, honneur à ce monarque digne de régner sur des Français! Il attachera son nom à l'ère qui commence, et si l'on invoque le siècle de Louis XIV dès qu'on veut rappeler un temps de grandeur, de puissance et d'héroïsme, pour peindre une époque de liberté, de perfectionnement et de bonheur, on dira le siècle de Charles X.

RÉPONSE DE M. LE MARQUIS DE PASTORET,

DIRECTEUR DE L'ACADÉMIE FRANÇAISE.

Monsieur,

. . . .
. . . .

Tel fut M. le marquis d'Aguesseau. Vos travaux, Monsieur, vous ont acquis un autre genre de renommée. Les amis des lettres n'ont pas perdu le souvenir du brillant succès que vous méritâtes dès vos premiers pas dans la carrière difficile que vous avez parcourue. Un obstacle inattendu sembla d'abord se présenter et suspendre vos efforts avant même que l'ouvrage eût acquis ce qui pouvait, dans ce noble combat, vous assurer la victoire. D'autres lieux, d'autres mœurs avaient fixé votre choix et appelé vos inspirations. Des circonstances politiques vous forcèrent de transporter au loin des événements plus rapprochés de nous par la région, et moins éloignés par le temps. Il fallut passer des montagnes de Castille aux plaines d'Ecbatane; Don Sanche devint Ninus, et l'Espagne une province du royaume d'Assyrie. Mais les impressions fortes, les touchants caractères, les grandes infortunes, appartiennent à tous les siècles et à tous les pays. Les poëtes, dont les fictions heureuses ont quelquefois si bien secondé la législation et la morale, représentaient le coupable tourmenté par des furies qui secouaient leurs torches ardentes. Cette lueur terrible, cette furie implacable, c'est le remords. Jamais on ne la présenta aux spectateurs avec plus d'effroi pour le crime commis, avec plus d'intérêt pour le malheureux qui cherche à remonter vers quelque vertu. Ninus a tué Thamir, son frère et son roi : seul il connaît son fratricide; il veut au moins apaiser les tourments que sa conscience lui donne, en devenant le protecteur du fils de celui dont il a tranché les jours et usurpé la couronne. Il l'instruit à la vertu, comme si lui-même n'était pas arrivé au pouvoir par le crime. Depuis dix ans, un asile secret dérobait à la mort la veuve du prince assassiné. Revenu à Ecbatane après une longue guerre, Ninus s'y retrouve en présence de la mère du prince qu'il a sauvé et qu'il élève pour être digne de monter au trône paternel. De grands malheurs, un grand attentat, le coupable en proie à ses remords, dont la justice divine a fait le premier supplice du crime, le bonheur et la reconnaissance d'une mère en retrouvant son fils, l'horreur qu'elle éprouve de le devoir au meurtrier de son époux, toutes ces situations pathétiques ou terribles, présentées avec un talent distingué, trouvèrent dans les suffrages prolongés de tous les amis des lettres cette haute estime que vous vous montriez si digne d'obtenir.

Les leçons que la tragédie peut donner ne nous sont guère arrivées, pendant longtemps, que par l'histoire ancienne et étrangère. C'est dans la bouche d'Auguste que Corneille met les principes de clémence et de générosité dont notre histoire nationale aurait fourni tant de modèles. C'est dans la bouche de ses Romains qu'il place les préceptes ou les maximes de la politique extérieure et de l'art de gouverner. C'est par Joad que Racine fait donner ces admirables conseils si utiles à recevoir et si nécessaires à méditer par les jeunes princes destinés à régir un empire.

Vous trouvâtes, Monsieur, dans notre histoire même les plus grandes leçons que puissent fournir des événements politiques et une longue suite de malheurs publics.

L'incroyable bataille de Poitiers avait privé la France de la liberté de son roi. Charles de Navarre, qui mérita, quoi qu'on en ait pu dire, ce titre de *Mauvais* que lui donna l'histoire, aspirait au trône; il espérait trouver dans nos ennemis un appui criminel; il s'allie à eux; la mort du régent, du fils du roi, est résolue; Charles de Navarre la désire, et le premier magistrat de Paris, Marcel la promet. Que de maux vont accabler notre patrie! Vous avez peint, Monsieur, avec toute l'énergie d'un bon poëte et d'un bon citoyen, le malheur des guerres civiles, le dévouement et le courage de la fidélité, la force du nombre faisant taire l'autorité de la loi; des factions ayant toutes des chefs, et se combattant toutes, se réunissant pour se paralyser et se trahir, mais trouvant dans leur association même la cause prochaine et nécessaire de leur dissolution; ces cris insolents de la révolte contre le pouvoir, substituant la hache du crime au glaive de la justice, invoquant l'humanité et les droits de tous, quand ils violent tous ces droits, outragent tous les sentiments humains, et dressent des échafauds pour la vertu; accusant le prince de tous les crimes qu'ils commettent contre lui; ces triomphes, enfin, toujours trop longs, que des séditieux obtiennent, remplacés par le retour à la paix, au bonheur, par tout ce qui soulage ou console les peuples. Les factions avaient ébranlé le trône; Charles V le raffermit; un règne glorieux suivit de longues calamités, et, ce qu'il est permis de remarquer dans cette enceinte, les lettres reçurent alors une protection qui les fit renaître et commença leurs progrès. On se rappelle quelquefois, en relisant l'histoire de ce monarque, toujours en proie à de douloureuses infirmités, et néanmoins toujours si courageux envers les malheurs publics, si grand et si bon quand il eut retrouvé la jouissance paisible d'une autorité tutélaire, on se rappelle involontairement cet excellent roi, ami aussi et protecteur des lettres, dont nous avons dix ans béni la sagesse, que Dieu réserva pour donner l'exemple si rare des plus hautes vertus dans la plus haute infortune. Quel monarque porta plus loin cette patience magnanime qui est le courage du malheur? Loin de nous, sur un sol étranger, il semblait tenir encore le sceptre de ses pères. Roi législateur, il a replacé le trône sur ses bases antiques, et rendu à la France, dont les succès guerriers avaient obtenu tant de gloire, les libertés publiques plus nécessaires encore.

Dans les deux tragédies dont nous venons de parler, Monsieur, vous ne deviez qu'à vous-même le développement des intérêts et des passions que le sujet pouvait faire naître, ainsi que les grandes leçons qu'elles devaient donner. Un poëme, qui fut un de vos premiers ouvrages, aurait pu vous offrir un précurseur redoutable dans un homme qui, comme poëte et comme moraliste, illustrera longtemps l'Angleterre, Addisson; mais un autre plan, une autre forme de poëme, une création nouvelle, ont laissé à vos inspirations toute leur originalité, en consacrant les erreurs de Rosamonde et sa tragique histoire.

D'autres titres littéraires, Monsieur, avaient encore décidé en votre faveur les suffrages de l'Académie : vos dialogues, vos contes vous donnaient un droit véritable à l'estime des hommes dont le goût a été formé par la culture des lettres et l'étude des grands modèles. Le dialogue anime la vérité; c'est une lutte établie dans laquelle doit tomber l'erreur et triompher la raison. Notre littérature fournit plusieurs exemples de ces combats ingénieux qui ont tout le charme d'une contradiction spirituelle, sans avoir la sécheresse d'une froide discussion; et dans l'antiquité, un écrivain à jamais célèbre, que le caractère de son style et la vivacité toujours nouvelle de sa pensée féconde pourraient faire placer parmi les grands poëtes, un philosophe que peuvent citer également avec quelque orgueil les amis d'une imagination brillante et les amis de la raison, renferma souvent les vérités les plus utiles pour les hommes et pour les nations dans des dialogues où le raisonnement acquiert de la forme sous laquelle on le présente, une séduction dont il a quelquefois besoin. Le conte aussi peut s'élever jusqu'à donner des instructions utiles. Rien n'est plus facile en apparence que ces récits ingénieux et rapides dont le résultat est d'amener une pensée piquante, ou de mettre sous les yeux un fait qui plaira par sa singularité. Mais c'est dans l'apparence même de cette facilité que réside peut-être la difficulté réelle. Plus notre langue a de tours variés, d'acceptions particulières pour chaque mot, d'images que l'on est convenu d'introduire dans le style pour lui donner de la couleur, et plus aussi il est nécessaire de choisir entre ces acceptions des mots, ou parmi ces tournures de phrases, celles qui, sans être encore tombées dans le domaine commun du langage, seront le plus justement appropriées au sujet que l'on traite. La littérature a parmi nous ce grand avantage, que jamais auteur, quelle que soit l'élévation où il se place, ou quelque fines que soient les allusions dont il fait usage, ne manque d'être entendu. Il y a en France de l'esprit pour tout, et l'écrivain, compris quelquefois avant d'avoir achevé sa pensée, n'a souvent que l'embarras de choisir les formes nouvelles sous lesquelles cette pensée doit se produire. C'est surtout dans les contes, dans les dialogues, dans les poésies un peu familières, qu'il est obligé de prendre ce soin. Vous l'avez fait, Monsieur, et avec tant de bonheur, que vos récits, pleins de tournures élégantes et d'expressions spirituelles, rappellent sans cesse la manière des maîtres que nous avons en ce genre, et attestent en même temps que cette manière est la vôtre, qu'elle vous est propre, et que vous l'avez, pour ainsi dire, inventée une autre fois. Des observations profondes s'y cachent toujours sous une critique ingénieuse, et une gaieté vive et piquante laisse apercevoir d'utiles conseils.

A cet avantage que vous reconnaîtront les hommes qui se sont occupés des études littéraires, s'en joint un autre dont tous les hommes de bien vous sauront gré : c'est d'avoir respecté votre talent dans l'usage que vous en avez fait, de ne l'avoir pas employé à favoriser le vice ou à populariser la licence. Si l'antiquité a défini l'orateur un homme vertueux, habile à bien dire, elle n'a pas donné aux poëtes de moins nobles devoirs, un nom moins digne d'eux. Elle a voulu qu'ils instruisissent les hommes par les mêmes moyens qui ne servent ordinairement qu'à leur plaire; et nos sociétés nouvelles ont consacré cette belle destination de la poésie. Les écrivains distingués dont vous êtes devenu le confrère nous offriraient, Monsieur, plus d'un témoignage de cette heureuse association. Ce sera un lien de plus entre eux et vous, une gloire de plus pour les lettres et pour l'Académie.

RÉPONSE DE M. BRIFAUT,

DIRECTEUR DE L'ACADÉMIE FRANÇAISE,

AU DISCOURS DE RÉCEPTION DE M. ANCELOT, ÉLU A LA PLACE VACANTE PAR LA MORT DE M. LE VICOMTE DE BONALD,

LE 15 JUILLET 1841.

Monsieur,

Dans les états où règne la concorde, le jour de la mort d'un grand homme est aussi le jour de son apothéose : la justice préside au convoi, l'impartialité prononce l'oraison funèbre, les contemporains applaudissent, la patrie pleure, et les larmes de la patrie sont le plus bel éloge de ses enfants descendus dans le cercueil.

Quel spectacle différent se déploie chez un peuple agité par la fièvre des révolutions! Alors, autour du tombeau qui s'ouvre pour recevoir de glorieux restes, accourent de toutes parts les passions haineuses, dont les voix, chargées de mensonges et de calomnies, insultent une mémoire qu'elles devraient honorer, trompent ou pervertissent l'opinion, et s'efforcent de falsifier d'avance jusqu'au jugement de la postérité, tandis que la vérité repoussée s'assied tristement à l'écart, voile son front, garde le silence et attend son heure, heure souvent bien tardive!

Aujourd'hui, Monsieur, félicitons-nous : il nous est doux de penser que nous sommes loin des temps de perturbation sociale, puisque nous pouvons, vous et moi, sans contradiction, sans réserve, au milieu d'une illustre et docte assemblée, rendre à votre vénérable prédécesseur les hommages qu'il a mérités par une vie enrichie de vertus, par des ouvrages empreints de génie.

Vous ne pouviez manquer d'être juste envers M. de Bonald, vous, Monsieur, que le religieux auteur de la *Législation primitive* initia plus d'une fois dans le secret de sa pensée, vous qu'il instruisit à l'admirer, puisqu'il se découvrit à vous tout entier. Je me garderai bien de vouloir ajouter quelques traits au remarquable éloge que nous venons d'entendre; je me contenterai d'y applaudir. Et que dirai-je que vous n'ayez déjà mieux dit que moi? Oserai-je célébrer le triomphe de ce philosophe chrétien qui fit reculer devant sa parole, toute brûlante de foi, une secte orgueilleuse et impie? Votre éloquence a magnifiquement signalé le résultat de cette lutte imposante. Qui le croirait cependant, qu'il fut un temps où de prétendus précepteurs du genre humain, parés du fastueux nom de sages, ont dit au monde matériel: Cache-nous Dieu! Et derrière la vaste épaisseur de ce monde, Dieu avait en effet disparu à leurs yeux. Il fallait qu'un homme arrivât qui, se détournant de leur chemin de ténèbres pour graviter vers les lumineuses régions où l'appelaient Descartes, Pascal, Leibnitz, Malebranche, Bossuet, Fénelon, ses instructeurs et ses modèles, s'élevât par degrés, à l'aide de ces sublimes génies, de la contemplation des choses créées à la connaissance du Créateur, remplît avec la grande image de Dieu le vide incommensurable fait par les incrédules au fond du ciel, et restituât, pour ainsi dire, au Tout-Puissant son trône effacé de l'univers.

Toutefois, Monsieur, en flétrissant la mémoire de ces faux docteurs, dont les maximes perverses égarèrent une si grande partie de la génération qui nous a précédés, empêchons qu'on ne donne ici trop d'extension à votre pensée et à la mienne. Loin de moi, loin de vous, sans doute, l'injurieux dessein d'imprimer le sceau de l'impiété sur tous les fronts qui s'élevèrent dans ce siècle trop fameux! Si nous avions à nous reprocher ce tort inexcusable, l'histoire viendrait bientôt nous confondre par un accablant démenti. La magistrature nous opposerait ses Malesherbes, l'université ses Rollin, la cour ses Penthièvre, l'épiscopat ses Belzunce. Le profond auteur de *l'Esprit des lois*, ranimé tout à coup par l'indignation, s'élancerait du fond de sa tombe pour nous rappeler cet incomparable éloge de la religion tracé par la même plume qui, selon Voltaire, rendit au genre humain ses titres perdus. Le peintre sublime de la nature, sortant de son silence de mort, nous crierait à son tour : Non, non, ce n'est pas moi qui ai pu, qui ai voulu renier celui dont j'ai trouvé le secret de faire encore plus admirer les ouvrages en les faisant mieux connaitre. Certes, Monsieur, si l'époque dont nous parlons n'eût produit que des hommes d'une telle science, d'une telle sagesse, d'une telle vertu, ce n'est pas à eux que M. de Bonald eût jeté le défi, livré le combat et porté les coups dont l'effet a été si puissant et dont le retentissement prolongé n'a ébranlé un siècle que pour en avertir un autre.

Quant au système politique de votre célèbre prédécesseur, il n'est, comme vous l'avez si bien démontré, Monsieur, que la conséquence nécessaire de son système religieux. Si je ne suis pas surpris de l'admiration qu'il vous inspire, je le suis du moins de la date de sa publication. Au moment où fut imprimée la *Théorie du pouvoir*, nous étions en république... « Qu'est-ce qu'une » république? a dit un spirituel écrivain : C'est un » corps qui cherche une tête. » M. de Bonald voulut nous donner ce que nous cherchions : Bonaparte le gagna de vitesse ; ce que proposait le publiciste, le général l'accomplit à sa manière. Nous vîmes, dès lors, se dérouler les pages du plus brillant chapitre de l'histoire de notre révolution ; mais ce ne fut qu'un chapitre. Cent victoires ne purent affermir le dictateur ; il lui en fallait une de plus, elle lui manqua. La Providence, qui lui avait promis une fortune sans égale, voulut qu'elle fût sans durée. Il disparut après avoir jeté le bruit de son nom à tous les échos de la postérité, après avoir ramassé tout ce qu'il y a de gloire sur la terre, pour aller, aux pieds de son juge et du nôtre, apprendre combien pèsent les lauriers dans les balances de la justice divine.

Avertis par le retentissement de sa chute, les descendants de saint Louis et de Henri IV accoururent revendiquer l'honneur de reconstituer la France. La nation, qui leur devait d'être affranchie de l'étranger, se jeta dans les bras de ces descendants de trente souverains ; mais, fatiguée du despotisme impérial, elle demanda sûreté pour ses intérêts, garantie pour ses libertés. Une charte lui fut donnée : elle ne satisfit point toutes les opinions. Une puissante opposition se forma ; des orages grondèrent autour du trône. Pour les conjurer, M. de Bonald apporta de nouveau sa sévère et grave utopie, dans laquelle était renfermé le dogme de l'obéissance passive : vaine feuille, semblable à celles de la sibylle, et que l'irrésistible vent de l'opinion n'aurait pas manqué de rejeter bien loin de l'arène où luttaient déjà les partis. Le pouvoir comprit les embarras de sa position, et ne voulut point les compliquer : loin de là ; il s'éloigna des conseils de M. de Bonald, qui lui semblaient trop porter le caractère de l'absolu, pour céder aux insinuations de la politique, cette timide justice des circonstances, qui se plie aux nécessités, compose avec les passions du jour, n'aspire qu'au possible, n'obtient qu'en cédant, et dont les triomphes les plus avantageux ne sont encore que des capitulations.

Ce système d'accommodement ne pouvait convenir à
M. de Bonald. Les génies spéculatifs, accoutumés à vivre
sans cesse avec eux-mêmes, s'avancent seuls ou presque
seuls pour combattre en faveur de la vérité qu'ils portent
ou qu'ils croient porter dans leur pensée. Armés de cette
forte intelligence qui n'a la mesure de rien, parce que
rien n'est à sa hauteur, ils ne font entrer dans leurs calculs ni les hommes ni les choses ; ils ne tiennent pas
plus compte des obstacles matériels que de la résistance
des esprits. Temporiser leur semble une faiblesse, transiger une trahison. Ils sont rigoureux comme un principe,
ou plutôt ils sont un principe. Comme ils parlent une
langue hiéroglyphique, sans rapport avec la langue vulgaire, ils ne sont point compris et ne comprennent point.
De là le peu d'influence qu'ils exercent sur leur siècle
dans le mouvement des affaires politiques.

Discute-t-on des questions morales, ils reprennent
aussitôt leurs avantages ; ils parlent la langue du peuple
comme celle des initiés, ils communiquent avec toutes
les âmes. Pourquoi? Parce qu'ils ont touché la sphère de
l'immuable. Là, point de principes qui ne soient généralement reconnus, point de lois dont chacun n'ait la
notion en soi-même, point de règles qui n'obligent simultanément tout et tous ! Faites un appel à l'intérêt de
la nature, au sentiment de la justice, du devoir, de l'humanité, à toutes les saintes affections dont le type est
gravé au fond des cœurs dans les mille contrées de l'univers ; demandez-nous de croire à l'existence de Dieu, à
l'immortalité de notre âme, à une vie future : vous êtes
sûrs d'être entendus, vous persuadez, vous triomphez.
Telle est, je pense, Monsieur, la cause de l'immense
crédit que votre illustre prédécesseur a toujours obtenu
dans le monde moral, tandis que l'autorité de ses
maximes échouait souvent dans le monde politique.

Toutefois, sur ce dernier champ de bataille même, M. de Bonald remporta des victoires : je n'en veux pour preuve que l'abolition de la loi du divorce; mais remarquons, Monsieur, que la morale était encore intéressée dans ce grave sujet.

L'abolition de la loi du divorce fut un des plus grands événements de l'époque moderne. Il s'agissait de savoir si le mariage garderait, comme chez les anciens, un caractère brutal et grossier; s'il ne serait que l'adultère légal, l'infidélité autorisée, ou si, reprenant son auguste influence sur la destinée de l'un et de l'autre sexe, il s'appuierait encore du génie de la religion pour épurer et perfectionner les mœurs, pour sanctifier et éterniser les nœuds de l'homme sérieusement associé à la femme. Il s'agissait, enfin, de savoir si l'humanité continuerait à rétrograder de deux mille ans, ou si, jalouse de revenir au point de départ qu'elle avait abandonné, elle se rallierait à cet esprit civilisateur auquel le monde doit les nouvelles vertus qui l'honorent et le bel ensemble des lois sociales qui le régissent. En faisant cesser la plus étrange anomalie dans nos institutions, en nous replaçant dans la véritable voie du progrès, M. de Bonald résolut une immense question. L'adoption de la mesure qu'il proposa aux chambres législatives peut être considérée comme le triomphe du spiritualisme chrétien sur le sensualisme païen. Tout un code de morale, toute une civilisation est là.

Un si admirable résultat suffirait à l'éternelle gloire du noble publiciste dont nous rappelons les travaux. Mais cette gloire, est-ce donc tout? Ne doit-on qu'un tribut d'encens à la mémoire de M. de Bonald? Ah! si quelque étincelle du feu sacré qui animait nos ancêtres vivait encore au fond des cœurs, si l'enthousiasme des belles actions se manifestait encore parmi nous par des signes éclatants, les pères, les époux, les enfants, se réuniraient d'un mouvement spontané pour élever sur la tombe de celui qui fut leur bienfaiteur un impérissable monument d'amour et de reconnaissance. Là, on verrait les arts consacrer sa vénérable image, et, au bas du marbre destiné à reproduire les traits du patriarche, la postérité attendrie lirait en pleurant : Il fut l'ange du foyer, le protecteur du berceau, le gardien des vertus domestiques ; en sauvant la famille, il sauva la société.

Que si nous nous séparons de l'homme public pour vivre familièrement avec l'homme privé, sous quel aimable et gracieux aspect il vient se présenter à nous ! Quelle simplicité dans ses manières ! quel charme dans son langage ! Jamais on ne mit tant d'esprit en communauté avec tant de raison. Jamais l'accent de la bonté ne tempéra mieux ce qu'il y a toujours d'austère dans la parole du génie. Loin d'apporter par sa présence la gêne et la réserve, il montrait d'abord un laisser-aller si séduisant, que les cœurs s'épanouissaient, que la conversation courait plus rapide, et qu'il n'était pas un des interlocuteurs dont il ne fît en quelques minutes, je ne dirai pas seulement un admirateur, mais ce qu'il y a de plus difficile et de plus doux, un ami, tant il savait encourager la timidité, gagner la confiance, intéresser le sentiment : toujours prêt à traiter tous les sujets, toujours habile à saisir tous les tons ; tantôt s'élevant en homme d'Etat aux plus hautes considérations, qu'il sillonnait de mille traits de lumière, tantôt se jouant comme un enfant dans le terre à terre des discussions frivoles, où il portait sa facilité entraînante et sa piquante finesse d'aperçus.

C'est dans une de ces conversations, qu'exerçant sur notre caractère sa critique enjouée et inoffensive, il nous disait un jour... (je ne prends pas sur moi la responsabilité de ses paroles)... Il nous disait donc : Qu'est-ce que la France? Une terre aussi riante que féconde, habitée par des hommes industrieux et vains, penseurs et parleurs, profonds et étourdis, spirituels et inconstants, qui ne savent pas toujours ce qu'ils veulent, qui courent plus après les choses brillantes qu'après les choses raisonnables, qui s'aiment assez entre eux et font souvent comme s'ils se détestaient, qui méprisent les méchancetés et en rient, qui ont pris le bon parti de n'être jamais d'accord sur rien par amour pour la variété ; gens naturellement gais, mais affectant la gravité sans pouvoir porter du sérieux dans les affaires, pétris de défauts et de qualités, pleins d'inconséquences et de grâces, se plaignant le matin et dansant le soir ; amis de la liberté tant qu'ils ne possèdent pas le pouvoir, désintéressés tant qu'ils lorgnent inutilement les places, assez philosophes pour se moquer de leurs travers, mais pas assez pour s'en corriger.

Quand M. de Bonald reprenait le ton élevé qui lui convenait encore mieux, il fallait voir sous quels nobles traits il peignait sa nation, comme il l'élevait au-dessus des autres, comme il s'enflammait au récit de quelque grande action qui faisait honneur au caractère français!

Et pourrais-je oublier, Monsieur, la plus louable de ses qualités? Je veux parler de cette humeur indulgente qui le portait à pardonner les torts, les injustices, les critiques : heureuse disposition d'un cœur plein d'aménité, mansuétude charmante dont j'ai besoin de me souvenir pour me mettre l'esprit en repos sur la hardiesse des censures que j'ai tout à l'heure hasardées moi-même à propos de ses plans politiques.

Quoique vous ayez négligé volontairement quelques-uns des titres de M. de Bonald à l'estime des hommes pour me laisser le soin de cette partie de sa renommée, je sens que de plus longs détails pourraient lasser l'attention et nuire aux intérêts de cette gloire qui a tout ce qu'il faut pour se passer de mon secours. Ainsi, Monsieur, en abandonnant ce beau sujet, je me contenterai de dire avec vous et avec tous les hommes de bien : Honneur au pays qui produisit un tel génie associé à une telle vertu! Honneur au pays qui voit les fils marcher dignement sur les traces du père!

De M. de Bonald à vous, Monsieur, la transition est plus naturelle qu'on ne le croirait au premier coup d'œil. Si les travaux de son intelligence et de la vôtre furent différents, le même ordre d'idées signala chacun de vous dans sa carrière. Le goût du vrai, du bon, du beau, le respect pour les convenances sociales, le désir de ramener la nation aux objets sacrés de son culte, distinguèrent également le philosophe et le poëte. Quand vous évoquiez sur la scène l'ombre majestueuse de saint Louis; quand vous rendiez à ce grand roi ses traits, son caractère, ses vues généreuses, son langage chrétien, sans y penser peut-être vous prêtiez à M. de Bonald le plus sublime défenseur de la cause du passé. Votre drame, Monsieur, était pour lui le meilleur des arguments. Chacune des paroles du héros gagnait des milliers d'adhérents au publiciste. Les cœurs entraient dans votre parti, l'admiration vous livrait vos juges, et la question était décidée par les larmes. Voilà sans doute, Monsieur, le secret de l'honorable prédilection dont M. de Bonald vous donna tant de témoignages. Et comment ne vous aperceviez-vous pas que ses applaudissements n'étaient que des remercîments déguisés, et qu'en vous serrant sur son sein après votre succès, il embrassait, en conspirateur intéressé, son glorieux et brillant complice?

Dans le *Maire du palais*, pièce qui suivit la tragédie

de Louis IX, on aime à reconnaître un but aussi moral et aussi dramatique en même temps. Le portrait de ce jeune Clovis, tout bouillant d'honneur, tout épris de la gloire, mais encore plus pénétré du sentiment de la justice, venant se prosterner aux pieds de Thierry, dont il a, sans le savoir, usurpé le trône, est une des plus touchantes créations de votre pinceau.

L'habileté prudente avec laquelle vous avez transporté sur la scène française un sujet emprunté au génie allemand prouve que le talent, joint au goût, sait naturaliser tous les plants étrangers sur une terre sagement préparée. Oui, Monsieur, dans la *Conjuration de Fiesque*, rien ne semblait plus difficile à mettre sous nos yeux que certains tableaux dont la scandaleuse hardiesse n'avait pas effarouché la candeur et la bonhomie germaniques. Grâce à l'heureuse précaution que vous avez prise de laisser dans l'ombre ce qui devait y rester, la délicatesse de notre public a pu tout tolérer, parce que vous aviez tout adouci.

La brièveté du temps qui m'est accordé me détermine à passer sous silence *Elisabeth d'Angleterre* et *Olga*, autres grandes compositions dramatiques dont la réussite, presque égale à celle de vos premiers ouvrages, devait contribuer à vous ouvrir les portes de l'Académie ; mais je ne tairai point, Monsieur, une vérité qui vous fait honneur : c'est que le jugement du cabinet ne vous a pas été moins favorable que l'épreuve de la représentation. Eh ! qui pourrait, spectateur ou lecteur, se montrer insensible aux nombreuses beautés semées dans vos tragédies ? L'art d'inventer des situations fortes ou pathétiques, de créer des caractères, de les faire contraster, de mettre en jeu tout ce qui, dans le fond de nos cœurs, répond au noble appel de la vertu, l'heureuse nouveauté de quelques-uns de vos sujets, la simplicité antique de vos intrigues, cette éloquence de l'âme qui anime toutes vos pensées, cet éclat d'expression qui les colore : telles sont les ressources qu'une féconde imagination prête à votre raison pour l'embellir; telles sont les causes durables de vos succès et de nos jouissances.

Je ne me pardonnerais pas, Monsieur, d'oublier ici, parmi vos titres, ce poëme de *Marie de Brabant*, ouvrage plein de charmes, dont les amis des lettres ont retenu tant de vers, et que, sous une autre forme, vous avez depuis si heureusement reproduit sur la scène : tant le genre dramatique vous est propre; tant vous éprouvez le besoin, sitôt que vous en êtes sorti, de rentrer dans votre élément !

S'il vous est arrivé de descendre des hauteurs du premier théâtre pour faire de nombreuses excursions sur des théâtres secondaires; si vous avez déposé le poignard tragique pour saisir la marotte de la folie, à qui la faute, Monsieur ? Est-ce à vous, ou aux événements ?

Sorti en 1830 de vos places dans l'administration publique, proscrit en même temps dans votre patrie dramatique depuis l'ouverture d'une école dont vous refusiez de suivre les préceptes, vous cherchiez inutilement un refuge pour vous, votre famille et votre talent, lorsque la joyeuse patronne du vaudeville, la veuve très-peu inconsolable de Panard, de Piron et de Désaugiers, vous tendit la main en chantant, vous offrit gaiement l'hospitalité; et qu'aviez-vous de mieux à faire que d'accepter, Monsieur ? Vous acceptâtes, vous fûtes sauvé. Quel est le casuiste qui puisse, sur ce point, vous adresser un reproche ? N'est-il pas évident pour tous que votre conduite fut dictée par le plus sacré des devoirs, et ne reconnaît-on pas aujourd'hui que cette association momentanée, qu'on prenait pour une mésalliance, ne fut qu'un mariage de raison ?

Espérons que, rendu bientôt à vos inclinations premières, vous recommencerez ce bail de gloire dont le renouvellement intéresse notre orgueil autant que le vôtre. Déjà les secrètes sollicitations de votre talent, et sans doute les conseils éclairés d'une compagne qui recueille aussi d'honorables palmes dans le champ où vous fîtes de si brillantes moissons, vous ont rappelé à vous-même. Tout Paris vous a retrouvé, Monsieur, dans cette *Maria Padilla* qui est venue prendre place au milieu de votre famille d'héroïnes, et qui enrichit d'un rayon de plus votre poétique auréole.

Rentrez donc dans la lice avec toute la confiance que doit vous inspirer le choix de cette compagnie, choix consacré par l'approbation générale. Vous, Monsieur, et vous tous que le ciel a doués de l'heureux don du talent; vous dont la pensée publiée devient la pensée nationale, poëtes, orateurs, savants, philosophes, littérateurs, publicistes, pénétrez-vous bien de l'importance du rôle que vous êtes destinés à remplir; élevez-vous à sa hauteur. Que le bonheur de la patrie soit le sujet fécond de vos méditations et de vos travaux. Après de longues déviations politiques, il est un degré de lumière où les esprits supérieurs se rencontrent ; il est une force où ils se réfugient tous, et qui centuple leurs succès : la modération. De là ils tendent les mains aux nations, encore agitées, et les attirent jusqu'à eux. Ne manquez point à ce sublime rendez-vous; sachez vous rallier pour le bien commun; propagez à l'envi, dans chacune de vos œuvres, les idées d'ordre et de justice ; faites-nous porter vers les arts de la paix toute l'activité de cette intelligence qui nous a menés si loin dans la science de la guerre. Les limites du monde matériel sont étroites, celles du monde intellectuel ne sont pas connues. Dans cette sphère, l'esprit de l'homme peut incessamment faire de nouvelles découvertes, et rien n'y captive son généreux essor : une seule vérité utile qu'il y aura recueillie, en ajoutant au trésor des idées sociales, le recommande à l'éternelle gratitude des siècles.

Et quel temps semble plus favorable, Monsieur, au développement utile des talents ! Notre siècle s'est instruit par ses fautes. De sérieuses et salutaires occupations l'éloignent peu à peu de l'ingrate et stérile arène où les passions nous avaient précipités. Les hommes se rapprochent, les cités s'agrandissent, les besoins enfantent les ressources, les talents échangent et multiplient leurs produits, l'abondance et le luxe même descendent des sommités sociales jusque dans les positions inférieures. Voyez la population augmentée d'un tiers, enrichie de moitié, donnant à la fois des bras à l'agriculture, au commerce, à la guerre, à la marine, inventer chaque jour de nouveaux secrets pour doubler la prospérité publique. N'y a-t-il pas une grande pensée morale dans ce mouvement imprimé à l'activité de l'esprit de l'homme, de l'homme empressé maintenant à féconder la terre au lieu de la ravager, tournant toutes les facultés de son intelligence vers les sciences qui mettent toutes les forces de la nature à sa disposition, vers l'industrie qui le délivre de ses besoins, vers les arts qui le consolent dans ses maux ?

Ah ! c'est une nation privilégiée que la nôtre. Souvent, à force d'imprudence, elle se jette dans un labyrinthe de malheurs, d'où elle sort à force de courage. De ses vices mêmes naissent des vertus extraordinaires ; ses fautes contribuent à sa gloire. Vous la croyez perdue, elle se retrouve et vous étonne par le déploiement d'une énergie que ni elle ni ses adversaires ne lui connaissaient ; plus grande après une chute, plus puissante après un revers, et victorieuse de tous ses ennemis quand elle sait l'être d'elle-même.

RÉPONSE DE M. BRIFAUT,

DIRECTEUR DE L'ACADÉMIE FRANÇAISE,

AU DISCOURS DE M. LE COMTE DE FALLOUX, ÉLU A LA PLACE VACANTE PAR LA MORT DE M. LE COMTE MOLÉ.

(Moniteur du 27 mars 1857.)

Monsieur,

Je lui dois aussi tous mes regrets, à cet éminent esprit dont vous déplorez si justement la perte. Votre affection presque filiale a su lui rendre un hommage digne de lui, et le portrait que vous avez tracé du dernier descendant d'une de nos grandes familles historiques restera, non-seulement comme un témoignage de vos nobles sentiments, mais encore comme une attestation du haut mérite de celui qui sut vous les inspirer.

Pour moi, Monsieur, admis depuis quarante années dans sa maison, sanctuaire de l'honneur, refuge de l'urbanité, j'ai pu m'assurer par moi-même que M. le comte Molé méritait tous vos éloges, soit lorsque vous admiriez en lui les talents de l'homme public, soit lorsqu'en sa personne vous rendiez justice aux qualités de l'homme privé. Nul ne vous signalait plus que lui, Monsieur, au choix de l'Académie, et c'était encore une preuve de son discernement.

Né dans le sein de cette haute magistrature regardée de loin par les étrangers avec autant de respect que d'envie, M. Molé, presque au sortir du berceau, vit l'orage révolutionnaire, en éclatant sur notre pays, engloutir à la fois son père, sa fortune, ses titres, tout, excepté la gloire de son nom. Mais quand la Providence envoie des malheurs, elle a presque toujours le soin de créer des événements qui servent à les réparer. Et pour le prouver, voici, Monsieur, un bien touchant souvenir, que je suis heureux de retracer dans cette enceinte.

Les jours néfastes de la terreur avaient cessé; le sang innocent ne coulait plus sur les échafauds; la France respirait rendue à elle-même. Un cri de pitié retentit alors aux portes du palais législatif. Il fut entendu; il fit sortir du fond des cœurs le besoin de réparer la plus odieuse des mesures. On ne pouvait pas rendre à la vie les nombreuses victimes de la terreur, mais la confiscation de leurs biens, mais ce crime qui punissait les enfants des opinions de leurs parents, pesait encore sur ces têtes innocentes.

Un vieil ami de l'humanité, dont l'éloquence, vraiment inspirée en ce moment, invoqua la justice nationale et fit tomber des mains de nos législateurs les dépouilles des condamnés pour les restituer à ces jeunes orphelins, l'abbé Morellet, dut à cette action un glorieux jour dans sa longue carrière. Il vit accourir et se presser autour de lui les héritiers de nos plus illustres familles; il entendit les accents si doux de leur reconnaissance; il recueillit sur ses mains, sur ses joues vénérables, des larmes qui descendaient dans son cœur et y portaient la plus douce récompense; il put se dire : « En appelant la France à faire un grand acte de réparation, je l'ai rendue à elle-même. »

Patrie, sois bénie à jamais. Ton histoire brille de traits sublimes; mais tu as su y ajouter une page qui en sera peut-être la plus touchante, si elle n'en est pas la plus admirée.

Cependant les révolutions succédaient aux révolutions.

Celui qui devait y mettre momentanément un terme, Napoléon, arriva. Son premier soin fut d'appeler à lui tous les talents et toutes les capacités. Parmi la jeunesse studieuse et digne de sa prédilection, il avait distingué l'auteur d'un ouvrage politique qui révélait des pensées de gouvernement assez d'accord avec les siennes : ouvrage que vous avez si judicieusement apprécié, Monsieur, qu'après vous il ne me reste plus rien à dire sur ce sujet; il attacha bien vite M. Molé à son conseil d'Etat, lui confia l'administration d'une préfecture, et, de degré en degré, l'éleva au poste éminent de grand juge.

Ici de prodigieux événements se déroulent. Ici nos guerres prennent des dimensions colossales. D'abord Napoléon, armé de son génie surnaturel, secondé par ses intrépides soldats, marche en conquérant à travers les royaumes de l'Europe, s'asseyant de trône en trône pour y faire des haltes de maître, et dictant de là ses lois au monde terrassé d'épouvante et muet d'admiration ; puis le héros tombe dans le piége de ses victoires. Il perd en une seule heure, sur un seul champ de bataille, les nombreuses couronnes qu'il avait mis vingt ans à emporter à la pointe de son épée, et qui s'échappent toutes à la fois de sa tête au souffle capricieux de la fortune. Le monde lui est ravi, mais lui laisse sa gloire, et, par une singularité digne d'être signalée, le vaincu reste plus grand que les vainqueurs, tout devant dépasser l'ordre commun dans la vie de Napoléon.

Rendons-nous justice. Ces terribles luttes répugnaient à nos mœurs nouvelles. A travers les prodiges de nos belliqueux enfants et les applaudissements qu'ils ont tant mérités, elles semblent pourtant un anachronisme. Nous savons que la grande voix de l'humanité nous demande autre chose. Elargir le cercle des connaissances sociales, inventer des moyens de bien-être pour les nations, surtout cultiver les nobles sentiments de l'âme; travailler à l'épuration des mœurs en simplifiant les besoins, contribuer au perfectionnement des institutions; en un mot, reculer autant qu'il est possible les bornes de la civilisation : voilà le but sublime que nous devons nous proposer, voilà le mobile des pensées et des actions de M. Molé.

Dans la longue carrière qu'il a parcourue, je ne le suivrai point après vous, Monsieur. Je ressaisis votre prédécesseur au moment où une nouvelle secousse politique renverse son protecteur découronné, et où les Bourbons des deux branches, rendus à notre patrie, réclament tour à tour les services de cet utile citoyen.

Qu'on se rappelle l'état de la France sous ces deux gouvernements successifs, lorsqu'il accepta le ministère, tantôt avec le duc de Richelieu sous Louis XVIII, tantôt sous Louis-Philippe avec d'anciens et illustres généraux de l'empire. Rien n'était moins séduisant alors que les portefeuilles. M. Molé vit les périls de la patrie; il se dévoua pour elle, sachant bien que sa conduite serait diversement jugée. L'amour du bien public, qui lui dicta toujours cette conduite, en est aussi l'explication.

Notre illustre confrère ne monta au pouvoir qu'une loi d'amnistie à la main. Il avait obtenu de la longanimité du prince la délivrance de plusieurs détenus politiques : premier acte de son administration, qui fut une fête pour de nombreux pères de famille. Il connaissait l'histoire : il y avait lu la belle parole de Constantin, qu'on pressait de punir l'outrage fait à ses statues, et qui, passant la main sur son visage, répondait en souriant : *Je ne me sens pas blessé*. Il avait pu faire valoir avec autorité des exemples plus voisins de nous.

Au dernier siècle, un libelle fut affiché à la porte même

du palais de Frédéric le Grand, dont les faiblesses n'avaient pas été ménagées par le satirique anonyme. De faux zélés vinrent prêcher la rigueur au monarque du Nord. Il alla voir l'affiche insolente, la trouva trop haut placée, et commanda qu'on la mit à la portée des yeux de tous les amateurs. Ce procédé, qui lui fit le plus grand honneur, arrêta le débordement des brocards; il tua la satire au lieu du satirique : double profit pour la royauté et l'humanité.

N'oublions pas que Mazarin, qui tirait parti de tout, avait acheté des cargaisons de libelles composés contre lui, non pour les soustraire aux menus plaisirs du public, mais pour les revendre plus cher, acte d'un excellent spéculateur.

L'histoire! l'histoire! Maîtres des peuples, relisez-la sans cesse, et vous apprendrez combien sont doux les fruits de la clémence, combien celui qui pardonne s'élève au-dessus de celui qui l'a offensé.

Parvenu au ministère des affaires étrangères, M. Molé s'y fit connaître par des qualités trop rares de nos jours. La diplomatie a deux codes. Dans l'un sont consacrés les ruses, les finesses, les fausses confidences, les perfidies ingénieuses, les sacrifices qu'on offre de faire pour gagner du temps, ceux qu'on demande avec l'espérance d'un refus, les propositions ambiguës, dont le sens ouvre la carrière à des discussions éternelles; les questions qu'on cherche tantôt à compliquer, tantôt à scinder, selon qu'on a besoin d'embarrasser ou de diviser ses adversaires; les réponses normandes, les promesses avec restriction, les explications qui embrouillent, le *mezzo-termine* qui n'amène point d'accord; enfin tout l'arsenal de la politique. Voilà ce que les négociateurs ordinaires s'applaudissent d'employer, voilà la science que répudie le véritable diplomate.

Celui-ci n'est point un Protée, changeant de forme et de visage à chaque circonstance pour tromper, éblouir ou surprendre l'ennemi. Son attitude est aussi simple qu'imposante. Il ne craint rien ; il connaît ce qu'il veut, il sait ce qu'il peut : dès qu'il aperçoit le piége, il l'évite; s'il y tombe, il le rompt et s'échappe. Ce n'est ni dans Grotius ni dans Puffendorf qu'il a puisé toutes ses pensées. Son âme l'instruit mieux que les livres. Tel fut, autant qu'il put y être fidèle, le plan de conduite ministériel adopté par le comte Molé.

Mais ce n'était point assez de neutraliser la malveillance d'une partie de l'Europe, il fallait encore repousser les efforts des adversaires qui, dans la chambre, lui disputaient le pouvoir. Observons à la tribune l'orateur du gouvernement. Entouré de toutes les passions, luttant contre tous les orgueils, entraîné par sa propre éloquence, quelquefois il se trouble, il s'égare, il abandonne, d'obstacle en obstacle, d'irritation en irritation, cette voie sévère de la raison, où il devait guider les autres. Le tumulte inséparable d'une discussion vive et prolongée, les applaudissements, les huées, les sarcasmes, tout l'anime, l'excite, le transporte, et, dans ce conflit d'animosités, l'intérêt public est parfois oublié et même compromis.

M. Molé ne se brisa point à l'écueil que je viens de signaler. Dans un moment de crise, qui n'est pas encore oublié, nous l'avons vu, cinq fois dans une séance, rentrer dans le débat, et y défendre glorieusement sa position ministérielle contre les plus remarquables talents de tribune ; et s'il sortit du pouvoir, ce fut comme le poëte de Platon, couronné de fleurs et applaudi; fin très-rare pour les ministres !

Bien peu ont su réunir comme lui le triple avantage d'être cités parmi les hommes d'Etat éminents, les élégants écrivains et les coryphées de la bonne compagnie.

Très-jeune encore (permettez-moi de revenir après vous sur cet intéressant chapitre), il fut admis dans un cercle brillant et envié, où les plus hautes intelligences du siècle s'étaient heureusement donné rendez-vous. Là dominait une femme, Mme de Beaumont, chez laquelle cette société d'élite se rassemblait tous les soirs. Là on se livrait à ces charmantes luttes de la parole, qui firent les délices et la célébrité de nos pères : conversations tantôt faciles et piquantes, tantôt graves et fortes, où s'ouvraient sur tous les sujets des discussions sévères, mais tempérées par la grâce; où les ouvrages, les événements, les choses, les vices, les vertus, la sottise et le talent trouvaient des juges aussi éclairés qu'impartiaux; où aux profondes réflexions succédaient les anecdotes badines, aux traits sublimes les bons mots; où le génie répandait majestueusement ses lumières, le goût rendait en riant ses arrêts, la raison dictait avec aménité ses maximes, et dont on sortait toujours plus instruit, plus aimable et meilleur.

Pour donner une juste idée de la valeur de ceux qui composaient cette pléiade, il suffit, comme vous l'avez fait, de nommer MM. de Fontanes, Pasquier, de Joubert, Châteaubriand, et en femmes, outre la maîtresse du salon, Mmes de Damas, de Vintimille, et plusieurs autres du même mérite et de la même distinction.

Les ouvrages politiques du comte Molé, ses travaux ministériels, ont laissé des traces durables; mais cette gloire éphémère des salons, ces triomphes quotidiens de l'esprit de conversation, qu'en restera-t-il? Qui en parlera? Qui dira tout ce que réunissait de charme et de finesse la conversation fleurie, variée, anecdotique et piquante de notre regrettable confrère? Encore un de ces modèles du savoir-vivre qui emporte dans la tombe un des derniers secrets de l'urbanité française !

Je ne lui ferai point un titre de ses vertus de famille. Toutefois, j'aime à rappeler les soins tendres et éclairés qu'il prodiguait à ses deux charmantes filles, dont la pieuse vénération le récompensait si bien de ses efforts pous les rendre, par leurs talents et leurs qualités, dignes de porter un des plus beaux noms de France. Avec quelle touchante émulation l'aimable et bonne compagne de sa vie le secondait ! Et pourrai-je omettre dans ce tableau sa belle-mère, l'excellente Mme de La Briche, dont Florian et Marmontel nous ont laissé de si agréables portraits ? Je reviens à M. Molé.

Vous nous dédommagerez de sa perte, Monsieur, mais sans nous en consoler. Vous-même vous prenez trop de part à nos regrets pour essayer d'y mettre un terme. Vous continuerez à entretenir parmi nous ses heureuses et nobles traditions. Vous êtes de l'école des sages. Au sortir de l'arène politique, dans laquelle vous avez obtenu des succès si mérités, vous prendrez plaisir, nous l'espérons, à respirer dans le sein de notre compagnie. Ici votre bon esprit trouvera encore d'heureuses occasions de se déployer, et peut-être vous applaudirez-vous d'avoir échangé les tumultueux triomphes de la tribune parlementaire contre les luttes paisibles de l'Académie.

Vous avez rendu de grands, mais douloureux services à la patrie. Sans vous parer du titre fastueux de philanthrope, vous l'êtes, Monsieur. Vous êtes en même temps pénétré de respect et d'amour pour la doctrine de celui qui a dit que les pauvres étaient ses membres : paroles admirables et qu'on ne saurait trop méditer, puisqu'elles contiennent une législation tout entière.

C'est cette disposition de votre âme qui vous a porté à solliciter pour le saint-siége le secours du gouvernement dont vous faisiez partie. Avant votre prompte et utile assistance, qui a concouru à sauver la chrétienté des plus grands malheurs, vous aviez montré votre zèle pour l'Eglise en publiant une *Vie de Pie V*, de ce pape distingué par ses vertus et sa modération.

Il établit la réforme dans l'administration, dans les mœurs; il chassa de la ville sainte tout ce qui ne devait pas l'habiter : il avait commencé par des retranchements sur sa dépense personnelle. Mais ce n'est point à moi, profane, d'exalter ces vertus, dont l'éloge est mille fois mieux placé dans votre bouche que dans la mienne.

J'abandonne ce sujet pour applaudir à la description du fameux combat naval de Lépante. Là, Monsieur, vous avez fait briller un talent des plus remarquables. Quel feu! quelle verve! quel intérêt croissant! Votre lecteur n'est plus au coin de son feu ni à son bureau : il est là, il suit d'un œil inquiet et avide les divers mouvements des deux flottes qui se heurtent, luttent, changent à tout moment la face du combat, en rendant le succès si incertain que le cœur ému de votre lecteur bat comme s'il était sur ce mobile théâtre, et ne respire enfin qu'au cri de victoire des chrétiens. Vous êtes un vrai peintre, Monsieur.

De plus, vous portez partout, soit dans vos travaux intellectuels, soit dans vos actions ou vos paroles, un caractère de bonne foi qui vous rend respectable, même à vos antagonistes, quels qu'ils soient.

Pénétré de la morale du Christ, vous en avez fait votre mobile. Vous défendez toujours et partout la cause sainte. Et que d'éloquents émules vous secondent !

Que de grands orateurs rassemblés pour aider au triomphe de la parole évangélique !

Avant de vous parler, Monsieur, de l'éloquent ouvrage que vous avez consacré à solenniser la vie de Pie V, j'aurais dû vous rappeler votre premier titre au fauteuil académique, cette *Histoire de Louis XVI*, dans laquelle votre âme s'est répandue tout entière. J'avoue qu'elle m'a laissé des souvenirs trop attristants pour que je ne craigne pas d'en occuper cette brillante assemblée. Ce n'est pas dans cette enceinte, à mon avis, qu'on doit parler de celui que nos larmes ont depuis longtemps sanctifié.

Pour rester dans les bornes de mon sujet, je dirai, Monsieur, que la vie et la mort du Juste, loin d'être inutiles à la religion, contribuèrent à son triomphe. Elles donnèrent au monde des exemples qui ne furent pas infructueux. A travers nos crimes et nos malheurs, elles jetèrent une pensée sociale qui neutralisa les uns et nous consola des autres. Une nouvelle lumière rayonna sur nos ruines; un modèle de plus fut laissé à l'humanité, et la civilisation, comme le christianisme, au lieu de rétrograder, fit un pas en avant.

Dans nos jours de troubles et de dangers, on vous a vu, Monsieur, monter à la tribune législative, ferme sans témérité, intrépide sans bravade, et là créer, pour ainsi dire, de nouvelles formes oratoires. Votre dignité, votre sang-froid, Monsieur, ce je ne sais quoi d'attractif qui n'appartient qu'aux âmes d'élite et aux caractères élevés; tout ce qui est en vous, jusqu'à la sévère autorité de votre geste, jusqu'à l'énergique puissance de votre organe, tout vous a donné la victoire. Aussi vos propositions furent-elles votées à une majorité surprenante. A cet immense service rendu, non-seulement à la génération actuelle, mais à celles qui suivront, nous avons tous répondu par un cri de reconnaissance.

Il semble, Monsieur, que la France soit le pays des ressources. Rien n'y manque de siècle en siècle. Elle appelle un grand homme de guerre, vient un Duguesclin. Il lui faut un sage administrateur, Sully paraît. A mesure que la patrie éprouve de nouveaux besoins, elle trouve un génie soit pour la sauver, soit pour l'éclairer, pour la lancer dans les voies d'amélioration matérielle ou de perfectionnement moral qui doivent lui assurer à jamais sa place magnifique à la tête des nations. Aimons, honorons cette mère sacrée, qui nous a fait grandir au milieu de toutes les épreuves. Mais aussi, nous-mêmes, aimons-nous réciproquement, rapprochons nos rangs et marchons tous ensemble, sous ses bénédictions maternelles, à la conquête de l'avenir.

Oh! puisse toujours cette France si chère croître en prospérité, et surtout en vertus! Puissent les enfants qui naitront d'elle égaler leurs pères et se voir égaler par leurs fils! Honneur, honneur à cette noble patrie, dont le glaive est la sauvegarde du faible, dont le cri fait reculer l'injuste, et dont les triomphes mêmes, loin d'être des spectacles d'effroi, sont des fêtes pour l'humanité!

DU
RELIGIONISME
MODERNE.

1836.

Quand le christianisme naissant attira les regards du monde, il fut accusé d'être la religion des impies, des débauchés et des séditieux : alors parut cette éloquente apologie qui, réduisant les calomniateurs au silence, eut pour auteur Tertullien, et pour admirateurs tous les hommes.

Quand, plus tard, des sectes dissidentes reprochèrent au christianisme dominant du haut de la chaire de saint Pierre d'avoir altéré la pureté et dénaturé le caractère des vérités évangéliques, Bossuet, pour toute réfutation, retraça l'histoire des variations de l'Eglise protestante, et le vieux athlète du ciel vit tomber à ses pieds tous les traits lancés contre l'Eglise catholique.

Lorsqu'enfin de stupides détracteurs osèrent appeler le christianisme la religion des ignares et des obscurants, l'immortelle production d'un écrivain de génie (1) vint le venger avec éclat d'une si misérable insulte.

Ainsi chacune des attaques dont il fut l'objet n'a servi qu'à lui assurer une nouvelle victoire.

Aujourd'hui un système de transaction, créé par l'esprit de sophisme et d'orgueil, menace d'ébranler les fondements de l'Eglise. D'illustres champions se présentent pour le combattre.

Placé par la faiblesse de mes talents autant que par l'obscurité de ma position loin de la lice éclatante où les engagent l'ardeur de la foi et le zèle de la vérité, je n'ai ni le droit ni l'ambition de marcher avec ces apôtres. Toutefois, si la religion n'a pas besoin de mes faibles services, dédaignera-t-elle de permettre qu'au milieu du vaste concert qui solennise ses bienfaits et proclame son unité, se fasse entendre une voix de plus?

---

(1) M. de Châteaubriand.

DU
RELIGIONISME MODERNE.

PREMIÈRE PARTIE.

Il est un mot puissant et mystérieux, consolateur et terrible, un mot dans lequel sont renfermées les destinées entières des sociétés : ce grand mot, c'est la religion.

Quiconque y touche doit trembler. Osez abattre la croix, osez la faire disparaître, et vous verrez quel vide immense elle laissera dans le monde civilisé. Toutes les institutions s'y rattachent : si elle tombe, tout tombe avec elle. Et que deviendra dès lors cette foule de nations qu'elle couvre de son ombre? Que dis-je? Sans un autre signe religieux qui la remplace, qu'aurez-vous fait en la renversant? Rien ; car, selon la belle parole d'une femme célèbre, tout ce qui n'est pas remplacé n'est pas détruit.

Point de peuple qui ne soit porté naturellement vers

l'idée de la Divinité, parce que dans cette idée sublime il y a quelque chose d'indéfini, d'incompréhensible qui plait à son imagination, et parce qu'il y trouve surtout la consolante espérance d'un avenir dont les promesses le dédommagent des privations que lui impose le présent. Croire, c'est espérer. Otez la croyance à un peuple, et vous en ferez une nation de malfaiteurs.

Quoique très-peu versés dans la connaissance des hommes, les révolutionnaires des derniers temps sentaient si bien la nécessité de leur donner un culte, qu'ils instituèrent celui de la Raison, puis celui des théophilanthropes; mais comme leur déesse Raison était une courtisane, et que leurs théophilanthropes avaient les mains teintes de sang, on rit, on s'indigna, on couvrit de boue les fausses divinités et leurs hypocrites adorateurs.

Aujourd'hui la religion est dans l'Etat et dans la charte, mais non dans le gouvernement (1). Le gouvernement ne la professe point, il n'en professe aucune; il se déclare neutre, et bientôt nous apprécierons les effets de cette neutralité du pouvoir.

Cependant voici une étrange contradiction qu'il est bon de signaler : on ne veut pas que le clergé se mêle au siècle, et de tous les côtés le siècle fait irruption dans le sanctuaire. La presse, la tribune, la chaire philosophique, retentissent des prédications de je ne sais quels apôtres qui, sans titre et sans mission, ajoutent ou retranchent aux dogmes, interprètent à leur gré le livre de la loi, et, foulant aux pieds les doctrines de l'Eglise, l'autorité des pères, les décrets des conciles, enfin toutes les traditions religieuses appuyées sur douze cents ans d'observance,

---

(1) Il faut faire ici une distinction importante. En accusant l'esprit et les tendances du gouvernement d'alors, je n'adresse point mes reproches à la famille qui gouvernait la France, et dont on connaissait les sentiments chrétiens. — Janvier 1850.

prétendent arrogamment que d'eux seuls doit dater la véritable ère chrétienne.

Evangélistes en frac, lévites *extra muros,* ils se sont assemblés, et ils ont dit : De siècle en siècle les hommes ont défiguré la grande image de Dieu : rendons lui ses traits primitifs, effaçons les faux ornements qui la couvrent et la déguisent. Alors ils ont mis la main à l'œuvre, puis, nous donnant un Dieu revu, corrigé, augmenté ou diminué à leur fantaisie, ils nous crient : Adorez cela. — Nous n'adorons point, nous repoussons ce Dieu manufacturé par eux, ce Dieu refait de main d'homme.

Ils insistent; ils répètent avec affectation : Prenez garde, nous ne sommes point des novateurs, mais des réformateurs. Nous voulons rappeler les nations chrétiennes aux vrais préceptes de l'Evangile. Voyez Luther, ses progrès, ses triomphes. Ce qu'il a tenté avec un si prodigieux succès, pourquoi ne l'effacerions-nous pas à notre tour? Quand une religion a vieilli, n'est-il pas nécessaire de la rajeunir? Quand elle a subi des altérations funestes, ne faut-il pas chercher à lui rendre sa première pureté?

Luther! Et quels sont donc ses triomphes? Quel bien a-t-il donc fait à la religion? Avant lui (1) l'Eglise était unie, il l'a divisée; avant lui les esprits vivaient en paix sous le joug des mêmes doctrines, il leur a apporté une guerre qui dure encore. Il a conduit les hommes du doute à l'examen, de l'examen à la discussion, de la discussion à la négation. Quelle marche! quels progrès! quels triomphes!

On assure qu'il a répondu aux besoins des siècles mo-

---

(1) Nous ne comptons pas des hérésies passagères et qui n'avaient rien changé à la constitution de l'Eglise. Nous ne parlons pas non plus des hérésies des premiers siècles, éteintes depuis longtemps.

dernes. Mensonge! Il n'a répondu qu'à leurs passions. Où en est maintenant la chrétienté, grâce à lui? Déchirée par vingt schismes différents, livrée à toutes les aberrations des sophistes, elle a perdu sa force en perdant son accord; elle n'avance plus, elle s'égare; elle tomberait du scepticisme dans le néant sans l'invisible main qui la soutient. Il n'a été donné à Luther, comme il ne sera donné à ses imitateurs, que de fractionner l'univers religieux; le renouveler ne dépend pas d'eux. Un homme peut créer une secte et s'en faire escorter; Dieu seul peut être obéi en disant à un monde entier : Suis-moi.

Luther! Vous vantez ses services. Voyons, examinons.

En critiquant les vices de la cour de Rome, que nous a-t-il appris? Que partout où il y avait des hommes il existait des imperfections. Ce n'était pas la peine d'écrire. Il a combattu, dites-vous, des dogmes inadmissibles, dégagé le culte de pratiques minutieuses; je vous l'accorde pour un moment. Mais a-t-il cherché à rendre plus sensibles et plus consolantes aux yeux de ses semblables les vérités évangéliques? s'est-il attaché à faire ressortir les immenses bienfaits de cette morale qui apprend aux hommes à se regarder en frères, qui offre aux malheureux l'espoir d'une consolation céleste, aux affligés un avenir de bonheur en échange des peines du présent? A-t-il dit aux disciples qui le suivaient : Rapprochez les cœurs, étouffez les haines, inspirez l'amour des vertus? Non; il a prêché la guerre, et sa vie n'a été qu'un combat. Est-ce ainsi qu'on fait avancer la raison?

Qu'importe qu'il ait signalé des abus, changé des rites? L'humanité demandait plus à un philosophe chrétien. N'apprendre à ses prosélytes que la controverse, ne mettre dans leur âme que des idées de séparation d'avec la communauté des fidèles, est-ce là le but d'un apôtre?

Et depuis qu'il s'est élevé tant de sectes dans l'Eglise, l'Eglise est-elle plus vénérée, le monde plus éclairé, la civilisation plus complète?

Toutefois, qu'ils ne se laissent pas tant séduire par l'exemple de Luther, ceux qui s'efforcent de marcher sur ses traces. Depuis le siècle trop fameux où l'indisciplinable moine allemand s'en alla secouant les marches du trône pontifical et déchirant à moitié le pacte d'union entre les mains des fidèles, l'orgueil humain s'est précipité à pas de géant dans des voies plus funestes et plus effrayantes. Traversant rapidement la réforme, qui ne lui suffisait plus, il est arrivé au scepticisme, dont il ne s'est pas contenté, puis on l'a vu descendre jusqu'au dernier terme de l'incrédulité, où il se débat maintenant contre tout ce qui a vie dans les religions.

Luther et Calvin ont ouvert la route à Hobbes et à Spinosa : qu'on juge s'ils sont dépassés; qu'on juge aussi de la nouvelle halte où il faut suivre notre siècle.

Ainsi donc il n'est plus question de discuter sur tel dogme ou telle cérémonie, mais sur l'ensemble des doctrines et des traditions ecclésiastiques. Ainsi donc il ne s'agit plus de savoir si l'on est catholique ou protestant, mais si l'on est croyant ou athée. Nous avons tout simplifié. Il n'est aujourd'hui que deux drapeaux flottant sur le monde, celui de la foi ou celui du matérialisme.

Je me trompe. Il en existe un troisième, le drapeau de l'indifférence; c'est le gouvernement qui l'arbore, comme je l'ai dit. Sans doute, en se proclamant étranger aux croyances religieuses, il s'est bien applaudi de sa haute politique; sans doute il a cru échapper à l'un des plus grands dangers de sa position orageuse. Mais a-t-il cherché, a-t-il trouvé le secret de se passer du puissant levier que ses mains ont rejeté avec tant de précipitation?

Il peut voir maintenant de quel point d'appui sa cauteleuse timidité s'est privée.

Nulle illusion, cependant, n'est permise aux hommes du pouvoir. A tout empire qui veut durer, il faut une religion. Or, voyez, cherchez, explorez : au point où est parvenue l'intelligence humaine, il ne peut plus y avoir que la religion chrétienne. Sa morale est la vie spirituelle des peuples, ses lois enchaînent les consciences de deux mondes, ses rites sont observés partout où la civilisation a porté sa lumière. Quand elle est venue, elle a dit aux vieilles sociétés et aux vieilles religions: Votre temps est fait, mourez. Qui aurait le droit de lui en dire autant?

Elle a renouvelé la terre, parce que la terre avait besoin d'elle. C'est de ses mains que sont sortis les trésors de la civilisation. A elle, à elle seule appartiennent les vertus du monde moderne. Si, dans des jours de corruption, elle perd parmi nous quelques milliers de sectateurs, ses missionnaires, armés de l'Evangile, vont au loin lui conquérir des nations entières. Elle a reçu d'en haut trois caractères divins : la force, l'unité, la durée. La voilà telle que Dieu l'a faite.

Faut-il prouver que la religion chrétienne est la seule religion sociale et civilisatrice? Il suffit de la comparer aux autres. Qu'ont-elles fait pour le perfectionnement des nations?

Celle de Brama laisse les vieilles tribus indiennes, plongées dans une nuit de quarante siècles, marcher à tâtons de leur berceau à leur tombe, même encore aujourd'hui, même à côté de la civilisation, fille du christianisme, que deux cent millions d'indigènes ont vue inutilement pour eux descendre sur leurs beaux rivages, qu'ils touchent de la main sans presque la sentir, dont ils balbutient la langue sans la comprendre, dont, enfin, l'esprit, les arts, les lumières les entourent sans les pénétrer, et avec laquelle peut-être ils ne se mêleront jamais; parc immense de troupeaux métis jetés là par une main divine pour marquer la transition de la brute à l'homme; force aveugle et inerte, condamnée à ramper sans cesse aux pieds de cette puissance active et intelligente qui grandit tous les jours sur ce vaste sol, où elle lui mesure sa place, après lui en avoir ravi la propriété.

Celle de Mahomet, toute de fer et de volupté, commandant l'obéissance passive et promettant une éternité de jouissances, subjugua les hommes par la terreur des armes, en même temps qu'elle les attirait par les espérances du plaisir; tandis que la religion du Christ, sévère comme la vérité, inoffensive comme la force réelle, ne prodiguait ni menaces ni promesses. Celle-ci ne plaçait pas les biens de l'homme sur la terre, mais dans le ciel; elle ne lui disait pas : Combats et domine. Elle lui disait au contraire : Humilie-toi et apprends à souffrir. La première enfanta des brigands, la seconde fit des martyrs. L'Alcoran s'est rougi du sang de ses détracteurs ; c'est du sang de ses confesseurs même que l'Evangile s'est couvert. De ces deux religions, nées à des époques célèbres par les malheurs du genre humain, l'une, la croix à la main, ouvrit, dans le fond des bois solitaires, des asiles sacrés au repentir, à l'infortune, à la grandeur abattue, alors que l'autre, debout sous les tentes guerrières, appelait à la destruction des mortels toutes les ambitions et toutes les cupidités, qu'elle armait du glaive exterminateur. De là l'ombrageuse et sanguinaire puissance du mahométisme, arrêté dans sa marche par l'horreur qu'il inspirait, et l'autorité de persuasion qui a commencé, qui achèvera de donner le monde au christianisme.

Allons plus haut dans l'histoire des nations, remontons aux siècles anciens, et demandons à la religion païenne les vertus dont elle a doté la terre.

Toute l'antiquité n'a connu qu'une seule passion, l'orgueil : elle en avait fait son mobile et son idole; elle en a vécu et en est morte : sa destinée était d'en mourir.

Dans ces temps de fausses lumières et de civilisation avortée, les institutions, les lois, les coutumes, les religions mêmes ne tendaient qu'au développement et au triomphe de cette passion, la plus anti-sociale de celles qui existent sur la terre; car elle a pour but d'isoler chaque homme des autres hommes, chaque nation des autres nations.

Et en effet, l'orgueil, qu'est-ce? L'estime de nous seuls, le mépris de nos semblables, le besoin de les dominer; je dis trop peu, la soif de les asservir.

C'est l'orgueil qui enfante les guerres, porte la dévastation partout où il aperçoit la résistance, crée le droit de conquête et celui d'extermination, va peut-être plus loin en établissant l'esclavage, l'esclavage destructeur de la dignité de l'homme, l'esclavage dont les horribles lois réduisent au sort de la brute l'image animée et intelligente de la Divinité.

Alors le fer ne se repose plus; l'univers est une vaste lice où les malheureux humains, sans cesse acharnés les uns contre les autres, se donnent rendez-vous pour combattre : l'assassinat à main armée usurpe le nom de gloire, la spoliation s'appelle le prix de la victoire; enfin, le brigandage, cette épouvantable exception à la loi sociale, en devient la forme convenue et l'expression traditionnelle.

Levez-vous, hommes inattentifs aux grands spectacles comme indifférents aux grandes leçons de la terre; levez-vous, et, pour juger le passé, reportez-vous jusqu'à lui. Prêtez l'oreille à travers trente siècles. N'entendez-vous pas un effrayant cliquetis de chaînes? Oui. Maintenant regardez. Ne voyez-vous pas cette longue série de vaincus, le front pâle, les yeux baissés, les mains liées, défilant devant un char triomphal, au milieu d'une multitude ivre de joie et qui semble leur dire : Vous m'appartenez ; vos jours, vos bras, vos sueurs, votre sang, les fruits de vos travaux, les enfants qui naîtront de vous, c'est moi qui en disposerai ; dans le présent comme dans l'avenir, vous serez ma proie, vous et votre postérité.

Poussons plus loin. Quels sont ces malheureux qui, le fer en main, se rangent au milieu du cirque? Ils viennent s'attaquer, se combattre, se sillonner mutuellement de blessures mortelles pour amuser l'ennui d'un peuple.

Là s'ouvre ensuite une arène où des bêtes féroces, à la voix d'un million de spectateurs enchantés, s'élancent sur une foule sans défense, vierges, enfants, vieillards, qui tombent déchirés sous leurs griffes écumantes de sang.

Eh bien, ces captifs, ces gladiateurs, ces martyrs, condamnés à souffrir ou à mourir pour les plaisirs de ces hommes assemblés, ce sont aussi des hommes. Mais qui s'en est souvenu? qui a réclamé pour eux les saints priviléges de l'humanité? Où êtes-vous, illustres disciples du Portique et du Lycée? Avancez. Dites-nous en vertu de quel droit ces êtres qui pensent ont enchaîné, avili, condamné aux plus honteux supplices des êtres comme eux. Ils se taisent, ou ils répondent : De quel droit? Du droit de la guerre. Et, pour se tromper eux-mêmes, pour s'excuser à leurs propres yeux, ils cherchent à séparer leurs victimes de la condition commune en les flétrissant du titre de barbares. Voilà tout ce qu'ils ont pu imaginer pour couvrir leurs crimes de lèse-humanité.

Ainsi nous ne suivons l'antiquité, si fière d'elle-même, qu'à la trace des violences et des cruautés. Ainsi la destination des hommes sur la terre est faussée parce que leur raison est pervertie. Nul ne se juge appelé à l'honneur de contribuer pour sa part soit à la félicité, soit au perfectionnement de ses semblables : tous ne se croient d'autre mission que celle de les opprimer ou de les anéantir. Si, par hasard, l'orgueil, père de l'égoïsme, leur permet de porter leurs affections au delà d'eux-mêmes, il les étend à leur famille, quelquefois à leur patrie, parce que leur famille et leur patrie sont encore eux, jamais au genre humain.

Est-il surprenant que ce monde gangrené ait disparu, englouti dans la lie de ses vices? Il faut au contraire s'étonner qu'il ait pu rester si longtemps debout. Mais c'est trop nous arrêter autour de ses lambeaux : rejetons le linceul sur ce cadavre parfumé du vain encens des poëtes, et retirons-nous de peur de l'infection.

Qui a ramené l'espèce humaine au véritable but pour lequel Dieu l'a créée? Le céleste auteur du christianisme. C'est lui qui, terrassant en nous le sentiment de l'orgueil, est venu confier à une vertu jusqu'alors inconnue la conservation de l'univers; cette vertu, la charité, c'est-à-dire l'amour, a produit des miracles tels que jamais les sages du paganisme n'auraient pu les soupçonner. L'amour, rayon émané du foyer divin, en échauffant les âmes des chrétiens, en illuminant la sublime carrière où ils devaient désormais marcher, l'amour les a élevés de toute la hauteur de la croix au-dessus des peuples anciens. Et la croix, que nous dit-elle? Signe de la rédemption, elle est aussi le gage du dévouement. A elle seule elle explique le profond et touchant mystère de la descente du Sauveur.

Et comment concevoir autrement un Dieu abandonnant les magnificences du ciel pour venir s'envelopper sur la terre des misères de l'homme; un Dieu se dérobant à ses grandeurs et sortant de la paix de son éternité pour traverser le chemin de douleur qui l'a conduit si péniblement de la crèche à la croix! Ôtez au Christ ce motif sublime, tout paraît absurde et incompréhensible dans l'acte de sa transformation de Dieu en homme. Mais si vous l'adoptez, et vous y êtes contraints sous peine de ne plus rien entendre ni à l'Evangile, ni aux prodiges qu'il a opérés pour la régénération du monde moral, ni à la nouvelle destinée de l'homme, tout devient intelligible, tout nous éclaire sur la cause de son immolation volontaire, tout contribue à porter dans notre âme un sentiment de reconnaissance aussi grand, s'il est possible, que son dévouement céleste.

Oui, il fallait que lui-même nous apprît à nous immoler pour les hommes, afin que nous connussions à la fois toute l'étendue de nos devoirs envers nos semblables, et toute la force que son exemple nous prête pour accomplir ces mêmes devoirs. Sans un exemple si fécond, qui de nous se serait cru capable du sacrifice complet de lui-même? Qui n'aurait reculé à l'idée immense d'élargir son âme au point d'y faire entrer le genre humain tout entier et de se livrer pour lui en holocauste? Jamais si admirable chose ne s'était vue.

Que l'antiquité nous cite ses Codrus et ses Décius! Faibles vertus que les leurs! Comparez leur dévouement à celui des apôtres. Que sont ces fiers citoyens qui meurent pour la patrie, à côté de ces humbles pêcheurs qui exposent leur vie pour des peuples qu'ils ne connaissent pas? Les premiers, enfants de l'orgueil, ne s'occupent que d'assurer un triomphe meurtrier à leur ville natale! Les seconds, fils de la charité, ne songent qu'à donner, au prix de leur sang, le monde à la vérité. Car cette vérité, qui leur coûte si cher, une fois répandue, aimée, pratiquée, ils savent qu'elle va éteindre parmi les hommes toutes les passions haineuses et exterminatrices, qu'elle va rapprocher tous les cœurs, faire tomber les glaives de toutes les mains, et confondre les nations dans le sentiment de la fraternité universelle.

Oh! si les préceptes du Christ étaient bien suivis de nous, oh! quelle paix sur la terre! quelle union entre les hommes! quelle douceur et quel charme dans les relations sociales! Jamais spectacle si beau n'aurait mérité les regards de la Divinité!

Et cependant nous ne ferions qu'obéir à celui qui nous a envoyés et que remplir notre mission. Nous qui reconnaissons l'existence d'un Dieu, père commun des hommes, pourquoi oublions-nous trop souvent les obligations sacrées que nous impose le titre de ses enfants, pour agir comme l'antiquité païenne, qui ne vouait un culte qu'à ses passions divinisées par elle, qui se croyait dispensée de vertus sur la terre parce qu'elle se jugeait exempte de responsabilité dans le ciel? Et d'ailleurs, si elle eût supposé le contraire, quelle crainte aurait-elle eue de se présenter hors de la vie à des dieux adultères, incestueux, voleurs, pétris de faiblesses et souillés de vices? L'excuse des anciens est dans leur religion. S'ils ont été des hommes de désordres et de violences, s'ils ont porté le fer et la flamme partout où leurs bras pouvaient atteindre, si les vestiges de leurs barbaries sanglantes fument encore à travers les âges, ils peuvent, pour leur justification, se placer derrière leurs dieux et dire : Voilà nos modèles ! Ils le peuvent, mais nous!

L'établissement de l'Évangile compte déjà plus de quinze siècles, et la rénovation du monde moral n'est encore qu'à son début. L'esprit du paganisme, loin d'avoir disparu, se reproduit parmi nous sous toutes les formes. Il circule à notre insu, comme un poison caché, dans les veines du corps social. Tel qu'un moteur invisible, il préside aux conseils, il dirige les actions de la plupart des hommes, même de ceux qui s'honorent le plus du nom d'enfants du Christ. L'orgueil est toujours la source où nous allons puiser l'un après l'autre, sans penser un moment que cette source impure à laquelle s'abreuva l'antiquité, en mêlant ses eaux à celles que le Christ fit descendre sur nous des hautes cataractes du ciel, ne peut que leur prêter sa fange et leur communiquer sa corruption. Or, pourquoi l'orgueil vit-il en nous avec cette énergie? Parce qu'il tient à notre essence, parce qu'il fait partie de nous. L'orgueil, c'est l'homme; l'amour, c'est Dieu. Tout s'explique par ces mots.

Pour venir combattre, détruire et remplacer en nous le sentiment de l'individualité par celui de la charité, il n'a pas fallu moins qu'un Dieu, comme on le voit. Lui seul pouvait nous vaincre et changer notre nature. Nous ne sommes, je l'ai dit, qu'au commencement de ce grand combat, dont l'issue doit tourner en même temps à la gloire du Rédempteur et à la félicité du monde. Mais qu'est-ce que des siècles, et des milliers de siècles, aux yeux de celui qui se nomme l'Eternel? Qu'importe que, dans l'océan des âges qui s'écoule devant lui, d'innombrables créatures traversent la vie pour aller tomber au pied de son trône, en avouant qu'elles ont oublié ou méprisé leur immense mission? Lui, l'Eternel, n'en poursuit pas moins sa grande tâche : les germes qu'il a semés au sein de notre globe porteront tôt ou tard leurs fruits, car il l'a voulu. Les jours qui doivent manifester l'accomplissement de sa loi divine, ont leur époque marquée dans l'avenir. Plus l'espèce humaine avancera, plus elle verra s'élargir le magnifique chemin où la charité la précède, environnée des mille vertus qui lui servent d'escorte.

La charité! déjà des triomphes éclatants ont signalé

chacun de ses pas. La réhabilitation de la dignité de l'homme par l'abolition de l'esclavage, l'association de la seconde des créatures intelligentes avec la première, dont elle est devenue l'égale après avoir si longtemps langui son inférieure; l'adoucissement graduel des mœurs sociales; l'introduction d'un droit des gens inconnu aux peuples anciens; l'effusion du sang humain sur les autels des idoles ou sur les tombes des conquérants, regardée comme un crime et arrêtée au nom de l'Evangile; le système d'extermination faisant place à des idées politiques en harmonie avec le besoin de la conservation de notre espèce : que de conquêtes de la charité! que de prodiges d'amélioration, dont la conception seule aurait étonné et confondu les enfants du paganisme!

Combien de fois l'orgueil humain a reculé devant l'amour céleste! Si le *moi*, qui s'agite encore en nous, se retrouve trop souvent aux prises avec le génie bienfaisant de la chrétienté, celui-ci le pousse dans tous ses retranchements, le précipite loin de tous ses postes, et parviendra peu à peu à le bannir du milieu de cette société où il a su conserver tant d'intelligences, et qu'il enveloppe de ses derniers réseaux.

Lorsqu'autrefois Théodose, pour venger la mutilation de ses statues impériales, condamnait à mort tous les habitants de Thessalonique, il cédait à l'influence du génie barbare de l'antiquité : l'orgueil dictait son effroyable sentence. Mais lorsque ce même prince, arrêté à l'entrée du temple par un saint et courageux évêque, baissait humblement la tête sous les foudres de l'Eglise, faisait disparaître à travers ses larmes pénitentes les souillures de ses mains ensanglantées, et s'élevait aussi haut dans son expiation qu'il était tombé bas dans sa vengeance, c'était alors le tour et le triomphe de l'esprit du christianisme qui se ressaisissait de lui. Alors, purifié par le repentir, rentré dans l'humanité, réconcilié avec Dieu, le bourreau des hommes redevenait leur frère, et l'enfant de l'orgueil, déchirant les derniers langes qui le retenaient garrotté dans le paganisme, venait, pour ne plus les reprendre, les brûler solennellement en face de la terre et du ciel, sur l'autel de la charité.

Eh bien, si Théodose n'eût point trouvé un Ambroise devant lui, que devenait le monde? que devenait l'empereur lui-même? Précipité sans obstacle dans la carrière des cruautés, que de crimes peut-être seraient sortis d'un premier crime! Où serait aujourd'hui ce nom de grand, conquis par tant de vertus et apporté jusqu'à nous par la bénédiction des peuples? O sublimité de la religion chrétienne! ô puissance de la charité! sans vous, sans la force que vous nous prêtez, qui d'entre nous pourrait répondre de soi?

Enfonçons-nous dans des siècles plus reculés. Une autre scène appelle nos méditations. Coriolan, banni de Rome, revient tourner contre sa patrie les armes qui l'ont tant de fois défendue. Entre les tombeaux de ses pères et le berceau de son enfance, il a prononcé sur sa ville natale l'arrêt d'extermination : il va l'exécuter. Le malheureux!

Dans ces murs où il a laissé tant de compagnons de ses premiers jeux, tant d'émules de sa jeune gloire, tant de vieux parents qui applaudirent à ses précoces triomphes, il ne voit plus que des proscripteurs qu'il doit punir. Les punir! Mais que lui ont fait ces épouses qu'il condamne au veuvage, ces mères dont il menace les fils, ces enfants qu'il veut rendre orphelins? Ce qu'ils lui ont fait! Ils sont Romains, ils l'ont vu chasser : voilà leur crime. Qu'ils pleurent, qu'ils gémissent; non, ce n'est point assez : qu'ils meurent aussi! Auteur ou témoin de son affront, tout doit disparaître du sol des vivants : la haine de Coriolan l'a voulu.

En vain l'amitié, l'amour conjugal, la religion, la patrie, ont porté tour à tour à ses pieds leurs touchantes supplications. Pour toute réponse, il s'avance; encore un pas, et il écrase Rome. Quelle puissance l'arrête? Qui fait reculer l'inexorable vainqueur? Le cri d'une mère. A ce cri, Marcius laisse tomber la vengeance de ses mains féroces. Mais si Véturie était morte la veille, plus d'obstacle; d'une seule existence dépendait le sort de vingt mille citoyens; quelques heures de vie de moins chez cette femme, et la ville éternelle n'était plus.

C'est qu'alors aucune voix du ciel n'enseignait le pardon des injures, aucun athlète de la charité ne descendait pour la défendre dans l'arène ouverte aux passions. Quelques philosophes apparaissaient de loin en loin sur la terre en disant : Soyez humains ! Mais dès qu'ils étaient passés, tout faisait de nouveau silence dans les cœurs, excepté les passions, ces souveraines du paganisme. Il fallait ce qui manquait alors, ce que nous voyons aujourd'hui, une autorité non transitoire, une autorité appuyée sur cette loi qui ne se contente pas de nous inviter au bien, mais nous en rappelle sans cesse la nécessité, nous en prescrit l'observance, nous en fait sentir le bonheur, nous en promet la récompense; sur cette loi écrite dans nos cœurs avec le sang même d'un Dieu.

Il n'est donc de véritablement bon, de véritablement social que le précepte chrétien, puisqu'il réunit la permanence à l'autorité.

Un philosophe illustre a dit : L'homme est né bon, mais la société le déprave. S'il eût entendu parler de la société politique, il aurait pu avoir raison. Quant à la société chrétienne, ah ! loin de dépraver l'homme, elle le purifie et le complète en se complétant elle-même. En veut-on une preuve des plus frappantes? Prenons une éducation faite d'après les préceptes du christianisme.

Ce sujet demande de grands développements : on me les pardonnera sans doute ; qu'on daigne me suivre jusqu'au bout.

Dans une des salles de cet immense palais, rayonnant de marbre et d'or, où Louis le Grand, au milieu de toutes les magnificences des arts, se repose majestueusement de toutes les gloires de son règne, voyez-vous jouer avec ses deux frères plus jeunes que lui, un enfant au regard superbe, à la contenance imposante, beau comme une vision du ciel, frais comme son âge, plus paré de ses cheveux blonds et des brillantes couleurs de son teint que des riches décorations qui resplendissent sur sa royale poitrine. Chacun de ses mouvements révèle l'habitude de la domination, chacun de ses gestes semble un ordre. A sa voix impérieuse cessent ou recommencent les jeux. Ses deux frères à côté de lui paraissent plutôt des esclaves que des compagnons. On dirait que dans ce palais tout obéit à ses volontés, si l'on ne se souvenait qu'il existe près de là une puissance supérieure à la sienne, une grandeur devant laquelle s'effacent les autres grandeurs, un nom qui retentit si haut sous ces mille portiques, qu'on n'entend plus résonner d'autres noms.

Au moment où éclate une vive dispute entre ce despote de sept ans et le second de ses frères, qu'il menace de sa colère enfantine, mais déjà terrible, les deux battants de la porte s'ouvrent avec fracas. Un huissier crie : De la part du Roi ! Et tout à coup s'arrêtent les deux adversaires déconcertés. Au nom et à l'ordre de son aïeul, le duc de Bourgogne, car on a deviné que c'était lui, courbe silencieusement la tête, et passe dans l'appartement de sa mère.

Là, l'auguste famille est rassemblée. Là, devant les yeux du jeune prince, entre les riches lambris, les meubles superbes, les pompeuses tapisseries travaillées par la main des arts, apparaît et se dessine une grande et majestueuse figure, dès longtemps accoutumée aux témoignages du respect universel (1). A droite, à quelque distance, est M. le Dauphin ; à gauche, Mme la Dauphine : tous les deux debout. Derrière le Roi, on aperçoit un saint lévite qui attend, incliné, qu'un signe de son maître lui permette de s'avancer sur cette imposante scène.

Sa taille haute et noble; son visage aussi riant que doux ; ses yeux où luit l'éclair du génie, adouci par je ne sais quel reflet de bonté, mais de cette bonté apanage des êtres supérieurs; la grâce merveilleuse répandue sur sa personne ; cet air de dignité tranquille qui attire la confiance sans encourager la familiarité ; cet ensemble harmonieux d'un extérieur où l'on ne découvre rien qui ne soit charme et modestie : tout fait naître dans le cœur la même pensée; c'est un apôtre, si ce n'est un ange. On le regarde, et déjà on l'aime; on ne l'a pas entendu, et déjà on devine qu'il sera impossible de résister à la séduction des paroles qui vont descendre de ses lèvres évangéliques.

« Bourgogne, dit le monarque avec cet accent d'autorité qui ne le quittait jamais et qui faisait trembler les plus hardis même de sa cour, même de sa famille, voici le précepteur que je vous donne. Et vous, Monsieur l'abbé de Fénelon (2), ajoute-t-il en se tournant de son côté, voilà le disciple que je vous ai promis. »

Le royal enfant, jusqu'alors occupé de la seule présence du souverain, regarde celui qu'on lui présente comme un guide ; et le charme attendrissant de cette physionomie, voile transparent de la plus belle âme, pro-

---

(1) Celle de Louis XIV.
(2) Voyez à la suite de cet écrit la notice composée par l'auteur sur cet illustre prélat.

duit sur lui un tel effet, qu'il reste comme pétrifié d'admiration et de plaisir. Cependant, honteux d'avoir ressenti devant un sujet quelque chose qui ressemble au respect et peut donner l'idée d'un hommage, il se redresse avec autant de promptitude que de fierté, il commande à ses regards l'expression d'une dédaigneuse indifférence ; mais bientôt, cessant de combattre un penchant irrésistible, il s'y laisse aller doucement, vaincu par la sainte puissance du génie et de la vertu.

Voilà donc le petit-fils des rois entre les mains de l'homme de Dieu. Dans quelles dispositions la nature le remet-elle à la religion ?

Qui ne se rappelle le caractère du jeune duc de Bourgogne ? Inégal et fantasque, ce prince change à tous moments de désirs et de volontés ; violent et emporté, il ne souffre ni contradictions ni même remontrances ; railleur aussi spirituel qu'impitoyable, il écrase du poids de ses sarcasmes quiconque veut l'éclairer sur ses torts. Point d'êtres qu'il ne méprise; jusqu'à ses frères, tout lui semble né pour ramper devant lui. C'est à travers mille passions qu'il marche vers ce trône qui doit mettre un jour à sa disposition les destinées d'un monde de sujets. On n'ose espérer que les brillantes qualités enfouies sous tant de vices se fassent passage et rayonnent. On tremble en l'admirant ; on plaint l'instituteur : quelle satyre de l'élève !

Fénelon seul ne craint rien, ne se plaint point, ne désespère point du prince confié à sa direction. Il porte en sa main le flambeau qui doit éclairer la marche de son disciple ; il a dans son âme le secret d'une vie de vertu, et ce secret, il sait comment il pourra le communiquer à cet être si imparfait qui est devant lui. Pour le dompter, il emploiera l'arme de la patience ; pour le dépouiller de ses vices, il appellera la législation du Christ à son secours; pour changer l'enfant incorrigible en prince accompli, il ne lui en coûtera que de lui faire lire l'Evangile. Jamais élève ne partit de si loin pour arriver à la perfection, mais aussi jamais il n'eut un meilleur guide; et ce guide, quel fut-il? Un homme? Non, un Dieu.

Force du ciel, ce n'était pas trop de vous pour vaincre ce caractère si rebelle, pour captiver ce courage si indisciplinable, pour amollir cette âme si inflexible?

Oui, c'est dans les lois, les maximes, les exemples du Christ, que Fénelon va puiser comme à une source divine. Aussi, comme il est bien inspiré! Quelle heureuse variété dans les moyens de faire arriver de sévères mais utiles leçons jusqu'à ce cœur orgueilleux, qui ne reconnaît à personne le droit de l'éclairer! Tantôt, dans des fables ingénieuses, il lui présente le tableau de ses vices, et, sans le blesser, il l'en fait rougir. Tantôt, par le même artifice, en lui montrant l'image d'un enfant aimable, vertueux, chéri de ses semblables, il lui inspire l'envie de ressembler à cet attrayant portrait. Quelquefois, quand il l'a vu se livrer à un de ces accès de colère qui ne laissent plus au prince l'usage de ses facultés ni de sa raison, il s'approche de lui le front couvert d'une tristesse profonde, les yeux baissés, la bouche muette; et bientôt l'aspect de son précepteur affligé et silencieux rappelle l'enfant au sentiment de ses devoirs comme au souvenir de sa dignité. Dans d'autres moments, si quelque acte de générosité manifeste les nobles penchants dont ce jeune cœur est rempli, les plus doux encouragements lui apprennent qu'il existe dans l'accomplissement du bien des récompenses qui dédommagent de tous les sacrifies.

Un jour, fatigué de quelques sérieuses remontrances de son maître, le duc de Bourgogne lui répond avec hauteur : Non, non, Monsieur ; je sais qui je suis et qui vous êtes... A ce cri de l'orgueil, à cet outrage fait par la grandeur à la raison, Fénelon se tait, il renferme en lui-même la pénible émotion que lui ont causée des paroles si injustement dédaigneuses ; il s'éloigne dès que son devoir le lui permet, et laisse son élève tourmenté peut-être du remords de sa faute, mais non disposé à lui en offrir la réparation.

Il fallait pourtant qu'elle vînt, cette réparation, ou que Fénelon abandonnât le poste confié à son génie aussi ferme qu'aimable. Fiez-vous à lui du soin de concilier et ce qu'il doit à la naissance du petit-fils de Louis le Grand et ce qu'il se doit à lui-même. Le lendemain, avant l'heure du service, il se présente au chevet du lit de son royal disciple, il est seul : son visage n'a plus cette aménité qui charmait l'indocile enfant ; l'accent de la gravité perce dans son langage imposant mais toujours respectueux. Voici en quels termes s'exprime celui qui a si divinement fait parler Mentor :

« Je ne sais, Monsieur, si vous vous rappelez ce que vous m'avez dit hier : que vous saviez ce que vous êtes et ce que je suis ; il est de mon devoir de vous apprendre que vous ignorez l'un et l'autre. Vous vous imaginez donc, Monsieur, être plus que moi : quelques valets sans doute vous l'auront dit ; et moi, je ne crains pas de vous dire, puisque vous m'y forcez, que je suis plus que vous. Vous comprenez assez qu'il n'est pas ici question de la naissance. Vous regarderiez comme un insensé celui qui prétendrait se faire un mérite de ce que la pluie du ciel a fertilisé sa moisson, sans arroser celle de son voisin. Vous ne seriez pas plus sage, si vous vouliez tirer vanité de votre naissance, qui n'ajoute rien à votre mérite personnel. Vous ne sauriez douter que je suis au-dessus de vous par les lumières et les connaissances.

Vous ne savez que ce que je vous ai appris; et ce que je vous ai appris n'est rien comparé à ce qu'il me resterait à vous apprendre. Quant à l'autorité, vous n'en avez aucune sur moi, et je l'ai moi-même, pleine et entière, sur vous. Le Roi et Monseigneur vous l'ont dit assez souvent. Vous croyez peut-être que je m'estime fort heureux d'être pourvu de l'emploi que j'exerce auprès de vous; désabusez-vous encore, Monsieur; je ne m'en suis chargé que pour obéir au Roi et faire plaisir à Monseigneur, et nullement pour le pénible avantage d'être votre précepteur; et, afin que vous n'en doutiez pas, je vais vous conduire chez Sa Majesté, pour la supplier de vous en nommer un autre, dont je souhaite que les soins soient plus heureux que les miens (1). »

Un discours si mesuré et si énergique à la fois, terminé par une menace si accablante, ne pouvait manquer son effet. Des pleurs, des sanglots, des supplications y répondirent. La tendre affection de l'élève se réveilla tout entière à l'idée de perdre son instituteur, dont il ne pouvait déjà plus se passer : la honte d'avoir lâchement offensé un homme de ce caractère, de cette bonté, de cette vertu, la crainte de mécontenter le Roi, dont il connaissait l'inflexible rigueur, arrachèrent à ce prince si fier des paroles telles que devait les prononcer un duc de Bourgogne, telles que Fénelon pouvait les désirer. Mais la faute était trop grande pour qu'on ne lui fît pas acheter le pardon. Sans doute, Fénelon ne laissa point échapper cette occasion naturelle d'imprimer dans sa mémoire un de ces grands enseignements qui influent sur le reste de la vie. Sans doute, il lui dit en secret :
« Voyez où vous réduit votre faute; elle vous rapetisse, elle me grandit. C'est moi qui joue ici le beau rôle, car

---

(1) Hist. de Fénelon, par le cardinal de Beausset.

c'est moi qui vous pardonne. Pour avoir voulu m'humilier, vous êtes obligé de vous abaisser devant moi. Votre orgueil plie, votre grandeur est compromise. Est-ce là le triomphe dont vous vous flattiez? Songez donc toujours aux suites d'un de ces premiers mouvements dictés par l'envie de ravaler autrui. Il est rare qu'on ne finisse pas par en rougir; il est rare surtout qu'un affront ne remonte pas vers son auteur. »

Cette leçon nécessaire dut être souvent renouvelée. Souvent, en effet, les dédains du royal enfant, distribués autour de lui presque autant que ses bienfaits, affligèrent son précepteur sans pourtant le décourager.

Lorsqu'il s'apercevait d'une rechute, lorsqu'il entendait les plaintes de quelque sujet humilié, Fénelon, sans paraître instruit, avait soin de s'adresser à l'âme religieuse du prince. Rappelant alors quelque trait de la bonté du Sauveur, il le montrait simple, doux, affectueux avec chacun des membres de cette grande famille à laquelle il était venu enseigner le chemin du ciel; ouvrant ses bras aux derniers comme aux premiers; se penchant vers les petits enfants eux-mêmes, avec ces mots : Venez à moi! Mots charmants qui sont restés dans la mémoire des hommes comme le plus attendrissant témoignage de l'amour céleste. Et quand Fénelon avait emporté avec lui la pensée du prince vers ces régions sacrées qu'illuminent les purs rayons du christianisme, il s'élevait à des considérations si sublimes, que les passions et les faiblesses de la terre disparaissaient aux yeux du disciple comme à ceux du maître.

Dans ces augustes entretiens, celui que le ciel avait destiné à gouverner les hommes apprenait à quelles conditions le pouvoir devait lui être transmis. Il apprenait que les lois de la Providence qui élevèrent sa famille sur le trône, en lui soumettant la fortune et la vie de ses futurs sujets, le soumettaient à son tour à la sainte obligation de les rendre heureux; que chacun des jours de son règne, au lieu d'être usé dans la poursuite des plaisirs ou perdu dans les rêves de l'ambition, devait être marqué par des actes de dévouement; que si son existence entière n'était pas une longue immolation de lui-même, aux yeux des hommes et de Dieu son titre de roi deviendrait sa condamnation.

Cette science du gouvernement qui ne lui paraissait d'abord qu'un jeu à l'usage des princes, il commence à en comprendre tout le sérieux. Il se voit placé par la destinée entre la terre qu'il doit protéger et le ciel qu'il doit conquérir.

Oh! qu'elle tressaillit de joie, l'âme du divin Fénelon, lorsque, observant les pas graduels de son élève dans la route du bien, elle le voyait, triomphant des obstacles opposés par la nature, dominer ses orgueilleux penchants, fléchir peu à peu sous le joug de la loi évangélique, jeter sur les hommes des regards fraternels, et s'encourager lui-même aux travaux renaissants de la charité!

Et ne croyez pas que le maître et le disciple se bornent, l'un à la recommandation routinière, l'autre au vulgaire exercice des devoirs de l'homme envers l'homme, du prince envers ses inférieurs. Non, non, c'est tous les jours un nouvel effort de vertu, si la vertu peut être longtemps un effort chez celui que Fénelon dirige; c'est tous les jours un progrès du côté de la perfection. Cette jeune âme s'ouvre comme une fleur pour recevoir la rosée du ciel : tout y prospère, tout y brille des plus riants reflets du soleil de vie; elle commence à répandre autour d'elle des parfums divins. L'étonnement des peuples est le premier hommage qu'elle recueille; l'adoration est le second. Personne ne peut comprendre la promptitude de cette régénération morale, qui semblait impossible, et qui le serait peut-être sans l'habileté du sublime ouvrier de la Providence.

Quelle délicieuse récompense de vos efforts! disait Fénelon au prince. Vous éprouvez une jouissance à laquelle rien n'est comparable parmi les plaisirs de la terre. Vous avez conquis l'amour de vos semblables. Eh bien, cet amour qui vous rend heureux, il vous rend aussi tout-puissant. Non-seulement les cœurs sont à vous, mais vous disposez encore des volontés. Savez-vous toute la force qu'une seule vertu a déposée dans vos mains? Vous le connaîtrez un jour, et vous vous applaudirez d'avoir ouvert votre âme au sentiment de la charité.

Malheur aux maîtres du monde s'ils ne comprennent pas les charmes et les avantages de la plus belle des vertus! En laissant percer, soit dans leurs actions, soit dans leurs paroles, ce mépris des hommes amassé injustement dans leur cœur, ils accoutument ceux qui les entourent à se montrer comme eux dédaigneux et durs. On se complaît dans sa superbe; on oublie d'où l'on est sorti, pour se croire un privilégié du ciel; on répand la coupe des humiliations sur la tête des petits. Qu'arrive-t-il? Qu'on révolte ces malheureux; que la haine et la rage répondent aux injurieuses provocations de la présomption et de l'orgueil; que des êtres disposés à respecter les grandeurs établies, leur refusent dès qu'ils le peuvent un hommage exigé avec arrogance. Souvent les séditions, les bouleversements, les révolutions prolongées n'ont pas d'autres causes que le lent et croissant soulèvement de l'orgueil contre l'orgueil.

Et comment veut-on que des hommes, écrasés sous le poids du mépris, se contentent d'une position dont on leur fait sentir si imprudemment la bassesse? Pourquoi s'obstineraient-ils à vivre dans leurs humbles professions, aux pieds de ceux qui les foulent parce qu'ils exercent ces professions publiquement déclarées honteuses?

Ah! quand l'humanité ne les y inviterait pas, la politique prescrirait une autre conduite aux premiers dans l'ordre social. Elle leur dirait : Si vous tenez à conserver votre rang, n'inspirez pas à vos inférieurs l'envie de devenir à tout prix vos égaux, pour se débarrasser de votre morgue qui les insulte. Aux yeux de quiconque a du cœur, vivre dégradé n'est pas vivre. Allez, changez de langage et de maximes ; montrez-vous affectueux et simples, adoucissez l'éclat de cette auréole qui vous couronne, tendez la main aux moindres des citoyens. Les préceptes de l'Evangile, que vous regardez comme des moyens de salut dans le monde des anges, seront encore votre sauvegarde dans la région des hommes. Vous n'avez pas vu tout ce qu'ils renferment de bon et d'utile pour vous : pressez-les, vous en ferez sortir le bonheur commun et la paix universelle. L'harmonie des Etats ne dépend-elle pas de celle des esprits? Et qu'il en coûte peu pour l'obtenir!

Un artisan, né dans l'atelier de son père, exercé dans sa profession, ne songe point à s'élever au milieu des hommes. Heureux de son gain journalier, content des caresses de sa femme et de ses enfants, que lui importe qu'il y ait des princes, des grands, des puissants qui possèdent des palais où sont rassemblés tous les trésors du luxe dont il n'a pas besoin pour sa vie simple et modeste, où rayonnent tous les chefs-d'œuvre des arts qu'il ne connaît pas, et devant lesquels il passera d'un œil indifférent?

Si, dans vos rapports avec lui, rien ne fait sentir à cet ouvrier qu'il est à vos yeux comme s'il n'était pas, vous le trouverez toujours satisfait de son sort. Il ne lui viendra pas même dans l'idée que vous êtes riche et qu'il ne l'est pas, que vous avez des serviteurs et qu'il se sert lui-même. Il ne comparera ni son existence avec la vôtre, ni votre esprit avec le sien. Tout en vous jugeant heureux, il ne tiendra pas à l'être de la même façon. Dans le fond de son âme, il est un instinct dont il écoute la voix et qui lui dit : Tu es bien, ne cherche pas le mieux. Aussi point d'inquiétude sur l'avenir. Sa sécurité est son premier fonds ; son travail n'est que sa seconde richesse. Qu'il faut peser longtemps sur sa tête avant qu'elle se redresse ! Qu'il faut d'outrages accumulés, pour que son amour-propre bouillonne et monte jusqu'à l'irritation !

Mais le jour où une lumière terrible lui est apparue, le jour où il a entrevu le mépris placé devant ses yeux comme un mur de fer qui le sépare d'une classe avec laquelle il ne songeait point à se mêler, tout est perdu, repos, bonheur, confiance. Le voilà devenu l'ennemi mortel des institutions qui l'ont jeté si bas dans la hiérarchie sociale. L'élévation de ces rangs où il ne peut parvenir, est pour lui un impardonnable affront. Son cœur se laisse remplir du poison de la jalousie : sa pensée accueille des projets de subversion auxquels nulle puissance ne l'aurait associé sans la révolte de son orgueil. Ainsi les crimes qu'il va commettre, les malheurs qu'il va contribuer à répandre sur son pays, la chute des trônes, l'abolition des rangs, l'anéantissement des institutions, tout ce qu'il aide à détruire dans les jours de révolution, tout sera moins son ouvrage que le vôtre, tout doit être mis sur votre compte plutôt que sur le sien, tout vous accusera, rois et grands, des énormes attentats de ce pauvre ouvrier qui de ruine en ruine est monté jusqu'à vous pour vous renverser et vous remplacer : pourquoi ? Parce que vous n'avez pas su descendre quelques marches de vos palais pour vous rapprocher de lui.

A ces admonitions sévères de la politique, la religion

joindra ses exhortations persuasives. Elle ne vous dira point comme la première : Soyez affables par calcul, soyez bons par intérêt. Elle vous dira : Aimez, oh! aimez vos semblables. Que votre âme se répande autour d'elle comme un trésor inépuisable, que l'aménité respire sur vos lèvres, que chaque homme soit pour vous un frère : ouvrez-lui vos bras dans son adversité, consolez-le dans ses afflictions, couvrez-le de votre manteau s'il a froid ; s'il a soif, un verre d'eau donné avec affection vous sera compté sur le livre où la main de Dieu inscrit tout. Puisque l'auteur de la nature, en créant les hommes inégaux en facultés, a voulu créer en même temps l'inégalité des conditions sociales, il a voulu aussi que l'esprit de charité vînt rétablir l'équilibre. Il a confié les petits aux grands, les faibles aux forts, les ignorants aux sages, les infirmes à ceux qui sont sains. Et quelle douce tâche que celle de suppléants de la Providence! Heureux du rôle noble et touchant que vous êtes appelés à jouer, gardez-vous d'en tirer vanité dans votre pensée. Vous savez que des avantages qui vous furent accordés sur tant d'autres, aucun n'est spécialement à vous; ni votre naissance, ni votre rang, ni vos titres, ni vos richesses. Cette naissance, on vous l'a mille fois répété, pouvait être vulgaire; ce rang, vous en pouvez tomber; ces titres, à quoi tiennent-ils? A un caprice de souverain ou de peuple. Ces richesses, rien ne s'écoule plus vite des mains de l'homme.

Allons plus loin. Une haute capacité vous distingue. Ceci est du moins à moi, dites-vous; c'est le fruit de mes études, de mes méditations, de mes travaux; c'est l'opération laborieuse ou facile, lente ou instantanée de mon intelligence; c'est la transformation de ma pensée en livre, en corps de lois, en victoire, en œuvre d'administration; enfin, c'est ma propriété la plus intime.

Pas davantage. Ces talents dont vous tirez vanité, ces

connaissances qui étonnent le monde, ces lumières qui l'éclairent sont en vous et non pas à vous. Vous les possédez aujourd'hui, et qui vous dit qu'ils vous resteront demain? Un accès de fièvre, une attaque d'apoplexie, une lésion au cerveau suffisent pour paralyser les puissantes facultés dont vous pensiez jouir éternellement. Tant que vous en conservez le noble usage, soyez-en satisfaits sans en être fiers. Montrez-vous reconnaissants de ces prêts sublimes que Dieu vous a faits dans sa munificence incommensurable, mais n'allez point vous croire maîtres de produire à votre gré ces merveilles de l'intelligence.

Héros, dites-moi si sur tous les champs de bataille vous avez également triomphé par l'habileté de vos mesures. Hommes d'Etat, qui dictez des lois aux nations, vous êtes-vous toujours maintenus à la hauteur de vos rôles magnifiques? Et vous, sublimes écrivains, parlez, ou plutôt je parlerai pour vous : je dirai qu'il ne dépend pas de votre volonté d'assembler des idées, de combiner des plans, d'achever même une phrase dans une heure donnée. Et ne le sentez-vous pas sans cesse? Au moment où votre esprit se livre au travail d'un mystérieux enfantement, une puissance supérieure à la vôtre vous arrête; une barrière s'élève entre vous et votre imagination; un bandeau de plomb tombe et pèse sur ce front d'où allaient sortir les éclairs du génie. Vous vous cherchez et ne vous trouvez plus. Où est le grand homme? Qui le sait? Honteux, embarrassés, inquiets, vous commencez à comprendre que la force qui vous appuyait s'est retirée de vous, que le foyer où vous puisiez vos lumières s'est fermé, et qu'enfin livrés à vous-mêmes, vous n'êtes plus que poussière et néant : semblables à ces volcans superbes mais éteints qui n'offrent qu'un amas de cendres quand le souffle fécond de la nature cesse de passer par leur bouche desséchée.

Qu'est-ce donc que l'homme a réellement à lui ? Sa vertu, seule propriété que rien ne peut lui ravir, ni les hommes, ni les événements, ni l'âge, ni les maladies ; sa vertu, qu'il est libre de déployer dans toutes les circonstances de sa vie, dans l'adversité comme dans la fortune, dans la plus humble comme dans la plus haute condition, du fond d'un lit de douleurs comme sur le trône de la santé ; sa vertu, source intarissable qu'il porte dans son sein, dont il verse à volonté les flots bienfaisants, et qui semble renaître plus abondante à mesure qu'il lui demande davantage.

Tels étaient les sublimes mystères de l'éducation du duc de Bourgogne.

Cette éducation dit tout. Elle montre le triomphe de la religion sur les passions de l'homme ; elle prouve que pas une des vertus sociales et civilisatrices ne manque au véritable chrétien ; elle efface en nous cet instinct de la personnalité, instinct si étroit et si contraire au but fraternel que Dieu nous a marqué sur la terre, elle l'efface pour y substituer l'admirable mobile du bien, du beau, du grand, de l'utile : le dévouement. Aussi comparez le duc de Bourgogne à lui-même. Quel il fut ! Quel il est devenu ! Qui pourra mesurer l'espace immense que ce prince a parcouru en quelques années ?

Combattant sans cesse contre soi, vainqueur de ses penchants les plus effrénés, rejetant chaque jour un vice pour se revêtir d'une vertu, fort des conquêtes successives et multipliées de sa raison qui s'avance à pas sûrs aux rayons d'un flambeau divin, il semble avoir dépassé les forces humaines et reculé les bornes du possible. Avec quelle vénération la France, l'Europe, le Roi lui-même le contemplent ! De toutes parts on se regarde, on se demande comment s'est levé sur l'horizon du monde moral cet éclatant phénomène qui répand la joie et l'espérance dans le cœur des peuples.

Comment? C'est qu'un prêtre, qu'on appelle Fénelon, et un enfant royal du nom de Louis, se sont rencontrés; c'est que leurs âmes ont pactisé entre elles à travers le christianisme; c'est que l'instituteur était digne d'expliquer les lois de l'Evangile à un élève digne de les entendre; c'est que Dieu, par l'exemple de cet enfant, voulait apprendre aux hommes à quel degré d'élévation ils peuvent parvenir, appuyés sur sa merveilleuse morale.

O Dieu bienfaisant! fallait-il sitôt le ravir à la terre, ce prince dont l'âme réfléchissait toutes les splendeurs du christianisme, ce prince qui avait réalisé l'idéal de la perfection? Quel bonheur pour notre patrie si, succédant à son aïeul, il avait pu exécuter les magnifiques plans d'amélioration sociale tracés par le génie et adoptés par la sagesse! Combien d'abus détruits! Combien de réformes opérées! Que de plaies cicatrisées! Que de sang épargné à l'humanité! Celui qui détestait la guerre comme le plus épouvantable des fléaux, que n'aurait-il point tenté pour en affranchir la France et l'Europe! Celui qui portait les hommes dans son cœur, quels secrets divins ce cœur ne lui aurait-il point révélés pour mettre le bonheur public à l'abri du caprice des événements et de l'instabilité des institutions! Déjà il rêvait une de ces réorganisations salutaires qui préviennent les grandes catastrophes politiques. Déjà il devinait les besoins nouveaux créés par la nouvelle existence du corps social, qui, métamorphosé de siècle en siècle, ne ressemblait plus à ce qu'on l'avait vu dans les temps de la féodalité, et, surchargé d'une sève de vie, demandait à la répandre au-dehors avec un murmure sourd et croissant prêt à se changer en cris de menace et d'insurrection.

Sous un roi si accompli, si ami de la justice, si attaché à l'ordre, si pénétré de ses mille devoirs, la nation eût marché d'elle-même vers le bien; une vaste émulation de vertu aurait entraîné tous les Français, imitateurs de leurs monarques; le culte qu'ils vouaient dans leur pensée au duc de Bourgogne serait devenu de l'idolâtrie le jour où, déclaré souverain, il aurait pu déployer toutes les qualités de sa grande âme. Alors le plus beau spectacle eût enchanté le monde civilisé : celui d'un roi et d'un peuple rivalisant de bonnes intentions, se pressant sous l'étendard du christianisme pour resserrer l'auguste alliance des hommes avec Dieu, sacrifiant les intérêts personnels à l'intérêt général, enfin comprenant avec noblesse et acceptant avec empressement cette mission de fraternité qui leur est donnée pour leur bonheur commun. C'était mieux que le retour de l'âge d'or, c'était une copie du ciel sur la terre.

Et comme l'éducation du successeur d'un tel monarque se serait ressentie de toutes les influences d'un si admirable règne! Quel reflet eût répandu sur l'esprit, timide mais bon, de l'héritier du trône l'auréole de sagesse rayonnant autour d'un père adoré de vingt millions de sujets! Quels exemples de piété, d'ordre, de raison, de décence, de dignité dans une cour dirigée par le génie de la vertu! Quels sentiments des devoirs d'un roi, d'un homme, d'un chrétien! Quelle horreur du vice et de ses honteuses saturnales! Quel amour des grandes choses! Environné de cette atmosphère du bien, un prince n'aurait pas même pensé à s'en éloigner pour se précipiter dans les régions inconnues du mal. Celui qui devait si tristement prendre place un jour dans l'histoire sous le nom de Louis XV aurait, avec moins d'éclat et de fermeté sans doute, continué son père, comme avec moins de cynisme et de frénésie il a continué le régent. Destiné à recevoir d'autrui ses vertus ou ses vices, il eût, faute d'un autre objet d'imitation, ressemblé au modèle que la Providence plaçait sous ses yeux ; et les exemples reçus dans sa jeunesse seraient devenus les règles de son âge mûr.

Ah ! qu'une suite de souverains dignes de succéder à l'élève de Fénelon passe sans interruption après lui sur le trône; que la transmission des mêmes principes et des mêmes volontés nationalise, pour ainsi dire, la vertu en France, voyez la situation de notre patrie régénérée. Aujourd'hui le voyageur parcourant notre vaste sol, admirerait partout les produits d'une longue paix, les richesses de l'industrie, les trésors des sciences et des arts multipliés sans obstacle au sein d'une population sage, laborieuse, croyante, occupée et non fatiguée de travaux utiles à sa prospérité, portant avec joie le léger fardeau des subsides demandés pour les besoins de l'Etat, jamais pour les plaisirs du prince. Plus de ces prodigieuses armées dont les baïonnettes formidables menacent autant les libertés publiques que les ambitieux projets de l'étranger. Plus de ces terribles ceintures de fer placées autour du pays, de ces forteresses qu'on dit imprenables, mais qui ne manquent pas à la fin d'être prises, et dont les murailles, baignées de la sueur et des larmes du peuple, attestent ce qu'elles ont coûté, sans apprendre à quoi elles ont servi.

Le roi et la nation ne font qu'un. Le roi n'a pas besoin de commander pour être obéi. La nation sait à peine si elle est gouvernée, tant elle va d'elle-même au-devant de ses devoirs ! La justice se repose presque sur son siège, car les litiges sont rares, et la probité publique fait tomber en désuétude les lois. L'administration respectée, loin de peser sur les citoyens, les protége : elle deviendrait leur sauvegarde si le cœur du monarque n'était pas le meilleur *palladium* de la fortune des peuples. Sublime renaissance du monde arrivé aux derniers confins de la civilisation! Heureux couronnement des œuvres du christianisme, vainqueur de tous les obstacles! A cette image si touchante d'une régénération inconnue dans les annales du genre humain, le voyageur, plein d'une surprise mêlée d'attendrissement et de vénération, lèverait les yeux au ciel en s'écriant : Cette nation mérite son bonheur. Et il s'en retournerait dire à ses compatriotes ce qu'il aurait vu d'allégresse parmi ces hommes, ce qu'il aurait entendu de bénédictions autour de ce trône.

Peuples, voilà les fruits de l'éducation chrétienne (1).

Au merveilleux tableau de la France telle qu'elle aurait pu être, dirigée par l'esprit de charité, comparons la peinture de la France telle que le démon de l'orgueil nous l'a faite.

De la tombe du duc de Bourgogne à l'échafaud de Louis XVI, l'intervalle est à peine de quatre-vingts ans. Et qui le remplit, cet intervalle? Une révolution.

Commencée à travers les déprédations, les orgies, les impiétés de la régence, qui brisa en riant tous les liens,

---

(1) Il est un phénomène historique sur lequel j'appelle l'attention des hommes accoutumés à réfléchir. Dans Rome, trois empereurs philosophes, Trajan, Antonin, Marc-Aurèle, se transmirent successivement la puissance suprême sans exercer aucune influence sur les mœurs des générations destinées à leur survivre. Leur sagesse fut stérile pour le monde ; leur génie n'éclaira que le cercle qu'ils parcoururent ; leurs vertus ne laissèrent point de traces. Ils descendirent tout entiers dans la tombe : eux morts, les vices et les crimes firent une nouvelle irruption au sein de l'empire, qui sembla ne garder d'eux que leurs noms. Si, dans la France, le duc de Bourgogne, Louis XV mieux dirigé, et Louis XVI, eussent régné sans interruption, la France serait aujourd'hui le modèle des Etats. A quoi faudrait-il attribuer cet avantage moral? A l'action incessante de la religion.

se joua effrontément de tous les principes, jeta l'or de la France aux laquais, prostitua la majesté des races royales autour des tables d'un cabaret, et mourut en blasphémant Dieu entre les bras d'une courtisane ; continuée pendant la longue léthargie d'un souverain de nom, qui, du fond de son lit de repos, n'ouvrit de temps en temps les yeux que pour voir, sans les déranger, les ouvriers de destruction miner les derniers fondements de l'édifice social, de cet édifice dont l'insouciant monarque prédisait gaiement la chute, au lieu de se lever avec majesté pour le défendre, la révolution dont je parle était déjà accomplie dans les esprits, lorsqu'après le vain couronnement de l'époux de Marie-Antoinette elle passa terriblement dans les faits.

Quel prince était plus capable que Louis XVI (1) de poursuivre la glorieuse tâche, sinon remplie, du moins indiquée par son bisaïeul ! L'histoire le place parmi les bons rois ; l'Eglise le met au rang des martyrs. La piété, priant et pleurant, le cherche du regard dans le ciel ; l'humanité l'offre en exemple aux maîtres de la terre. Le monde entier, qui le regrette, aime à rattacher à son nom des souvenirs attendrissants et sacrés. On dirait qu'à ce nom seul les passions haineuses, les amers ressentiments, les idées de vengeance, soient forcés de sortir du cœur pour y faire place aux consolantes et pures inspirations de l'amour et de la clémence. Qu'ils ne craignent point, ceux qui ont offensé le plus généreux des monarques, qu'ils ne craignent point les hommages qu'on rend à sa mémoire, ni la publicité donnée à ses actions comme à ses pensées les plus intimes. C'est dans cette âme angélique qu'est leur refuge. Chacun des mots, chacun des sentiments de Louis XVI les protége contre

(1) Voyez à la suite de la notice sur Fénelon.

l'indignation des hommes. Eh! comment la colère qu'inspire un grand forfait ne se perdrait-elle pas dans un indulgent oubli, en voyant la douce résignation, la sublime bonté de la victime, qui ne cesse de verser le pardon sur ses persécuteurs, de leur ouvrir ses bras chargés du poids de leurs chaînes, d'offrir ses droits, son autorité, son sang, sa vie, tout, excepté son honneur et sa vertu, pour le bonheur d'un peuple qu'on égare et qu'on soulève contre son père et son ami? Non, il n'est pas possible de lire les pages de son testament, ces pages pleines d'une si religieuse abnégation de soi-même et d'une magnanimité si constante, sans céder au charme du beau caractère que développe le meilleur des princes, sans partager le besoin qu'il éprouve d'ensevelir dans un abime de clémence le souvenir de tous ses malheurs.

La grandeur des infortunes qu'il a subies nous a presque caché l'excellence de sa raison. Trop occupés jusqu'ici à l'examen des tristes événements qui déterminèrent sa chute, nous avons négligé de porter notre attention sur les qualités éminentes dont il était pourvu : trésors qui auraient fait le bonheur d'une autre époque. Et cependant quoi de plus intéressant, quoi de plus digne de nos regards que le spectacle intérieur de cette âme où s'unissaient à tous les nobles penchants une rare connaissance des hommes et des choses, une érudition variée, une justesse de vues non moins étonnante que cette expérience anticipée qu'il dut au plus terrible instituteur des rois : le génie révolutionnaire!

En le suivant, l'histoire à la main, en étudiant dans ses confidences intimes les différentes formes de sa pensée, on voit cette pensée toujours forte, saine, dégagée à la fois de préjugés et de philosophisme, à la hauteur des opinions et des vœux de la portion éclairée de la nation, mais invariable dans la défense des principes nécessaires à la conservation des Etats. Toute la conduite de ce prince signale la sévère probité de l'homme de bien, mêlée à cette douce bienveillance qui rassure l'humanité, sujette à tant de faiblesses, et qui, par malheur, encourage la méchanceté, trop certaine de l'impunité ou du pardon.

Aucun des projets du Roi qui ne soit à l'avantage du peuple. Toujours des plans d'économie, toujours des établissements d'utilité publique formés ou favorisés. Il ne pense jamais à lui; il s'oublie, il se dédaigne; il ne se regarde que comme un homme, mais quel homme!

Tant de qualités furent perdues. Louis XVI vint trop tard. La gangrène était au cœur de l'Etat : l'Etat devait mourir. Mais la religion, qui ne meurt pas, devait profiter des vertus du monarque pour instruire la terre. Sans doute la Providence eut ses desseins en permettant les malheurs et le supplice du juste : elle seule peut nous dire son secret, ou plutôt ce secret nous est révélé par la sanctification de Louis XVI et par la malédiction jetée sur la révolution qui l'a envoyé de l'échafaud dans le ciel.

Ainsi la vie et la mort de ce prince, loin d'être inutiles à la religion, contribuèrent à son triomphe ; elles donnèrent au monde des exemples qui ne furent pas infructueux. A travers nos crimes et nos malheurs, elles jetèrent une pensée sociale, qui neutralisa les uns et nous consola des autres. Une nouvelle lumière rayonna sur nos ruines : un modèle de plus fut laissé à l'humanité; et la civilisation, comme le christianisme, au lieu de rétrograder, fit un pas en avant.

DEUXIÈME PARTIE.

J'entends des voix qui me crient : Et qu'a donc fait de si utile aux hommes cette religion que vous dites fille du ciel? Tous ces bienfaits que vous lui attribuez, cette civilisation avancée dont vous lui accordez le mérite, ne sont que l'ouvrage de la philosophie. La religion, au contraire, pour conserver son empire d'erreurs et de superstitions, s'est obstinée à serrer sur les yeux des peuples le vaste bandeau de l'ignorance. N'est-ce pas à elle que le genre humain doit les guerres civiles, les massacres, les révolutions du moyen âge? N'est-ce pas elle qui a servi les ambitieux projets de domination universelle conçus par les prêtres de Rome et appuyés sur des crimes? N'est-ce pas elle qui a sanctifié les fureurs de Grégoire VII, les adultères et les assassinats d'Alexandre VI? N'a-t-elle pas élevé les bûchers de Jean Huss, de Jérôme de Prague, d'Anne Dubourg, et de tant d'autres victimes du fanatisme?

Ce tribunal de sang dont le nom fait frémir encore, l'inquisition n'est-elle pas née à sa voix? N'a-t-elle pas agi sous les inspirations de son génie féroce et exterminateur? N'a-t-elle pas dressé ses longues listes de proscription, fait jouer ses chevalets, allumé ses feux homicides à la lueur des torches de cette prétendue fille du ciel? Et les horreurs de la Saint-Barthélemi, n'est-ce pas la religion qui les a dictées devant des poignards et bénies au pied de ses autels? Depuis dix-huit siècles, tous les malheurs, toutes les fautes du genre humain, tous les bouleversements qui ont changé la face du monde, c'est à la religion, à elle seule qu'il faut les imputer. L'intolérance est son principe, la guerre son cri, la violence son moyen. Qu'apporte-t-elle au genre humain? Des glaives et des chaînes. Elle avance son pied et écrase des couronnes; elle fait un signe de tête, et des Etats disparaissent. Sa pensée menace, sa parole extermine. Laissez-lui une place, la place la plus étroite sur la terre, et toute la terre sera bientôt conquise et troublée. Chassez-la du monde, et le monde respirera libre et tranquille.

O religion du Christ, qui pourrait te reconnaître à ces épouvantables traits! C'est toi qu'on accuse des crimes du fanatisme! mais tu les condamnes. C'est à toi qu'on reproche les excès de l'ambition! mais tu en as horreur. On te demande compte du sang versé en ton nom par les passions des hommes, quand tes mains toujours pures se lèvent vers le ciel pour attirer sur les hommes toutes les bénédictions du Très-Haut, quand tes lèvres ne se remuent que pour nous dire avec douceur : Paix entre vous!

Et qu'est-ce que la religion a de commun avec ces êtres qui osent se couvrir de son nom comme d'un voile sacré afin de tromper et de tyranniser la terre? Qu'est-ce que la religion prête de son esprit aux assassins, aux adultères, aux exterminateurs du genre humain? Vous qui voulez être justes, séparez, séparez la religion de ses hypocrites ou fanatiques zélateurs, qui n'embrassent les colonnes de son temple que pour les souiller, qui ne soufflent sur son flambeau que pour en égarer les étincelles, qui ne se disent ses enfants que pour l'avilir et la déshonorer.

Non, elle n'était pas chrétienne cette Médicis qui signa les proscriptions de la Saint-Barthélemi.

Non, ils ne sont pas chrétiens tous ceux qui veulent, commettent, approuvent des crimes, lâchement scellés du sceau de la religion absente. Que le paganisme, que cette religion des passions les revendique, ils lui appartiennent.

A quels caractères le christianisme se fait-il donc reconnaître? O Dieu! où en sommes-nous? Quoi! il faut encore rappeler aux hommes sa morale pure et sainte, son ineffable charité, sa douceur inaltérable, son humanité, sa mansuétude! A quels caractères le christianisme se fait reconnaître? Eh! sans remonter dans les siècles, ne l'avez-vous pas vu aux jours lamentables de nos révolutions? N'avez-vous pas été témoins de ces admirables dévouements des prêtres déportés, emprisonnés, jetés dans les déserts ou sur les échafauds en bénissant leurs persécuteurs? N'avez-vous pas entendu les dernières paroles du roi-martyr achevant sous la hache révolutionnaire les prières qu'il adressait à Dieu en faveur de son peuple qui l'égorge? N'avez-vous donc pas pleuré sur ces vierges de Verdun allant au supplice sans trouver sur leurs lèvres que des cantiques d'actions de grâces pour celui qui apprend à pardonner? Ne vous souvient-il plus de tant d'exemples de patience et de vertu donnés par des milliers de victimes en ces temps d'horrible mémoire?

Vous demandez qu'on exile de la terre le christianisme! Et où donc un nouveau Louis XVI puisera-t-il des forces pour supporter son agonie royale? A qui demandera-t-il de la résignation dans ses maux, du calme dans les agitations de sa vie, des actes d'amour en réponse aux outrages de la haine, de l'oubli pour les calomnies, des bénédictions pour *ceux qui se sont faits ses ennemis*, des pardons pour ses bourreaux, des vœux pour tous ses sujets? Qui donc consolera les malheureux? Qui donc viendra au chevet du lit de l'indigent malade apporter des soins, de l'or et, mieux encore, l'espérance du ciel? Qui s'emparera des affligés pour leur montrer qu'ils ne sont pas seuls? Qui, dans les temps de contagion, se vouera volontairement au service des pestiférés, comme nous l'avons vu à l'époque du choléra; époque mémorable, car elle nous montra toute la jeune milice de Dieu sortant de l'ombre tranquille des séminaires et courant aux hôpitaux, de même que des guerriers volent aux champs de bataille pour disputer à la mort ses victimes sans crainte de le devenir eux-mêmes? Qui recueillera l'orphelin abandonné, comme l'a fait dans son dernier palais, métamorphosé en maison de refuge, le généreux pontife dont les étonnants bienfaits, répandus à flots par ses mains dépouillées de richesses, rappellent le miracle de la goutte d'huile sans cesse renouvelée de la veuve de Sarepta?

Vous demandez qu'on exile de la terre le christianisme! Bannissez-en donc aussi le malheur, l'affliction, la souffrance, les épidémies, les passions, tout ce qui est funeste à la race humaine. Eh! si le christianisme s'absentait, savez-vous ce que deviendrait le monde? Le savez-vous, hommes insensés? Otez, ôtez-nous les promesses d'en haut, les espérances de l'éternité, laissez-nous livrés aux seules pensées comme aux seules ressources de la terre, et vous verrez, vous verrez. Je me tais, je frémirais d'en dire davantage.

Ah! supposez l'esprit du christianisme descendu dans le sein d'un Danton, d'un Robespierre, d'un Marat et de leurs complices : quel changement! Plus d'insurrections au nom de la liberté, plus d'assassinats au nom de la loi, plus de prisons ouvertes ni d'échafauds dressés. Que dis-je? Plus de révolution. Supposez Bonaparte formé à l'école du christianisme, quel bonheur que son arrivée au pouvoir! quelle nouvelle ère ouverte à une nation fatiguée de crimes et de désastres! Son âme s'élève à la hauteur de son génie; tout ce qu'il a de grand dans la pensée passe au service de l'humanité : c'est un protecteur, un réparateur, un sauveur, une Providence; c'est presque Dieu fait homme.

Ainsi, un seul principe, la charité, mis à la place d'un autre, l'orgueil, suffit pour renouveler la terre, où il apporte autant de biens que le second y répand de maux. Mais une nouvelle objection m'est adressée. Que prétendez-vous ? Etablir partout la perfection, créer des sociétés d'anges. Rêve de l'être sans expérience, rêve irréalisable! Où sont des hommes, là sont des passions. Jamais personne, fût-il Fénelon, fût-il le duc de Bourgogne, fût-il Bonaparte devenu le héros du christianisme, ne serait parvenu à former ce peuple de saints, qu'il faut réserver non pour la terre, mais pour le paradis. Jamais on ne verra ce phénomène du monde idéal que vous portez tout entier dans votre tête.

Jamais! Et l'évangélique peuplade du Paraguay! et cette société chrétienne, placée presque à votre insu derrière la société païenne qui vous la cache, mais qui ne l'empêche pas d'exister! Ah! croyez-moi, toujours vivante, elle a passé à travers le mouvement des siècles sans se mêler à leurs vices, sans se teindre de leurs passions, comme cette fontaine fabuleuse de l'antiquité qui laissait doucement serpenter ses ondes pures et inaltérables entre les flots corrompus et fangeux des mers. A mesure que les hommes turbulents s'agitent au soleil, les hommes de paix s'exercent dans l'ombre aux vertus et aux bonnes œuvres.

Voyez à côté du cardinal de Richelieu, frappant toutes les têtes des grands pour les faire ployer, dressant des échafauds, couvrant ses mains de sang, prenant le crime pour auxiliaire et le bourreau pour collègue; voyez à côté de ce tyran tonsuré, cet humble pasteur qui n'est rien, qui n'a rien, si c'est n'être rien que porter saintement le nom d'enfant de Dieu, si c'est n'avoir rien que posséder les vertus du ciel. Ce prêtre inconnu, c'est Vincent de Paul : il est là, il proteste par ses actes d'humanité contre la férocité des arrêts du demi-roi. Quand celui-ci ouvre des prisons pour les victimes de la politique, celui-là élève des hospices aux délaissés de la société. Plus Richelieu entasse de calamités sur l'Etat, plus Vincent de Paul verse de bienfaits autour de lui. Aux monuments de la vengeance il oppose les institutions de la charité. L'un meurt entouré de tombes, d'où les ombres de ceux qu'il a proscrits se lèvent pour le suivre et l'accuser au tribunal de Dieu. L'autre exhale doucement son âme, les yeux fixés avec amour sur les berceaux de ses orphelins qui voudraient l'escorter, et qui lui tendent les bras avec ces mots : Mon père! Mots que le ciel entend; mots que, pour tout éloge, ses échos vont répéter au pied du trône divin où cette belle âme est attendue.

Dans le cardinal Mazarin, Richelieu laisse un successeur qui doit gouverner ce peuple d'ambitieux exclusivement appelé la nation française. L'héritier de la bienfaisance de Vincent de Paul sera Fénelon, Fénelon autour duquel va se grouper la race des hommes de bien, qui est pourtant aussi la nation française, quoiqu'elle ne s'en arroge pas seule le nom. Allez aux pieds du nouveau ministre, en attendant que vous lui fassiez la guerre; allez, courtisans, généraux, princes, magistrats, solliciteurs de grâces et de faveurs, vous qui vendez votre âme pour un ruban et trahissez votre conscience pour un titre. Venez dans les bras du nouvel ami de l'humanité, hommes de paix et d'honneur, femmes charitables, vous dont tous les actes sont des bienfaits, comme toutes vos pensées sont des vertus. Eh quoi! les Beauvilliers, les Chevreuse, les Saint-Aignan, les Mortemart, les Lamoignon, les d'Aguesseau, ce saint prélat dont la noble vie honora le nom de Noailles, tant d'autres êtres si purs que l'on compte par milliers dans le grand siècle, ne sont-ils donc rien? Cette fraction sublime de la France ne peut-elle donc servir de contre-poids à celle qu'on a voulu voir, juger, critiquer, même admirer uniquement, comme s'il n'y avait eu qu'elle?

On voit que ma société d'anges ou de saints existe en réalité sur la terre; qu'elle se perpétue de génération en génération, laissant après elle l'héritage de ses exemples et de ses vertus. Et ne vous figurez pas que nos diverses révolutions aient nui à son existence et à ses progrès. Les grands mouvements opérés à la surface de la terre nous ont étourdis, il est vrai, au point de nous ravir au spectacle du travail lent mais assuré de l'esprit chrétien. Nos yeux, distraits par tant d'événements terribles, n'ont pas assez regardé du côté de cette portion du genre humain qui, cachant dans l'obscurité ses vertus, forme, parmi les royaumes apparents, un petit royaume clandestin, où les pensées du ciel se vivifient conservées par une pieuse fidélité, tandis que les pensées d'enfer proclament si hardiment leur triomphe. Eh bien! ce peuple presque ignoré, ce peuple non de savants mais de croyants, non de philosophes mais de sages, il ne s'écarte point de son but, il grandit, il prospère, il fait tous les jours de nouvelles recrues, il multiplie ses pacifiques et innocentes conquêtes, il porte ses bannières saintes jusqu'aux frontières les plus reculées de l'empire du mal. Une grande réaction est commencée, elle poursuit son cours. Qui donc a dit : Le christianisme est détruit? La voix de six cent millions d'hommes s'élevant de tous les points de l'univers lui répondra bientôt : Tu mens!

Et comment, en effet, au moment où le monde a le plus besoin de lui, le plus grand, le seul consolateur du monde ne viendrait-il pas lui tendre la main? Jamais, depuis sa naissance, le christianisme a-t-il manqué à l'appel du malheur! Sans lui, que deviendrait ce siècle où tant d'espérances trompées, tant d'ambitions déçues, tant d'intérêts compromis, cherchent inutilement à se rallier loin du centre des commotions politiques? Jadis la religion, avec sa croix, ses mystères, ses austérités, ses promesses et ses espérances, accourait au secours de tous les naufragés, échoués au milieu des orages de leurs passions ou des bouleversements de la société. Elle leur ouvrait de vastes et silencieuses solitudes, qui environnaient de leurs ombres les secrets de la pénitence comme les larmes du repentir. Elle leur disait : Couvrez-vous du silice pour expier vos fautes et regagner le chemin du ciel. Ils écoutaient sa voix, et ils se sentaient ranimés. D'autres fois elle offrait à leur pieuse ambition un monde à conquérir à Dieu. Alors ils s'armaient du bâton de pèlerin, marchaient à des victoires saintes, et leur vie, pleine et glorieuse, s'achevait sous les bénédictions d'un peuple barbare, conduit à la civilisation par la foi.

Insensé! Et moi, trompé par de fausses apparences, je m'écriais avec douleur : Aujourd'hui, plus de thébaïdes! plus d'asiles sacrés! plus de ces grands apostolats! Rien ne console et ne protège les victimes du sort et d'elles-mêmes; il semble que le ciel se soit effacé du vaste horizon où l'homme se perd : l'homme n'aperçoit plus que la terre, et la terre lui manque sans cesse. Mais je regarde, je vois, j'admire. Le christianisme est là. Le christianisme, plus vivant que jamais, a étendu sa croix sur le siècle. Le christianisme, objet des mépris ou de l'indifférence, a ressaisi de sa main puissante les grands et les riches de la terre, qui s'étaient enfuis loin de ses ailes, mais que d'effrayants coups de tonnerre lui ont violemment ramenés. C'est sous son égide qu'ils se réfugient; car ils sentent qu'abandonnés à eux-mêmes, ils sont tombés. Et à peine ont-ils remis le pied dans le sanctuaire, les voilà redevenus forts de la première des forces, celle de la vertu. Sur le bras de la religion, sur ce bras qui ne manque jamais, ils se sont relevés plus haut aux yeux de Dieu et même aux regards des hommes.

Leurs âmes, épurées au creuset du malheur, attendries par le souvenir de leur récente indigence, se sont tellement remplies du doux sentiment de la charité, qu'il est devenu leur premier aliment : il fait leur vie; il leur en promet une autre, céleste complément de celle-ci. Eh! qui ne bénirait ces ressorts secrets que fait jouer, quand il le faut, la suprême justice pour rappeler à elle les hommes égarés loin de ses voies? O vous que la fortune abat, ne murmurez plus. Si vous êtes condamnés à perdre un vain rang, des richesses mensongères et des titres fragiles, vous pouvez les remplacer par le titre d'hommes de bien, par les trésors de la vertu, par le premier rang dans le cœur du pauvre. Heurtés sur la terre par toutes les ambitions, vous ne trouverez personne devant vous sur le chemin du ciel. Vous serez plus près de Dieu avec vos bonnes œuvres que d'autres au milieu des pompes et des honneurs. Voilà, voilà les seuls priviléges dignes d'envie! Et que vous faut-il pour les acquérir? Vouloir.

Vouloir! oh! qu'il y a de force dans ce mot. Eh bien, c'est le mot du christianisme; c'est le secret de sa puissance, le gage de sa durée, la garantie de ses progrès, toujours sûrs, quoique souvent tardifs. Vouloir!

Et quel bien n'a-t-il pas voulu, et quel bien n'a-t-il pas fait? Son passé, son présent, tout est plein des services qu'il rendit, siècle par siècle, à l'humanité ingrate ou reconnaissante; son avenir, ah! il est immense. Ce qu'il a su accomplir est peu en comparaison de ce qu'il promet au monde ; et le christianisme tiendra parole, et, à mesure que les humains marcheront à sa clarté, les belles perspectives qu'ils n'ont fait encore qu'entrevoir, se déploieront tout entières devant eux.

Courage, athlètes de la vérité ! courage, missionnaires de la vertu ! Avancez au milieu des obstacles, et ils s'aplaniront ; parlez aux sourds, et ils entendront ; soufflez sur cette poussière du monde qui couvre ses yeux, et ses yeux s'ouvriront à votre lumière.

Oui, le christianisme poursuit sa tâche bienfaisante sans se laisser décourager par les moqueries, ni épouvanter par les persécutions : il la poursuit avec de grandes chances de succès, car il a pour lui tous ceux qui souffrent ; et combien leur nombre s'est multiplié ! Tant de douleurs furent jetées sur le siècle par les hommes de glaive ou de plume sortis du fond de nos malheurs ! Hélas ! à mesure que nous marcherons, il se fera de nouveaux infortunés. Les révolutions ne touchent pas à leur fin : elles menacent encore le globe des calamités qu'elles trainent après elles. Tant que le principe qui soulève les peuples subsistera au milieu des sociétés, malheur aux peuples ! malheur aux sociétés !

S'il est aisé de réfuter par les faits et ceux qui calomnient la religion et ceux qui la jugent impraticable, il ne l'est pas moins de forcer au silence les hommes dont j'ai déjà signalé le dangereux système.

Réduisant la religion aux proportions mesquines d'un mannequin administratif, ils cherchent à la rendre élastique et souple au point qu'elle puisse se prêter facilement au jeu de toutes les fantaisies du pouvoir. Ils introduiraient volontiers Dieu dans le budget, entre un sergent de ville et un gendarme, comme officier de police surnuméraire, avec allocation de solde pour services rendus à l'ordre public. Ces missionnaires amateurs ne parlent que de mutiler la religion, afin de la faire mieux marcher. Ils commandent superbement au siècle de les suivre dans la nouvelle voie évangélique, frayée sous leurs petits pieds encore tout salis des fanges du monde. Ils commandent !...

Avant de leur répondre, je les prierai d'entrer avec moi dans cette chapelle. Asseyons-nous devant la chaire sacrée : écoutons ce vénérable pasteur, appelé pour distribuer le pain de vie à son troupeau rassemblé.

Le prédicateur en cheveux blancs s'agenouille dans la tribune sainte, et, les mains jointes sur sa poitrine, les yeux tournés vers l'autel, il invoque par une humble prière les grâces de l'Esprit divin; car il se reconnaît incapable, lui pauvre pécheur, d'émouvoir les hommes sans l'intervention du Très-Haut. Puis, comme illuminé des clartés du ciel, il commence son sermon qui roule sur les plus sublimes sujets : l'amour du prochain, les devoirs des rois envers les peuples et des peuples envers les rois, la charité, le pardon des injures, les avantages de la concorde et le besoin de la justice.

Son éloquence est celle du cœur, son ascendant celui de la vertu. Il attendrit, parce qu'il est attendri lui-même; il verse des pleurs, et on pleure. En l'écoutant le vicieux devient bon, le bon meilleur, le juste plus juste, le bienfaisant plus bienfaisant. Au nom de celui qui a tant souffert et tant pardonné, qui a donné tout et n'a rien demandé, il invite à l'aumône, et les bourses s'ouvrent; il recommande l'union, et les ennemis se tendent la main. On croit voir une grande famille de frères dans laquelle il n'existe plus qu'une seule rivalité, celle du bien.

Hommes du siècle, philosophes, politiques, vous venez d'entendre et de voir. Comment expliquerez-vous tant de prodiges opérés par quelques paroles d'un vieux prêtre? Pourquoi, faible et chancelant sur le bord du tombeau, a-t-il remué si puissamment toutes les âmes? C'est qu'il avait pris son levier dans le ciel.

Allez maintenant, allez haranguer la foule; demandez à votre éloquence, brillante mais stérile, la millième partie des effets qui viennent d'être produits en votre présence. Que pourrez-vous? Vous frapperez le rocher, mais l'eau n'en jaillira pas : la verge miraculeuse vous manque. Aux murs d'airain qui séparent les cœurs, si vous dites : Tombez! ces murs demeureront immobiles, et les cœurs resteront séparés; car aucune vertu ne réside en vous. Chacun vous demandera de qui vous avez reçu votre mission. De notre raison, répondrez-vous fièrement. Votre raison! quelle autorité!! Qui voudrait, s'y soumettre? et pourquoi le voudrait-on?

Ah! qu'il y a loin de l'empire exercé par l'être isolé qui s'avance au milieu de nous, sans autre titre que sa volonté, sans autre mandat que celui qu'il s'est donné dans sa présomption; qu'il y a loin d'un si contestable empire à l'influence de ce vieillard qui nous apparaît précédé de toutes les traditions de la foi, appuyé sur le code sublime par lequel est régi le monde chrétien, déjà maître des pensées et des sentiments; d'une main ébranlant la terre, de l'autre ouvrant les portes des cieux; et, quand il nous a conduits jusqu'au pied du seul trône éternel, s'éclipsant tout à coup derrière Dieu, son grand Dieu, qu'il laisse en présence des hommes pour leur expliquer lui-même sa morale et les aider à se rapprocher de lui par le chemin des vertus.

Non, ce n'est plus l'homme, en effet, que nous avons vu dans la chaire évangélique : l'homme était absent; Dieu seul a paru, Dieu seul a parlé, et quelle parole vaut la sienne?

Me comprenez-vous maintenant, vous superbes correcteurs du christianisme, vous qui demandez pour votre nouvelle méthode un brevet de perfectionnement? Mais vous n'abandonnez point votre système : vous voulez, répétez-vous, rappeler les nations chrétiennes aux vrais principes de l'Evangile. Discutons, éclairons-nous.

C'est-à-dire que, sous un spécieux prétexte, vous cachez une intention perfide, celle de forcer la religion à transiger avec les faiblesses du siècle et avec vos propres faiblesses; vous la traitez comme on traite aujourd'hui les puissances vacillantes de la terre : armés des grands mots *philosophie, vérité, nouvelles lumières, progrès des esprits,* vous demandez à la religion, ainsi qu'à la royauté, concessions sur concessions, vous les lui demandez la menace à la bouche, avec injonction d'accepter votre programme ou d'abdiquer, comme si l'acceptation de ce programme n'était pas une abdication!

Ainsi les mystères choquent votre raison, suppression des mystères; le célibat des prêtres outrage la nature, que les prêtres se marient; les cérémonies du culte, autant de momeries qu'il faut renvoyer aux vieux temps de l'obscurantisme et de la superstition. A quoi bon le jeûne et les austérités? Nous avons reçu des sens, non pour les mortifier, mais pour les satisfaire; nous fûmes créés pour jouir, et non pour nous abstenir. Que sert la prière? audacieuse prétention de l'homme d'entrer en communication intime avec son auteur! Croit-on que Dieu aille petitement se mêler des affaires humaines? Croit-on que l'examen et la punition de ces billevesées, flétries par nous du nom de fautes, méritent d'occuper à tout moment celui qui d'un mot fait mouvoir des millions de mondes? Laissons, laissons-le dans la paix de son éternité, derrière le nuage d'or qui le couvre. Que si nous lui cherchons un nom, quand ce nom sera trouvé, gardons-le. Que si nous lui rendons des hommages, qu'importe sous quelle forme nous l'adorons et sur quel autel notre encens montera vers lui? Tout est bon, tout lui convient. Loin de la sphère des erreurs et des préjugés, loin de nos institutions passagères et de nos législations d'un jour, la suprême intelligence du Créateur se rencontre avec la haute pensée de sa créature dans les lumineuses régions où réside la vérité ; et ces deux puissances immatérielles planent ensemble d'un même vol au-dessus des temps et des mondes, sans daigner apercevoir, à travers l'immense route des siècles, les feuilles éparses de nos codes remplacés par d'autres codes, les pages déchirées de nos évangiles rejetés pour de nouveaux symboles religieux.

A merveille! J'entends. Tout n'est qu'illusion, mensonge, déception parmi les hommes. Sublime sagesse de nos modernes docteurs, je vous rends grâces ! Vous me mettez bien à l'aise. Rien n'est durable, donc rien n'est respectable. Rien du ciel, donc rien de sacré. Eh bien, si ma religion ne doit avoir qu'un temps, pourquoi attendre à demain ! Brisons dès aujourd'hui son joug incommode. Si les lois sont nécessairement transitoires, regardons-les d'avance comme non avenues, et changeons ces lois tant qu'il nous plaira dans l'intérêt de nos caprices ou de nos passions. Si l'édifice social, au lieu d'asseoir profondément dans la terre ses bases solides et immuables, n'est qu'un fragile bâtiment sur pilotis, destiné à tomber sous le choc du moindre vent qui l'assiége, ou prêt à rouler emporté par le premier mouvement des flots qui l'entourent, abattons-le plus tôt que plus tard ; ne laissons rien debout, ne nous asseyons point, passons, et en passant logeons dans les ruines que nous aurons faites, pour en faire d'autres au prochain campement. Recommençons tous les matins la société : si elle subsiste, ce ne sera pas notre faute.

J'aime à le croire, ceux qui mettent en avant de tels principes n'en ont pas médité les terribles conséquences. Sans doute ils reculeraient devant le tableau des bouleversements successifs où l'espèce humaine pourrait être entraînée par eux si elle osait les écouter. Et de nos jours elle ne l'ose que trop. Ah ! réfléchissez bien sur vos paroles avant de les laisser courir jusqu'à l'oreille téméraire de cette turbulente jeunesse, si disposée à les convertir en faits ! Au nom de l'intérêt commun, souffrez qu'à défaut de croyance et de bonne foi on vous recommande la prudence et la circonspection. Vous n'avez songé qu'à la gloire de montrer l'esprit de prévision dont vous êtes pourvus ; mais il n'y a point de gloire à jeter le trouble et le désespoir dans l'âme des bons, ni surtout à pousser les méchants dans la carrière du fatalisme où la destruction de tout est une loi inévitable. Hélas ! faut-il donc que les grands talents, envoyés dans des jours de ténèbres et de calamités pour éclairer et pour sauver le monde, soient les premiers à l'égarer et à le perdre ! Que nous présentent en perspective ces esprits élevés qui devraient être nos conducteurs naturels ? Partout, partout au bout de chaque route, ils ont placé l'effroyable écriteau qui abat les forces de l'homme : Ici rien.

C'est ainsi qu'en abandonnant les idées religieuses, on arrive aux négations du matérialisme ; c'est ainsi qu'en creusant au fond de toutes choses, avec les instruments de la terre, pour découvrir la vérité, on descend jusqu'au désolant abîme du néant, magnifiquement illuminé des trompeurs et vacillants rayons du génie humain, séparé de Dieu : car notre Dieu, le Dieu véritable, ne ressemble point à celui qu'on nous fait ; à cet automate sacré, condamné à une nullité déplorable, sans action sur l'homme, contemplant du même œil le crime et la vertu, les mains vides de punitions comme de récompenses, isolé sur son trône où il n'attend point les êtres qu'il a créés pour leur faire dans l'éternité la part que leurs œuvres méritent.

Notre Dieu à nous, vous le connaissez, vous l'avez adoré peut-être dans vos jours d'innocence et de pureté. Quand on peut se présenter à lui le front vierge de souillures, le cœur libre de mauvaises pensées, on ne repousse point ses lois. Ce n'est qu'au jour des fautes et des chutes que nous lui contestons son autorité, ses attributs, son influence sur notre conduite et sur notre vie, quelquefois même son existence. Le premier pas vers le mal est aussi le premier pas vers le doute. Qui oserait le nier? Et si nous n'étions coupables, pourquoi récuserions-nous notre juge?

Or, en apportant sa législation céleste à la terre, pour empêcher tout ce qui peut nuire comme pour provoquer tout ce qui est utile; en nous imposant sa morale sacrée, ce Dieu dont vos yeux se sont détournés, mais que nous regardons toujours, nous a fait connaître les peines qui suivraient notre insubordination, les prix attachés à notre obéissance. Nous dégager de la crainte et de l'espoir que cette connaissance nous inspire, c'est livrer le monde au débordement des passions. Qu'importe qu'on invoque un Dieu, si l'on rejette ses préceptes? Enfin, tout a sa nécessité; et à quoi Dieu serait-il nécessaire sans le rôle sublime de maître et d'arbitre éternel? Le caprice, au lieu du hasard, prendrait donc le sceptre de l'univers. Ce ne serait plus la matière, flottant aveuglément au gré d'une force aveugle comme elle; mais la volonté, affranchie de toute responsabilité, passant indistinctement du juste à l'injuste, du bien au mal, du mérite au démérite dans les actes, sans s'inquiéter de l'avenir. Dès lors, par un autre chemin, nous retournons au système des athées; car un Dieu condamné à une neutralité absolue dans le mouvement du monde n'est plus qu'une vaine image jetée sur le vide pour le couvrir.

En résumé, dans le plan des nouveaux docteurs, nous avons la religion du Christ, moins le Christ et sa religion. Ceux de ses préceptes qui ne contrarient ni nos goûts ni nos penchants, nous les adoptons : ceux qui nous gênent, nous les foulons aux pieds. Ce n'est pas ainsi qu'on devient son disciple et qu'on mérite le nom de chrétien. Dans le corps de sa doctrine, il faut tout admettre ou tout rejeter, car tout s'y coordonne, tout s'y sert d'appui. Incomplète, elle ne mène pas au vrai but.

Quant aux préceptes du jeûne et de la prière, ne les croyez ni puérils ni vains. Ils se rattachent au grand dessein, ils contribuent à l'unité du vaste plan de ce Dieu qui a voulu rappeler sans cesse l'homme à lui en le forçant à la fois de refuser son corps aux grossières jouissances de la terre et d'élever son âme au ciel par ces communications fréquentes avec l'Etre suprêmement bon, seul inspirateur de toute vertu. Tant de distractions nous rejettent loin de lui! Tant d'intérêts, de plaisirs, d'affaires, de frivolités nous promènent tour à tour dans ce cercle mobile où Dieu n'est pas! Sa bienfaisante image disparait si souvent derrière la poussière immense que les pas du monde soulèvent incessamment entre elle et nous dans l'incommensurable horizon qu'elle éclaire! N'est-il pas bon que notre pensée, plus ou moins chargée des souillures du siècle, retourne les secouer au pied de ce trône de pureté dont le seul toucher régénère? Quand la rosée d'en haut rencontre en descendant sur notre petit globe la plante abattue et desséchée qui l'appelle pour reprendre la vie, voilà que tout à coup la plante reverdit, relève doucement la tête, se couronne de nouvelles fleurs et s'entoure de parfums inconnus qui l'embaument et la réjouissent.

Oh! pourquoi nous ravir la prière? Nous avons un si grand besoin d'aller à notre père, et que notre père vienne à nous! Nous sommes si heureux de nos confidences à cet ami caché et puissant! Nous respirons si librement après avoir réglé nos comptes avec ce généreux associé! Sans la prière, il y aurait une lacune entre la terre et le ciel. Sans la prière, l'homme interromprait sa correspondance secrète avec Dieu. La prière est une espérance, quelquefois une consolation, toujours un soulagement. Oh! laissez, laissez-nous la prière.

Mais souvent la liste de nos fautes est si effrayante que nous n'osons la porter directement aux mains de notre chaste juge. Alors un intermédiaire se présente à nous. C'est à lui que nous avons recours. Placé près de Dieu et de nous, le prêtre reçoit nos aveux pour les lui rendre. Au nom du Très-Haut qui lui passa solennellement sa procuration sainte, il répand sur nous les paroles d'absolution, prix de notre repentir. Notre front, courbé par la honte, se redresse avec confiance, portant le gage du pardon, et notre âme plus hardie, notre âme purifiée dans la piscine sacrée, s'élance de nouveau vers l'auteur de tout bien, avec lequel elle ne craint plus de recommencer ses relations intimes et ravissantes, qui ne peuvent être appréciées que par elle.

Les détracteurs de la confession n'ont pas vu où voulu voir qu'elle était un appendice nécessaire de la prière et un acheminement à la communion. Je sais bien, hommes fragiles, pourquoi la confession vous déplaît, et vous le saviez avant moi. C'est que votre âme a besoin de se cacher sous des voiles qu'aucune main ne puisse soulever. Mais l'inévitable main de Dieu n'est-elle pas là?

Mais l'œil qui voit tout n'a-t-il pas percé, à travers le faible tissu, jusqu'à cet amas de corruption que rien ne peut couvrir devant lui? A quoi vous servent tant de minutieuses précautions? Le ciel connaît déjà ce que la terre ignore. Accusés au grand tribunal d'en haut, vous aurez beau décliner sa juridiction. Malheur, malheur à vous si vous y comparaissez trop tard! Et pourquoi ne pas vous présenter volontairement devant cette première justice qui vous appelle ici-bas pour vous acquitter sur un mot de votre bouche? Si vous pouviez comprendre ce qu'une simple confession de nos erreurs, même de nos crimes, répand de baume dans notre sein, rongé par cet ulcère qu'on nomme le remords!

Toutefois point d'hypocrisie. A moins de sentir en vous cette secrète impulsion qui dirige l'âme tourmentée vers le saint refuge où elle pourra se reposer, gardez-vous d'abord le vicaire de Dieu : attendez; le moment viendra. Attendez, mais ne vous détournez point de la main qui vous attire, mais ne fermez point l'oreille à la voix qui vous réclame. Sondez votre volonté, fouillez au fond de vos remords, et voyez s'il n'y a rien là pour vous dire : Délivre-toi.

Par une conséquence nécessaire et consolante, car tout est logique aussi bien que satisfaisant dans la religion, comme je l'ai dit, à la confession qui soulage succède la communion qui fortifie. L'expiation amène la récompense. Mais baissons les yeux sur les mystères. Et toutefois, à ne les envisager que dans leurs résultats moraux, que n'aurions-nous pas à dire (1)! Voltaire et

---

(1) J'ai assez expliqué les causes de la venue du Sauveur, pour n'avoir pas à m'étendre de nouveau sur cet admirable sujet. La naissance, la mort, la résurrection d'un Dieu qui s'est fait homme, jettent, il est vrai, dans un long étonnement notre raison incertaine et déconcertée. Mais pour qui et pourquoi ce Dieu s'est-il fait

surtout Jean-Jacques Rousseau se sont raillés du sacrement de l'eucharistie; mais ils n'ont pas vu les miracles de conversion, les prodiges de vertu accomplis par la croyance à ce mystère *incompréhensible et absurde.*

Ils n'ont pas vu l'homme chargé du poids de ses misères, la femme tyrannisée par son époux, le père privé de son enfant, le prisonnier condamné à mort, l'ami affligé, le malade à moitié jeté hors de la vie, s'approcher de cette table sacrée où ils vont tous recevoir leur Dieu. Un prêtre s'avance; il leur dit les paroles connues; il abaisse vers eux l'hostie miraculeuse. Leurs lèvres s'entr'ouvrent avec respect, elles aspirent le Dieu qui descend dans le sein de ces fidèles comme dans un sanctuaire. Quel recueillement! Quelle béatitude! Que de consolations pour ces êtres mortels, qui viennent de préparer et de purifier l'asile où ils recueillent leur hôte céleste au milieu des parfums de leurs vertus renouvelées!

Les voilà les mains jointes, le cœur en prières, la tête baissée, à genoux sur cette marche de pierre devant la nappe sainte, en présence d'une foule mondaine qui les regarde avec un involontaire attendrissement. Que sont-ils? Que deviennent-ils? Ils habitent dans le ciel, ils sont presque Dieu. Pensées de la terre, douleurs, regrets, souffrances physiques, appréhension de la mort, souvenir des êtres chers qu'ils ont perdus, ah! qu'en cet auguste moment vous êtes loin d'eux! Et lorsqu'ils se retirent avec lenteur, emportant dans leur sein celui qui a fait le monde, plus encore celui qui l'a racheté, une longue méditation retient leur âme au séjour des anges.

---

homme? Pour qui et pourquoi s'est-il soumis à la pauvreté, à l'ignominie, au supplice des malfaiteurs? Je pleure en me rappelant son motif sublime; et au lieu des paroles blasphématoires de la moqueuse incrédulité, je ne trouve sur mes lèvres que les innombrables bénédictions de la foi reconnaissante.

Ils semblent craindre qu'un retour vers les choses terrestres ne profane, en l'interrompant, la sublimité de leur muet entretien avec la Divinité, devenue leur magnifique associée. Combien de bonnes œuvres sortent de cet acte si au-dessus de tous les actes de la vie humaine! Après avoir incorporé Dieu à soi-même, après s'être pénétré de la merveilleuse idée qu'on ne fait plus qu'un avec lui, comment ne pas garder intact le temple nouveau qui le recèle? Comment se séparer de son esprit lorsqu'on possède son corps. Il a daigné pour notre salut se transformer en nous. A notre tour, transformons-nous en lui. Il a aimé, nous aimerons. Il a pardonné, nous pardonnerons. Il a donné et il s'est donné, nous ferons comme lui. Ne devons-nous pas nous rendre dignes, jour par jour, heure par heure, de notre glorieux hymen avec Dieu?

Et pendant que ces ravissantes pensées du ciel occupent l'âme de l'humble communiant, que fait l'orgueilleux Rousseau dans le fond de sa retraite? Peut-être rêve-t-il aux moyens de brouiller son ami Saint-Lambert avec son amie, Mme d'Houdetot; peut-être saisit-il au berceau son nouveau-né, pour le porter à l'hôpital; peut-être sa plume, éloquente mais haineuse, trace-t-elle des malédictions pour les hommes qu'il appelle ses ennemis. Ah! si l'incrédulité du philosophe ne rend pas plus estimable, ne réveille pas plus le sentiment sacré des devoirs de la nature, ne conduit pas mieux au bonheur, au repos, à l'amour de nos semblables, gardons la foi du charbonnier (1).

Admirable influence de chacune des pratiques de notre religion! Quand Louis XIV, le front couronné de victoires, au milieu de sa cour de héros, venait, comme le

---

(1) Elle est aussi celle de Pascal.

pauvre et l'orphelin, chercher à la table sainte ce Dieu devant lequel il tremblait de paraître, il se faisait une halte dans son ambition, l'Europe respirait : plus de sanglants projets, plus de bras appesanti sur les peuples. En s'unissant à la Divinité, il prenait comme en pitié l'humanité entière ; car il ne se sentait plus ni le rival des rois, ni le conquérant des Etats, mais le frère des hommes et le coopérateur du Dieu leur Sauveur. N'était-ce donc rien que cette trêve accordée au monde ?

Quand Charles le Sage, encore Dauphin, communiait à côté du roi de Navarre, de ce Charles le Mauvais qui l'empoisonnait dans une moitié d'hostie, lequel valait mieux du prince trompé ou du prince trompeur, de la victime ou du bourreau ? lequel avait l'âme plus pure, la conscience plus tranquille, l'esprit plus élevé, plus juste, plus digne de donner des lois aux nations ? Et qui ne préférerait la généreuse simplicité de cœur du premier au scepticisme homicide du second ?

Si nous arrivons à l'examen des points de discipline dont la religion commande l'observance, même sagesse dans l'intention de la loi, même nécessité de l'exécution. Je m'arrêterai au célibat des prêtres, si décrié par nos sages du siècle. Quelles raisons allèguent-ils pour l'anéantir ? Ecoutons-les.

Reconnaitre un Dieu, c'est confesser sa bonté. Et pense-t-on que ce Dieu bienveillant regarde avec colère l'union de ses enfants, recommandée par lui-même ? Qu'importent les institutions variables des hommes ? S'ils ont dit : Vous macérerez votre chair, vous imposerez silence à la nature ; si l'on a vu des ermites courageux s'enfoncer dans la solitude pour lutter contre leurs sens et sortir triomphants de cette lutte ; n'avait-on pas vu auparavant, attachés au joug des autels, des êtres qui, réunissant à la sainteté du ministère les douces fonctions de père et d'époux, tenaient à la fois au ciel et à la terre par des nœuds sacrés? Qui d'entre eux, alors, crut souiller le tabernacle en y portant des mains sortant de caresser un fils dans son berceau? Ah! sans doute l'encens de ceux dont la vie est consacrée à faire le bonheur d'une compagne, à former à l'Etat comme à la patrie céleste des citoyens nés pour en être l'honneur; cet encens est bien aussi doux à Dieu que les hommages stériles de ces hommes à part au milieu de leurs semblables, étrangers à toutes les affections comme à tous les devoirs de la société, simples voyageurs qui passent au hasard dans un monde indifférent dont ils sortiront sans laisser de traces. Souhaitons, souhaitons qu'il vienne un jour où, le mariage refleurissant parmi les prêtres consacrés au Seigneur, nous les verrons entonner ses louanges au milieu d'une nombreuse famille formée par leurs exemples, le remercier de participer à des dons devenus communs avec le reste des hommes, et ne plus se distinguer d'eux que par une étude plus suivie des vertus qui plaisent à l'Eternel sans torturer l'humanité.

On a entendu les reproches : essayons la justification. Qui ne reconnait les graves inconvénients du célibat? Mais en les faisant ressortir avec force, faut-il oublier les objections qui s'élèvent contre l'adoption de l'état contraire? Vous ne voyez que les épreuves fâcheuses par où les sens du prêtre peuvent passer, et, pour protéger et assurer sa vertu, vous l'invitez à se marier. Mais voyez-vous le prêtre époux, père, grand-père? Le voyez-vous au milieu d'une famille qui le dispute au genre humain, sa première famille? Le voilà un pied dans le sanctuaire, un pied dans le siècle. Le voilà qui se partage entre les intérêts de Dieu et ceux de ses enfants. Quoi, vous lui défendez de se jeter à travers le tumulte des passions sociales, de mettre sa main dans les affaires humaines, de communiquer avec les pestiférés du monde temporel ; et maintenant vous voulez le précipiter dans cet impur lazaret d'où il ne peut rapporter à ses frères en Jésus-Christ que des germes de contagion ! Vous lui donnez une femme pour assouvir la faim peut-être endormie de ses sens ; mais si, en s'éveillant à des plaisirs jusqu'à ce jour inconnus pour lui, il néglige ses devoirs, et oublie son Dieu ; s'il porte des regards illicites sur une femme étrangère, et cherche auprès d'elle de nouveaux aliments aux passions dont il vient d'être averti par l'effervescence de son imagination en travail !

Supposons, toutefois, qu'il s'en tienne à la compagne obligée de sa vie, ne prendra-t-il pas à son côté le goût de la dissipation ? ne descendra-t-il pas des hauteurs de ses méditations sublimes aux petitesses, aux commérages, aux faiblesses du sexe, quand une noble éducation n'a pas corrigé ses défauts naturels ? S'il a des fils nés avec des inclinations vicieuses, des filles dont le cœur tendre ou l'imagination active appellent toute sa vigilance, il faut que, pour s'occuper d'eux, il se détourne des immenses devoirs qui demandent tous ses instants.

Et que deviendra l'enthousiasme sacré ? où puisera-t-il cette charité ardente qui devait embraser le genre humain ? Tout garrotté des liens de la paternité, songera-t-il à voler comme Las-Cazas à la conquête des âmes dans les contrées les plus lointaines ? à répandre son cœur et sa bienfaisance, comme Vincent de Paul, sur tous les malheureux connus ou inconnus, qui meurent sans secours dans les mille coins de la terre qu'il habite ? à couvrir, comme Fénelon, son siècle et les siècles à venir des rayons vivifiants de son génie philanthropique ? à unir enfin, comme François de Sales, tous les cœurs et toutes les volontés dans l'amour des hommes ? Mais que fais-je ? et à quoi bon raisonner ? Que les détracteurs du célibat des ecclésiastiques me prêtent l'oreille et qu'ils jugent.

Dans la ville d'Auch, à la nouvelle d'un violent incendie, l'archevêque, M. d'Apchon, court, arrive sur le théâtre du désastre; il voit au plus haut étage d'une maison en flammes une pauvre femme qui balançait à une fenêtre le berceau de son jeune enfant, en implorant avec des cris la pitié publique, non pour elle, mais pour cette frêle créature que les feux allaient envelopper. Le pasteur regarde autour de lui. Partout la consternation et la stupeur. Debout, immobile, les bras croisés, les yeux tristement attachés sur cette scène de désolation, un homme du peuple, dans la vigueur de l'âge, se tenait à côté du prélat, qui lui cria : Cinquante louis à gagner, si tu montes là-haut. Et, de ses mains, il appliquait lui-même sur le mur embrasé et à moitié croulant une échelle qu'on venait d'apporter par ses ordres. — Monseigneur, je suis père, je me garde pour mes enfants. — Moi, je suis chrétien, je m'expose pour mes semblables. L'intrépide pasteur dit, s'élance sur l'échelle, parvient au grenier où les flammes l'avaient devancé, sauve la mère et l'enfant, et redescend au milieu des bénédictions d'un peuple qui n'oubliera jamais le sublime dévouement de cet apôtre.

Autre exemple. A Londres éclate le choléra : l'évêque publie une lettre pastorale qui permet à son clergé, attendu que la confession n'entre pas dans les rites de l'église anglicane, de se dispenser du plus impérieux et du plus sacré des devoirs, celui d'aller exhorter et consoler les malades sur leur lit de mort. Ainsi la religion proclame son absence au moment le plus solennel de la vie de l'homme. Ainsi elle ferme à la fois sa bourse et ses lèvres. Un infortuné meurt en l'appelant. Où est-elle ? On ne la voit pas arriver avec ses prières, ses promesses,

ses espérances. A celui que la terre abandonne, elle ne montre pas le ciel. Qu'est-elle donc? Quel nom lui donner? Est-ce la religion? n'est-ce rien?

A Paris, le fléau répand ses ravages. Un prélat, calomnié et persécuté, brave les dangers qui menacent sa tête pour accourir au milieu des pestiférés. Le bon pasteur se montre à ses brebis souffrantes. Soins, fatigues, veilles, paroles de paix et d'amour, secours spirituels et temporels, il n'épargne rien. Dépouillé, il trouve à donner. L'or de la charité qu'il a invoquée, roule à flots sous ses mains paternelles. Et quand les bénédictions s'élèvent de toutes parts, il se retire humblement dans le sanctuaire, en disant : Je n'ai fait que m'acquitter d'un devoir, allons en remplir d'autres.

Ne nous étonnons point. Le premier n'a pour mobile que la philosophie parée d'un nom sacré; l'autre a pour guide le véritable christianisme. L'un ne cède jamais qu'à un sentiment de bienfaisance, quand il lui cède; l'autre se laisse entraîner au mouvement sublime de la charité. Le prêtre anglican, marié, père de famille, n'appartenant qu'à quelques-uns, se donne avec calcul et restriction; le prêtre français, resté célibataire pour appartenir à tous, se donne tout entier sans autre vue que le malheur et Dieu.

Les récriminations continuent. — Mais les désordres des moines et des cardinaux dans le moyen âge! mais la vie licencieuse des prélats du dernier siècle! mais les débordements de quelques membres de notre clergé actuel! — Eh bien, qu'importent les erreurs du petit nombre? Qui vous dit, d'ailleurs, que ces hommes vicieux auraient mieux valu dans un autre état? Qui vous assure que leur conduite désordonnée soit le fruit du célibat et que le mariage eût épuré leurs mœurs? Pour moi, je vous soutiens qu'ils auraient partout traîné le scandale à leur suite. Quiconque s'est montré capable de souiller le joug du sacerdoce, n'eût pas rougi de profaner le lit conjugal.

Enfin avec le mariage des prêtres, plus de confession, partant plus de communion ; et la religion, ainsi dénaturée, que devient-elle? Où retrouver le clergé, cette milice sacrée, toujours prête à se mouvoir au premier cri de l'humanité, toujours veillant sur tous les points du monde, toujours entendue, parce qu'elle parle non la langue d'une nation, mais la langue universelle? Mêlé au siècle, attaché à un territoire particulier, occupé d'intérêts distincts des intérêts de la religion, le clergé n'a plus ni force, ni unité, ni durée. Est-ce là qu'on veut l'amener?

On n'ose attaquer la morale du Christ. Elle est si belle et si pure! Mais, malgré les exemples nombreux que j'ai cités, malgré cette multitude de vrais chrétiens dont j'ai rappelé les noms, on la déclare incompatible avec l'esprit de sociabilité. Pour la suivre, assure-t-on, il faudrait se détacher de soi-même, de sa famille, de tous les liens qui nous charment et nous retiennent doucement à la vie. Les rapports d'homme à homme cesseraient : les devoirs sociaux, devenus méprisables, seraient interrompus. Le soin de notre fortune, l'occupation de notre avancement, les idées de gloire, de grandeur, autant d'inutilités. A quoi bon fonder les villes, fertiliser les campagnes, appeler les arts au secours de notre loisir, demander aux lettres des jouissances intellectuelles, nous livrer péniblement aux travaux du génie pour éclairer nos semblables? La sévère religion du Christ ne veut rien de tout cela. Ce qu'elle veut, c'est qu'on prie, qu'on médite, qu'on renonce au monde, à ses pompes et à ses œuvres, afin d'obéir à celui qui a dit : Abandonnez votre famille pour me suivre.

Fausse interprétation de son divin précepte, ou plutôt

confusion volontaire dans l'explication de ses commandements! Non, le Sauveur des hommes ne nous ordonne pas de nous séparer des hommes; non, il ne prescrit point au père de se dérober à ses enfants, ni au fils de laisser ses parents dans l'oubli, ni à l'époux de quitter sa femme, ni au citoyen de déserter les murs de la cité. Lui, dont la religion prêche la concorde; lui, dont le principe est la charité; lui, dont la morale ne tend qu'au perfectionnement de notre espèce et à la conservation de l'ordre dans les sociétés; lui, le législateur par excellence, il nous imposerait pour première loi la dissolution de tous nos liens sur la terre! Il nous isolerait les uns des autres, après nous avoir dit : Aimez-vous pour gagner le ciel! Il nous interdirait le chemin, en nous indiquant le but! Il nous défendrait les travaux, en nous montrant la récompense! Quelles contradictions! Et comment reconnaître la pensée *civilisatrice* à travers cette sauvage prescription d'une vie de solitude et de personnalité?

Ces paroles du Christ : *Aimez-vous les uns les autres*, expliquent sa doctrine, sa doctrine toute sociale. Quand il les prononçait, si, pour empêcher notre cœur de s'égarer dans leur application, il ajoutait par une précaution nécessaire : *Abandonnez votre famille pour me suivre;* c'est que le suivre, c'est accomplir sa loi de fraternité universelle. Car en rassemblant notre amour sur un seul objet, en le détournant du genre humain auquel il est dû, nous trompons l'intention du Sauveur. Cette concentration de nos sentiments sur la tête d'une épouse, d'une mère, d'un fils, leur donne un caractère d'individualité en opposition avec l'immense conception du Sauveur, qui veut sans cesse les généraliser (1).

(1) Comme, dans notre nature, tout doit tendre à l'unité, s'il nous ordonne de nous aimer, c'est en lui; de sorte que cet amour, parti de Dieu pour s'étendre à tous les hommes, remonte à Dieu, comme un fleuve aux mille ramifications remonte à sa source.

Et quelle profondeur dans ses vues! que de maux auxquels obvie la pratique de son commandement! Osons nous y soustraire; transportons notre amour sur un être unique, la punition ne tarde pas. Cette mère qui, préférant son fils non-seulement au reste du monde, mais à ses autres enfants, les repousse, les abandonne, les déshérite pour lui, elle le perd et le pleure au moment où elle vient de signer sa dernière injustice, dont il ne profitera pas. Cet époux auquel tout devient indifférent, excepté la femme qu'il a choisie, qui néglige ses devoirs pour la suivre, qui étonne et scandalise le monde du spectacle de sa faiblesse, il se voit trahi, délaissé, plongé dans une affreuse solitude par l'objet même de son exclusive idolâtrie. Cet ami qui ne connaissait de bonheur que dans la société de son ami, lui confiant tous ses secrets, toute son âme, tout son avenir, il en est séparé par les guerres, les travaux, les entreprises; et le voilà malheureux, malheureux par sa faute! Pourquoi s'est-il isolé de la grande famille des hommes pour s'emprisonner dans les bras d'un seul?

Ainsi c'est dans l'accomplissement de la loi du Christ qu'on trouve mieux que la paix, mieux que le bonheur; je veux dire le contentement de soi-même. Quand les ténèbres de mon âme s'éclairent aux rayons de cette ardente charité dont la céleste voix m'appelle, quelles tristes réflexions viennent en foule se presser autour de ma mémoire! Qu'ai-je fait jusqu'à présent sur la terre? A qui mon existence a-t-elle été véritablement utile? Si je mourais, quels monuments laisserais-je après moi pour mériter les regrets de mes contemporains et l'estime de la postérité? Une partie de ma carrière est déjà remplie, mais de quoi? De vertus stériles, de sentiments douloureux, d'un oisif désir du bien, d'amours trompées, d'amitiés trahies. Comme le vulgaire des hommes étrangers à la loi du Christ, je rampe dans la fange des passions communes.

Où sont mes ailes ? osons les déployer ; volons, élevons-nous jusqu'à ces grands dévouements des apôtres de la charité. Voici autour de moi des femmes simples et sans études, des servantes du pauvre, des consolatrices de l'affligé qui, portant dans leur sein l'actif et immense besoin de se consacrer au soulagement de leurs semblables, n'ont pas craint de rechercher une pénible mission de bienfaisance, qui rend chacune de leurs pensées profitable, chacun de leurs jours nécessaire à l'humanité. Voilà des apôtres du bien qui vont, à travers les fatigues et les dangers, jusqu'aux glaces du Nord, jusque sous les feux de l'Orient, répandre les semences de la foi sur un monde encore sauvage ou demi-barbare : souvent, pour prix de leurs sublimes efforts, ils ne recueillent que les persécutions, les chagrins, la misère, les tortures, la mort même, mais rien ne les fait reculer ; car, au bout de leur carrière d'un jour, ils aperçoivent la palme éternelle.

Quel exemple pour moi ! N'ai-je pas, autrefois, souhaité que mon existence comptât aussi parmi mes semblables ? Ne me suis-je pas senti capable, à mon tour, de les servir et de contribuer à leur félicité ? Avec de si riches projets, comment n'ai-je rien fait pour eux ? Comment les passions ont-elles rétréci ce cœur assez grand pour contenir en espérance le bonheur de tant d'êtres ? Comment, après avoir appelé si souvent dans ma pensée chacun des hommes à prendre une part de mon existence, me suis-je volontairement résolu à m'envelopper en moi ?

Ces fraîches et délicieuses idées de ma jeunesse première, pourquoi les ai-je laissées languir inertes et improductives dans le fond de mon âme ? Ah ! pourquoi ? Demandez-le à l'éducation païenne qu'on m'a faite dans ce monde qui se dit chrétien, dans ce monde où j'ai appris l'égoïsme, la dureté de cœur, l'avarice, le besoin de satisfaire mes goûts et mes penchants aux dépens de tout et de tous. J'ai vu le pauvre, la main tendue vers moi, me demander d'une voix suppliante un peu du pain de ma journée, et moi, je me suis mollement endormi à ma table après avoir assouvi ma faim, sans jeter un regard de commisération sur la sienne. J'eus de l'or pour mes plaisirs, je n'en eus point pour mes amis. Si mon voisin me requérait d'un service, je lui répondais avec impatience : *Je n'ai pas le temps;* et j'avais du temps pour nuire. Des brouilleries, des procès, des duels témoignaient de mon humeur, de ma cupidité, de mon orgueil. Je contredisais sans pouvoir supporter la contradiction. Je relevais aigrement toutes les fautes sans permettre à la censure de s'exercer sur mes torts. Personne n'était mon frère comme je n'étais le frère de personne. Et je me croyais chrétien !

Oh ! quand sonnera l'heure formidable où Dieu m'appellera dans la région des anges pour me demander compte de mon pèlerinage parmi les hommes, je m'avancerai donc seul au pied de son tribunal, les mains vides de bonnes œuvres, sans qu'une vertu, fille de mon innocence ou de mon repentir, accoure plaider à mon côté la cause désespérée du coupable, sans que le cri d'un mortel reconnaissant monte devant moi pour me défendre ! Le silence de la terre m'accusera dans le ciel. Que dis-je? Son silence ! Ah ! j'entends, j'entends déjà le concert de plaintes qui s'élève contre ma vie. Je vois la foule des témoins que Dieu interroge et qui me dénoncent. Ces témoins, quels sont-ils? Les maux que je n'ai point secourus, les larmes que j'ai dédaigné d'essuyer, les fers que j'ai laissés peser sur des mains innocentes qui m'imploraient, les plaies que j'ai refusé de fermer. O suprême Juge, vous m'interpellez. Malheureux, réponds, réponds, me dites-vous. Mais que répondre? Terrassé sous le poids de tant de terribles dépositions, pâle, interdit, tremblant, je tombe sur les marches du trône de justice, la tête enveloppée dans mes mains; l'ange du pardon s'éloigne en pleurant; les hôtes du firmament détournent la vue; le Très-Haut voile sa face lumineuse, faisant un signe au glaive des vengeances couché à ses pieds, qui se lève de lui-même, s'élance sur le pécheur prosterné et me précipite d'un seul coup dans l'abime sans fond et sans issue. Et voilà que tous les échos de l'éternité, s'ébranlant lugubrement à la fois, me renvoient de proche en proche le bruit de mon irrévocable condamnation avec ces amères et dérisoires paroles : Diras-tu encore que tu étais chrétien?

Qu'on m'écoute, car mes réflexions sont sérieuses comme mon sujet, et grandes comme la destinée de l'homme.

Une religion qui nous prend au berceau pour nous conduire à la tombe; une religion qui, après avoir régénéré notre être, nous rappelle ou nous retient incessamment dans le vaste cercle des devoirs tracés par elle; une religion toute d'amour, de charité, de dévouement, de résignation, dont chaque pensée enfante une vertu, dont chaque œuvre révèle un bienfait, dont chaque enseignement mène au progrès, élève, purifie, agrandit l'humanité; une religion enfin qui, nous déroulant le grand tableau de l'éternité, où apparait agglomérée sur le premier plan l'innombrable race des mortels, couronne cette perspective immense par la majestueuse figure du souverain Juge, placée dans le fond, la balance à la main, appelant en témoignage nos vertus et nos vices debout aux deux côtés de son trône, puis des hauteurs de ce trône immuable laissant tomber sur nos têtes la sentence dont on n'appelle pas; une telle religion, qui nous entraîne vers le bien par l'espérance, qui nous éloigne du mal par l'épouvante, est la véritable, ou il n'existe point de religion, l'auteur de cette religion est Dieu, ou il n'y a point de Dieu.

Il est Dieu; car lequel d'entre les hommes, né et élevé parmi nos passions, nos erreurs, nos vices, nos folies, aurait eu l'étrange fantaisie de les combattre au lieu de les adopter? Lequel d'entre les hommes aurait voulu prêcher des lois toutes contraires à son sentiment naturel, dicter des devoirs en opposition directe avec son instinct d'égoïsme?

Tant d'abnégation, un si pur désintéressement de soi-même ne peut appartenir à ce qui est chair et fragilité. Ces préceptes viennent d'en haut; personne ne les eût inventés ici-bas : ces eaux tombent du ciel; on n'en trouverait pas la source sur la terre.

O vous qui aimez vos semblables, vous qui cherchez leur bonheur et le vôtre, hommes créés pour vivre avec les hommes, unissez-vous, élevez la voix, rappelez ces malheureux à leur noble vocation qu'ils ont trop oubliée ou méconnue; et la main dans leur main, les rangs serrés, le front ombragé par les grandes ailes du christianisme, avancez à la lumière de celui qui seul est le vrai Dieu, puisque seul il vous a fait connaître le but de la destinée humaine. Avancez, et au dernier terme de votre éclatant chemin, vous apercevrez de loin, sur les hauteurs voisines du ciel, cette avant-garde d'hommes de vertu, de héros du bien, de sages, de saints, de justes, qui vous appellent à leur suite, vous montrant le champ du repos derrière l'arène des combats, la couronne au-dessus des chevalets, la moisson pour prix de la semence et d'immortelles jouissances en échange de quelques travaux passagers.

Si ce but sublime vous invite inutilement; si vous dédaignez d'atteindre aux choses du ciel, rejetez-vous vers les choses de la terre. Allez, allez prendre place au milieu des destructeurs du genre humain; allez remuer tous les jours jusqu'au fond de ses entrailles cette société dont le plus grand malheur est de vous écouter, comme son plus grand crime est de vous suivre. Sapez les autels et les trônes, renversez la barrière des institutions, déchirez le livre des lois; que sous vos mains jalouses et séditieuses s'écroule colonne à colonne le grand édifice des siècles; ou, plus fiers encore, sinon plus hardis, volez des sceptres, jetez sur vos épaules des robes de pourpre, et, armés de glaives, de torches, de chaînes, frappez, incendiez, écrasez.

Mais, quand vous aurez assez bu de sang, assez dévoré de cadavres, assez assemblé de tombeaux et de ruines; quand vous aurez élevé le démon de l'orgueil qui vous possède sur un trône si haut qu'il vous cache le spectacle de vos forfaits, alors, mécontents de vos triomphes, las de vos trophées, soupirant au bruit des acclamations forcées du monde esclave, vous penserez plus d'une fois, avec un profond découragement, qu'il y a loin, bien loin encore de ce fléau de Dieu, qui, comme vous, passe à travers la foule des mortels, pour leur apporter la guerre et l'extermination, à ce simple enfant de la charité venant continuer parmi eux l'ouvrage du Christ, du Christ dont la première pensée fut d'amnistier le genre humain, la seconde, de le rendre assez grand par la vertu pour qu'il pût toucher au ciel.

O Dieu! à quels signes on reconnaît vos amis et vos ennemis! Entre les deux routes si diverses qu'ils nous ouvrent, qui pourrait s'arrêter indécis? Qui? Nous le voyons, nous voyons où se précipite la foule.

Eh! qu'importe?

Le christianisme peut attendre.

J'entends le rire de l'incrédule ; mais l'incrédule, que sait-il ?

Il nie la longévité du christianisme, et tout a pris fin sur la terre, excepté le christianisme.

Il nie l'action de la Providence, et la Providence marche à travers les routes du siècle, laissant partout derrière elle les traces de ses pas.

Voyez comme elle se joue des vaines pensées et des ambitieux projets de l'homme ! En 1793, une immense révolution s'accomplit à la voix d'un prince qui s'est rendu justice en reniant Henri IV pour son aïeul. Ce prince, opprobre de sa race, soulève un peuple, renverse un roi, l'envoie au martyre ; pourquoi ? Pour s'emparer du pouvoir suprême, pour devenir le chef d'une dynastie nouvelle ; et, au lieu de s'asseoir sur un trône, il monte sur un échafaud ; au lieu de reconstruire une monarchie, il fonde une république. La main de la Providence n'est-elle pas là ?

Cette république, empruntée aux cannibales, disparaît dans un nuage de sang. A sa place s'avance audacieusement un guerrier qui, du haut d'un magnifique char de gloire, se penche vers nos ruines, les remue du bout de son glaive, en écarte quelques-unes, s'ouvre un chemin, traverse l'Europe en maître, fait rafle de sceptres, emporte en trousseau les clefs des capitales conquises, puis va se briser avec sa fortune et ses couronnes contre un trône de glaces adossé aux barrières du Nord. Alors rois et nations s'élancent sur lui, le foulent aux pieds, et se demandent : Qui lui succédera ? Moi, dit un pauvre vieillard souffreteux, et auquel personne n'avait songé. Du fond de l'exil où il languissait depuis vingt-cinq ans, oublié des hommes, remarqué de Dieu seul, il arrive appuyé sur l'humble bâton du voyageur, secouant sur ses cheveux blancs la poussière de l'adversité pour les revêtir du diadème d'or, et, sans faire parade d'autres titres, il se contente de décliner son nom, nom magique et devant lequel toutes les imaginations s'ébranlent, tous les fronts s'inclinent; car on reconnaît en lui le descendant et l'héritier d'un vieux roi chrétien, appelé saint Louis. C'en est assez : le voilà souverain. Est-ce lui que voulaient les monarques? Fut-il leur élu? Non, mais celui de la Providence.

Après Louis XVIII, Charles X, prince trop facile et trop confiant, qu'un parti accoutumé aux révoltes expulse du trône et de la France dans l'épouvantable dessein de relever la tribune républicaine entre les statues de Danton et de Robespierre, ses idoles. Où est ce parti formidable! Sous les fers. Qu'est devenu son programme, qu'il présentait au bout d'une pique? La main de quelque sergent de ville inconnu l'a déchiré. Une royauté, fille de l'insurrection, foule tranquillement sous ses pieds ces superbes proclamateurs de l'indépendance nationale : leur canon s'est tu devant le sien; l'échafaud qu'ils préparaient peut-être pour elle, ils l'ont horriblement essayé et plus horriblement gagné. La république est rentrée dans sa tombe; sur les statues de ses idoles sont redescendus les voiles qui les couvraient; son nom proscrit ne retentit plus. Qui lui aurait dit, il y a cinq ans, que l'affermissement d'une monarchie serait le dénoûment de ce grand drame commencé par elle et pour elle? O Providence ! Et l'on peut te nier encore !

Et le christianisme, qui n'est que ta pensée traduite dans la langue des hommes, on veut l'interpréter à la façon des hommes! On fait plus; on ose prédire qu'une autre pensée lui sera substituée quelque jour, comme une mode à une mode, comme un jouet d'enfant à un autre jouet !

Non, non, le christianisme ne subira point la condition imposée à toutes les institutions humaines, car il est d'essence divine. Eh! s'il n'en était pas, à qui devrait-il sa perfection, quand les œuvres de l'homme, marquées au coin de l'ouvrier, défectueuses comme lui, et comme lui sujettes à la destruction, naissent, grandissent, décroissent et tombent (1)? La législation chrétienne, immuable, indivisible, complète, embrasse à la fois et le temps et l'éternité! Mais qu'est-ce que nos lois, si changeantes, si transitoires, si insuffisantes que nos jours se passent à les modifier? Encore les trouvons-nous tellement en désaccord avec les caprices de notre esprit que nous en sortons sans cesse par des cas exceptionnels.

Faut-il des exemples? Choisissons entre mille. Les hommes ne se sont rapprochés que pour mettre sous la protection de tous ce qui appartient à chacun. Ils ont créé le *tien* et le *mien*. Ils ont dit : Personne ne touchera à ce coin de terre, car il doit rester à son possesseur. Quiconque voudra le lui disputer tombera dans les mains de notre justice; les peines les plus sévères atteindront sa tête. Admirable combinaison de la sagesse humaine! Ainsi ce qui est à moi doit demeurer à moi. Je n'ai rien à craindre; la société entière veille pour ma défense, ses lois me garantissent contre les envahissements de la cupidité ! Et voilà que les passions s'écrient : Ton droit!

---

(1) On se souvient de ces mots du sublime Pascal : Vérité en deçà de ce ruisseau, erreur au delà. Si le grand philosophe n'eût voulu que réduire en poussière l'édifice imparfait mais pourtant nécessaire de la législation humaine, qui ne le blâmerait? Il avait un autre but : c'était, en rappelant l'inanité des lois et des institutions locales, temporaires et contradictoires des hommes, de démontrer et de faire prévaloir l'excellence de ces institutions et de ces lois données par le législateur qui ne se trompe point, qui prévoit tout, pourvoit à tout, et ne fait rien que d'universel et d'éternel.

Nous le reconnaissons, mais nous en suspendons l'exercice. Ton droit! Il est inviolable dans les temps ordinaires, mais dans des circonstances fortuites et que nous faisons naître à notre gré, notre glaive s'en joue impunément. Puis viennent des inconnus armés qui prennent de force le champ que j'ai fertilisé, la maison que j'ai bâtie, me chassent de mes propres foyers, m'enlèvent le pain de mon travail et me laissent pour adieu : Ceci nous appartient. Et j'apprends que ce qui est à moi n'est plus à moi. Or, que dois-je penser de la justice humaine?

C'est peu. Nous punissons de mort un assassin, un empoisonneur, un incendiaire : mais voici le chef au nom duquel ces coupables ont été châtiés; le voici qui ordonne à cent mille braves de le suivre, lève un impôt de cent millions, arrache les enfants à leurs mères, les époux à leurs femmes, les laboureurs à l'agriculture, les citoyens à leurs foyers, les artistes à leurs travaux ; il épuise le pays d'armes, de chevaux, de vivres, de munitions ; le commerce s'arrête, l'industrie tombe, les bourses se resserrent, les capitaux disparaissent, les ouvriers oisifs tendent la main aux portes des manufactures fermées ; les ports sont déserts, les vaisseaux pris ou séparés de la mère patrie par les flots de l'ennemi ; un grand cordon de misère entoure et presse la nation : mais qu'importe? Peuples, applaudissez! Il se livre une bataille admirable qui sera célébrée par tous les historiens. Votre chef a conquis force drapeaux, encloué force canons, jeté sur ce théâtre de carnage qu'on appelle champ d'honneur trente ou quarante mille adversaires qu'il ne connaît pas et qui ne l'ont jamais vu ; il a obligé le reste de leurs bataillons à la retraite; et pour tout cela il ne lui en coûte que le tiers de son armée qu'il a perdu, et un autre tiers mis hors de combat par le feu de la mitraille. Ne nous plaignons pas; c'est un cas réservé, c'est une exception aux lois de l'humanité, c'est une convention faite par les nations de s'entr'égorger, pourvu qu'elles aient un prétexte suffisant : comme s'il y avait des prétextes suffisants à l'assassinat des hommes! Chose étonnante! Tous les errements de la civilisation sont abandonnés, et l'on se croit encore dans les limites de la civilisation! Et quand l'homme de bien s'élève contre ces monstrueuses anomalies, il est traité de déclamateur!

Que dirai-je de l'esclavage? Aboli pour les blancs, il ne l'est point pour les noirs. On se garderait bien de le vanter en Europe, mais en Afrique et en Amérique on l'admire. La différence de la couleur est la seule raison qu'on allègue pour en demander la prolongation. Des nègres ne sont pas des hommes. Et puis ne faut-il pas faire du sucre? Quelles considérations! quel langage! Si l'on invoque des lois sacrées, si l'on rappelle les préceptes du christianisme, un cri d'indignation s'élève. Voulez-vous donc détruire les colonies, mettre le fer et le feu aux mains des esclaves, décréter l'envahissement des propriétés et l'assassinat des propriétaires? Non, certes. Qui pourrait demander des crimes pour effacer même le plus odieux de tous? On ne veut rien de dangereux ni d'injuste; on veut ce qu'a fait le christianisme aidé du temps. Puisque la servitude a disparu du sol européen sans amener les malheurs dont on fait tant de bruit, ne peut-on par les mêmes moyens obtenir les mêmes résultats? Dans les premiers siècles de l'Eglise, c'était aussi par des arguments tirés de la nécessité, que les partisans de l'esclavage combattaient les interprètes de la religion, lorsque ceux-ci disaient aux serfs : Enfants de Dieu comme nous, comme nous soyez libres. Eh bien, s'ils l'eussent emporté, si nos ancêtres eussent cédé à de vaines terreurs, le hideux esclavage pèserait encore de tout son poids sur l'Europe abrutie; et tel qui plaide si fièrement en sa faveur, la tête levée et les mains sans entraves, trainerait peut-être aujourd'hui le soc aux ordres d'un maître, le corps attaché à la glèbe, en maudissant sa destinée. Qu'en penserait-il alors? Serf, demanderait-il le maintien de la servitude?

Or, voilà une grande question résolue à l'égard d'un monde et encore controversée relativement à deux autres mondes. En deçà des mers, l'acte le plus célèbre des temps modernes fut un bienfait; au delà, ce serait une calamité!

Lois de la terre, que vous êtes peu de chose! Ne dirait-on pas que vous ne venez vous placer à côté des lois du ciel que pour marquer l'énorme distance qui vous en sépare?

Aussi, qu'il est besoin de mettre la religion à part de la politique! La religion va d'elle-même : elle ne doit qu'à elle seule ses triomphes; tous ses embarras, ses dangers, sa déconsidération momentanée viennent de son union avec les pouvoirs temporels. Dans les temps de la primitive Eglise, lorsque la religion persécutée se cachait au fond des catacombes, toutes les vertus s'y étaient réfugiées avec elle. L'esprit de fraternité qui l'anime, répandu parmi les fidèles, entretenait dans cette société sainte une paix, une quiétude, une félicité dont on n'avait pas encore eu l'idée sur la terre. Pas un devoir négligé, pas une loi enfreinte, pas une pensée de bien méprisée. Le riche secourait le pauvre, le fort soutenait le faible. La seule égalité possible se retrouvait au pied des autels. En quelque rang qu'il fût placé, quelque poste qu'il occupât, sénateur ou plébéien, citoyen ou soldat, toujours désintéressé, toujours prêt aux sacrifices, le chrétien courait aux champs de bataille comme aux échafauds, il mourait aussi courageusement pour ses tyrans que pour son Dieu, il livrait son sang à la hache des bourreaux avec autant d'héroïsme qu'il le voyait couler sous le fer de l'ennemi.

Mais dès que la religion devint l'associée du pouvoir, à sa suite, au pied du trône impérial, accoururent les passions profanes. Dans des âmes où l'humilité avait dominé jusqu'alors, on vit se glisser l'ambition. Des querelles théologiques, d'autres toutes mondaines, enfantèrent les haines, les fureurs, l'oppression. Ces mains, qui longtemps ne s'étaient levées dans le sanctuaire que pour attirer sur les peuples la protection d'en haut, s'armèrent dans les palais du glaive de la puissance : des cris d'extermination sortirent de ces bouches accoutumées aux accents de la réconciliation.

Que durent penser alors les nations scandalisées? La religion souffrit des torts de ses ministres : sous son manteau, dont ils s'étaient couverts comme d'une cuirasse sacrée, sous ce manteau, déchiré dans leur lutte avec le siècle, se découvrirent leurs infirmités et leurs plaies, qu'on affecta de prendre pour celles de la céleste fille du Christ : tant nos yeux ont peu de portée ! tant il est dans notre nature de tout confondre !

De grands malheurs survenus de nos jours ont jeté la religion hors du cercle des intérêts humains. Voici que ses lévites reprennent avec joie leurs fonctions apostoliques, où ils se renferment. Du moins, on n'attribuera plus à tous les erreurs ou les fautes de quelques-uns. Milice du ciel, gardez de vous plaindre ! En reculant jusqu'aux limites de la terre, de cette terre dont vous n'éprouverez plus les redoutables tremblements, appuyés désormais uniquement sur l'autel, qui ne fléchit pas, vous acquérez une force inconnue : car, si les hommes cessent de vous trouver dans la mêlée de leurs passions, ils reviendront plus volontiers à vous aux jours des mécomptes ou des peines.

Et comment la religion, cette auguste émanation de la justice éternelle, ne s'applaudirait-elle pas de son heureux divorce avec la politique, cette vulgaire justice des circonstances? Quel avantage pour elle de ne plus s'entendre reprocher les ambitieuses prétentions qui signalèrent à la haine de leur siècle les Volsey, les Richelieu, les Mazarin, les Albéroni, ces prêtres-rois, dont les mains avaient échangé l'encensoir pour le sceptre, ces apôtres bourreaux convertissant avec le glaive, ces ministres de paix criant : Tue !

Par compensation, il est vrai, des pontifes véritablement pénétrés de l'esprit du Christ étaient venus de temps en temps pacifier et consoler les Etats dont ils avaient consenti à prendre les rênes. Qui ne se rappelle avec l'émotion de la reconnaissance et de l'admiration un saint Remi, un saint Léger, un Suger, tant d'autres grands hommes dignes de ce nom? car on n'est grand que par le bien qu'on fait à ses semblables. Heureuses, heureuses les nations marchant à la suite de tels guides! Ne dirait-on pas que ces héros de l'humanité ont paru tout exprès sur la scène du monde pour montrer l'excellence d'une religion où ils puisaient leurs miraculeuses vertus? Toute la vie de ces bienfaiteurs des peuples est l'éloge du christianisme. Tous leurs actes sont des protestations contre les crimes de ceux qui, portés comme eux au pouvoir, leur ont si peu ressemblé.

Mais qu'on ne s'y trompe pas : séparer le clergé du siècle n'est point en séparer le christianisme. Tout au contraire; c'est l'en rapprocher, c'est lui rendre dans la famille l'influence à laquelle il renonce dans l'Etat (1). Une fois qu'il sera bien prouvé aux nations que le prie-

---

(1) Voyez cette idée admirablement développée par M. de Tocqueville au second volume de son bel ouvrage sur la démocratie américaine, au chapitre intitulé : *de la Religion*.

Dieu a cessé d'être un marchepied pour monter au pouvoir, plus de défiances, plus de répulsion. Ce même clergé, dont l'ambition présumée armait tous les intérêts contre lui, ne verra plus d'obstacles s'élever devant ses pas, lorsqu'il n'aura qu'à éclairer et à bénir. Ainsi tout, même ses défaites apparentes, tourne au triomphe du christianisme. Ainsi quand on croit lui porter préjudice, on le sert.

C'est à dater de ce moment que sa tâche devient facile. Il peut frapper sans crainte à la porte de toutes les maisons, disant aux pères de famille : Confiez-moi vos enfants. Et la plupart des pères de famille lui répondront : Prenez, et faites-en des hommes de bien. Car ils savent que le christianisme possède seul ce grand secret.

Mais qu'il préside uniquement à l'éducation de la jeunesse. Qu'il la purge des vices dont on l'a toujours infectée, même au temps où le clergé s'en était attribué la direction exclusive. Quelle pitié de voir les générations naissantes entrer par la porte du paganisme dans le monde, qui ne devrait plus le connaître que de nom! A quoi consacrons-nous leurs premières années? Que leur apprenons-nous? A s'incliner devant les vertus contre nature des héros de l'antiquité, à regarder avec complaisance tous les vices représentés par tous les dieux. On porte à de jeunes lèvres des coupes empoisonnées : on nourrit des cœurs adolescents du lait d'une philosophie voluptueuse ou égoïste. On promène l'enfance, d'admirations en admirations, au milieu des ombres de ces hommes de carnage et de haine qui, fondant leur gloire sur les malheurs de leurs semblables, ne se croyaient heureux qu'en foulant aux pieds l'humanité en pleurs. Comment s'imaginer, après cela, qu'au jour où ils prendront à leur tour place dans l'Etat, ces jeunes êtres, ainsi façonnés par le génie des temps antiques, viendront abjurer une morale trop bien d'accord avec leurs passions, pour fléchir sous le joug des sévères doctrines du christianisme? Elèves de l'orgueil, par quel chemin détourné passeront-ils pour arriver dans les rangs des apôtres de la charité?

Tant que les éléments de l'éducation moderne seront les mêmes, point d'espoir que la jeunesse se christianise autant que le demandent et son bonheur et le repos de la terre. En vain aux pieds d'une mère, conservatrice des traditions saintes, sucera-t-elle le contre-poison des profanes doctrines : en vain d'heureux et touchants exemples domestiques frapperont ses yeux et lui montreront des vertus dont la juste appréciation sera hors de sa faible portée. Ou si les nombreuses vérités du christianisme se font jour à travers cette âme obscurcie, qu'il est à craindre qu'elles ne la tourmentent sans la conquérir, qu'elles n'y ébranlent les erreurs sans les détrôner! Ainsi, selon les différentes chances de la lutte, on verra cette âme violentée pencher tantôt d'un côté, tantôt de l'autre ; aujourd'hui sous le drapeau du bien, demain sous l'étendard du mal. Partagée entre l'ancien et le nouveau maître qui se la disputent, elle n'appartiendra jamais tout à fait à l'un d'eux : sa vie sera bigarrée comme sa volonté, ses actions ne s'accorderont pas plus que ses paroles ; elle ira d'une inconséquence à une inconséquence; et les hommes, accoutumés à offrir dans leur conduite l'exemple des mêmes contradictions, passeront devant elle en lui jetant des paroles d'éloge ou de blâme, sans porter leur jugement assez haut pour qu'il repose sur la base immuable des devoirs.

Corriger les vices de l'éducation actuelle; inspirer à l'enfance des sentiments tous contraires à ceux dans lesquels on l'a trop longtemps élevée; lui apprendre à aimer, aider, secourir autrui, à regarder comme une obligation sacrée et surtout comme un bonheur divin le sacrifice de son bien-être au bien-être de ses semblables; la conduire, enfin, dans les voies de désintéressement, d'humanité, de charité, tracées par Fénelon; placer entre ses mains tous les livres qui renferment les préceptes ou les exemples de la vraie morale, et si la nécessité d'étendre son instruction exige qu'on lui en fasse connaître d'autres, la prémunir par des observations saines contre les fausses tendances que de telles lectures pourraient donner à sa docile inexpérience : tel doit être le but de l'instituteur, dépositaire du sort de cette jeunesse qui arrive sur nos pas, toute chargée elle-même de l'avenir du monde.

De ce nouveau système d'éducation, généralement adopté, doit sortir par degrés la sublime réalisation de la fraternité universelle. La fraternité universelle! quelle grande pensée! que de biens en découlent! Une fois que les égoïsmes, soit individuels, soit nationaux, se sont effacés, plus de divisions entre les hommes ni entre les peuples; plus de guerres, de conquêtes, de crimes; plus de sang versé par l'intérêt, ou l'ambition, ou le fanatisme. Acceptez la loi du Christ, suivez-la dans toutes ses conséquences, et vous arriverez à cette paix perpétuelle qui vous a paru un rêve.

Et remarquons-le avec un profond sentiment de reconnaissance, l'accomplissement de cette loi ne demande rien à l'homme que la bonne volonté. Quelle que soit sa capacité, chacun peut y parvenir : le plus humble comme le plus élevé, le plus ignorant comme le plus instruit. Aimer est si doux! se dévouer est si beau! Qui n'admire les nombreux actes de vertu rapportés dans nos feuilles publiques? Cet homme a sacrifié une partie de sa fortune pour sauver de l'indigence une famille entière. Cet autre a obtenu en faveur d'un rival en mérite la place ou la pension à laquelle il avait des droits. Tel a couru se ranger parmi les pestiférés dont il est devenu le gardien et le sauveur aux dépens de sa propre vie. Tel a ouvert sa maison à ce forçat libéré, que personne ne voulait recevoir, qu'il dérobe aux tentations de la faim et dont il répond à la société. Celui-ci, chargé de six enfants, vient, malgré sa misère, d'en adopter un septième que la Providence lui envoie.

Celui-là, le plus magnanime de tous, a exposé sa vie pour arracher ses semblables à la violence de l'incendie ou aux fureurs des eaux. On l'applaudit, on le nomme avec transport, on pleure au récit de sa sublime action, on lui décerne des médailles. Et qu'est-ce que cela signifie? Qu'il a fait son devoir d'homme. Est-ce tout? Non : cela veut dire encore que l'imiter est pour nous une obligation ; car si son exemple reste infructueux, notre admiration n'était qu'un mensonge, nos éloges une satire de nous-mêmes, notre attendrissement une condamnation de notre égoïsme.

Entourons-le : demandons-lui s'il est heureux. Oh oui, répond-il le visage encore pâle du danger qu'il a surmonté glorieusement, mais les yeux rayonnants d'une douce joie ; oui, je suis heureux, je vais emporter dans mes foyers le souvenir d'une bonne œuvre ; je verrai ma femme m'embrasser avec plus de tendresse, mes enfants couvrir ces mains paternelles de baisers plus respectueux ; je me sentirai moi-même plus digne d'amour. Je me dirai : Ma vie n'a donc pas été inutile ; j'ai conservé un homme à sa famille, un citoyen à la société. Et si on lui replique : Mais c'est un inconnu. — Non, c'est un frère. Chrétien comme moi, il est comme moi l'enfant de ce Dieu qui nous a prescrit de nous aimer et de nous secourir les uns les autres. En obéissant à cette loi de charité qui était gravée dans mon cœur, je suis récompensé par le bonheur que je ressens, par celui que je procure, et par l'approbation universelle à laquelle la mienne vient se joindre pour m'encourager à bien faire encore.

CONCLUSION.

Ne cessons point de le redire, et aux hommes qui savent écouter et à ceux qui refusent d'entendre, tout est révolution sur la terre; rien ne reste au même point. Voyez le temps, ce grand révolutionnaire, perpétuellement occupé à changer la face des Etats, renouvelant de siècle en siècle dans sa marche et les hommes et les choses; tantôt minant avec lenteur les institutions qu'il avait établies, tantôt les renversant d'un seul coup; propageant les religions, et, à côté d'elles, les sectes qui doivent les détruire; armant pour combattre un système les fils de ceux qu'il avait armés pour l'appuyer; détrônant une erreur par une erreur, un fanatisme par un fanatisme, couvrant le présent des débris du passé, et menaçant l'avenir d'un éternel ébranlement. De toutes les puissances morales dont la société a reconnu l'existence, aucune n'a et ne peut avoir de gages de stabilité, aucune ne s'est maintenue et ne se maintiendra, excepté le christianisme, dont l'essence est divine.

Lui opposera-t-on la philosophie moderne? Mais qu'est-elle? Montrez-moi son code, citez-moi ses principes. D'où vient-elle? Que veut-elle? Quels secours sa morale apporte-t-elle au genre humain? A-t-elle des ressources pour tous nos besoins, des consolations pour toutes nos peines, des refuges pour toutes nos misères? L'éternité s'ouvre-t-elle à sa voix? Souveraine du dix-huitième siècle, tu es tombée et tu devais tomber. On rit aujourd'hui de tes organes si admirés et si impuissants.

Voltaire, Jean-Jacques, Diderot, Boulanger, Helvétius, vos honneurs sont détruits, vos autels désertés ; le bruit de vos oracles s'éloigne et se perd à travers le retentissement de nos catastrophes qui sont votre ouvrage, et derrière nos ruines que vous avez faites. Cependant ces hommes se distinguèrent par de beaux talents ou par de profondes connaissances. Dans leurs ouvrages, infectés de tant d'erreurs, brillent pourtant d'admirables vérités ; mais ces vérités, à qui les devaient-ils? Au christianisme.

Tout ce qu'il y a de bon dans les pensées humaines émane de lui. La philosophie n'a vécu que des emprunts qu'elle lui avait faits sans les avouer. Le christianisme n'a-t-il pas le premier professé l'égalité des hommes devant Dieu? De là l'égalité devant la loi, conséquence naturelle et rigoureuse de ce principe. L'intérêt que nous prenons aux masses, le désir de leur bien-être, les efforts tentés pour perfectionner l'état social, autant d'inspirations du christianisme. Mais, trop souvent séparées de son esprit et par conséquent détournées de son objet, ces idées, dans l'école philosophique, ou manquent d'ensemble, ou sont faussées à l'application. Ainsi on proclame les droits de l'homme, et en les assurant aux uns on les annule pour les autres. Ainsi on parle de liberté aux peuples, et en leur donnant la liberté, on enchaîne une partie des citoyens. Est-ce là comme procède la religion?

A la philosophie matérialiste, aujourd'hui morte et bien morte, a succédé la philosophie spiritualiste, plus habile mais non moins insuffisante : aussi, déjà caduque, touche-t-elle, comme l'autre, à sa fin. Autant il en naîtra, autant nous en verrons expirer : immanquable sort des ouvrages de l'homme ! Que ces exemples nous instruisent, et que nos yeux se tournent à l'envi vers la seule puissance qui porte dans son sein la régénération du continent européen, ou plutôt du monde tout entier.

Quelque avenir qui l'attende, ce monde tant de fois bouleversé; soit qu'il reste dans la position équivoque où l'ont placé nos diverses révolutions, soit que nous touchions à l'époque d'une grande réformation sociale, le christianisme devient plus que jamais nécessaire au salut des peuples. Destinés, comme nous le sommes, à passer par d'effrayantes luttes, ou pour conserver ou pour renouveler, quel serait notre sort, quel secours pourrions-nous espérer si le christianisme, tel qu'un infirmier céleste, toujours debout à l'entrée de nos homicides champs de bataille, n'accourait pour recevoir dans ses bras les blessés de tous les partis, les victimes de toutes les guerres, s'il ne leur ouvrait les portes de son immense hospice, ne demandant qu'à les guérir, ne cherchant qu'à les faire rentrer dans la vie de la civilisation?

C'est au moment où le monde sent qu'il a le plus besoin de lui, où de toutes parts retentit le cri de détresse poussé par les nations, où chacun de nous regarde avec effroi tomber les dernières barrières qui nous séparent encore de la barbarie; c'est en ce moment surtout que nous devons nous rattacher à la croix : comme jadis le peuple romain, déjà penché vers les abîmes, se releva pour des siècles parce qu'il avait embrassé le vénérable signe de la rédemption.

FÉNELON

(FRANÇOIS DE SALIGNAC DE LAMOTHE),

Né le 6 août 1651, mort le 7 janvier 1715.

Parmi les grands hommes que les regards de la postérité découvrent comme une magnifique décoration autour du trône de Louis XIV, il en est un dont le nom suffit pour éveiller l'intérêt et pour exciter l'attendrissement ; mais Fénelon n'apparaît devant l'observateur superficiel que sous les traits d'un génie aimable, doué de l'heureux don d'embellir la vertu de toutes les parures d'une éloquence céleste. Et cependant ce génie si doux dans son langage, si modeste dans son maintien, fut presque le seul qui, sans se laisser éblouir par la gloire ni imposer par les qualités du grand roi, osa marcher, libre et indépendant, loin des directions de sa main puissante, tandis que le reste de la nation, esclave avec dignité, subissait l'ascendant de ce haut caractère qui pliait à sa volonté les plus superbes courages et les esprits les plus inflexibles.

Non que le saint prélat, le fidèle sujet voulût se dégager des liens de l'obéissance; non qu'il cherchât dans une censure factieuse des actes de l'autorité cette popularité trompeuse qui n'illustre un moment que pour déshonorer à jamais. Fénelon ne s'éloigna d'aucun de ses devoirs; mais, témoin des malheurs du peuple, il remonta jusqu'à leur source; et quand les fautes du gouvernement lui furent dévoilées, il sentit que sa vocation l'appelait à sauver l'avenir de la France. Une royale éducation, dont il fut chargé, lui en donna l'espoir. Dès lors toutes les facultés de son âme tendirent vers le but désiré. Sous un roi absolu, il ne rêva qu'aux moyens de borner les abus du pouvoir; en présence d'une nation insubordonnée, que n'aurait-il point tenté pour arrêter les excès populaires?

Apôtre de l'humanité au xviie siècle, sans doute, dans le xixe, il en serait devenu le martyr.

François de Salignac de Lamothe-Fénelon naquit au château de Fénelon en Périgord. Ses premières études annonçaient ce qu'il devait être un jour. Son goût et son esprit se formèrent à l'école des grands talents de la Grèce et de Rome. Orphelin de bonne heure, il resta sous la tutelle d'un oncle aussi éclairé que vertueux, qui l'envoya terminer à Paris une éducation si bien commencée en province. Le jeune Fénelon, destiné à être une des lumières du siècle, cacha quelque temps dans l'obscurité des travaux théologiques les rayons de son naissant génie. A cette époque, la religion venait d'éprouver deux pertes douloureuses. Le vénérable Vincent de Paul, le père de tous les enfants abandonnés, la providence des pauvres, était descendu dans le tombeau, les yeux encore attachés, comme je l'ai dit, sur les derniers berceaux confiés par ses mains à la charité publique, le cœur encore plein d'une joie sainte à l'aspect des nombreux établissements de bienfaisance qu'il laissait parmi les hommes. L'éloquent François de Sales avait cessé de faire entendre, dans un diocèse voisin de notre pays, les sons de cette voix évangélique dont les triomphes agrandissaient le royaume de Dieu; mais, pour remplir les vides laissés dans l'Eglise, la Providence jetait au milieu du siècle ceux qui devaient remplacer les deux apôtres.

Déjà l'un d'eux, Bossuet, le sublime Bossuet, s'emparait, dans le sanctuaire, de la superbe place qui ne lui fut plus disputée; déjà, devenu l'oracle de la foi, du haut de la chaire de vérité il lançait sur les hommes ces merveilleuses paroles dont ils restaient tout à la fois ravis et épouvantés; il foudroyait l'hérésie, imposait silence aux passions, publiait la toute-puissance de Dieu à côté de la poussière des rois; et, les pieds sur les couronnes, le front dans le ciel, les mains vers les portes de l'éternité, ouvrait majestueusement ces portes mystérieuses pour n'y introduire que les seules vertus, laissant pêle-mêle sur le seuil les gloires humiliées de la terre. Le second, nous n'avons pas besoin de le nommer. Qui n'a d'abord deviné Fénelon?

Dans l'impatience de son zèle religieux, il avait résolu de voler au delà des mers du Levant, à la conquête des âmes qu'il était jaloux de gagner au christianisme. Pour le bonheur de la France, ce projet ne fut point accompli. Fénelon resta; et durant dix années, il se renferma dans les humbles fonctions de supérieur *des nouvelles catholiques*. Ce fut alors que l'estime et l'amitié formèrent entre lui et Bossuet une alliance qui n'aurait jamais dû cesser. D'autres hommes éminents par leur naissance et surtout par leur mérite, tels que le cardinal de Noailles, le duc de Beauvilliers et ses deux beaux-frères, s'attachèrent à Fénelon, qui devint bientôt le guide et l'oracle de ces derniers. Il composa pour l'instruction de la nombreuse famille de Mme de Beauvilliers ce traité *de l'Education des Filles*, chef-d'œuvre de raison, de morale et de sagacité, qui décèle la plus parfaite connaissance du cœur humain, en même temps qu'il signale le premier effort de ce génie du bien, consacré au service de ses semblables. Bientôt le crédit de Bossuet le fit choisir pour une mission où il devait déployer toute sa philanthropie chrétienne.

L'édit de Nantes révoqué, la main du roi descendue sur les consciences, les soldats de Louvois chargés de la conversion des âmes obstinées dans leurs erreurs, tout l'appareil de la terreur déployé pour ramener au Dieu de paix des chrétiens dissidents : tel était le triste tableau que présentait alors le midi de la France. Fénelon, envoyé en mission dans le Poitou, demanda à n'être accompagné que de la croix et non du glaive. Il ne porte à ses frères égarés que des paroles de charité et d'amour; au lieu des vengeances du Très-Haut, il ne montre que ses bontés. C'est à la lueur du flambeau de la foi qu'il éclaire les populations ; c'est par la persuasion qu'il les attire dans ses bras toujours ouverts ; et en imitant son Dieu, qu'il fait bénir, il conserve à son roi des sujets qui ne lui refusent plus ni le secours de leurs bras ni le tribut de leurs cœurs.

Cette conduite, non moins habile que sage, décida Louis XIV à lui en donner la récompense. Il accepta des mains du duc de Beauvilliers, nommé gouverneur du duc de Bourgogne, l'abbé de Fénelon, en qualité de précepteur du jeune prince et de ses frères. On sait que Mme de Maintenon influa sur cette détermination du monarque. Frappée du prodigieux mérite qu'on ne pouvait s'empêcher de reconnaître dans le digne émule de Bossuet, elle comprit que l'approbation publique scellerait ce nouveau choix, qui fut en effet accueilli avec transport par l'opinion. Bossuet lui-même applaudit à l'élévation de celui qu'il regardait encore comme son disciple et son ami. Jamais Fénelon ne fut plus heureux : il allait réaliser les plans qu'il avait formés pour le bonheur futur de son pays.

Cependant le prince qu'on lui donnait à élever était né avec un caractère si violent qu'il semblait impossible d'en dompter la fougue. Fénelon se chargea de cette tâche sublime, et peut-être était-il le seul capable de l'entreprendre et de réussir.

Appelé à jouer un rôle sur le grand théâtre de la cour, il apporta cette politesse exquise, cette aisance aimable, ces grâces du langage, et ce tact admirable des convenances, dont, au fond de la solitude, il avait deviné le secret; loin d'y paraître étranger, à cette cour, il sembla y révéler un nouvel art de plaire que personne ne possédait avant lui. Mais quand tout cédait au charme qui l'environnait, le Roi seul fut inattaquable. Après une longue conversation avec le brillant précepteur de ses petits-fils, il le caractérisa et se peignit lui-même par ces mots : « Je viens d'entendre le plus bel esprit et le plus chimérique de mon royaume. » Quel dommage pour les peuples que les âmes de Louis XIV et de Fénelon n'aient pu sympathiser comme les cœurs de Henri IV et de Sully! Que de sources de prospérité perdues pour la France! Mais qui des deux avait tort? qui des deux comprenait mal la science de gouverner? Peut-être le Roi croyait-il trop en lui; peut-être le sage qu'il consultait avait-il trop de foi dans la raison des nations. Le règne du duc de Bourgogne aurait sans doute résolu le problème, mais le ciel refusa cette satisfaction à la France.

Cinq années s'écoulèrent pour Fénelon dans des travaux non moins glorieux que pénibles, sans qu'il reçût ni sollicitât les faveurs qu'il avait méritées; enfin le Roi, réparant noblement un oubli qui n'était peut-être qu'une épreuve, lui annonça son élévation à l'archevêché de Cambrai. Une grâce si éclatante aurait été accueillie avec joie par tout autre; car la fortune entière de Fénelon n'avait consisté jusqu'alors qu'en un modeste prieuré de la valeur de quatre mille francs. Le nouveau prélat, qui ne s'était pas plaint d'une si précaire existence, ne tira aucun orgueil de sa nomination à un siége auquel, outre le titre de duc et les honneurs de prince de l'empire, était attaché un revenu considérable. De tels avantages comptaient peu devant une âme comme la sienne, que pouvaient seules émouvoir les saintes jouissances de la vertu.

Tandis que les faveurs de son Roi tombaient tardivement sur lui; tandis que les applaudissements de la France le dédommageaient des fatigues et des peines que lui coûtait son noble mais épineux emploi, Fénelon vit s'ouvrir devant ses pas un abîme d'où il sortit plus grand de son humilité qu'il n'y était entré malheureux de sa chute. Les élans d'une imagination tendre et portée aux rêveries des mystiques l'avaient entraîné vers les doctrines d'une femme dévote et spirituelle, qui, en prêchant l'amour divin, était parvenue, à force de subtilités métaphysiques, à se faire suivre d'un nombreux cortége de prosélytes.

Quelle était donc cette femme dont les pensées furent assez puissantes pour précipiter Fénelon dans ses erreurs? Madame Guyon, quelque temps goûtée par M. de Beauvilliers, introduite jusque dans le cabinet de Mme de Maintenon elle-même, qui lui permit de professer à Saint-Cyr ses maximes, peu faites pour s'allier aux règles d'éducation qu'on y mettait en pratique; Mme Guyon, dis-je, condamnée par le sévère Bossuet, le fut bientôt par toute la cour. Fénelon, auquel l'évêque de Meaux demandait une rétractation, ne voulut être infidèle ni aux opinions ni aux malheurs de son amie, car une prompte captivité la punissait du tort d'avoir déraisonné sur la théologie. En publiant le livre des *Maximes des Saints*, il rompit avec Bossuet, perdit la protection de la favorite, et; pour défendre je ne sais quelles idées dont il ne se rendait peut-être pas bien raison à lui-même, ou plutôt pour défendre une infortunée qu'il croyait victime d'une injuste persécution, il attira sur lui l'orage tout entier. Après un long combat d'écrits entre lui et son redoutable adversaire ; après une multitude de conférences tenues au Vatican, où la cause avait été portée; après des intrigues et des cabales sans nombre ourdies contre l'archevêque de Cambrai, il apprit enfin qu'il avait succombé devant le saint-siége. Aussitôt Fénelon, pénétré du respect qu'il devait à son supérieur spirituel, monte en chaire dans son église cathédrale, désavoue hautement son livre censuré par le Vatican, se reconnaît coupable d'erreur, et se soumet volontairement à toutes les humiliations, laissant ses ennemis confus de ce trait de grandeur d'âme qui les abaissait si fort devant lui.

Le Roi, qui l'avait exilé, ne lui rendit point sa faveur ; mais il était trop bon juge des actions héroïques pour lui refuser son admiration. Hélas! il était dit qu'entre le monarque et le prélat, tout contribuerait à rendre un rapprochement impossible. Fénelon avait composé un ouvrage dont le manuscrit lui fut dérobé par un domestique infidèle. Cet ouvrage était le Télémaque. L'auteur l'avait-il destiné au public? Voulait-il seulement le garder pour l'instruction de son élève? C'est ce qu'on ignore. Mais le manuscrit imprimé parut au Roi un acte d'accusation dressé contre sa personne et son règne. Les grandes leçons que l'auteur y donne sur le faste, l'ambition, l'orgueil et le despotisme des souverains ; sur les calamités où leur insatiable soif des conquêtes plonge les nations décimées et ruinées, devinrent aux yeux de Louis XIV autant d'applications offensantes, dont il devait punir l'audace par une disgrâce profonde et un exil éternel. Dès lors Fénelon dut voir que tous ses rapports avec la cour et le monde politique allaient cesser jusqu'à l'événement de la mort du monarque, événement qu'il était aussi loin de désirer que de prévoir. Sans doute il fut affligé, mais plutôt des soupçons de Louis XIV que de la peine attirée sur lui par ces soupçons, injustes à la vérité, et toutefois assez plausibles. Sa plus grande douleur, et ses lettres en offrent mille témoignages, fut de vivre séparé désormais du jeune prince auquel il avait voué son âme, ses pensées, sa vie, et qui lui rendait affection pour affection. Qui sait si l'illustre écrivain ne maudit pas plus d'une fois son plus beau titre de gloire ? Quoi qu'il en soit, relégué dans son diocèse, il se résigna au sort qu'on lui faisait. Quelle situation pouvait être fâcheuse pour un pasteur auquel on laissait son troupeau à gouverner ?

Mais, tout éloigné qu'il était de son royal disciple, il trouva encore mille voies pour faire passer jusqu'à lui les instructions et les vérités. Le duc de Beauvilliers, dépositaire de ses secrets, servait d'intermédiaire dans cette correspondance ignorée entre la vertu qui éclaire et la grandeur qui demande à connaître. Avec quelle sagesse Fénelon, du fond de sa retraite, dirige encore celui duquel devait dépendre un jour le sort de vingt millions d'hommes ! Avec quelle hauteur de vues il juge les hommes et les événements ! Comme il rapporte tout, pensées, projets, espérances, au bien de son pays et à la gloire du prince !

On a paru craindre que, sorti des mains d'un prêtre,

le jeune duc de Bourgogne ne restât garrotté dans les liens d'une étroite superstition, et que son âme, nourrie des maximes de la foi, ne fût rapetissée par l'exercice minutieux des devoirs du chrétien. Qu'on relise les pages de cette sublime correspondance où Fénelon se montre si grand, si noble, si pénétré de l'obligation d'élever l'héritier du trône à toute la dignité du rôle majestueux que sa naissance l'appelait à jouer. Loin de le courber vers les petites pratiques de la dévotion, il ne néglige aucune occasion d'engager cette âme, fière de son avenir, à se redresser vers la gloire. Ce n'est pas un lévite qu'il a voulu former, c'est un roi ; un roi chrétien, à la vérité : mais Louis IX ne le fut-il pas?

Cependant il existait une cabale, ainsi la nomme Saint-Simon, dont tous les efforts tendaient à obscurcir cette naissante renommée. Vendôme était à la tête de l'opposition : Vendôme, ce guerrier qui ne dut ses triomphes qu'aux illuminations soudaines de son génie; qui disparaissait longtemps, tout entier dans les plaisirs et les débauches du soldat, pour montrer à l'improviste le grand capitaine au moment même de la bataille; qui n'allait à la gloire qu'à travers les distractions du vice; qui abandonnait son armée à l'indiscipline, aux désordres, au dénûment, et ne la ressaisissait que pour vaincre. Cet homme, moitié héros, moitié épicurien, servait, sans le vouloir peut-être, les basses intrigues de la cour du Dauphin, déterminée à perdre dans l'opinion M. le duc de Bourgogne : incapable d'avoir un plan, trop insouciant pour être envieux, trop fier pour être méchant, il laissait placer son nom comme un drapeau devant le parti, et ce petit-fils de Henri IV était devenu, presque à son insu, le rival politique du petit-fils de Louis XIV.

Fénelon, bien instruit de toutes ces trames, les dévoile à son élève avec une franchise digne de son caractère. Il n'est point trompé, on le voit, par les bruits adroitement répandus; il sait que le duc de Bourgogne est victime d'une odieuse cabale. Que fait-il? Sa première pensée est de lui apprendre tout, et de l'engager à déjouer les complots de ses ennemis en se montrant aux yeux du Roi, de la France et de l'Europe tel qu'il est, et non tel qu'on le dépeint; il lui dit : Mettez-vous en face de la calomnie, et la calomnie disparaîtra. En effet, son conseil fut suivi : le Roi, la France, l'Europe, éclairés par la vérité, reconnurent dans le duc de Bourgogne les hautes qualités qu'on lui déniait, et l'estime publique lui revint de tous les côtés.

Ainsi Fénelon absent savait encore être utile au jeune prince : c'était Minerve remontée dans les cieux, mais veillant toujours sur Télémaque. Aussi, par quelles expressions tendres et touchantes la reconnaissance de l'élève se découvre-t-elle au maître! Qui n'aimerait cet héritier du sceptre, ce fils des rois, se dégageant des chaines de la grandeur pour commercer de cœur avec un sage qu'il était digne d'entendre! Quel spectacle que celui du duc de Bourgogne et de Fénelon travaillant en commun, de loin comme de près, au bonheur de la génération future!

S'il ne leur fut pas donné de faire jouir la France des beaux plans d'amélioration sociale conçus par le génie de l'un, adoptés par la raison de l'autre, ils éprouvèrent du moins une douce consolation, celle de se revoir après une séparation aussi longue que douloureuse. Les événements de la guerre amenèrent M. le duc de Bourgogne sur la frontière de Flandres. Parmi les personnes que les devoirs de leur position appelaient autour de lui pour lui rendre hommage, Fénelon fut le seul qu'il cherchait, et le seul qu'il n'osa distinguer dans la foule. Leur entrevue se passa en regards, témoignages muets, mais éloquents, d'une affection que rien n'avait pu affaiblir, ni l'absence, ni le temps ; n'importe, ils s'étaient vus, ils s'étaient compris, et ils furent heureux.

Dans ce moment si rapide et si court, tout revint à leur pensée, et les années qu'ils avaient traversées ensemble, et les nobles et utiles rapports qui avaient uni leurs âmes, et cette foule de services rendus par l'homme du ciel, et ces gages de reconnaissance multipliés par le fils des maîtres de la terre. Ils avaient retrouvé leur première vie, cet âge d'or qu'ils s'étaient fait. Plus de séparation, plus d'exil, plus de barrière entre eux. Un regard leur avait rendu ce que la rigueur du sort et la volonté des rois ne pouvait plus leur ravir : il leur avait rendu les jouissances du passé et les espérances d'un avenir qui renfermait encore plus de bonheur, car il leur promettait la réalisation de leurs rêves de bien.

La mort presque subite du Dauphin rapprocha le duc de Bourgogne du trône. Le premier soin du Roi fut d'appeler au conseil son petit-fils : ce Roi, si jaloux de son autorité, ne craint pas de la partager avec lui. Non-seulement il l'admet à la plus intime confidence de tous les secrets de l'Etat, mais il veut encore lui céder le droit de choisir les grands officiers de la couronne. Une place de capitaine des gardes est vacante : c'est le nouveau Dauphin qui la remplit par l'ordre de son aïeul. Dans toutes les occasions, le monarque manifeste avec empressement, avec joie, l'estime, on dirait presque le respect dont il est pénétré pour un prince si accompli, si parfait observateur de ses devoirs, que chacun des actes de sa vie est une protestation de fidélité. Jamais confiance ne fut plus entière, mais jamais aussi elle ne fut mieux placée. Il suffirait de cette conduite de Louis XIV, ce grand appréciateur des hommes, pour faire tomber tous les bruits injurieux à la mémoire du jeune Dauphin.

Au moment où tout semble flatter ce prince d'un magnifique avenir, lorsque les acclamations de la France, redevenue juste pour lui, se joignent aux louanges que lui prodigue son aïeul, qui ne les jetait pas au hasard; lorsque Fénelon entrevoit l'aurore d'un jour plus doux; enfin, lorsque son auguste élève touche au rang suprême, une maladie imprévue précipite dans la tombe tant d'espérances, avec celui sur la tête duquel elles reposaient toutes. Le vieux précepteur n'a plus que des larmes à répandre, car il semble que les amis qui lui restent se soient donné le mot pour suivre au fond du cercueil le prince auquel ils avaient consacré leur vie : le duc de Beauvilliers, le duc de Chevreuse meurent. Fénelon détourne ses regards du siècle; il ne songe plus qu'à l'éternité; mais le soin de son diocèse l'occupe encore. Faible, valétudinaire, frappé au cœur, il ne néglige pas ses devoirs d'évêque, et c'est en les remplissant, c'est en parcourant son vaste bercail, que le bon pasteur tombe au milieu de ses brebis désolées, après des prodiges de charité accomplis pour adoucir les fléaux de la guerre. Il expira dans sa soixante-quatrième année, le 7 janvier 1715, d'une chute qui parut d'abord peu importante, mais qui accéléra l'heure de sa réunion céleste avec ceux dont il ne pouvait se séparer.

Lire la vie de Fénelon, c'est faire un cours de vertu : qui peut parcourir dans tous ses touchants détails l'histoire de cet homme de génie sans éprouver le besoin de devenir meilleur? Quand on le voit, sur le théâtre éclatant des cours ou dans l'obscure enceinte de son diocèse, déployer sans cesse avec les talents les plus élevés les qualités les plus attachantes, devenir par ses écrits l'admiration de l'Europe, et par ses actions l'amour de l'humanité, prêcher le bien et le faire, trouver dans chacun des moments de son existence le temps de travailler à un ouvrage utile et de placer un bienfait, montrer autant de courage dans la défense de la vérité que de franchise dans le désaveu de ses erreurs, verser les plus sublimes instructions dans l'âme des enfants des rois et des pâtres, en se proportionnant avec une heureuse facilité à l'âge comme à la condition de ses élèves ; quand on le voit se consumer dans les travaux non interrompus de la charité, dans l'exercice de ses vertus douces et conciliantes qui rapprochent les hommes, ne sent-on pas comme lui un désir impérieux de mériter l'amour et de rendre sa vie utile en travaillant au bonheur de ses semblables ?

Si Fénelon éprouva des injustices et trouva des détracteurs, s'il termina dans l'exil des jours proscrits, ne le plaignez point : pouvait-il être malheureux, lui qui portait le genre humain dans son cœur, lui qui, en présence d'un orphelin à consoler, ou d'un indigent à nourrir, eût encore béni son existence, puisqu'elle servait à quelque chose ; lui qui n'avait pas cherché sa félicité sur la terre, mais dans le ciel ? Pouvait-il être malheureux, l'instituteur de ce jeune prince, dont les vertus étaient devenues son ouvrage, et qui, par la plus tendre vénération, le récompensait de la plus étonnante des métamorphoses, celle d'un être imparfait rendu par l'éducation un modèle accompli ? Fénelon déplut à son maître, et ce maître était Louis XIV ; mais il lui resta Dieu, sa conscience, et des amis dont l'âme était digne de la sienne. Ces hommes respectables n'abandonnèrent jamais, au sein de ses disgrâces, celui qu'ils s'étaient fait un honneur de proclamer leur gardien, celui dont la parole était pour eux un oracle, et qu'ils considéraient comme le chef de leur vertueuse confédération. Ses adversaires mêmes, au nombre desquels on regrette de voir Bossuet, désarmés par sa magnanime résignation, ne pouvaient se dispenser de le nommer avec estime ; le Vatican était rempli de ses admirateurs, et le souverain Pontife, tout en condamnant ses maximes, conservait encore pour leur auteur une tendresse paternelle, qui se fit remarquer dans la modération des censures du saint-siége.

Que dirons-nous de ce concours d'hommages dont Fénelon se vit environné dans son honorable exil? La guerre éclate ; les troupes étrangères forcent nos frontières et ravagent impitoyablement le territoire français ; elles n'épargnent que les possessions d'un seul homme : la vertu trouve des amis jusque dans le camp de nos plus cruels adversaires. Au seul nom de Fénelon, chefs et soldats s'inclinent et s'écrient : « C'est le bienfaiteur des hommes, c'est le consolateur des affligés ; c'est lui qui prodigue ses soins à nos blessés, et qui les rend à la vie sans leur demander à quel drapeau ils appartiennent ; tout ce qui est la propriété de cet homme de bien devient sacré pour nous. » Ainsi s'expriment des ennemis, et le vénérable prélat traverse les champs de bataille pour vaquer aux fonctions de son saint ministère, distribuant la parole divine, portant des secours partout où sa charité peut s'étendre, sans voir autour de lui que des groupes d'admirateurs, qui se prosternent sous ses bénédictions, sans distinguer parmi eux un seul être dont l'attitude puisse lui faire deviner le triste voisinage des combats : il suffit qu'ils soient des hommes, ils sont ses amis.

Mais la plus douce pensée sur laquelle se reposa l'âme de Fénelon, ce fut celle de servir l'humanité, même après sa mort. Les nombreux écrits qu'il légua à la postérité, et dans lesquels sont consignés les principes philanthropiques qu'il ne cessa de professer sous le règne d'un prince absolu, lui assuraient, et il en était persuadé, un facile et légitime empire sur l'esprit des générations futures. Il sentit que ses leçons, répandues par toute la terre, feraient battre de siècle en siècle les cœurs généreux pour qui l'amour de la patrie, le perfectionnement de la société et les grandes idées de liberté, d'ordre et de justice ne sont pas de vaines abstractions. Il découvrit derrière lui, dans la suite des âges, des millions d'élèves qui, formés par lui, transmettraient ses nobles maximes à des millions d'autres êtres, éclairés par la même éducation. Il vit les sublimes inspirations de son génie animer l'univers moral; il le vit, et tressaillit de joie.

Combien d'hommes, en effet, ont dû et devront leurs vertus à Fénelon! Combien, à leur insu, se sont peu à peu dépouillés, à la lecture attachante de ses ouvrages, d'une multitude de vices et de défauts dont il montre toute la laideur, dont il fait sentir tout le poids! D'autres nous ont prouvé qu'il fallait être honnête homme pour ne pas vivre mal avec soi-même; Fénelon est le premier qui nous ait fait un bonheur de ce qui n'était auparavant qu'un devoir. Il peint la vertu sous des traits si purs, il la rend si attrayante, qu'il nous amène à l'indispensable besoin de nous abandonner à elle et de n'aimer qu'elle. Ce cœur si tendre et si expansif nous apprend par son exemple qu'il n'est point de voluptés égales à celles d'un religieux ami de l'humanité. Si quelques faiblesses ont été son partage, elles appartiennent à ce sentiment de philanthropie dont il était rempli et comme enivré. Qui aura le courage de les blâmer? Quelle ivresse fut moins dangereuse!

Après avoir signalé l'influence morale de ses écrits, irai-je parler de leur mérite littéraire? Lus, appréciés, admirés partout, ils ont pris dans l'opinion de la postérité une place qu'ils ne perdront pas. Mais qu'importent à la mémoire de Fénelon les vains applaudissements du goût et de l'esprit? Servir, éclairer, inspirer l'amour du vrai, du beau et du bon : voilà ce qu'il voulait; voilà ce qu'on trouve dans le *Télémaque*, comme dans les *Dialogues des morts*, dans l'*Examen de la conscience d'un roi*, comme dans les *Démonstrations de l'existence de Dieu*, dans le traité de l'*Education des filles*, comme dans les *Lettres sur la religion et la métaphysique*. Le charme répandu sur ces diverses productions imprime au style de Fénelon un caractère divin. D'autres écrivains ont pu donner à leurs compositions des formes plus savantes; ils ont pu attacher à une diction plus ferme et plus concise l'empreinte de leurs laborieux efforts; mais il ne fut accordé qu'à lui de séduire et d'entraîner son lecteur par cette onction pénétrante, par cette merveilleuse facilité, par cette souplesse gracieuse, qui s'allient à la plus aimable simplicité. Ses pensées ont couru sur le papier aussi lucides qu'elles s'épanchaient de son âme pure, comme des fleurs tombent d'un bel arbre sur un canal dont elles embellissent les eaux. Sa conviction est persuasive, sa logique se tourne en sentiment; tout, chez lui, raison, preuve, démonstration, vérité, fiction, émane de l'amour et l'inspire. Au fond de ses idées, de chacun de ses mots, on découvre le céleste mobile qui le faisait agir, parler et écrire : le triomphe de la vertu pour le bonheur, pour l'éternel bonheur de l'humanité.

Fatigué du poids de ses travaux, resté le dernier de cette association d'hommes de bien dont il était l'âme, Fénelon expira en convertissant et en faisant de bonnes œuvres, la main encore levée pour bénir ses frères, et les lèvres entr'ouvertes pour recommander la concorde à tous les membres de cette immense famille qu'il avait édifiée soixante-quatre ans par ses exemples, autant qu'il l'avait éclairée par ses préceptes. La mort de son royal élève rompit, comme il le dit lui-même, tous les liens qui le retenaient à la terre; mais s'il ne put placer sur le trône ce philosophe religieux, qu'il avait formé pour se dévouer au bonheur des peuples, il laissa du moins le modèle de cette éducation qui apprend aux princes *qu'il ne faut pas que tous soient à un seul, mais qu'un seul doit être à tous :* maxime sainte, vérité féconde, dictée au génie par la sagesse, et dans laquelle sont renfermées à la fois la sûreté des souverains et la félicité des nations.

LOUIS XVI,

Né en 1754, mort en 1793.

En 1754, la France contemplait avec satisfaction deux berceaux élevés sur les premières marches du trône : un troisième y parut bientôt ; il renfermait un enfant qu'on croyait destiné à n'occuper un jour dans l'Etat que le rang de sujet. Heureux si la mort n'eût pas tranché les jours des jeunes princes ses aînés ! Mais le Ciel avait voué cet enfant à toutes les grandeurs et à toutes les misères. Rapproché du rang suprême par la fin prématurée de ses frères et de son père, Louis-Auguste, duc de Berry, devint Dauphin, titre qu'il ne devait plus quitter que pour celui de Roi : l'histoire y associe en pleurant le nom de martyr. Nous passerons avec rapidité sur son enfance paisible, sur son éducation incomplète, et sur mille détails intéressants peut-être dans une autre narration, mais dont l'importance trop secondaire se perd dans la gravité du sujet qui nous occupe. A peine oserons-nous arrêter notre attention sur les fêtes de son mariage avec cette brillante et spirituelle archiduchesse d'Autriche, digne descendante des Césars, digne fille de l'intrépide Marie-Thérèse.

Accourue, au milieu des acclamations de deux peuples, dans la capitale du monde civilisé pour y chercher un sceptre et des hommages, qu'y trouva la nouvelle Dauphine? Des malheurs et des scènes de sang, présage d'autres malheurs et de scènes plus sanglantes.

Du moins la cruelle catastrophe qui jeta un voile si lugubre sur les premières journées de ce grand hymen, servit-elle à faire éclater les vertus des deux époux. Ces âmes royales ne respiraient que l'amour, ne connaissaient que la bienfaisance. Tous leurs jours étaient consacrés à secourir des infortunes; tous les échos de leur palais répétaient les bénédictions du pauvre.

Ainsi s'écoulaient les jours de ce couple bienfaisant, lorsque Louis XV termina ce long sommeil d'honneur et de gloire qu'on est convenu d'appeler son règne. A ce monarque insouciant et inappliqué succéda un prince pénétré de l'étendue de ses devoirs et de la majesté de sa mission, un prince qui a rêvé le bonheur du peuple, et qui ne prend la couronne que pour accomplir ce beau rêve; mais, en essayant de le réaliser, il va tout perdre, la couronne et la vie : la révolution approche.

La révolution! Qui l'osera juger? Qui pourra, d'une main ferme et impartiale, retracer cette sanglante époque, dont l'histoire conserve le souvenir comme du temps le plus funeste à l'humanité? Nous Français, nous qui fûmes presque tous complices des erreurs ou victimes des excès de cette révolution monstrueuse, est-ce à nous qu'il est permis de dévoiler aux âges futurs et ses causes et ses effets, de la transporter, pour ainsi dire, toute vivante, avec son immense cortége de calamités, de folies et de crimes, devant le tribunal de la postérité, de la léguer à nos neveux telle que des pervers nous l'ont faite, comme un effrayant héritage d'expérience dont doit sortir à jamais le repos des peuples à venir? Où trouver parmi nous un homme qui lui soit étranger, qu'elle n'ait ni dépouillé, ni enrichi, ni enchanté de ses illusions, ni indigné par ses violences? Ici, des yeux remplis de larmes la regardent avec horreur, et ne cherchent à travers les œuvres de sa puissance étonnante que les débris et les tombeaux dont elle a couvert la France. Là, des mains ensanglantées, s'armant du tableau des abus et des fautes de la vieille monarchie, croient, en l'opposant aux images des fureurs révolutionnaires, justifier la rébellion et légitimer l'anarchie. Mais, pour qui sait le considérer de loin et de haut, ce grand phénomène politique nous apprend qu'il dut son existence autant aux imprudences des uns qu'à l'ambition des autres; que tous ont failli, parce que les choses n'étaient plus en accord avec les hommes, les institutions avec les mœurs, ni les opinions avec les devoirs.

Si le dernier siècle a fait le mal, c'est par les siècles précédents que ce mal fut préparé. Les querelles des souverains et des grands vassaux; les disputes des catholiques et des protestants, des jésuites et des jansénistes; les discussions de la cour et du parlement : telles furent les sources fatales du républicanisme et de l'impiété. A force de raisonner sur l'existence de Dieu, on affaiblit la croyance religieuse; à force de discuter sur les droits des souverains, on relâcha les liens de l'obéissance. Chaque jour on minait cette terre où étaient assis et le trône et l'autel. Des novateurs ardents ont précipité la chute de l'autel et du trône; mais nos imprudents aïeux avaient apporté les combustibles où leurs successeurs ont mis le feu. Accusons de nos malheurs le passé et le présent : nous en avons le droit aussi incontestable qu'inutile.

Cette terrible crise du corps social n'était pas la première, mais c'était assurément la plus forte qu'il eût encore essuyée. Jusqu'alors aucun grand changement ne s'était opéré dans son organisation sans l'intervention des rois ; et tant qu'on les avait vus associés avec le peuple pour modifier la constitution de l'Etat, cette confédération avait épargné à la France des secousses violentes et des malheurs sans nombre. Pourquoi faut-il qu'elle n'ait pas été toujours assez sage pour attendre du trône la nouvelle impulsion nécessaire à la prolongation de son existence politique?

Ce qui contribua le plus au divorce déplorable entre le Roi et la France, ce fut la nullité du gouvernement de Louis XV. Sous un prince qui ne sait imprimer aucun mouvement à la nation, elle va d'elle-même, parce qu'il faut toujours qu'une nation marche : dès lors abandonnée au caprice de ses passions, elle s'agite dans tous les sens pour être quelque chose, voyant que son souverain n'est rien. Du mépris que lui inspire l'affaiblissement de l'autorité, elle passe au désir de l'indépendance : la discussion de ses devoirs l'amène à la recherche de ses droits, et de cet examen à la révolte la transition n'est jamais longue. Il fallait donner une tendance quelconque à l'esprit français pour le dérober à cet état d'oisiveté menaçante qui le porta vers les grandes et dangereuses questions d'intérêt public. Tout souverain qui sait occuper son peuple est sûr de le gouverner.

Cette tâche, il est vrai, devenait de jour en jour plus difficile. Tous les éléments sur lesquels reposait la tranquillité de la France semblaient prêts à se dissoudre. La majesté du trône dégradée, la noblesse restée sans consistance, le clergé forcé de reculer devant la philosophie, présageaient une catastrophe imminente. La révolution qui éclata sous le règne du petit-fils, avait commencé dès le temps de l'aïeul, du jour où la raison du peuple s'émancipa et demanda des comptes au souverain. Le changement qui se fit alors dans les idées en devait amener un dans les choses; et une fois que les sujets eurent manifesté une volonté, il n'y en avait plus sur le trône.

Si Louis XV fit ou laissa faire le mal, son successeur en ressentit les effets. Lorsque le sceptre tomba entre les mains de Louis XVI, ce prince en reconnut bien vite la pesanteur et l'inutilité. On lui laissait un royaume, mais il n'avait point de sujets. La nation, dont on avait négligé les affaires, s'en était mêlée, et ne voulait plus abandonner les plans d'administration imaginés par elle. Elle dictait les lois et ne les recevait plus. L'opinion publique, qui s'était formée loin du trône et contre le trône, traitait avec le Roi de puissance à puissance, non comme un auxiliaire prêt à le seconder, mais comme une ennemie disposée à le perdre. Louis, à l'aspect des dangers qui l'environnaient, s'effraya moins pour son autorité que pour le salut public. Il consulta le vœu des citoyens dans le choix de ceux qu'il associa au partage du peu de puissance qui lui restait. Ainsi MM. Turgot et de Malesherbes furent appelés au ministère; ainsi le département des finances fut confié plus tard à M. Necker. Dès qu'on signalait un abus, il était détruit; dès qu'on demandait une réforme, elle s'opérait. Sans doute il restait encore beaucoup à faire pour contenter la nation et pour mettre l'état civil en harmonie avec les vœux comme avec l'esprit du siècle; mais chaque jour voyait disparaître quelques débris de cet échafaudage de féodalité qui encombrait encore l'édifice social, et peu d'années auraient suffi à l'accomplissement d'une sage et utile régénération. Il ne fallait au peuple que de la patience, mais quel peuple est capable d'attendre? Et d'ailleurs où étaient la sagesse et la bonne foi?

Toutes les classes voulaient une révolution, et chacune la voulait à son profit : c'était assez manifester l'intention de la rendre indépendante du Roi, qui ne la désirait que dans la vue du bien général. Quelques grands seigneurs et le parlement cherchaient à s'élever sur les ruines de l'autorité royale; le tiers état, qu'importunait cette gradation de rangs et de dignités où il était assuré de ne jamais parvenir, visait à tout renverser pour se mettre au niveau de tout. Il était le plus fort, il l'emporta. La résistance qu'on lui opposa le rendit féroce. Les premiers essais que le peuple fait de son autorité sont toujours des actes de cruauté : il ne sait point régner, il ne sait que tyranniser; il ne comprime point, il tue; sa politique, c'est la violence; son trône, c'est l'échafaud. On dirait qu'averti par sa conscience de l'illégitimité de son pouvoir, il se hâte, avant que ce pouvoir lui échappe, de l'exercer à la manière des usurpateurs. S'il est terrible, s'il n'épargne rien, c'est par la certitude qu'il a de ne pouvoir rien conserver.

Placé au milieu d'une nation ainsi disposée, qu'avait à faire Louis XVI? Ni lui ni tout autre ne pouvait sauver la France, car elle voulait se perdre.

On lui a reproché des fautes, à ce prince qui ne cherchait que le bien, mais qui le cherchait presque seul; on a parlé de sa faiblesse, de son irrésolution. Et qui pouvait marcher d'un pas toujours ferme et sûr dans cette route si nouvelle, si hérissée d'obstacles, si semée de dangers? Il est des époques où les événements sont si grands, que tous les hommes assez hardis pour se mesurer avec eux paraissent petits. Il est des nuits tellement obscures, qu'aucun fanal, quelque haut qu'il soit placé, ne peut en illuminer les immenses profondeurs. Qui oserait assurer que le monarque, conseillé par Maurepas, son premier ministre, et averti surtout par le cri public, eut tort de rappeler de l'exil le parlement disgracié par son aïeul? Cette mesure, jugée si diversement, était-il maître de la repousser? Ce que les uns regardèrent comme une faute, aux yeux du plus grand nombre ne parut-il pas une nécessité? Le fléau d'une guerre lointaine, estimée avantageuse par les esprits superficiels, mais condamnée par les vrais politiques, vint ajouter aux charges du Trésor et aux embarras du gouvernement. Cependant cette guerre donna lieu aux plus beaux faits d'armes de notre marine militaire : abattue sous Louis XIV, négligée par son successeur, elle se releva superbe et triomphante à la voix de Louis XVI. Notre histoire citera toujours avec orgueil les noms de Suffren, de Destaing, et de tant d'autres braves qui promenèrent sur les mers de l'Afrique et de l'Inde, et dans les contrées américaines, la gloire du drapeau français : Pondichéry fut recouvré, le Sénégal fortifié, la puissance de l'Angleterre affaiblie. Tant d'heureux résultats permettent-ils encore à la critique d'accuser et à la France de se plaindre?

Le véritable sujet de reproche fut l'affaire trop célèbre du collier. Que sert de s'étendre sur ce triste procès où l'on vit la grandeur royale et la pourpre romaine compromises par le contact impur d'une aventurière et d'une comédienne? Au consentement donné par le Roi à une poursuite judiciaire, on ne reconnaît point sa sévère prudence. La politique exigeait le silence et l'oubli là où l'indignation commanda le bruit et l'éclat.

Le chef du cabinet, Maurepas, etait mort; Maurepas, esprit léger et superficiel, dont la frivolité devenue proverbiale contrastait si étrangement avec le sérieux des circonstances, qui disait autant de bons mots qu'il faisait de petites choses, jouait avec le ministère comme un enfant avec son hochet, intriguait en croyant gouverner, riait en relâchant tous les ressorts du pouvoir, et poussait gaiement vers l'abîme la monarchie toute parée de pompons, toute couronnée de fleurs, au bruit des fanfares de la cour et des sifflets de la nation. Chassé du conseil sous l'ancien règne pour une chanson, rappelé sous celui-ci par un hasard, il laissa les rênes de l'Etat dans des mains plus aventureuses, mais non plus habiles que les siennes. Ni M. de Calonne, d'intendant de Lille devenu contrôleur général des finances, ni M. de Brienne, successeur de ce dernier, n'étaient en état de porter l'immense fardeau dont leur orgueil osa se charger. M. Necker lui-même, ce banquier genevois instruit au sein d'une république dans l'administration d'un royaume, cet homme d'Etat qui n'était qu'homme de bien, cet élu du peuple qui admire comme il condamne, sur parole, ne se montra au timon des affaires que pour révéler aux enthousiastes de son génie toutes les faiblesses d'un caractère indécis et toute l'impuissance d'une science de détails.

Les intrigues se succédaient à la cour, tandis que retentissaient les clameurs de la nation. De tous côtés les passions répondaient à l'appel du monarque, qui demandait à la sagesse de lui indiquer le vœu de son peuple. Les besoins augmentaient. Les refus du parlement, qui pouvait déployer son patriotisme en consentant à l'enregistrement de deux édits nécessaires, avait forcé le Roi à la plus terrible des mesures.

Les états généraux étaient convoqués ; ils ont paru, ils ont agi. Qu'ont-ils fait ? L'Europe le sait, la France les accuse, la postérité les jugera.

Il suffit de lire l'exposé des opérations de cette assemblée pour se convaincre de ses torts (1). Chargée par les

---

(1) Elle créa des pouvoirs indépendants les uns des autres, indépendants du Roi, indépendants des députés eux-mêmes ; elle ôta au

citoyens de tous rangs de concourir à la réforme des abus, à la restauration des finances et au raffermissement de l'ordre social, elle détruisit tout. La monarchie, la noblesse, la religion s'engloutirent presque en même temps dans le vaste gouffre ouvert par ses mains factieuses. Quand elle nous eut donné au lieu d'un Roi un pre-

ministère toutes ses attributions, et ne songea point à s'en emparer; elle plaça les fils de l'administration dans toutes les mains, sans les faire aboutir ni au pied du trône ni aux colonnes du sanctuaire des lois. Ses idées en politique étaient si fausses, qu'elle avait remis au choix du peuple la nomination des juges, et décidé qu'on procéderait tous les trois ans à la réélection de ces magistrats. Dans la peur d'avoir une armée qui, sous la main du prince, devînt un instrument de despotisme, elle ôtait à l'autorité les moyens de rendre cette armée imposante au dedans et redoutable au dehors. Triste rôle de ces représentants de la nation! ils se disaient les mandataires du peuple français, et ils n'agissaient que par l'impulsion du peuple de Paris. Ils se paraient du nom de législateurs, et des misérables, couverts de haillons, leur dictaient des lois, la pique à la main! Esclaves de la multitude, ils ne surent faire qu'un esclave de plus, et c'était le Roi. Lié par toutes les obligations, sans posséder aucun moyen de répression, le Roi n'était plus que le jouet des factieux, en attendant qu'il devînt leur victime. Nulle balance entre ses droits et ceux de l'assemblée. En sa qualité de pouvoir exécutif, il fallait qu'il attendît des ordres pour agir, et quand on lui enlevait la force nécessaire, son impuissance était taxée ou de mauvaise volonté ou de perfidie. Chaque empiétement de l'assemblée le repoussait du trône, et on lui déférait le titre de roi constitutionnel, lorsque la constitution ne lui laissait pas même les priviléges du dernier citoyen. Contre le droit commun, l'intérieur de son palais n'était point libre; on arrivait à main armée dans sa chambre et jusqu'à son lit; on lui refusait la simple permission de sortir de Paris pour respirer à quelques lieues; s'il tentait de s'éloigner par surprise, on le surveillait, ses chevaux étaient dételés, sa personne menacée, et sans la protection du commandant de la garde nationale, le chef des Français courait risque de la vie. Où étaient donc alors les lois et l'autorité? A qui obéissait-on? A qui intimait-on des ordres? Quelles étaient les volontés légales? Ah! l'horreur et l'indignation s'emparent du cœur quand on voit la France livrée à de tels désordres, gouvernée par de tels hommes et précipitée dans de telles destinées.

mier fonctionnaire public, au lieu d'une sage classification de citoyens un ridicule essai de nivellement, au lieu de trésors véritables un papier chimérique, au lieu de lois fortes et compressives une constitution sans autorité et sans consistance, elle déserta le poste de Solon pour céder la place aux Catilinas.

On croit généralement que la cause de tant de malheurs fut le doublement du tiers, on se trompe. Qu'importait le nombre? Pour arracher de ses fondements l'édifice social et pour le renverser, deux leviers suffirent : l'or de Philippe d'Orléans et l'éloquence de Mirabeau. Ou plutôt tout concourut au bouleversement général : le prince par ses coupables manœuvres, le tribun par ses harangues perturbatrices, la cour par sa faiblesse, les députés par leurs divisions, et la France était perdue bien longtemps avant qu'on soupçonnât sa dissolution.

La France fut perdue le jour où l'assemblée proclama sa scission avec le Roi dans la salle du jeu de paume de Versailles. C'était le 22 juin 1789 : le lendemain le Roi fait lire devant les députés réunis cette célèbre proclamation contenant les bases d'une charte qui aurait suffi à des citoyens, mais que repoussèrent les factieux ; déclaration que son auteur, M. Necker, répudia, moins peut-être pour se venger des modifications qu'on y avait introduites que pour soutenir sa popularité chancelante (1)? Une telle conduite méritait une punition ; le ministre fut renvoyé, et à cette nouvelle Paris se révolta. La Bastille, vide de défenseurs, fut prise et détruite, son gouverneur massacré, la populace souveraine ; et la révolution monta

---

(1) Quelles qu'aient été ses intentions, il eut tort de s'absenter : c'était accuser le Roi, c'était découvrir la royauté. Ne devait-il pas, avant tout, s'expliquer avec Louis XVI? Cette absence silencieuse fut une désertion, et toute désertion est inexcusable.

sur des ruines pour dire au monde effrayé : Me voici!

Cette journée a pris date dans l'histoire : on l'appelle le 14 juillet.

Après la première et terrible manifestation de son existence et de sa force, le chemin du trône était ouvert à la révolution, qui marcha droit à son but. Non contente d'avoir conquis la capitale et par elle le royaume, elle voulut conquérir le Roi; et le 6 octobre Louis XVI, assailli dans son palais de Versailles, forcé de quitter le berceau de ses grandeurs, entouré d'une forêt de piques menaçantes, entrait captif avec sa famille dans les murs de Paris, où la voix éloquemment perfide d'un maire lui annonça en phrases de rhétorique qu'il avait régné. Depuis ce jour, confiné au château triste et nu des Tuileries, le souverain, qui ne l'était plus, sentit la nécessité d'échapper au sort inévitable de tout roi détrôné; il voulut fuir, il fuit; mais arrêté à Varennes, il se vit ramené, plus prisonnier que jamais, dans ce même Paris d'où il ne devait plus sortir que pour prendre tardivement sa place parmi les tombeaux de ses aïeux au vieux monastère de Saint-Denis.

Quelque temps après, l'assemblée, qui venait d'achever sa constitution, l'offrit à l'acceptation du prince, auquel le refus ou l'hésitation même étaient devenus impossibles. Pour célébrer cet événement, on imagina la grande déception à laquelle le nom de fédération fut donné. Cent mille Français réunis parurent au Champ-de-Mars, et, au nom de la nation qui les avait envoyés, prêtèrent, devant un autel où Dieu n'assistait pas, serment de fidélité à un roi qu'ils ne reconnaissaient plus, tandis que Louis XVI jurait de vivre et de mourir pour le maintien d'un pacte qui consacrait l'anéantissement de son pouvoir.

L'assemblée s'était séparée honteuse d'elle-même, inquiète de son ouvrage, ignorante de ce qu'elle avait fait, comme ces ouvriers de la monstrueuse Babel qui se dispersèrent par le monde après l'imparfaite construction de leur édifice. Le corps législatif arriva, et son premier acte fut de mettre le Roi aux pieds de la nation. Mais l'avilissement du prince ne suffisait pas à la révolution. Elle s'irrite et rugit; il lui faut une victime, et non un captif. La voilà qui reparaît aux Tuileries pleine de pensées sinistres : les portes s'ouvrent, les gardes du trône s'éloignent; plus de barrière entre elle et cette tête royale dont elle vient faire sa proie. Mais elle ne soupçonnait pas toute l'intrépidité de l'innocence et de la vertu; elle l'apprend, elle s'étonne; elle reste interdite devant le calme de cet homme qu'elle croyait sans force, parce qu'il était sans défenseurs. Un sentiment inconnu de respect arrête sa férocité, glace son bras, et tout ce qu'elle peut faire contre lui et pour elle, c'est de l'associer, pour ainsi dire, à sa cause en le couvrant du bonnet sanglant qui sert de signal à ses bourreaux comme de trophée à ses crimes. Sa fureur cependant se réveille au nom de la Reine, qu'elle cherche, qu'elle poursuit, qu'elle veut frapper au défaut du Roi, pour avoir du moins à se vanter d'un meurtre; mais, dans sa méprise, elle lève sa main noire et hideuse sur la vertueuse sœur du monarque. Ce fut alors que Madame Elisabeth dit à ses amis, qui la nommaient au monstre et à son horrible cortége dans l'intention de la sauver : Ne les détrompez pas. Mot sublime comme tous ceux qu'on entendait alors aux Tuileries, mais qu'on n'entendait que là.

Aurons-nous la force de rappeler cette journée du 10 août, cette journée où le crime rassuré prit sa revanche, et qui fut la dernière de la royauté, si l'on pouvait appeler du nom de royauté ce simulacre couvert d'ornements et chargé d'un sceptre qui se tenait encore debout sur le seuil d'un palais? Que de contrastes déchirants! Que d'images d'horreur et d'admiration, d'épouvante et d'attendrissement! Ici, l'audace dans toute sa fureur; là, le dévouement dans tout son héroïsme : la lutte désespérée de la rébellion et de la fidélité; et au milieu des physionomies de tant d'assassins, de tant de victimes, la vénérable figure du monarque étendant la main entre les ennemis de son rang et les amis de son malheur, leur criant à tous d'épargner le sang, et, pour arrêter le carnage, se livrant lui-même avec sa famille. Admirable et inutile sacrifice!

Tandis que Louis XVI se rend dans l'assemblée des législateurs, les brigands canonnent les Tuileries, s'en emparent, y promènent le ravage et l'incendie, puis se retirent sur les cadavres des Suisses et des vieux gentilshommes, derniers défenseurs de la couronne pour laquelle ils sont morts sans l'espérance de la sauver. La confusion règne dans Paris : les pouvoirs de l'Etat ont cessé; l'anarchie lève sa tête ensanglantée et brandit son horrible hache. Il ne reste en activité que la commune et le corps législatif. Celui-ci envoie au Temple l'hôte royal qui s'est confié à lui, et proclame la république. Celle-là, pour achever son œuvre, ouvre au peuple les prisons et lui crie : Tue! Le peuple tue, les prisons sont vides : une seule n'a pas encore rendu ses détenus; c'est le Temple. Mais la justice nationale (ils osent l'appeler ainsi) veille et prépare l'échafaud où monteront alternativement un roi, une reine, une princesse, également coupables du crime d'avoir aimé la France, servi Dieu et pratiqué la vertu.

Qui doit périr le premier? Louis XVI. Une Convention est nommée et vient le juger. Elle vient le juger, et la loi est là qui lui défend de porter la main sur cette tête encore sacrée, même après que la couronne, en tombant, l'a tristement laissée à nu. Mais qu'importe la loi? Il en est une qu'on invoque toujours quand on veut violer toutes les règles : le salut public. *Louis Capet* comparait devant ces hommes dont le plus grand nombre a déjà prononcé sa condamnation ; il pouvait dédaigner de leur répondre et récuser des juges qui s'étaient déclarés ses ennemis ; sûr de son innocence, il consent à se justifier : à chacun des griefs dont on le charge, il oppose des dénégations appuyées de preuves irréprochables. Il n'est ni intimidé par les regards menaçants qu'on lui lance, ni troublé par les questions insidieuses dans lesquelles on veut enlacer sa bonne foi. Comment ne craint-il pas ce tribunal de sang ? Qui lui prête ce courage simple et inébranlable ? D'où vient que, seul contre tous, il lutte sans désavantage, ou plutôt sort vainqueur du combat ? Dieu vous dira quelles armes il place dans la main des justes, de quels sentiments il fortifie leur cœur ; jusqu'à quel degré d'élévation il fait parvenir ceux qui l'invoquent humblement, toutes les ressources qu'on obtient de lui dans le malheur, et combien il y a de calme, de résignation et de détachement dans l'homme qui compte moins sur la justice de la terre que sur l'approbation du ciel.

Ecoutons l'auguste accusé rentré dans sa geôle, et confiant ses dernières et ses plus intimes pensées à l'un de ses défenseurs ; il nous apprendra lui-même le secret de sa magnanime sécurité : « Ah ! mon ami, dit-il à M. de Malesherbes, combien je vous souhaiterais de penser comme moi ! Je vous le répète, la religion instruit et console tout autrement que la philosophie. » Puis il ajouta ces paroles remarquables : « Depuis deux jours je suis occupé à chercher si j'ai, dans le cours de mon règne, pu mériter de mes sujets le plus léger reproche. Eh bien, Monsieur de Malesherbes, je vous le jure dans toute la sincérité de mon cœur, comme un homme qui va paraître devant Dieu, j'ai constamment voulu le bonheur de mon peuple, et n'ai pas formé un seul vœu qui lui fût contraire. » L'histoire a reçu le serment de Louis XVI et cassé l'arrêt de la Convention. Pouvait-elle balancer entre un tel accusé et de tels accusateurs?

Il est prononcé cet arrêt. La majorité de cinq voix décide que le juste mourra, qu'il mourra de la mort des criminels. En vain il demande l'appel au peuple, sa demande est rejetée. Il renonce à la vie, mais il veut sanctifier sa mort, et la religion est appelée auprès du royal condamné. De ses dernières heures qu'il lui consacre, Louis n'en distrait qu'une pour la nature et une autre pour la reconnaissance. Dépouillé, privé de tout, qu'offrira-t-il à M. de Sèze, celui dont l'éloquent plaidoyer l'eût sauvé s'il avait pu l'être? « Embrassez-le, » répond M. de Malesherbes. Louis l'embrasse, et de Sèze se croit plus que payé de son dévouement.

Cette dette de la royauté acquittée ainsi avec une simplicité antique, son testament écrit, testament sublime, qui semble tracé par la plume d'un apôtre, Louis a fini avec les hommes : il se tourne vers la Reine et ses enfants; il demande sa sœur; il leur doit ses derniers adieux et ses derniers conseils. Ici plus de Roi : il ne reste qu'un père, un époux, un frère en présence des plus tendres objets de ses affections; vous n'entendrez point le bruit des armes ni le cri de la résistance; vous ne verrez que des larmes au milieu desquelles s'échappera des lèvres de la victime le mot de la religion et de la vertu : Pardon! Quel tableau de la fin du juste! celui qui, poursuivi par les passions des hommes, n'a jamais su que souffrir et bénir, celui dont le peuple, au plus fort de son délire, disait : Ce pauvre tyran! mot qui signifiait encore : Notre bon Roi! Louis XVI, du fond de sa prison du Temple, condamné à expier par un trépas ignominieux seize ans d'un règne de bienfaisance et d'amour, se dévoue sans peine et sans effort, prie pour les insensés qui ont dicté sa sentence et *qui se sont faits ses ennemis,* embrasse sa malheureuse famille, répand ses bénédictions et sur ceux qui le pleurent et sur ceux qui le frappent, défend à son fils de venger son trépas, marche au supplice, tombe sur la terre et se relève dans le ciel.

Les hommes qui s'essayaient par le régicide à l'assassinat de la nation entière, n'ont pas rougi de dire : Nous avons tué Louis XVI pour satisfaire au vœu des Français. Mais le deuil de la France leur a répondu, et la vie de Louis XVI leur répond mieux encore.

Quel était donc ce roi qui, dans l'âge des erreurs et de l'inexpérience, monta sur le trône pour y commencer par un acte de bonté l'exercice de toutes les vertus; qui, élevé dans le sein d'une cour voluptueuse, garda de chastes mœurs et des goûts sévères; qui, parmi les propagateurs des maximes de l'athéisme, sut manifester son attachement à la religion de ses aïeux, sans intolérance et sans superstition (1); ce Roi qu'on vit, toujours juste, toujours bon, s'inquiéter à chaque moment des besoins de son peuple, jamais des prérogatives de sa couronne; aussi incapable de haïr que de punir; aussi heureux d'entendre des paroles d'amour sortir de la bouche de ses sujets que jaloux de gagner leurs cœurs par la touchante séduction de ses bienfaits? Demandez à ceux qui ont vu son règne ce qu'il a fait pour la nation. Ils vous attesteront, comme l'histoire, que Louis a fait le bien avec une si magnanime obstination, qu'il aurait fini par triompher des efforts de tant de pervers qui voulaient alors le mal, s'il n'y avait pas des époques où la vertu

---

(1) Sa conduite et ses actes relatifs aux protestants le prouvent assez.

est impuissante contre le crime. Ils vous montreront Louis cherchant dans le retranchement de ses jouissances personnelles un soulagement à la détresse de ses sujets, effaçant les derniers vestiges de la barbarie féodale, abolissant des coutumes odieuses et cruelles, prêtant l'oreille aux vœux du moindre des citoyens et rendant justice à tous. En vain la calomnie a-t-elle osé le poursuivre sur le trône et l'assiéger au bord du tombeau. Les témoins sont là, les faits parlent : la vérité sort de toutes les bouches et s'élance du sein de toutes nos ruines pour proclamer dans Louis XVI le héros de l'humanité.

Et le sang d'un tel monarque aurait été répandu par la nation la plus douce, la plus loyale, la plus aimante parmi les nations de l'univers! Et, au lieu des bénédictions qu'il méritait, elle lui aurait prodigué les anathèmes! Qui peut le croire et connaître les Français? Non, non : si des malheurs inouïs ont pesé sur la tête de Louis XVI, lorsqu'il ne veillait que pour notre bonheur; si, en ajoutant à nos libertés, il s'est jeté lui-même dans des fers; si, à mesure qu'il se rapprochait de son peuple, il faisait des pas vers ses bourreaux; si la mort a frappé cette grande victime sur l'autel prétendu de la patrie, qui représentait la patrie alors?

Quelques misérables factieux, puissants par la terreur qu'ils inspiraient, osèrent se déclarer les interprètes du peuple et condamner le monarque. Sans cette horrible phalange de méchants, qui sut se placer entre la nation et le souverain, la France aurait marché vers d'heureuses destinées, et Louis n'eût pas échangé sa couronne contre la palme du martyre.

Quels inépuisables regrets doit nous laisser sa mort! Que de pensées généreuses ont péri avec lui! Eclairé sur le véritable esprit de son siècle, il tendait tous les ressorts d'une âme pure et remplie d'intentions bienfaisantes, pour concilier nos anciennes institutions avec nos mœurs nouvelles. Plus que tous ses sujets, il aspirait à la réforme des abus, au perfectionnement de l'ordre social. Ses vues patriotiques embrassaient à la fois tous les Français; il les appelait tous à concourir par des concessions réciproques à cette amélioration désirée. Il aurait voulu communiquer ses sentiments désintéressés à chacun des citoyens ; il aurait voulu obtenir que tous les intérêts particuliers se confondissent dans l'intérêt général, toutes les passions individuelles dans le saint amour du bien public. Que de mal ils nous ont fait, ces insensés qui, en le ravissant à nos vœux, ont détruit les germes de son avenir? Mais si leur funeste délire ne se fût pas exercé sur lui, aurait-on connu toute la vertu de ce roi chrétien? Aurait-on pu deviner jusqu'à quel degré de sublimité peut parvenir une âme qui s'élève sur un autre appui que les forces humaines?

Il faut voir Louis XVI dans tous les périodes de cette longue agonie de la royauté, conservant au milieu des factions cette sérénité inaltérable de l'homme de bien ; grand jusque dans l'avilissement de sa puissance par une grandeur inhérente à son caractère, à ce caractère invariable dans sa bonté et dans sa résignation. Mais c'est surtout lorsque, prêt à subir son arrêt, il prodigue les dernières consolations au vénérable Malesherbes, et épanche ses dernières pensées dans le sein du religieux Firmont : c'est là que Louis, par la sublimité de l'abnégation de soi-même, devient un être presque surnaturel qui n'a plus rien de commun avec les hommes que leurs traits et leur langage.

Non, ce n'était pas un homme que celui qui répétait sans cesse ces paroles : « Je ne veux pas qu'une seule goutte de sang soit versée pour moi. » Gardons-nous bien de prononcer sur les actions de sa vie comme sur celles des autres êtres. Le jugement de sa conduite n'appartient pas plus aux mortels que les vertus qu'il a déployées n'appartiennent à la terre. Eh! que sont ces hautes qualités des héros, des sages, des législateurs? N'en avons-nous pas vu de plus élevées et de plus admirables? N'avons-nous pas vu l'homme vaincu sans cesse dans Louis? Il n'était pas envoyé sur la terre pour nous montrer seulement un roi, il avait une mission plus extraordinaire et plus difficile : il l'a remplie; et, après avoir laissé parmi nous les exemples de ses vertus pour les opposer aux exemples du crime, il a disparu de cette terre où fut son trône; il a disparu dans un nuage de sang à ce cri prophétique et sacré : Fils de saint Louis, montez au ciel!

Mais que dirai-je d'une autre victime non moins auguste, qu'il ne faut pas séparer de lui dans nos regrets comme dans notre culte? Qui ne se rappelle cette souveraine si longtemps adorée, et dont la seule présence répandait l'allégresse parmi tout un peuple? Celle qui avait vu son berceau entouré d'encens, ce fut au milieu des outrages qu'elle descendit au tombeau. Accusée de tous les crimes, parce qu'elle avait tous les charmes, cette reine infortunée, plongée dans les prisons, n'eut pas même la consolation qui adoucit les derniers moments de son époux. Du moins Louis, en mourant, put recevoir dans un embrassement douloureux les tendres adieux de tout ce qui lui était cher : il vit ses enfants, sa femme et sa sœur qui lui survivaient; et l'espérance qu'il perdait pour lui, il la reporta sur eux. Une ombre de respect pour les droits des humains, qui l'accompagna encore jusqu'au lieu du supplice, lui fit penser que cette nation égarée n'était pas pervertie; qu'avec lui peut-être expirerait la fureur de ses ennemis, et que l'enfance du jeune Dauphin, son innocence, ses charmes lui préparaient un sort plus heureux que celui de son père. Ces nobles illusions, qui pouvaient flatter Louis dans les murs du Temple, durent abandonner Marie-Antoinette dans les cachots de la Conciergerie, où l'avaient transportée les bourreaux du Roi. Fatiguée de malheurs, rassasiée d'opprobres, jetée parmi les plus vils criminels au séjour des condamnés, loin de sa sœur et de ses enfants, sans appui que Dieu qui seul la visitait et lui prêta cette force merveilleuse devenue une de ses gloires, si le courage ne manqua point à cette reine, quelles consolations pouvaient rester à cette mère?

Oh! par quelles affreuses sollicitudes son cœur dut être éprouvé! Nous l'avons vue, magnanime et fière, marcher au tribunal de sang qui osa l'interroger, répondre à ses juges avec cet accent de l'innocence et de la majesté dont leur audace fut terrassée, et paraître à l'échafaud sans effroi, comme elle s'était montrée devant eux sans trouble. Hélas! nous prenions ce calme de sa conscience, qui ne lui reprochait rien, pour la tranquillité d'une âme qui, à force d'injustices souffertes, avait appris à se détacher de la terre. Mais l'avons-nous vue dans la solitude de sa prison, à ce moment suprême où, bien insensible sans doute au souvenir de ses grandeurs passées, l'image d'un fils et d'une fille, que sa mort laissait à ses bourreaux, assiégeait sa pensée de mille terreurs légitimes? Qui pouvait lui promettre que leurs jours seraient respectés? N'apprenait-elle pas par sa condamnation que la rage des assassins était insatiable? Ne voyait-elle pas leur férocité croissante se manifester chaque jour par de nouveaux excès, excès d'autant plus odieux, qu'ils attestaient, par leur inutilité, l'unique besoin de se livrer au crime? Dans l'accumulation des maux qui l'accablaient, comment espérer que ces maux ne retomberaient pas sur la tête de sa royale famille, et que son trépas serait le dernier?

Elle les connaissait trop, ces hommes de sang, pour ne pas tout craindre de leur barbarie. Aussi ne fut-ce pas d'eux qu'elle attendit le salut de ses enfants : elle porta ses regards vers le ciel ; elle invoqua celui qui fait le destin des rois et des peuples, celui qui veille sur l'opprimé et confond les desseins de l'oppresseur, celui qui est patient parce qu'il est éternel, mais qui punit et récompense parce qu'il est juste ; elle lui dit : Sauve ma famille, je te la confie. Et, se reposant sur la protection de son Dieu, elle mourut. Elle mourut conduite au supplice dans un misérable tombereau, insultée par les vociférations d'une populace effrénée, les mains attachées par d'infâmes liens, traitée avec un mépris calculé ; mais on avait pu la dépouiller de ses ornements suprêmes sans pouvoir effacer de son front ce caractère imposant de reine ; la dégrader par des humiliations sans pouvoir l'avilir en lui arrachant des bassesses ; lui ravir sa gloire sans parvenir à lui enlever sa vertu. Elle était au-dessus de ses juges, de ses bourreaux ; elle les écrasait encore du poids de son immuable dignité.

Soyez en paix dans les cieux, âme pure et éprouvée par tant de souffrances. Ce monstre qui vous poursuivit sur le trône et vous précipita dans le tombeau, la calomnie, votre ennemie implacable, s'est enfuie devant la vérité. La vérité vous montre à la France et à l'Europe telle que vous étiez durant les jours de votre trop courte existence : aimable, bienfaisante, ornée de grâces, douée de sensibilité, protectrice ou plutôt amie des arts, digne enfin du rang suprême par vos éminentes qualités, faite surtout pour plaire à cette nation brillante sur laquelle vous étiez appelée à régner, et qui vous eût toujours adorée si l'on ne vous eût rendue méconnaissable à ses yeux. Elle a repris pour vous tous ses sentiments en retrouvant les vôtres dans ce testament si touchant et si respectable où votre clémence, tracée en caractères divins, égale celle de votre époux. C'est en se pénétrant de vos derniers vœux que les Français, si longtemps malheureux ou trompés, sentiront désormais redoubler leur reconnaissance pour cette famille d'anges qui, sur le trône du ciel comme sur celui de la terre, les couvrit de ses bénédictions, les purifia par ses vertus et les reconquit par ses bienfaits.

DE LA
RÉORGANISATION SOCIALE,

Servant d'appendice à l'ouvrage intitulé :

DU RELIGIONISME MODERNE.

1848.

Un grand phénomène politique étonne les regards de l'observateur. On dirait que le monde européen s'est partagé entre deux sociétés rivales : l'une turbulente et révolutionnaire, l'autre paisible et conservatrice; l'une qui s'efforce de renverser les barrières placées devant les institutions encore debout, l'autre qui tâche de les relever à mesure qu'elles tombent.

En assistant à cette nouvelle lutte entre les esprits de ténèbres et les anges de lumière, on se sent à la fois rempli de terreur et d'espérance : le cœur se resserre et se dilate tour à tour. On se demande qui l'emportera de ces deux puissances. Jetons les yeux sur les siècles passés, peut-être y lirons-nous le secret du nôtre.

Plus on observe le monde dans tous ses périodes,

plus on est forcé de reconnaître les mêmes résultats. Il a des époques d'aveuglement et de clarté, de gloire et d'avilissement, de barbarie et de civilisation : toujours des guerres violentes le désolent, jamais elles ne le poussent jusqu'à sa ruine; il se soutient au milieu des débris, il sort du sein des fleuves de sang ; il se renouvelle et ne s'anéantit pas. L'œuvre merveilleuse de la création subsiste comme un monument de la puissance immortelle qui a tout fait et qui imprime à ses productions le sceau de la durée, tandis que les hommes, cette race étonnante par sa force et par sa faiblesse, par la grandeur de ses conceptions et la petitesse de ses moyens, se jouent, combattent et disparaissent dans son sein, tels que de vains atomes attachés pour un moment à ce solide ouvrage de l'Eternel.

Rien ne prouve mieux que, placés parmi les causes secondes, les hommes sont abandonnés à leurs propres combinaisons par cette profonde sagesse qui s'est réservé d'établir l'ordre des cieux et de tous les éléments. Aussi quelle belle harmonie d'un côté, et de l'autre quelle défaut d'accord! Alors que le monde va gouverné par des règles invariables, ses habitants, doués d'une étroite raison et livrés à leur libre arbitre, marchent au hasard selon le gré de leurs caprices. Chez eux rien n'est stable parce que rien n'est ordonné... Ici, les nations manquent aux législateurs; là, ce sont les législateurs qui manquent aux nations. Ici, une ignorance absolue; là, d'insuffisantes connaissances. Toujours la chaîne qui lie l'homme à la terre et au ciel s'échappe de ses faibles mains, qui ne peuvent ni s'en passer ni la retenir.

Ses guerres politiques, civiles et religieuses sont la preuve la plus évidente de ses imperfections et de sa misère. Il acquiert des idées sans acquérir la sagesse ; il fait naître des biens sans savoir les posséder; il invente le langage pour communiquer sa pensée, et les fausses interprétations de sa pensée le jettent dans de perpétuelles disputes. Tour à tour il prend la licence pour la liberté, la férocité pour la gloire, le fanatisme pour la piété, l'incrédulité pour la philosophie. Il invente des machines admirables, qui servent à la satisfaction de ses besoins ou de ses plaisirs, et il ne sait rien inventer qui assure son bonheur et encore moins sa conservation.

La société, formée par son génie, se ressent des vices de l'ouvrier. S'il trouve bon de la faire, il trouve bon aussi de la modifier. Sans cesse de nouveaux changements dans son organisation démontrent qu'il n'est jamais content de lui ni de ses travaux. C'est ainsi qu'en cherchant une situation politique favorable à son repos, il ne parvient qu'à s'en procurer une qui convient à sa passion du jour; de l'état républicain il passe au régime monarchique; à une religion il en substitue une autre. Ses mœurs, ses habitudes, ses opinions, tout ressent l'empire de ses capricieux dégoûts. Lui-même renverse l'édifice qu'il avait élevé, brûle les moissons qu'il avait fait naître, et se précipite sur la faux du Temps pour la pousser contre ses propres ouvrages avec autant d'imprudence que de fureur.

C'est là qu'un grand nombre d'entre nous tentent de parvenir aujourd'hui. C'est là ce que la confédération des sages essaye d'empêcher. Mais quelle difficile entreprise ! Toutes les lois religieuses et sociales ébranlées ou renversées; toutes les notions du juste et de l'injuste interverties; le mal déclaré bien, le bien reconnu mal; les passions armées, les cupidités en présence, les vanités soulevées et menaçantes; tant de fortunes détruites; tant de familles ruinées, tant de guerriers à l'aumône; tant d'ouvriers sans ressource et prêts à s'élancer hardiment sur la propriété pour la forcer à payer rançon; vingt sectes s'élevant dans l'Etat pour le déchirer; partout les enfants s'instruisant à la désobéissance au pouvoir paternel, partout les sujets résistant au frein de l'autorité : qu'attendre en effet d'un tel siècle?

Qu'en attendre? Ce qui arrive. Tandis que je trace ces pages entre mes vagues espérances et mes craintes trop positives, une révolution éclate, révolution immense, radicale, telle que jamais rien de pareil ne se remua sur la terre des hommes. Voici la barbarie armée. Voici la vieille France menacée de mort, par qui? par ses enfants. Ceux qu'elle a vus naître, qu'elle a élevés et nourris dans son sein, s'assemblent prêts à déchirer ses entrailles, lui jettent tout à coup le cri d'extermination, et, dans leur parricide égarement, sourient avec une joie impitoyable à l'horrible espoir de partager entre eux les dépouilles sanglantes de leur mère.

Plaignons, ah! plaignons ces insensés, dont le crime n'est pas le leur. Aveugles instruments des ennemis de toute société, ils ont aidé sans le savoir à l'exécution des plus coupables complots. Etait-ce pour eux que leurs instructeurs, pleins de démence et d'artifice, les poussaient dans la guerre civile? Non. Ces derniers, terribles amateurs de désastres, infatigables accoucheurs d'émeutes, ne visaient qu'à tout bouleverser pour tout réorganiser dans leur intérêt. Anathème sur eux seuls, sur eux qui n'ont pas reculé devant l'image de la patrie écrasée sous leurs pieds de fer!

Mais que fais-je? Est-ce à moi de maudire? Est-ce à moi d'appeler les proscriptions? L'homme doit-il lancer des imprécations contre l'homme? Ayons pitié de ceux qui s'égarent, encore plus peut-être que de ceux qu'ils ont égarés. Savons-nous par quel malheureux et funeste travail de leur esprit ils sont parvenus à le fausser? Savons-nous quelles causes ont produit le monstrueux enfantement de leurs idées perturbatrices? Qui n'est pas mystère en nous! Tel être naît bon, sage, honnête, que des circonstances fortuites enlèvent à lui-même pour le précipiter dans le mal. Une mauvaise éducation, le contact des pervers, la lecture d'un livre habilement pernicieux, quelquefois la chaleur du sang ou la perte d'un patrimoine dénaturent le caractère, dépravent la volonté, aveuglent pour un temps la raison; et voilà que, par des déviations, tantôt brusques, tantôt insensibles, on se laisse entraîner loin du but qu'on s'était marqué. Souvent il arrive même que, dupe d'une noble illusion ou victime d'un faux raisonnement, c'est par amour pour l'humanité que ces infortunés travaillent à sa perte. En présence de misères faites pour exciter l'intérêt, leur imagination bouillonne, leur cœur s'échauffe, leur pitié se soulève; il se fait en eux un étrange amalgame des pensées du ciel avec les idées de l'enfer, et de là résulte une conduite coupable dans ses résultats, mais honorable dans son principe.

Alors, ne voyant plus qu'un des côtés de la question sociale, ils rêvent ce qu'ils appellent le redressement d'un grand tort. Pourquoi, se disent-ils, cette injuste inégalité des fortunes? Pourquoi les pauvres n'entrent-ils pas avec les riches dans le partage des biens de la terre? Cette terre, qui donc l'a inféodée à perpétuité aux uns pour en priver à jamais les autres? Où est le contrat de donation dressé dans le ciel en faveur des élus du monde? Y a-t-il donc des familles éternellement maudites et déshéritées par le ciel, qu'on nous dit toujours équitable? Non, non, Dieu n'a fait naître aucun de nous inférieur en droits à ses semblables. Cette disproportion des conditions humaines, ouvrage fortuit du hasard, de la violence ou de la ruse, doit cesser aux cris de l'humanité éclairée. Il est temps que le peuple se montre dans sa force et se ressaisisse de ce qui lui appartient. Il faut, enfin, que chacun de nous puisse vivre des fruits du sol, où il naquit non pour travailler et souffrir, mais pour posséder et jouir. Renversons l'édifice du mensonge; abolissons les priviléges; créons à notre tour des institutions qui rétablissent l'équilibre; faisons, enfin, ce qu'a voulu le père commun : c'est-à-dire, distribuons entre tous ses enfants, avec une parfaite équité, leur lot dans le grand héritage.

Tels sont les pensées et les discours des niveleurs modernes : telle est la poésie de l'émeute.

Nous aussi nous désirons, nous demandons le bien-être des pauvres. Nous aussi nous avons plaidé leur cause; mais ce n'était pas comme les orateurs populaires, en appelant les pauvres aux armes; ce n'était pas en leur criant : Vous avez trop longtemps langui cachés dans les derniers rangs; vous devez enfin monter aux premiers. Votre tour est venu : vous allez tous être riches, vous allez tous être rois. Le triomphe dépend de vous; exigez et vous obtiendrez.

Qu'il faut une grande puissance de raison, même quand on veut le bien, pour se tenir dans la juste mesure! Trop souvent on est l'esclave d'une idée, au lieu d'en être le maître. Eh! grand Dieu, jusqu'à quel degré d'aberration celle-ci a-t-elle entraîné ses prôneurs! D'où vient donc la différence qui existe dans le langage de ces orateurs et dans le nôtre? C'est que, loin de chercher par les mêmes voies que nous la solution du grand problème, dans le calme religieux des passions, ils s'adressent aux passions comme à des auxiliaires : c'est que le sentiment chrétien leur manque alors qu'il nous anime. Voici, nous, ce que nous écrivions, il y a quatorze ans, en 1834. On verra si les prévisions nous ont fait défaut et si nous avons négligé les intérêts du malheur :

« La plaie, la grande plaie de notre pays, disons plus, de l'Europe entière, c'est la prodigieuse exubérance de la population. Regardez cette Europe, où les générations se poussent et s'entre-choquent. Qu'en fera-t-elle? où sont ses ressources pour les nourrir? Dans quel continent reflueront-elles? L'esprit des croisades est éteint; l'Amérique fait elle-même ses révolutions, les colonies sont prêtes à se dérober au joug des métropoles, ou trop pleines d'explorateurs pour en recevoir de nouveaux. Cependant le danger presse : le fractionnement perpétuel des propriétés, le défaut d'établissements destinés au maintien du célibat, les désordres de la société qui contribuent à jeter tous les ans dans son sein de nouveaux pauvres et par conséquent de nouveaux ennemis, la petite vérole neutralisée, la permanence de la paix générale, tristement favorable à l'excessif accroissement de l'espèce humaine, où mèneront-ils? Où ils mènent toujours : car les peuples, poussés par le besoin, ne connaissent qu'une voie pour y échapper : les révolutions! Tout recommence et finit par là.

» Tel sera l'avenir du continent européen, s'il ne se hâte de remédier à l'immense mal qui le dévore, et auquel on n'a jusqu'à ce jour appliqué que d'impuissants palliatifs.

» Il devient donc urgent de travailler au salut de cette partie de la population qu'on voit trop souvent se réfugier dans le vice pour échapper à la misère, sans place dans la société, et cherchant à s'en faire une : masse obscure, inquiète, jalouse, mécontente; qui, pressée entre l'indigence et l'ignorance, sort de cette affreuse position par l'affreuse voie du mal; repoussée de tous les côtés, se tourne avec fureur contre les classes qui la rejettent, de méprisée devient redoutable, et finit, en se révoltant, par blesser à mort la patrie pour la punir de l'avoir déshéritée.

» C'est dans le berceau du monde qu'il faut chercher l'origine du paupérisme, cancer incurable peut-être du corps social, qu'il ronge. Parmi les premières agglomérations d'humains, qui se distribuèrent la terre inculte, on vit des êtres que la faiblesse de leur constitution, les infirmités, la vieillesse, les passions abrutissantes, ou d'autres causes de dégradation, soit physique, soit intellectuelle, forcèrent de solliciter aux pieds de leurs robustes et laborieux compagnons quelques-uns des fruits de cette terre qu'ils se sentaient incapables de féconder avec eux.

» Chez les patriarches, plus d'une fois la misère, pâle et suppliante, vint se placer debout à l'entrée de leurs tentes hospitalières. Qui ne sait que le premier des poëtes fut plus que pauvre, et qu'à travers les contrées harmonieuses que devait immortaliser sa lyre, erra tristement le génie, appuyé sur le bâton du mendiant? Qui ne se rappelle avec attendrissement l'histoire de Ruth la glaneuse? Les nombreuses migrations dont parle l'Antiquité attestent assez que le sol natal n'avait pu nourrir tous ceux qu'il portait.

» L'Egypte, surchargée de ses enfants, les rejeta sur la Grèce, qui, à son tour trop peuplée, envoya le superflu de ses habitants à la recherche de lointains territoires, dont ils prirent possession au nom du premier conquérant connu, le besoin. Autant de pauvres que repoussait la patrie, et qui allaient s'en faire une autre aux extrémités du monde.

» Rome, cette pépinière de héros, Rome renferma toujours dans son sein des nécessiteux. Voyez les luttes continuelles de cette multitude affamée contre les sénateurs gorgés de richesses, et se riant d'une détresse que la peur seule les déterminait de temps en temps à soulager.

» Honteuse condition de l'antiquité! Elle traverse tous les siècles idolâtres, la tête constamment courbée sous deux fléaux, l'esclavage et la pauvreté, sans la relever un moment à la voix de ses sages, qui l'entretiennent toujours de leurs rêves et jamais de sa dignité.

» Quand le christianisme vint changer la face du monde, les esclaves disparurent, mais les pauvres restèrent : ce fut alors que naquit la charité. Cette céleste fille du christianisme, qui supplée toutes les vertus, et qu'aucune autre ne peut remplacer, se substitua par tendresse à deux puissantes protectrices, qui ne l'égalaient ni en *compatissance* ni en ressources : l'hospitalité et l'humanité. Ses mains s'ouvrirent, et il en sortit des millions de bienfaits.

» Que seraient-ils devenus sans elle, ces tristes serfs dont sa voix avait fait tomber les chaînes, mais qui restaient seuls et nus sur le sol arrosé, la veille, de leurs sueurs, ce sol où croissait du moins auparavant l'aliment de leur chétive existence? La charité s'empara d'eux comme de sa famille, jeta son manteau sur leur corps grelottant, leur apporta le pain de sa journée, et leur dit : Partageons.

» Leurs yeux aperçurent une croix élevée sur le faîte des cloîtres, signe de rédemption qui le fut doublement pour eux; car la charité les attendait encore au seuil de ces retraites sacrées, pour les y introduire, leur désignant du doigt la couche du souffreteux à côté de celle du pèlerin, afin que toutes les misères et toutes les inquiétudes trouvassent ensemble aux pieds de Dieu ce qu'elles cherchaient en vain sur la terre : le soulagement et le repos.

» Mais voici venir les guerres, les pestes, les maladies

rebutantes. Tout s'éloigne, la charité reste. Qui sera intrépide et infatigable si ce n'est elle? Aux nouvelles plaies de l'humanité elle oppose de nouveaux lénitifs. Faut-il des hospices, ils sont créés. Est-il besoin de dévouement, les servantes du malheur paraissent. Pour raconter les innombrables prodiges de la charité la voix manque, mais les monuments parlent. Ils sont là, ils nous entourent, ils ont une éloquence dont ne pourrait jamais approcher la parole humaine. Chaque misère est secourue, chaque infirmité adoucie. Les Etats sont tranquilles, les indigents bénissent, le sol ne tremble point, la propriété est sans ennemis.

» D'où vient donc qu'aujourd'hui l'Europe tressaille à chacun des pas de ces hommes qu'on nomme prolétaires? D'où vient que la sécurité n'existe plus ni sur les trônes ni dans les maisons? C'est qu'un grand changement s'est opéré. Le philosophisme, enfant de l'orgueil, est venu se placer fièrement en face du christianisme pour lui demander compte du bonheur des nations. Il a dit : Je ferai mieux! Et les nations ont cru en lui. Que s'est-il passé? Peuples, vous l'avez vu, répondez : Où est votre bonheur? Les révolutions ont bouleversé le monde; les riches sont devenus pauvres, et voilà tout. Cependant par quelles magnifiques promesses le philosophisme ne vous avait-il pas éblouis? La terre promise, ou plutôt son fantôme a disparu : c'est le désert que nous traversons. Qui nous en tirera? Encore le christianisme.

» C'est l'Angleterre, cette nation modèle, enfumée depuis un siècle de l'encens d'un monde de publicistes, d'économistes, de législateurs, de financiers, de penseurs, de parleurs, de prosateurs et de poëtes; l'Angleterre, à qui la moitié du continent est allée demander à genoux des copies de sa constitution, emprunter les secrets de son industrie et payer un tribut de vassalité, comme à la souveraine de la pensée, à la fondatrice du commerce, à la mère de la prospérité ; c'est cette terre prétendue classique de la richesse que les hommes de conscience et de raison accusent d'être le principal auteur de la misère européenne.

» Ne semble-t-il pas que cette puissance ait été placée par la Providence au milieu des nations pour leur montrer l'insuffisance du génie philosophique et mercantile qui la domine? Ce génie, aussi aveugle qu'orgueilleux, a cru qu'en matérialisant la vie de l'homme il allait tout faire pour lui ; mais le voici forcé de convenir honteusement que les instruments du bonheur public ne résident pas en ses mains, et qu'il ne peut même satisfaire aux besoins de la société; besoins que ses promesses fallacieuses ont multipliés et trompés.

» Malheur à l'Europe tant que cette puissance illusoire étendra sur elle sa pernicieuse influence ! Malheur à l'Europe tant qu'elle ne s'attachera qu'à cette boue de la terre, où ne croîtront jamais que d'incomplètes moissons si les eaux du ciel ne la détrempent et ne la fertilisent !

» Quelle différence entre nos philanthropes du siècle et les sages chrétiens discutant sur les moyens d'arrêter l'extension de l'indigence ! Nous avons lu les ouvrages de ceux-là : qu'y avons-nous trouvé? La solution du grand problème? Non. Au lieu d'agrandir le champ de la charité, tous ont cherché à le rétrécir. Quelques-uns ont attaqué la bienfaisance des particuliers comme insuffisante et presque toujours mal appliquée. Plusieurs ont regardé la charité publique comme un moyen d'augmenter la pauvreté bien loin de la détruire. Les uns et les autres se sont attachés à paralyser la main soit de l'homme qui laisse tomber un denier dans la main du malheureux, soit du gouvernement qui distribue les vastes aumônes. En un mot, ils ont beaucoup écrit, non pas en faveur des pauvres, mais sur les pauvres, non pas pour la charité, mais contre la charité.

» La vraie philosophie a une méthode plus large. Elle conserve tout ce qui existe ; elle adopte tout ce qui peut étendre, améliorer, perfectionner les créations établies. Aux dons multipliés de la charité elle désire aussi que la philanthropie joigne son esprit d'ordre et de régularité.

» Si la charité est une vertu, la philanthropie est une science : ce que l'une prodigue, l'autre veut qu'on en calcule l'emploi; chacune a ses avantages : il faut les reconnaître, s'en emparer, s'en servir dans un but commun, celui du bien. Il faut appeler au secours du malheur toutes les pitiés et toutes les habiletés.

» Ne touchons à aucune des institutions bienfaisantes dont la France est couverte que pour y ajouter les perfectionnements dus à une société plus éclairée. Convaincus, avec beaucoup de sages, que plus nous livrerons d'hommes au démon de l'industrie, plus nous ferons de pauvres et de malheureux, revenons au génie agricole, si justement vanté par Sully.

» Sur toute l'étendue de la France d'immenses terrains sont en friche, tandis qu'un nombre effrayant d'infortunés fatigue la patrie de son poids et la tourmente de son oisiveté. Des calculs presque certains portent à près de deux millions le nombre des indigents, des mendiants et autres individus qui n'ont rien et ne font rien, ou ne font que du mal. Voici, d'un autre côté, sept millions d'hectares de terres incultes, formant presque la septième partie du territoire. Ces terres ne demandent que des bras pour produire ; ces bras sont là ; et, au lieu de les employer, on les laisserait inactifs pour servir, actifs seulement pour nuire !

» Dans l'intention d'obvier à cet inconvénient capital,

de bons esprits ont proposé à la France un essai dont la réussite fait honneur à la Hollande : je veux parler de la fondation de colonies agricoles intérieures. L'exemple de ces colonies, leur succès, leur accroissement, les tentatives partielles faites chez nous-mêmes pour y naturaliser l'établissement qui nous occupe ; le mouvement d'un grand nombre d'amis de l'humanité vers ce mode d'améliorations sociales ; les bienfaisantes dispositions de la classe riche, empressée d'adopter tout ce qui peut offrir des ressources à la classe indigente, suffisent pour démontrer qu'on ne peut repousser comme chimérique et impraticable un projet d'une si haute importance pour le bonheur public.

» D'excellents ouvrages présentent le détail intéressant des travaux accomplis par les créateurs des colonies agricoles, déjà florissantes : on y verra les divers expédients employés pour peupler les résidences ; pour faire fructifier le labeur des hommes, des femmes et des enfants ; pour prévenir la paresse ; pour étouffer l'insubordination ; pour assurer aux actionnaires la rentrée de leurs fonds au bout de seize années ; pour donner à l'Etat de nouvelles richesses, aux terres une valeur perdue, aux contributions une meilleure assiette ; enfin, pour rattacher à la chaîne sociale tant d'êtres dégradés ou inutiles, croupissant dans la misère ou dans le vice, et séparés de leurs semblables par cette double lèpre de la civilisation.

» Mais je parle de créer, et les révolutions sont là ! Doit-on s'embarquer en présence d'une tempête ? Doit-on, la veille d'une éruption, bâtir au pied du Vésuve ? Oui, car si nos établissements sont destinés à se changer pour nous en tombeaux, il faut du moins que, par leur utilité, ils attestent notre sagesse, et notre génie par leur grandeur. Les nations passent, mais leur pensée doit rester pour accuser ou justifier leur mémoire au tribunal de l'avenir comme dans les conseils du Très-Haut.

» Ce n'est pas tout. Je n'ai abordé qu'une partie de la question. De plus grands besoins nous assiégent : cherchons à y opposer de plus grandes ressources.

» Outre le peuple affamé, redoutable puissance qui demande du pain, la casquette sur la tête et la dague au côté, il existe parmi nous un autre peuple non moins dangereux : celui-ci se compose des aventuriers politiques, cherchant gloire et fortune à travers les désastres de l'Etat; des demi-lettrés sans ressources mais non sans talents; des amateurs de l'extraordinaire; des agitateurs par nature, et pour lesquels l'ordre est un obstacle, le changement un besoin, la destruction une perspective. Ces êtres mal-pensants et malfaisants surgissent au milieu des révolutions comme les reptiles venimeux naissent du sein des orages. Depuis douze ans leur race s'est tellement propagée, qu'elle devient pour le gouvernement un sujet d'alarmes renaissantes. Avec sa turbulence habituelle, elle accourt poussant devant elle les prolétaires, ses auxiliaires obligés. Ses cris répétés sont autant de défis qu'elle porte à la société qui s'effraye. Sa tactique consiste à savoir profiter des nombreuses fautes du pouvoir et des heureuses chances du moment, à s'emparer de tous les postes qu'on lui abandonne, à convertir tous les lieux en champs de bataille. Plus de repos, plus de sécurité pour le pays tant que ces deux peuples resteront dans son sein, tant qu'on n'aura point jeté à leur cupidité une proie pour l'assouvir et un appât pour la distraire.

» Or, que faire? Grands hommes d'Etat, profonds publicistes, orateurs éloquents, doctrinaires superbes, vous cherchez : on a trouvé. Et qui? Charles X.

» Ce prince a conçu la plus grande pensée du siècle ; il a d'un coup d'œil envisagé la perte et le salut ; il a dit : La société, surchargée d'elle-même, va périr ; essayons de la sauver.

» Et alors, tournant ses regards vers l'Afrique, il a tressailli de joie en découvrant un monde qu'il destinait à devenir le champ d'asile du nôtre. Il a envoyé sur le rivage algérien des Français : c'était y envoyer des vainqueurs. La ville des pirates est tombée devant le drapeau du père de famille : la barbarie à genoux est venue rendre hommage à la civilisation ; le cri de l'Europe a dit : C'est de la gloire ; la voix du ciel a répondu : C'est de l'humanité.

» Oui, c'était de l'humanité. Oui, cette pensée d'un roi, cette pensée venue d'en haut, portait en elle la seconde vie du continent. Et, loin de l'apprécier, tous les sarcasmes de nos Lilliputiens politiques sont tombés sur son auteur ! Et les pavés de Paris, soulevés par des passions aveugles, ont écrasé dans les mains du monarque les fruits nourriciers de la France pauvre et sans ressources, au milieu de la France opulente et embellie par les arts.

» Sur cette terre promise, que Charles X ouvrait à notre détresse, nous n'avons voulu voir qu'une prison pour nos libertés. Ce monde, que le vieux roi nous a jeté presque en se jouant, le pied déjà sur le seuil du tombeau de la monarchie, ah ! qu'il ne disparaisse du moins ni de notre gloire, ni de notre politique !

» Alger ! Alger ! n'oublions pas ce nom, qui renferme peut-être le secret de notre avenir. Alger ! Alger ! là est le refuge naturel de toutes les ambitions trompées, l'asile protecteur de toutes les destinées battues par l'infortune ; là, de vastes plaines attendent des mains exploratrices pour les payer de leurs efforts par les mille trésors que la nature prodigue au travail ; là, les rêves de l'âge d'or semblent prêts à se réaliser. Tout s'unit pour représenter ce climat comme un séjour de féerie, comme le véritable Eldorado. Qui nous retient donc ici au milieu des privations, des calamités, des haines et des divisions ?

» Voici la plus mémorable occasion de prouver que la philosophie du siècle, si féconde en paroles, n'est point stérile en œuvres. Que toutes les opinions s'accordent pour ne point laisser périr le sublime projet de Charles X. Que la grande pensée d'Alger s'agrandisse encore. Une colonie européenne, fondée sur la terre d'Afrique, en face de notre continent : quel spectacle ! que d'armes enlevées aux révolutions ! quelle source de prospérité ouverte à toutes les nations en souffrance comme nous ! quel avenir riche et brillant d'espérances pour cette foule d'infortunés devenus ilotes dans leur mère patrie, qui les déshérite malgré elle, et dont ils peuvent, dans un accès de désespoir, dévorer le sein malgré eux ! Qu'il sera beau de voir la civilisation, avec ses arts, ses lois, ses mœurs, son industrie, sublime et consolant cortége, se promener dans ces immenses déserts, faisant reculer pas à pas devant elle la barbarie, étonnée d'être vaincue au milieu de ses longs triomphes ! Qu'il sera beau de la voir s'avancer laissant tomber de ses mains des populations, élevant de toutes parts des cités, distribuant des royaumes aux enfants de cette Europe qui n'avait pas même à leur offrir des chaumières ; apportant la vie où était le néant, et pouvant dire avec orgueil : Deux mondes me doivent leur existence ; j'ai créé l'un, j'ai sauvé l'autre. »

Ces observations que je publiais à une époque si loin de nous, sont tombées, comme tant de propositions non moins utiles, dans les abimes de l'oubli. Le temps a marché, la détresse des peuples n'a fait que s'accroitre, le ressentiment a fermenté, et la première circonstance fatale a déterminé l'épouvantable explosion dont nous ressentons encore les contre-coups. Combien l'homme prévoyant et sage souffrait cependant de voir les années s'écouler sans apporter aux masses le soulagement qu'elles espéraient! Que de fois, oppressé sous le poids de ses vœux, il a consumé les nuits et les jours à en demander la réalisation à celui qui entend et exauce! Que de fois il a fait retentir au cœur des êtres bienveillants qui pensaient comme lui, des paroles sacrées pour eux! Il aurait voulu remuer tous les éléments, réveiller toutes les consciences, faire ouvrir magnétiquement toutes les bourses, afin qu'il n'y eût plus sur la terre que du bonheur pour ceux qui souffrent, que des bénédictions pour ceux qui soulagent. C'était ainsi qu'il concevait la conduite du vrai philanthrope. Ah! qu'il se serait bien gardé d'aller dire aux indigents : On vous a dépouillés de vos biens comme de vos droits. Qui peut vous empêcher de les reprendre? N'êtes-vous pas les plus nombreux et par conséquent les plus forts? Ne devez-vous pas imposer des lois au lieu d'en recevoir?

Loin, loin de lui l'horrible intention de faire un horrible appel à la force et au nombre; de provoquer follement au pillage et à la spoliation, qui n'enrichissent personne; de montrer en perspective maisons, magasins, palais, manufactures, temples, comme autant de proies dues à l'insatiable cupidité d'une foule déchaînée sans pudeur par des excitations sacriléges!

Quel contraste entre l'ère actuelle et le temps qui vit le monde se renouveler sous le souffle du Dieu fait homme! Mais qu'il est peu à notre avantage! Qu'on mette en parallèle la société chrétienne à sa naissance et les sociétés révolutionnaires d'aujourd'hui. Celle-là, elle avait aussi pour but la régénération de l'espèce. Mais pour parvenir à ce grand résultat, comment procédaitelle? Par des prédications incendiaires? Par des votes de haine et d'extermination? Demandait-elle l'abolition de tout ce qui constituait alors la force physique de l'Etat? Demandait-elle l'anéantissement des lois, la destruction du droit de propriété, l'essai ridicule d'un nivellement impossible? Relisons, relisons les pages éloquentes de Tertullien, racontant la vie de ces conspirateurs d'un nouvel ordre, et nous verrons qui d'eux et de nos modernes réformateurs possédait le véritable secret de la réorganisation sociale.

« Nous faisons le bien, écrivait aux Romains l'apolo-
» giste de la secte chrétienne; nous faisons le bien sans
» acception de personnes, attendant notre récompense
» non des hommes, dont nous dédaignons la gratitude
» et les louanges; mais de Dieu, qui nous fait un devoir
» de cet amour universel. Tout acte, toute parole nui-
» sible à autrui, le désir, la simple pensée du mal nous
» sont également interdits. Qui pourrions-nous haïr s'il
» nous est ordonné d'aimer nos ennemis mêmes?

» Nous ne formons qu'un corps, uni par les liens d'une
» même foi. Nous nous assemblons, en quelque sorte, pour
» assiéger Dieu de nos prières. Nous prions pour les em-
» pereurs, pour leurs ministres, pour toutes les puissances,
» pour la paix. Nous nous réunissons pour lire les Ecri-
» tures, où nous puisons les lumières et les avertissements
» dont nous avons besoin. S'il se trouve parmi nous un
» trésor, sa source est pure. Chacun fournit une somme
» modique tous les mois : on n'y oblige personne. Les
» offrandes sont volontaires. C'est comme le dépôt de la
» piété : on ne le dissipe point en festins, en parties de
» plaisir; mais on l'emploie à soulager et à inhumer les
» indigents, à nourrir les pauvres orphelins, les domesti-
» ques cassés de vieillesse, les malheureux qui ont fait
» naufrage, etc., etc. »

Quand nos socialistes pourront dérouler devant nous la liste de telles vertus ; quand ils pourront, sans craindre un sanglant démenti, se donner à eux-mêmes des certificats si honorables et déposer en nos mains de tels gages de sécurité pour les nations, nul doute qu'au lieu de voir la France, l'Europe, l'univers s'alarmer à chacune des secousses du monde souterrain qu'ils habitent et qui tremble sous leurs pas, ils ne deviennent l'objet de l'admiration générale et ne comptent parmi nous autant de partisans prêts à les suivre qu'ils y trouvent de condamnateurs disposés à les combattre.

Mais portons nos regards au delà d'eux. Que voyons-nous dans le siècle tel qu'il s'est fait! Aujourd'hui qu'abondent les caractères excentriques, aujourd'hui que surgissent de toutes parts les esprits indépendants, que se passe-t-il? On le sait. Plus d'accord entre les enfants de la même patrie ; plus d'égards, de soins, de services réciproques. Chacun reste dédaigneusement assis sur l'isoloir où son orgueil l'a placé; chacun se fait une terre et un ciel à part : il est à la fois son roi et son pontife; il a dans son cabinet particulier son trône et son autel, où il sacrifie au *moi*, la seule divinité qu'il reconnaisse. Ne parlez point aux modernes réformateurs de devoirs, mais de droits; de sacrifices, mais d'avantages; de ce qui est dans l'ordre de la justice, mais de ce qui convient à ses intérêts : rien ne lui semble saint que sa personne ; il ne votera un budget que pour ses besoins, il ne respectera que son bonheur.

S'il est né avec cette difformité morale qui se pare du nom superbe de misanthropie, il se promènera au travers de la société, les bras croisés, en l'accusant de ne rien faire pour lui, le cœur vide d'affections en demandant des sentiments, la tête brûlante de rêves volcaniques en s'étonnant de mettre en fuite tout ce qui l'entoure à la menace de ses meurtrières détonations. Il se dira malheureux parce qu'il est farouche, abandonné parce qu'il est inabordable; sans pouvoir, sans force, sans avenir parce que, labourant dans les ténèbres et jetant ses semences au hasard, il cherche à féconder l'abîme et s'efforce de coloniser le néant.

Ainsi dégénère et s'annulle celui qui s'est éloigné de la terre du Christ et qui foule aux pieds l'Evangile. Plus il croit pouvoir se passer de l'élément civilisateur, plus il se sent pauvre, isolé, impuissant. Mais qu'il rentre dans la communion de ses frères, qu'il se rattache à la chaîne sociale, les yeux fixés sur le livre divin, et tout ce qu'il regrette lui sera rendu. La paix de l'âme ne tient qu'à l'accomplissement des devoirs.

Que dirons-nous aussi de cet homme d'orgueil qui veut traverser la vie, non en pèlerin pour aller au ciel par le chemin des bonnes œuvres, mais en conquérant pour voler à la renommée au milieu des acclamations du siècle agenouillé devant lui? Il semble en vérité que Dieu ne nous ait envoyés sur la terre que pour l'éblouir à force de talents, au lieu de l'édifier à l'aide des vertus. Eh! qu'importe que dans cette grande association d'êtres, qui tous crient malheur et demandent secours, qu'importe que nous soyons les premiers ou les derniers? Pourvu que nous apportions notre part de soins à nos frères, pourvu que nous avancions la main pour les soutenir, que nous sachions essuyer une larme, vêtir une nudité, fermer une plaie, nous aurons fait assez aux yeux de celui qui place l'utilité avant la gloire; nous serons assez aimés du Créateur, ce qui vaut mieux que d'être admiré des créatures. Si ce monde est un théâtre où l'on décerne des prix au génie, il existe plus loin et plus haut un tribunal où sont pesés au poids de l'éternité tous les actes de l'homme de bien.

Malheur, malheur à qui se détourne de sa véritable destination en poursuivant des palmes mensongères, et stérilise sa vie en croyant l'illustrer ! Malheur, malheur à qui embrasse des fantômes au lieu de s'attacher à des réalités ! Une heure vient où les illusions se dissipent, où l'homme se trouve au bord de la tombe entre le néant des choses qu'il a divinisées et la grandeur des vertus qu'il dédaignait ; où les lauriers accumulés dans ses mains se dessèchent et tombent autour de lui en poussière ; où la vraie lumière lui apparaît et lui montre le sublime but dont il s'est éloigné dans son aveugle délire. Alors les regrets et le désespoir s'emparent de lui ; il veut déchirer toutes les pages de son histoire vide ; il demande à vivre encore un jour pour racheter tant de jours perdus ; il pleure sur ces futilités qu'il nommait la gloire ; il envie ces êtres qui n'ont été que bons et qu'il accablait de ses mépris. Heure décisive, heure terrible que nos passions nous empêchent de prévoir, quoique tous les sages nous en menacent ! Heure qui sonne si lugubrement à nos oreilles : L'irréparable ! l'irréparable ! Pourquoi t'avons-nous attendue avec tant d'irréflexion ?

Non que l'homme qui porte dans son sein le germe du génie doive imprudemment étouffer cette semence sacrée. Loin de nous l'envie d'arrêter la sève de l'arbre, de couvrir d'argile le filon d'or de la mine ! Ah ! qu'ils soient les bienvenus ces grands écrivains dont la pensée peut féconder celle du vulgaire et prêter de nouveaux aliments à sa vie intellectuelle ; qu'ils remplissent leur mission ; que leur âme se répande dans la nôtre et y laisse une trace céleste. Mais que l'espoir des couronnes de la terre ne les séduise pas ; car ces couronnes trompeuses manquent souvent à l'appel des passions humaines.

Toutefois, il en est une toujours assurée à celui qui n'écrit et n'agit qu'en vue de Dieu et de l'humanité. Voyez dans l'enceinte de nos murs, effroyablement ébranlés par le canon de la guerre civile, voyez s'avancer cet apôtre sous la seule garde de sa vertu. Du fond de ce cabinet, ou plutôt de ce sanctuaire où il déposait peut-être sur une page sacrée quelques-unes de ces pensées qui portent la lumière au sein des ténèbres, il a entendu tonner le signal des meurtres, et de quels meurtres ! O comme son âme, cette âme toute tendresse et toute compassion s'est émue ! Quoi ! des Français courent s'entr'égorger ! et lui, lui le père spirituel de la grande famille, il n'ira pas se précipiter entre ses enfants selon l'Evangile pour arrêter dans leurs mains les mousquets fratricides ! Pénétré d'horreur, mais rempli de foi, mais exalté par l'image même du danger, il se lève; il a compris, accepté, béni la plus auguste des missions. Il part : la croix rayonne sur sa poitrine, la croix qui lui apprit comme on se sacrifie pour le salut des hommes. Suivi de deux lévites, généreux émules de son dévouement, il se rend à la hâte vers les dépositaires du pouvoir, qu'il instruit de son projet. L'y encourager, personne ne l'ose; l'en détourner, qui le tenterait? On sait trop bien que sa résolution est inébranlable, car elle vient du ciel. Seulement, on lui offre une escorte. Qu'en a-t-il besoin? Il a déjà jeté sa vie aux mains de qui voudra la prendre. Il marche donc où le mènent son Dieu et son zèle. Une barricade s'élève devant ses pas; il la franchit, il entre dans l'enceinte formidable où tonne l'insurrection.

Ce qui se passa entre lui et les factieux, personne de nous ne l'ignore : la postérité le dira sans cesse à sa louange...

Maintenant, Français, vous auxquels je m'adresse, comparez l'homme de l'éternité n'obéissant qu'à ses devoirs avec l'homme du siècle commandé par ses passions ; le chrétien qui s'oublie en faveur de l'humanité avec le matérialiste qui oublie l'humanité en faveur de soi seul ; l'un marchant avec un calme héroïque à la mort pour le salut de ses frères, l'autre ardent à immoler ses semblables dans l'espoir de leur ravir de misérables richesses ; l'un qui me donne son sang, l'autre qui me dispute mon or ; l'un représentant rassurant de l'ordre, l'autre type effrayant du désordre ; comparez, dis-je, dans votre sagesse ; et si vous ne concluez pas, comme moi, que le dernier mot des nations c'est le christianisme, alors il ne vous reste plus qu'à vous voiler la face et à répéter le lugubre cri du dernier prophète hébreu : Malheur à Jérusalem ! malheur à moi !

Le christianisme ! plût au ciel qu'il fût ce qu'il a jadis été ! disent en soupirant les nouveaux régulateurs de nos destinées. Nous ne demanderions pas mieux, ajoutent-ils, que de marcher encore à la lumière de ce grand flambeau qui éclaira si longtemps le monde. Sans regarder le christianisme comme le seul élément civilisateur, nous nous plaisons à reconnaître qu'il aide puissamment au triomphe progressif de la civilisation. Mais aujourd'hui, mais dans notre siècle penseur et moqueur, qu'est-il ? que peut-il ? que sait-il ? Comment suffira-t-il aux besoins intellectuels des nations, qui l'ont étudié et jugé ? Où sont, d'ailleurs, où sont les croyants ?

Toujours la même question de la part de ceux qui dédaignent d'observer : toujours la même réponse de la part de ceux qui voient.

Où sont les croyants ? Partout. Sortez un seul moment du cercle de sceptiques qui vous retient captifs, et promenez au loin vos regards ; vous découvrirez un monde de chrétiens, dont vous ne soupçonnez pas même l'existence, vous hommes d'ambition, vous favoris de la fortune, vous dont tous les instants sont occupés et perdus dans la poursuite des grandeurs, des richesses ou des plaisirs sur la terre. Eh ! sans ces pauvres gens de bien, ces simples fidèles, peu touchés des jouissances d'ici-bas et n'aspirant qu'aux faveurs d'en haut, sans ces chrétiens si purs et si désintéressés, qui vous entourent à votre insu, qui se répandent *incognito* à côté de vous dans la demeure du pauvre pour le soulager, dans l'atelier de l'artisan pour lui offrir de l'ouvrage, que deviendrait la société si profondément travaillée par le redoutable génie du mal? Vous avez vu l'insurrection se lever contre Paris avec toute la force d'une puissance belligérante, appuyée sur la plus savante stratégie. Que serait-ce donc si les missionnaires de la charité disparaissaient fatalement du milieu de nous, laissant à la merci de l'ennemi tant de bouches mendiantes qu'ils nourrissent, tant de bras sollicit eurs qu'ils occupent?

Ah! vous ignorez tous les secours que vous recevez, jour par jour, du christianisme. Et pourquoi l'ignorez-vous?

Parce que, loin de recourir aux misérables subterfuges d'un charlatanisme fastueux, loin d'afficher avec ostentation ses innombrables bienfaits, loin de publier à son de trompe les noms de ceux qui lui doivent le pain de leur journée, le salut de leur famille, la paix et la sûreté de leur ménage, il marche toujours la bourse à la main, mais le front voilé. Non, ce n'est pas au grand soleil, c'est dans l'ombre qu'il va remplir modestement sa tâche quotidienne. Aux infortunés seuls il dit : Me voici! Puis, en les quittant, il ajoute : Silence! Et après avoir donné tout ce qu'il peut donner, il croit n'avoir rien fait s'il ne recommence le lendemain à mériter et à fuir les bénédictions.

Oui, mais, dit-on, le clergé est bien dégénéré. Dégénéré! et vous oubliez donc déjà la vie et la mort du glorieux pontife à peine enseveli, de notre archevêque que l'Eglise béatifie, que le ciel adopte! Ne suffit-il pas lui seul à l'illustration de son ordre? Et que demandez-vous de plus? De grands talents, de hautes vertus? Eh bien, toute la France, toute l'Europe vous nommeront les Ravignan, les Lacordaire, les Dupanloup, les Giraud, les Parisis et une foule d'autres hommes sacrés qui peuvent se placer hardiment à la suite de leurs célèbres prédécesseurs. Allez ensuite, allez au fond de leurs pieuses retraites, demander à tant de femmes connues et aimées de Dieu, à qui elles doivent tout ce qui les rend précieuses à leurs époux, nécessaires à leurs enfants, qu'elles ornent de leurs qualités, qu'elles enrichissent de leurs vertus. Elles vous apprendront qu'entre elles et les confesseurs du Christ existe une céleste communauté de sentiments et de bonnes œuvres qui les rend indispensables les uns aux autres. Et qui donc, dites-moi, sans le prêtre, soutiendrait la constance de ces femmes dans la voie du bien? Qui ranimerait sans cesse leur zèle charitable, l'éclairerait, lui donnerait des règles? Qui les encouragerait à vaincre les obstacles, à braver les fatigues, à s'élever au-dessus d'elles-mêmes dans la vue de gagner les couronnes du ciel en se dévouant au soulagement comme au salut de leurs semblables? Qui leur prêterait des armes pour combattre, et souvent victorieusement, dans l'esprit de leurs époux, de leurs pères, de leurs frères, les pernicieux instincts, les faux principes, l'impiété, l'immoralité, la soif effrénée des richesses, le désir aveugle de s'agrandir à tout prix? Qui ferait d'elles de si bonnes mères de famille? Ah! que ne les interrogez-vous! Dans leurs candides confidences, elles vous avoueront, j'en ai la certitude, que seules, sans conseils et sans guides, elles n'auraient pu parvenir à cet état de perfection; mais qu'à l'aide du prêtre investi de leur confiance, l'exercice des vertus leur est devenu si doux et si facile qu'elles aimeraient mieux perdre l'existence que de renoncer à ce qui en compose le plus grand charme à leurs yeux.

Voyez dans ce salon, fermé à la frivolité, une de nos Marcelles ou de nos Thérèses, en tête-à-tête avec son vieux curé. Que complotent-ils secrètement ensemble? De consacrer l'argent d'une parure de bal à la délivrance d'un prisonnier pour dettes, de retarder l'acquisition d'une pendule de haut prix pour acheter la layette d'un nouveau-né, qui mourrait de froid sous les yeux de ses pauvres parents si la Providence ne parlait doucement à l'oreille de la chrétienne. Aujourd'hui de quoi s'agit-il? De doter une salle d'asile. Demain on parlera de fonder une crèche. Chaque jour amène son bienfait, chaque projet détruit une misère. Enfin les deux nobles complices se séparent, mais en se bénissant réciproquement et en rêvant à de nouvelles œuvres d'humanité.

Admirable mission du prêtre! Répétons, répétons sans cesse ces paroles. Dans toutes les grandes crises de la vie, toujours prêt à intervenir entre nous et la société, non-seulement il ouvre à l'homme les portes du ciel, mais il lui aplanit encore les routes de la terre. Sa voix, qui monte respectueusement jusqu'à Dieu pour intercéder en faveur de l'infortune et même du crime, redescend avec autorité vers les rois et les puissants pour leur arracher des actes de justice ou de clémence. Au moment où tu te crois abandonné, ô homme, qui que tu sois, il entre dans ton cachot et l'illumine d'espérances; il se place devant les instruments de ton supplice, et voilà qu'ils disparaissent; il touche tes fers, tes fers tombent; il panse les plaies de ton âme, et tu les vois se fermer.

La charité de tes frères s'éteint ou ne jette que des lueurs vacillantes : celle du prêtre est de tous les moments ; sa lumière brille également partout. C'est que le prêtre est plus que ton frère ; il est ton père en Jésus-Christ : il te prodigue ses veilles, ses sueurs, son sang, sa vie même ; et ce qu'il fait pour toi, il va le faire également pour chaque membre de l'immense famille du Sauveur : car, de même que le Sauveur, il porte dans son sein l'humanité tout entière.

A notre clergé actuel, si instruit, si pénétré du sentiment de ses immenses devoirs, à lui de se tenir toujours à la hauteur du rôle sublime que je viens de tracer! Plus que jamais il doit au monde d'utiles leçons, de salutaires exemples, qui sont la première des leçons. Qu'il fasse croître partout les semences du bien ; que sa féconde parole enfante, comme par le passé, des miracles de charité et d'amour ; qu'il éclaire ceux-ci, purifie ceux-là, les renouvelle tous ; qu'en nous réapprenant les voies riantes et fleuries de la fraternité chrétienne, si différentes des routes de sang et de larmes où ne craignent pas de les appeler les docteurs de la nouvelle loi, il détruise par degrés les funestes vestiges du mal!

O vous, qui dirigez la France, voulez-vous la revivifier ? voulez-vous imposer des freins à ses passions, la ramener au sentiment de ses devoirs ? voulez-vous surtout appuyer sur un grand principe sa morale, livrée au vent de toutes les doctrines ? Favorisez l'émission des écrits qui nous rapprochent du seul vrai législateur de la terre. Laissez dans sa tombe Jean-Jacques Rousseau ; n'en faites point, comme le désirent quelques moralistes que j'honore, mais que je combats, l'apôtre posthume de notre pays. Jean-Jacques apôtre de la France ! Malheureuse idée que celle de donner à la nation, pour enseigner la piété filiale, un fils déserteur de la maison paternelle; pour tenir école de mœurs, un homme qui les blessa toutes : car il fut, de son aveu, vagabond, escroc et voleur; pour rattacher les citoyens à la cité, celui qui abjura la sienne; pour faire aimer ses semblables, celui qui dit au genre humain : Tu es mon ennemi!

Pleurons, pleurons sur l'abus qu'il fit des plus éminentes facultés, ce mortel qui accusa la Providence d'être une marâtre envers lui; cet écrivain dont l'éloquence prestigieuse popularisa les plus dangereux paradoxes et fit adopter les doctrines les plus funestes. Le dernier siècle nous a signalé ses élèves, dont lui-même, s'il eût prolongé sa carrière, aurait abhorré les fureurs : leurs noms sont gravés en traits de sang sur nos ruines; leur mémoire est maudite par des millions de familles : leurs œuvres furent le chaos social. Tels se sont montrés les disciples de Jean-Jacques. Fénelon n'en eut qu'un, qu'il forma sur un autre modèle et d'après d'autres principes : le duc de Bourgogne. Comparez.

Ah! que l'instinct du peuple français le sert bien! comme il sait rendre justice à chacun! On a coutume de dire : le divin Fénelon! Malgré la magie d'un talent qui ne sera jamais contesté, qui dira parmi nous : le divin Rousseau?

Aux magnifiques déclamations de ce sophiste trop enchanteur, qui exalte jusqu'à l'enthousiasme toutes les imaginations romanesques, combien je préfère les enseignements de ce pauvre frère de la Doctrine chrétienne, que j'interroge sur les résultats de ses travaux sans éclat, mais non pas sans utilité, et qui me répond modestement : « Dieu les a bénis. Depuis que je suis à la tête du petit peuple confié à mes soins, tout me prospère. Ces enfants qui, avant moi, abandonnés dès leur premier pas dans la vie, étaient devenus les stupides organes de l'impiété et les grossiers échos du cynisme, se sont montrés sous mes mains les dociles instruments de la Providence, qui les réserve à maintenir un jour l'ordre et à faire fleurir les mœurs dans les basses classes de la société. Leur langage est aussi pur que leurs mœurs ; ils sont pour tout ce qui les entoure des objets d'édification ; ils aiment Dieu, respectent leurs parents, accomplissent leurs devoirs de religion, non-seulement sans efforts, mais encore avec une joie qui prouve leur affection aux principes de la foi chrétienne. Unis entre eux, prompts à s'aider dans leurs travaux, se regardant comme des frères, des amis, ils vont porter chez leurs parents des semences de vertu qui fructifient de jour en jour. Oh ! comment ne me plairais-je pas à examiner les progrès d'une lente mais heureuse civilisation qui, contre l'ordre naturel des choses, commençant par les fils, s'étend par eux jusqu'aux pères !

» Ainsi je suis parvenu en peu de temps et avec facilité à rattacher à la chaine sociale une multitude d'êtres qu'un superbe dédain aurait laissés à jamais, plongés dans l'abime de la barbarie. Loin d'être à craindre pour l'Etat, ils contribueront à le servir chacun dans la place obscure où il se trouvera fixé. Accoutumés à dompter la turbulence de leurs passions naissantes, ils se préparent, en grandissant, à devenir de fidèles soutiens de la patrie, des hommes utiles, des époux sages, des artisans laborieux. Leur tâche sera étrangère à celle de ces insensés poursuivis sans cesse du besoin d'arranger ou de déranger les affaires de l'Etat, au lieu de s'occuper des leurs. Ils laisseront au gouvernement le maniement de la chose publique, contents de tenir d'une main ferme les rênes de leur petit ménage. Bornés aux seules connaissances nécessaires à une vie simple et commune, ils négligeront la lecture des journaux pour celle de l'Evangile, le soin de l'Europe pour celui de leur famille. Ils ne disputeront ni leur pouvoir ni leurs droits aux directeurs des destinées nationales, qui protégeront leur commerce et assureront leur existence. Tels sont les hommes que je passe mon temps à former : ma tâche n'est-elle pas assez honorable et mes jours ne sont-ils pas assez remplis? »

Eh bien, que pense-t-on de ce *frère ignorantin?* Les sages du siècle font-ils davantage pour la civilisation?

Voyez la singulière destinée de ces hommes qu'on appelle grands et qui ne le sont que par le génie. Dans quelque sphère que Dieu les ait placés, quelle différence entre leur situation, si éclatante en apparence, et celle de cet humble instructeur des pauvres, que nul regard ne daigne aller découvrir au fond de son obscurité! Des premiers vous enviez tout. Ah! si vous devez être jaloux, soyez-le bien plutôt du dernier. Quel bonheur Jean-Jacques a-t-il goûté pendant ses vingt années de gloire? Quel jour a-t-il pu dire : Béni soit le ciel qui m'a créé? Dans tous les lieux, presque à toutes les heures il a maudit la vie, le ciel, le monde. Errant, pâle et souffrant comme un roi qui cache sous la pourpre une plaie incurable; errant, dis-je, au milieu de cette cour d'adorateurs, que ravissaient ses ouvrages passionnés, il entendait des millions de voix lui apporter le bruit de son nom mêlé à d'innombrables applaudissements, et il était triste!

Il ne l'était pas moins au sein de la nature les jours où, fuyant les cercles frivoles et importuns de Paris, il se tournait vers elle pour lui demander des extases, des visions, des enchantements, fugitives compensations de ses misères. Rien de si frais, de si suave que les descriptions de ses courses solitaires, lorsque, tantôt sur les montagnes, tantôt à l'ombre des bois, quelquefois dans le fond d'une frêle barque où il se promenait perdu sur les eaux ; prêtant l'oreille au murmure des vents, qui lui semblaient s'associer à ses mélancoliques rêveries ; souriant au chant des oiseaux sur la branche de lilas, aux amours des jeunes plantes dans les herbes, aux baisers des fleurs à demi épanouies sur leurs buissons ; loin des hommes corrompus et pervers ; en présence de ces esprits fantastiques dont sa pensée peuplait l'espace, il recomposait avec eux l'œuvre de la création, cet œuvre imparfait à ses yeux. Puis, après avoir refait l'homme, orné de mille vertus, aimant, juste, compatissant, il versait à ces douces images des larmes de soulagement et retrouvait, avec une joie trop passagère, toute la jeunesse virginale de son cœur.

Mais au moment où il vous dépeint en traits si charmants ces pures voluptés d'un ami de la nature, un accès de misanthropie, un cri de désolation vous détrompent, vous glacent, vous avertissent douloureusement que le vautour est toujours attaché aux flancs de sa victime, et que le nouveau Prométhée vient de se livrer aux poétiques illusions d'un rêve, dont un coup de tonnerre sera le dénoûment.

Ainsi renommée, succès, louanges, honneurs, applaudissements, couronnes, d'où vient que vous n'avez rien eu de séduisant pour lui ? D'où vient qu'il a tout transformé en malheurs ? C'est que le plus céleste comme le plus consolant des sentiments lui a manqué, le sentiment chrétien.

Il a manqué aussi, et bien davantage, à l'homme du destin, à ce Napoléon qui, pendant dix-huit ans, déroula devant nous la longue et étonnante série de ses merveilles guerrières. Suivons-le dans sa vie de triomphes qui ne fut accordée qu'à lui.

Des degrés sanglants de l'église Saint-Roch, il s'élance, à la tête de trente mille soldats d'élite, dans les plaines de l'Italie, qu'il soumet rapidement à ses armes ; de là en Egypte, qu'il n'envahit qu'à moitié, mais dont l'apparente conquête lui donne la couronne de France. La France est à lui : ce n'est point assez; il veut l'Europe, il la prend. . . . .

Eh bien, le dirai-je? Ce n'est pas alors que Napoléon fut le plus grand : ce fut au moment suprême. Là l'Europe l'attendait et elle l'a trouvé. Avec quelle majesté il est sorti de la terrible épreuve, sans ostentation, sans charlatanisme! Mais aussi quel passage pour celui qui de tout va devenir rien!

Oh! lorsque le bandeau des illusions tombe; lorsque du magnifique cortége de courtisans, d'amis, de flatteurs qui nous environnait pendant les jours de prospérités, il ne reste pour assistant qu'un pauvre vieillard qui nous tend la main sur le seuil de l'éternité; comme, en voyant s'engloutir tout ce qui est du monde, nous appelons les bénédictions du saint prêtre pour les placer, dernière sauvegarde, entre nous et la justice d'en haut!

Que ne sont-ils là tous ces hommes d'ambition, dont les passions bouleversent la terre! Que n'assistent-ils à la sublime scène de réconciliation, où le messager de clémence prononce à l'élu de la mort les paroles de la nouvelle vie! Ils apprendraient combien l'homme est insuffisant à lui-même, à l'heure inévitable où il va passer du séjour des erreurs au royaume de la vérité.

Eh! pauvres naufragés du monde, quel hôte généreux vous recueille, encore tout humides et brisés de l'orage? Dieu. Misérables lépreux, couverts de vices comme d'autant d'ulcères, quel auguste infirmier vient fermer vos plaies, incurables sous toute autre main que la sienne? Dieu! Et vous, tristes enfants prodigues, reparaissant au sol natal, méprisés, repoussés, mendiant un pain qu'on vous refuse, sans vêtements qui dérobent aux regards les souillures dont vous êtes chargés, quel père indulgent jette sur vous la robe sans tache et vous invite encore à sa table? Dieu, Dieu seul.

Le voilà, le voilà ce Dieu dont vous daigniez à peine reconnaître l'existence, dont le nom ne se glissait jamais sur vos lèvres; le voilà qui accourt à vous lorsque, abandonnés de tous ceux dont vous espériez les secours, vous n'osiez pas même l'implorer. Les hommes que vous appeliez ne vous ont pas entendus; mais il vous prévient, lui que vous n'appeliez pas.

Et que serait-il devenu, lui, ce superbe Napoléon, qui avait rêvé le trône universel, si la pitié du Très-Haut ne l'eût enveloppé comme d'un inviolable manteau, si le char de feu qui transporte au ciel ne fût descendu pour le recevoir? Vous dont les mains royales pèsent tant de destinées, voyez et méditez. Votre heure viendra elle-même, elle approche, elle sonne.

Et dans quel état allez-vous recevoir l'annonce fatale? N'avez-vous point de souvenir qui pèse sur votre conscience? Le cri de l'innocent, dépouillé par vous, n'est-il pas prêt à sortir de sa bouche entr'ouverte? Recueillez-vous. Maîtres des hommes, vous avez à votre tour un maître. Vous qui prononciez à des mondes leur sentence, qu'attendez-vous? Eh! ne voyez-vous pas la vôtre planer foudroyante sur vos têtes?

Ah! le génie n'a que des mécomptes, mais la vertu n'en a jamais.

Travaillons donc pour le service de l'humanité, et n'aspirons qu'à la seule conquête digne de nos efforts et de nos vœux.

J'écris à la réverbération de l'incendie européen, entre des révolutions d'hommes et des révolutions d'idées. Au bout de chacun des feuillets que je trace, j'entends de loin le retentissement d'un empire qui croule ou le cri d'une nation qui se précipite dans le suicide. Peut-être, au moment où j'aurai fixé sur le papier quelque pensée utile au salut du monde, assisterai-je à l'agonie de ce même monde; peut-être ma dernière ligne se confondra-t-elle avec son dernier soupir; peut-être, enfin, quand ma plume se reposera, tout sera-t-il repos sur la terre.

Et cependant j'écris. Que deviendra mon livre? Je le confie à la civilisation. S'il va rouler dans les abimes de la barbarie, tout est dit. Si un souffle de la raison humaine le relève, qui sait?

Poursuivons notre tâche. L'homme sème, la moisson dépend du ciel.

RÉCITS

D'UN

VIEUX PARRAIN A SON JEUNE FILLEUL.

RÉCITS

D'UN VIEUX PARRAIN A SON JEUNE FILLEUL.

Vous commencez la vie, mon cher enfant, et je la finis. Puissiez-vous n'y pas trouver plus de tribulations que moi!

J'ai reçu du ciel une mauvaise santé, une très-médiocre fortune, j'ai perdu en bas âge père et mère; je me suis vu livré à la merci des événements : on aurait dit que ma pauvre petite barque allait être submergée par le premier coup de vent ou la première violence du flot. Point du tout : j'ai vécu mené par la Providence de joie en joie, de bonheur en bonheur, quoique je n'aie rien fait, absolument rien pour mériter un si joli sort.

Il m'a semblé que la nature s'amusait à créer des miracles en ma faveur. Elle m'offrait des roses sans épines; elle mettait du nectar dans toutes mes coupes, presque sans mélange d'absinthe; elle métamorphosait pour moi le mal en bien; elle faisait de moi son enfant gâté : je n'avais avec elle qu'à me baisser et à prendre. Aussi ma vie, sauf les accidents indispensables dans une vie quelconque, a-t-elle été une suite d'enchantements.

Il faut dire que mon caractère a singulièrement contribué à me rendre heureux. Jamais homme n'a su si bien prendre le temps comme il vient et les hommes comme ils sont. Je paye ma dette à cette bonne nature; je souffre, je ne puis plus marcher, je dors et je digère mal : l'enfant gâté du sort commence à en être la victime. Il faut bien que justice se fasse, j'étais trop favorisé. Je pourrais me croire trop mal traité si je n'avais gardé ce bon caractère dont je vous parlais et qui me sauve du désespoir ou du moins du découragement. Autre bienfait de la Providence.

Maintenant devisons ensemble et sur les hommes et sur les choses. Je vous promets, sinon de vous amuser beaucoup, du moins de vous instruire un peu. Si, dans les jardins d'hiver, les fleurs sont rares, on trouve des fruits dans les celliers, ce qui vaut mieux. Vous en conviendrez, mais plus tard.

Suis-je vieux? Est-ce possible? Il me semble qu'il y a quinze jours je voltigeais comme l'abeille, je chantais comme l'oiseau, je riais au soleil et aux étoiles, je me nourrissais de lait et de feuilles de roses, je dormais sur la branche d'acacia : hôte privilégié du printemps, créature vive, gaie, légère, presque imperceptible, excepté à l'œil de celui qui voit tout et qui m'a fait dans une matinée de bon vouloir, comme il a jeté aux airs le colibri, l'oiseau-mouche, tous ces riens vivants qui *brillottent* dans l'espace, se mirent dans la goutte d'eau, et, sous le nom d'infiniment petits, glissent à travers les régions aériennes pour disparaître..... Eh, oui, pour disparaître, comme des êtres plus sérieux, dans l'incommensurable théâtre de l'éternité, après avoir joué en plein vent, sur un grain de sable, leur joli rôlet d'une minute.

Eh bien, il est trop vrai, celui que je vois là dans ma glace sans m'y reconnaître, c'est moi et ce n'est plus moi. Que voulez-vous? la nature est pleine de métamorphoses : le papillon se change en chenille, la rose devient églantine, le frais gazon se convertit en ignoble meule de foin, le serpent quitte sa robe aux mille couleurs, allumée aux étincelants rayons du soleil, pour nous présenter un long ver rampant et hideux; le grand luminaire du monde s'obscurcit lui-même enterré sous l'épaisseur d'un nuage; la terre se dépouille de ses fleurs et se cache sous un linceul de glace.

Pourquoi serais-je seul une exception à la loi commune? Non, non, lorsque tout change, je ne dois pas rester immuable. Non, non, je ne me dirai plus avec complaisance : C'est toi, c'est toujours toi.

Mais qui m'empêche de m'ouvrir une magnifique perspective du côté de ce monde moral où l'homme pensant se réfugie? Que de jouissances inconnues m'y attendent!

O vous qui m'environnez dans ce riant cabinet; vous que je ne prie pas en vain de répandre, sinon la joie, du moins la sérénité dans mon âme; saints prophètes, philosophes éclairés, apôtres de la vérité et de la sagesse; vous qui m'élargissez les routes de la grande science, celle du bien, venez, faites-moi mettre à profit les heures qui me restent. Allons, allons à Dieu par la voie de mes modèles; offrons-nous à lui, s'il se peut, riche de perfections, couronné de vertus. Les fêtes de l'opéra me manquent; mais il me reste celles de la nature. Je m'approche du ciel, je respire l'air pur de ses hôtes sacrés, je sens qu'il me ranime, et, tout embelli des traits de l'éternelle jeunesse, j'y monte, heureusement transfiguré, sur les ailes de la confiance et de l'amour.

Illusion, délicieuse illusion, quoi, tu viens encore frapper à ma porte et m'environner de tes doux mensonges! Rends-moi un moment à la terre, afin que j'y puisse déposer mes souvenirs, mes pensées et mes croyances.

Voici mon jeune disciple qui m'attend. Commençons à l'instruire.

Et d'abord, mettons-le au courant des principaux événements

de ma vie, pour lui montrer en moi l'œuvre incessante de la Providence, cette généreuse protectrice des petits comme des grands.

Selon l'usage, je devrais commencer par le commencement. Je n'en ferai pourtant rien; j'ai mes raisons pour ne pas suivre l'ordre chronologique. Souffrez que, sans préparation, je passe au déluge, c'est-à-dire à la révolution.

Nous sommes en 1804. J'ai vingt-trois ans, je m'ennuie de la vie de province, je veux respirer le grand air de la capitale, je pars. Qui m'aime me suive!

LA PREMIÈRE ÉPOQUE DE MA VIE.

1804-1819.

J'arrivai à Paris pour être témoin du plus extraordinaire événement de notre siècle : le couronnement du premier consul, par le pape, dans l'église de Notre-Dame.

On sait ce qui se passa quand la nation vit le jeune porte-glaive du Directoire recomposer pour soi le grand empire de Charlemagne. Elle refusa d'abord de prendre la chose au sérieux : on rit, on fit des chansons sur le petit caporal, improvisé souverain. Il laissa rire et chansonner, multiplia les fêtes, se donna une cour, dit *mon peuple*, fut applaudi à l'Opéra : au bout d'un mois toute la France s'agenouilla, toute l'Europe se tut, et la quatrième dynastie fut fondée.

Cette prodigieuse fortune exalta toutes les ambitions, fit fumer toutes les têtes, à commencer par la mienne. Le sous-lieutenant se crut appelé au rôle de Turenne, le juge de paix de canton rêva la simarre de Daguesseau. Pour moi, riche d'un conte imprimé et d'une tragédie inédite, je n'aspirai qu'à l'honneur de détrôner Lafontaine et Racine.

Jeune, gai, insouciant, doué d'une de ces figures épanouies qui n'imposent pas mais qui attirent, riant à la vie, au monde et à tout, convaincu que la gloire m'allait bien, méprisant la fortune qui ne fit jamais de frais pour se réconcilier avec moi, je croyais ne rencontrer sur mon chemin que des admirateurs et ne marcher qu'au bruit des applaudissements; j'entendais déjà rouler les roues de mon char de triomphe; je n'apercevais déjà plus, dans mon miroir, qu'à travers un nuage d'encens ma tête chargée de vingt couronnes. Aussi (voyez ma précoce philosophie), dans la crainte de cet orgueilleux étourdissement qui suit d'ordinaire les succès, je m'exhortais à bien prendre garde à moi et à me baisser de temps en temps par bonté vers le genre humain; je me disais : soyons modeste. Pour un génie, pouvait-on être de meilleure composition?

Cependant seul, inconnu dans la capitale, j'avais inutilement frappé aux portes de la gloire : elles ne s'ouvraient pas, et l'impatience gagnait le grand homme anonyme. Un autre étourdi, qui s'était embarqué avec moi sur le brick l'*Espérance*, sans prévoir plus que moi à quel port ce léger bâtiment nous mènerait, ni même s'il nous mènerait à un port, avait eu, je ne sais comment, des relations avec un des desservants du temple où je voulais conquérir une stalle. Il m'introduisit un matin chez Saint-Prix, l'un des principaux acteurs de la Comédie-Française. Saint-Prix demeurait alors dans la rue Saint-Dominique-d'Enfer, au fond d'un entre-sol dont les échos classiques ne se lassaient point de répéter les vers de Racine : car les vers de Racine n'avaient pas encore été disgraciés par le goût perfectionné du siècle.

Je fus présenté, moi et mon manuscrit, au vieux comédien, qui parut étonné de me trouver un menton sans barbe et un front sans rides. Comment! dit-il, c'est là un auteur! mais il a l'air d'un Colin. N'importe : voyons. Puis, prenant dans ma main mon chef-d'œuvre, il se mit à le parcourir avec la grave attitude d'un juge prêt à prononcer un arrêt. Et moi, comme on le pense bien, je suivais d'un œil scrutateur les divers mouvements de sa physionomie. Dieu sait le plaisir que j'éprouvai en voyant sur ses traits mobiles se peindre successivement la surprise, la satisfaction, la joie même! En ce moment parut son fils, jeune collégien de seize ans, d'une figure douce, et dont il mourait d'envie de faire un génie à la sortie du lycée. Saint-Prix lui mâchonna quelques mots à l'oreille et le renvoya. Ensuite, se tournant vers moi : Tenez, me dit-il, je donnerais deux cents louis pour que mon fils, qui vient de s'éloigner d'ici, possédât la moitié de votre talent. Ce fut par cette voie détournée que me parvint son jugement, dont je ne fus pas tenté d'appeler. Je sortis de la demeure de mon juge bénévole avec la promesse d'une prompte lecture, d'une réception brillante et d'une représentation immédiate au Théâtre-Français. Me voilà au septième ciel. Je m'attendais à être proclamé dans la quinzaine le plus grand des poëtes dramatiques vivants : dix ans après, j'étais encore au même état de béatitude et de déception.

Certes, je n'imputai point à Saint-Prix l'ajournement de ma gloire. — L'excellent homme s'employa de son mieux pour empêcher la lumière de rester sous le boisseau ; mais que pouvait son zèle contre la rigueur des événements, contre les caprices des semainiers, contre le mauvais génie qui veille à la porte du célèbre tripot pour élever malignement barrière sur barrière entre les auteurs et le public? Toutefois nous triomphâmes des obstacles. Après bien des allées et venues, bien des pourparlers, bien des dits et dédits, ma tragédie fut lue et reçue, mais reçue avec un accompagnement d'acclamations et de félicitations qui étonna jusqu'à mon amour-propre d'auteur, tout bien disposé qu'il était. Le plus farouche des censeurs de la rue de Richelieu, le Caton du sénat comique, Grandmesnil lui-même, se dérida et me dit gracieusement que je commençais comme finissaient mes confrères ; phrase banale que je crus inventée

tout exprès pour moi. Caumont s'écria d'un ton brusque :
Voilà un jeune homme qui fait la barbe à tous ses anciens.
Pour Mlle Mars, dont j'avais vu couler deux ou trois
fois les larmes durant la lecture, elle se mit à marmotter
entre ses dents, avec un accent qui me tourna la tête :
Ah ! chien, quel début ! Si bien que, devant l'auguste
compagnie, je lui demandai la permission de l'embrasser
en forme de remercîment, permission qu'elle m'accorda
sans pruderie, et dont j'usai sans discrétion, séance tenante.

Le soir, au foyer dramatique, il ne fut question que
de moi; mon nom courut de bouche en bouche avec mon
éloge : j'étais le quatrième tragique, j'allais devenir l'idole
de Paris; ma Déjanire, car c'était ce vieux sujet de la
fable que j'avais mis en scène, ma Déjanire irait aux
nues et moi aussi : pièce admirable, action pathétique,
style racinien, succès de larmes, quarante représentations
de suite : voilà les bruits et les pronostics des coulisses.

Le lendemain le vent tourna; les si, les mais arrivèrent tumultueusement comme des orages; les comédiens se regardèrent en se demandant pourquoi ils avaient
reçu une pièce injouable (1). Le surlendemain, de tous
les témoignages d'enthousiasme que j'avais recueillis, il
ne me resta que la prime d'encouragement déposée sur
ma joue par la bouche d'une délicieuse actrice.

Surpris de la désertion presque générale de mes troupes, je commençais à perdre contenance, quand l'intrépide Saint-Prix, resté seul fidèle au drapeau, me dit :
Prenez patience, tout ira bien, écoutez-moi. Votre ouvrage est bon, je m'y connais. Je vous prédis un succès
prodigieux; mais, ici, on n'arrive pas sans protection. Il
vous faut des appuis et des prôneurs. Il en faudrait
même à Voltaire, s'il revivait. Il en a eu, ayez-en donc.
— Et qui? répondis-je : je n'ai personne que vous. —

(1) Aucun acteur ne voulait se charger du rôle colossal d'Hercule.

Et Mademoiselle Duchesnois? Pourquoi ne vous feriez-vous pas présenter chez elle? Elle vous est nécessaire : vous lui avez créé un rôle dont elle raffolera. Lisez-lui votre pièce; à cette lecture elle prendra feu, parlera de vous à M. de Valence, le mettra dans vos intérêts, et vous êtes sauvé. Le général Valence mène Madame de Montesson; Madame de Montesson est l'oracle de la nouvelle cour. Faites jouer ces deux cordes : elles retentiront au palais des Tuileries, dans les salons des ministres, dans le cabinet du surintendant des théâtres, comte de Rémusat... Je l'interrompis. Mais qui me rapprochera de Mademoiselle Duchesnois? — Moi. — Quand? — Demain même. Demain nous jouons, elle et moi, dans la pièce nouvelle. Venez après le spectacle dans ma loge; la sienne n'est pas loin, je vous y mènerai, je la mettrai au courant, et vous ferez le reste.

Il la mit au courant, et le reste fut fait. Je plus tout de suite à la grande actrice; et comment? En ne lui disant pas un mot de moi et en lui parlant toujours d'elle. Je connaissais déjà le cœur humain. Elle m'engagea de la meilleure grâce à dîner pour le dimanche suivant. J'y allai, j'y dînai, je lui lus ensuite ma tragédie, à laquelle elle ne comprit rien du tout; mais je lui assurai tant qu'elle y serait sublime et que le rôle de Déjanire achèverait de lui soumettre le public, qu'alors la bonne créature vit pour elle le ciel ouvert. C'est tout ce qu'il fallait qu'elle vît dans mon grimoire, qui resta grimoire à ses yeux. Une fois la statue animée, il ne me fut pas difficile de lui donner la direction convenable. Deux jours après, je déjeunais dans la petite maison du comte de Valence, entre elle et lui, le chevalier de Boufflers, Mademoiselle Bourgoin et le vaudevilliste Chazet.

Je me souviens qu'en attendant le général qui dormait encore, et le repas qui n'était point servi, quoiqu'il fût une heure de l'après-midi, je me promenais dans le jardin au côté droit d'*Hermione*, qui me donnait le bras. Elle avait passé son autre bras dans celui de l'auteur d'*Aline*, marchant à sa gauche. J'étais dans la fraîcheur de l'âge, et lui un peu fané ; j'avais de jolis cheveux châtains artistement bouclés sur une figure riante et ouverte, et lui une chevelure grise, plate et tombant sur des traits où le Temps avait passé et repassé son aile un peu rude : je représentais la jeunesse, et lui la maturité ; je ressemblais à l'Espérance, et lui au Dépit. Il s'aperçut bien vite de la différence de nos rôles, et voulut contre-balancer par l'esprit mon frêle avantage matériel. Vous voilà, dit-il gaiement à l'actrice, vous voilà placée entre le *vert* et le *sec*; je devine votre choix. — Il n'est pas douteux, m'écriai-je ; le sec brûle mieux, il aura la préférence.

Ce trait des plus communs me fit élever au pinacle. On me trouva charmant, on me le dit : j'eus l'air de repousser le compliment ; mais au fond j'en gardai quelque chose, ce qui me donna de l'aisance, de la gaieté, et ce je ne sais quoi qui fait qu'on dispose la société en sa faveur parce qu'on est bien disposé soi-même. Enfin, notre hôte paraît : il était deux heures et demie, on mourait de faim. Nous sommes à table, nous y restons, nous en sortons, nous recommençons la promenade, après quoi nous rentrons pour procéder à la lecture de ma pièce, grand objet de la réunion. Le spirituel Chazet, pris pour lecteur, se tirait à ravir des comédies ; mais il donnait au débit tragique des accents si drôles qu'il était impossible de l'écouter sérieusement : aussi s'enrhuma-t-il bientôt en voyant que nous perdions tous notre gravité. On ferma le cahier ; je le mis dans ma poche avec un petit air de désappointement, et, pour me consoler, on me questionna sur la distribution de mes rôles.

Mademoiselle Bourgoin était là. Comme on ne l'avait

point nommée; et que je ne connaissais encore d'elle que son piquant minois et des saillies un peu hasardées, mais qui ne me mettaient pas au courant, je fis une sottise ; je dis que je destinais à Mademoiselle Volnais le rôle d'Iole, un de mes personnages. Oh ! la voilà bien, s'écria sa jolie rivale toute furieuse ; elle est toujours à l'affût des pièces nouvelles, elle m'enlève tous les auteurs. — Et de quoi vous plaignez-vous ? Le public vous reste. Cette réponse, qui venait de moi, lui rendit sa sérénité et me rétablit dans son estime. Ensuite on négocia : il fut convenu entre nous que Mademoiselle Volnais serait disgraciée. Comment celle-ci n'aurait-elle pas perdu sa cause ? Elle était contumace.

Le traité conclu, nous nous séparâmes en fort bonne intelligence, et puis je n'entendis plus parler de mon enchanteresse. D'autres auteurs lui apportèrent d'autres rôles, qui lui firent oublier celui qu'elle avait instamment demandé. De mon côté, je perdis la mémoire de ses charmes et de mes promesses : l'infidélité fut double. Plus tard, nous nous sommes revus quand j'ai voulu mettre au théâtre ma tragédie de Ninus II (1), où je lui confiai le rôle du jeune Zorame, qu'elle accepta en riant et qu'elle joua de l'air le plus égrillard, avec une petite perruque frisée à cent boucles, un petit accent de soubrette, une petite mine de fille de boutique qui me firent trembler. Elle estropiait les vers, elle disait un mot pour un autre : elle ressemblait moins à un prince d'Assyrie qu'à un page du duc de Vendôme ; et, malgré tout cela, elle eut un succès fou. On l'applaudissait, comme elle jouait, à tort et à travers. Il ne tint qu'à elle de se croire admirable. Elle était mieux, elle était jolie.

Rejoignons Mademoiselle Duchesnois, qui s'intéressait

---

(1) Pièce que tout le monde a oubliée, excepté moi.

à moi, et le général Valence, qui s'intéressait à elle. L'un et l'autre travaillèrent de leur mieux à faire partir mon aérostat dramatique, toujours immobile dans le chantier. C'est pour demain, me répétaient-ils tous les quinze jours. Ce refrain m'ennuya si fort, que je plantai là tragédie, théâtre, acteurs et actrices, protecteurs et prometteurs, jurant que ma première pièce serait aussi la dernière. Tout en jurant, j'en brochais une autre, et je disais: Celle-ci sera plus heureuse.

Pour atteindre la renommée qui ne m'arrivait pas, je cherchai ceux qu'elle visitait. On me mit en rapport avec les deux coryphées de la littérature : l'aimable abbé Delille, le poëte à la mode, et le redoutable Geoffroi, le faiseur et le défaiseur de célébrités. Ce Geoffroi, dont la main sexagénaire maniait si fièrement la verge de la critique, avait pourtant l'apparence d'un bon homme. On lui a prêté bien des torts; on a parlé de sa cupidité, de sa partialité, de sa méchanceté; on a cité mille anecdotes qui le représentent comme le plus vénal et le plus méprisable des Aristarques. Qu'y avait-il de vrai au fond de toutes ces accusations? Je l'ignore. Je dirai seulement que le terrible exécuteur des hautes œuvres littéraires m'accueillit à merveille, m'attira vers lui sur un canapé et m'interrogea de l'air le plus obligeant. En vérité, il ne tenait qu'à moi de le croire gagné à ma cause. Mais à travers ses manières toutes rondes, je distinguai un petit rire sardonique qui me mit en garde contre lui. Le vieux renard, en m'adressant des compliments assez flatteurs, en me promettant ses encouragements pour mes débuts, me tendait familièrement la patte; mais, voyant que je la soulevais avec curiosité : Que faites-vous donc? me dit-il tout inquiet. — J'examine si la griffe y est. — Pas encore. — Dieu veuille qu'elle ne pousse jamais! Tel fut notre dialogue, qui fit rire les assistants, et dont je me suis souvenu après la représentation de ce pauvre *Ninus II*, qu'il déchira tant qu'il put, sans doute pour me prouver que la griffe avait poussé.

Parlons d'un homme meilleur et plus digne de mention : parlons de l'esprit le plus brillant, le plus léger, le plus aérien, le plus éternellement jeune, le plus gracieusement souple, le plus tout à tous, le plus fait pour exciter l'envie et pour la désarmer, le plus critiqué et le plus couru, le plus aimable et le plus aimé. N'ai-je pas nommé l'abbé Delille?

Aveugle comme Homère, errant comme lui, après avoir été la folie des salons de Paris, il était devenu les délices des cercles de Londres, où la révolution française l'avait forcé de chercher un refuge. Là, témoin éloigné des catastrophes des rois ses bienfaiteurs, il les chantait sur sa lyre mouillée quelques moments de larmes que faisaient couler la reconnaissance et la pitié, mais qu'essuyaient bientôt l'amitié et l'admiration, ses compagnes assidues. Les plus douces distractions venaient le détourner sans cesse des plus tristes souvenirs ; et lui-même, avec son insouciance de poëte, sa simplicité d'enfant, lui toujours bon, toujours mobile, habitué à semer autour de lui les jolis mots et les vers élégants, amusait son existence, jouait avec l'infortune; ou plutôt, glissant à travers les bouleversements des Etats, il retrouvait partout la bonne compagnie pour laquelle il était fait, et dans sa vie voluptueuse et pure, rien ne semblait changé pour ce facile et imprévoyant ami des plaisirs.

. . . .

Rentré en France et revenu à Paris, Delille eut pour lui l'opinion qui le protégea.

On le vit bien à quelques années de là dans une séance de l'Académie française, devenue par sa présence l'objet de l'intérêt universel. J'assistais à cette séance mémorable, où parut le cardinal Maury dans tout l'éclat qui accompagne un prince de l'Eglise, ce qui ne le sauva pas des murmures d'improbation de la salle entière. Une réception bien différente attendait Delille, qui n'était pas prince, mais qui n'avait varié ni dans sa conduite ni dans ses écrits. Dès qu'on aperçoit ce petit homme, vieux, laid, mal vêtu, sans décoration que son génie, sans titre que sa gloire, une triple salve d'applaudissements retentit. Il s'assied au milieu des bravos. Pendant la séance, qu'il préside, on ne songe qu'à lui, on ne voit que lui. C'est de son côté que sont tournés tous les yeux. Il ne parle pas, et c'est lui seul qu'on entend. Le bruit de sa renommée couvre la voix des orateurs. Enfin il annonce que l'assemblée va se dissoudre, et il se prépare à donner l'exemple de la retraite. Alors on se lève, on vole à lui, on l'entoure, on le bloque. Des vers! Des vers! s'écrie-t-on de toutes parts. Il faut qu'il paye son tribut poétique, ou la séance ne sera pas complète. Il cède, il se rassied, dit de mémoire le *Poëte mourant*. C'était son apothéose. Quelle attention! quel silence! Avec quels transports chaque pensée heureuse, chaque mot de sentiment sont accueillis! Même les faibles vers emportent avec eux des applaudissements inouïs; mais est-il de faibles vers quand ils sont débités par Delille? Ah! c'est bien pour lui que fut inventé ce mot: *dupeur d'oreilles*. Jamais poëte, lisant ses ouvrages, n'a produit tant d'illusion. Et ce jour-là l'enchantement fut au comble.....

Soit ennui de la solitude, soit faiblesse de cœur, Delille venait de se marier. Il avait pris jadis une gouvernante, qu'il nommait décemment sa nièce, et qu'un beau jour il fit passer comme il put à l'état de femme. La réputation de Mademoiselle Vaudchamp est, grâce à lui, devenue européenne. Tout en aimant Delille, elle le tyrannisait. Souvent, pour le forcer à versifier, il lui arrivait de l'enfermer dans sa chambre : les arrêts n'étaient levés qu'après qu'il avait rempli sa tâche. Quand on venait enlever l'homme aimable, la nièce, et plus tard la femme, furieuse, se plaçait entre la porte et lui : il fallait parlementer ; et le pauvre oncle, puis le plus pauvre mari, n'obtenait pas toujours des conditions favorables. Ses amis le plaignaient, le public riait : le génie mis en pénitence ! Il y avait là de quoi ridiculiser à jamais tout autre que lui. Mais il badinait si joliment sur son esclavage, il se montrait si content et si libre au milieu de ses chaînes, il étourdissait la critique par tant de bons mots qu'on se surprenait à croire qu'il avait trouvé le secret du bonheur dans ce qui paraissait la honte de l'homme et l'asservissement de l'époux. Il faut dire, à la louange de Madame Delille, qu'elle ne lui donna jamais de conseils nuisibles à sa gloire, que les séductions de la cour impériale ne purent la tenter, et que, dénuée de grâce et de politesse, elle ne le fut du moins ni d'une sorte d'esprit ni d'une apparence de dignité.

Ce fut au collége de France, où sa qualité de professeur lui assurait un logement, que je fis ma première visite à l'élégant traducteur des *Géorgiques* et du *Paradis perdu*. J'accompagnais des Anglaises, aussi curieuses mais moins pétulantes que moi. Elles ne paraissaient nullement pressées de jouir d'une vue et d'un entretien dont la seule pensée me faisait perdre la respiration (1). Quand nous fûmes arrivés à la porte, elles descendirent d'un pas nonchalant de la calèche dont je m'étais déjà précipité ; elles montèrent l'escalier, qui me semblait celui du ciel, comme on monte les marches de la chambre des pairs le jour de la discussion du budget ; puis au

(1) Je sortais du collége, où l'on m'avait appris à placer Delille parmi les auteurs classiques.

moment d'entrer nulle émotion sur leur visage, point d'éclair de joie dans leurs yeux. C'était pour elles une visite comme une autre, c'était une heure vide qu'elles voulaient remplir.

Nous trouvâmes l'abbé, qui ne l'était plus, établi dans un petit fauteuil de couleur sombre, devant un feu peu allumé, entre sa nièce devenue sa femme et la sœur de celle-ci, autre nièce à laquelle il oubliait de donner ce titre, apparemment par distraction. Il avait devant lui une table couverte de plusieurs tasses et d'une cafetière d'argent. Quelques livres à moitié ouverts étaient dispersés sur des chaises. Notre apparition mit tout en mouvement dans la chambre. Les femmes se lèvent, le mari veut en faire autant : nous l'arrêtons, nous le forçons à ne pas déranger son établissement au fond du vieux fauteuil où il se délectait à boire son café. En ma qualité d'orateur de la troupe, je pris la parole. Monsieur, lui dis-je en l'abordant, vous voyez une députation de la France et de l'Angleterre qui vient saluer Virgile et adorer Milton. Ah! Monsieur, répondit-il avec un air moitié malin, moitié affectueux, vous êtes séduisant comme le premier et aveugle comme le second. Ensuite, nous offrant de son café, il partit de là pour faire une dissertation aussi instructive que piquante sur l'origine, la destinée et les vertus de ce nectar, né dans l'Arabie pour être les délices de l'Europe; et il finit par nous conter à sa manière, c'est-à-dire avec une vivacité, une grâce, un choix de détails et d'anecdotes qui enlevaient, que, pour échapper aux horreurs de la migraine, il lui fallait prendre par jour vingt tasses de la *boisson des dieux*. Tout, dans sa conversation, offrait un caractère inimitable d'originalité, de finesse et surtout d'abandon ; tout se métamorphosait en images tantôt riantes, tantôt sublimes ; tout étincelait de traits d'autant plus éblouissants qu'ils étaient moins attendus. Les rayons que son esprit lançait dans les nôtres pour les illuminer et les féconder, me rappelaient ces éclairs qui, en sillonnant les nuages, les dorent de mille reflets capricieux et charmants.

Là dormait ou ruminait dans un coin un je ne sais quoi habillé en femme, qui ne disait mot, qui fermait les yeux, et auquel on était tenté, en voyant sa nullité dans le séjour du talent, de demander sérieusement : Que fais-tu là? C'était une certaine comtesse P..., née M..., une Polonaise, qui s'était constituée l'ombre de Delille. Elle ne le quittait pas ; elle le suivait à la promenade, au spectacle, dans les salons, dans les musées, avec la fidélité mais aussi avec le mutisme d'une ombre. Quand il n'était pas chez elle, elle était chez lui. Jamais on ne vit une adoration plus complète et moins sentie, un dévouement plus fervent et moins explicable. Cette femme insignifiante, parfaite du reste, sortit de son néant tout exprès pour me désoler. Charmée de me voir exalter l'objet de son culte, elle recouvra subitement la parole, et vint s'asseoir avec empressement à mon côté, m'accablant de prévenances et de questions.

Parmi ces questions, j'en remarquai deux qui méritent d'être immortalisées. Comme elle avait entendu dire dans le courant de la conversation que je composais des tragédies, elle voulut savoir combien j'en avais fait, si elles étaient reçues, si elles seraient jouées. Moi, plus occupé de l'abbé que d'elle, je lui répondais au hasard ; mais la cruelle continuait impitoyablement son enquête. Enfin, elle me demanda si j'avais en tête quelque nouveau plan de tragédie. — Oui, Madame. — Sera-t-il beau? — Je le désire. — Quand aurez-vous fini? — On ne sait jamais cela d'avance. — Et le titre?... Oh! pour le coup, je n'y tins pas, et, pour déconcerter sa curiosité, je lui répondis : *Le titre? La Mort de François I*. Je crus qu'elle allait apercevoir son indiscrétion à travers mon impertinence. Ah! dit-elle, c'est un superbe sujet. Et voilà l'amie intime de l'abbé Delille! Et je vous ai dépeint sa femme! Mais que voulez-vous? Ce grand homme enfant, il ne prenait pas, il se laissait prendre.

Je ne vous ferai pas grâce de la seconde question de l'incroyable comtesse : elle est si curieuse! Pendant qu'on desservait le café, notre hôte s'aperçut que j'avais jeté les yeux sur une brochure étalée devant moi. Savez-vous ce que c'est? me dit-il en riant : c'est le dictionnaire des athées, dont M. Naigeon, savant et mécréant, s'est imaginé de me faire un don très-gratuit. Cet élève de Lalande, après avoir lu mes vers sur le colibri, vers qui finissent ainsi :

> Gai, vif, prompt, de la vie aimable et frêle esquisse,
> Et des dieux, *s'ils en ont,* le plus charmant caprice;

s'est avisé de faire dans la phrase un petit changement de mots, et d'arranger comme ceci le dernier vers :

> Et des dieux, *s'il en est,* le plus charmant caprice.

Ensuite, il n'a pas manqué de m'envoyer, avec son ouvrage, mon brevet d'athée en bonne forme. Voici ma réponse :

« Mon cher confrère,

» Est-ce ma faute, à moi, si vous voyez dans mes
» vers ce qui n'y est pas, et si vous ne voyez pas dans
» le ciel ce qui y est? »

Toute la compagnie applaudit à cette réponse brève et ingénieuse. Et moi, je saisis la main de l'abbé. Convenez, lui dis-je, vous qui tout à l'heure me traitiez d'aveugle, que je le suis un peu moins que ce savant-là;

car je découvre un Dieu dans le ciel aussi facilement que je reconnais un poëte à vos vers. L'abbé sourit; mais la comtesse-momie, se ranimant tout à fait et manifestant son existence par un épouvantable bond sur le plus large des fauteuils : C'est joli, très-joli, Monsieur. Vous avez bien de l'esprit, à ce qu'il paraît. N'est-il pas vrai qu'il a bien de l'esprit? La moitié de son apostrophe s'adressait à moi, l'autre à son oracle habituel. L'abbé sourit encore; je me levai : je vis que mon mérite allait être mis sur la sellette, et je voulus échapper par la fuite à l'embarras de la situation. Mes Anglaises me comprirent : nous fîmes nos adieux à frais communs, et nous partîmes accompagnés de compliments aussi élégamment tournés que les nôtres tâchaient de l'être.

Deux semaines après, sur son invitation, je revolai chez le charmant poëte qui m'avait laissé de si doux souvenirs. Je trouvai Delille seul; j'étais seul aussi. Jugez si je profitai du tête-à-tête pour mettre à contribution et son esprit fécond en saillies et sa mémoire riche d'anecdotes. J'étais curieux de connaître ses jugements sur ses contemporains, c'est-à-dire sur les personnages célèbres avec lesquels il avait vécu. Je lui demandai ce qu'il pensait, par exemple, du plus original de tous, de Diderot le philosophe, le cynique, l'athée, l'auteur de la Religieuse, le fondateur de l'Encyclopédie; moitié génie, moitié fou; jouant l'inspiré et le devenant quelquefois, affectant le mépris de l'opinion et la courtisant sous main ; bref, le premier jongleur d'une époque si fertile en charlatans.

J'ai peu connu Diderot, me dit-il. J'ai toujours évité la fréquentation des athées; et Diderot l'était ou croyait l'être : car dans cette âme de feu et de vent qu'y avait-il ? Beaucoup de fumée et peu de lumière. Son esprit capricieux défaisait le matin l'ouvrage de la veille. Il semblait à ses yeux que les opérations de la pensée fussent des tours d'adresse, des jeux, des passes imaginées pour attirer les applaudissements et rien de plus. La première fois que je le rencontrai, il était en conversation avec Dussault, le traducteur de Juvénal. Vous travaillez à un ouvrage sur les jeux, disait Diderot : avez-vous bien étudié votre sujet? — Hélas! trop bien. Presque toute ma fortune a passé dans ces maudits coupe-gorge dont je fais la description et dont je veux inspirer l'horreur. — Bon! bon! mais il faut envisager la chose sous un aspect plus philosophique et plus vaste. Il faut montrer les inconvénients, les abus, les malheurs nés d'une institution qui remonte jusqu'à l'origine des sociétés. Vous rappelez-vous qu'Esaü joua son droit d'aînesse avec Jacob? Vous rappelez-vous..... Et voilà Diderot précipitant son homme dans un déluge d'érudition; le voilà passant en revue tous les siècles, suivant à la trace parmi les anciens et les modernes ce vice épouvantable et funeste qui ravagea et ravage encore le monde plus que tous les autres fléaux réunis. Le pauvre Dussault, dont l'imagination sans ailes n'avait jamais fait tant de chemin, roulait d'éblouissement en éblouissement jusqu'à cent pieds sous terre; et lorsque Diderot, las de poursuivre la carrière, jugea à propos de reprendre haleine et de se reposer dans la nue, Dussault, le front prosterné, lui cria du fond de l'abime : O grand homme! ô génie universel! quelles immenses lumières vous avez répandues sur mon horizon! que suis-je auprès de vous! Je croyais connaître mon sujet, mais vous me prouvez clairement que je ne l'avais pas même abordé. — Ce n'est rien, mon ami : je ne vous ai communiqué que mes premières idées. Venez me voir dans huit jours; j'aurai le temps de méditer sur une si riche matière, je pourrai embrasser tout l'ensemble de ce vaste tableau; et alors vous aurez de mes nouvelles.

Dussault, plein de joie, vole chez lui à l'époque convenue; il le trouve, il lui rappelle sa promesse, il demande au dieu ses oracles, mais le dieu avait disparu. Plus d'enthousiasme, plus de sublime : Diderot était retombé du ciel dans son fauteuil, d'où il ne se releva plus; l'heure de l'inspiration était passée.

M. de Vaisne, ajouta Delille, citait de lui un trait qui peint mieux notre prestidigitateur que tout le reste. Voici ce trait; c'est M. de Vaisne qui parle :

« L'impératrice de Russie, éprise des philosophes, philosophe elle-même à la manière des impératrices, avait invité, non pas, je l'imagine, l'auteur des *Bijoux indiscrets*, mais le savant encyclopédiste, à venir faire avec elle assaut de métaphysique et de politique transcendante dans le palais de Pierre III, sur les bords de la Newa. Il était convenu entre eux qu'il passerait un an à Pétersbourg, et que son voyage, son séjour, son retour lui seraient payés en caresses et en diamants, en distinctions et en roubles. Malgré son mépris pour les bagatelles, le philosophe avait daigné souscrire au traité, et il s'apprêta modestement à renouveler l'exemple de Platon à la cour de Denis.

» La veille de son départ, j'allai recevoir ses adieux, poursuivit M. de Vaisne. Il accourut, me mena dans son cabinet, les larmes aux yeux. Là, d'une voix étouffée par les sanglots, il me dit : Vous voyez un homme au désespoir! je viens de subir la scène la plus cruelle pour un père et pour un époux. Ma femme... ma fille... ah! comment me séparer d'elles après avoir vu leur douleur déchirante! Nous étions à table, moi entre elles deux : point d'étrangers, comme vous pensez bien. Je voulais leur donner et ne donner qu'à elles ces derniers moments.

Quel dîner! quel spectacle de désolation! jamais on ne verra rien de pareil dans l'intérieur du foyer domestique. Nous ne pouvions ni parler ni manger : notre désespoir nous suffoquait. Ah! mon ami, qu'il est doux d'être aimé par des êtres si tendres, mais qu'il est affreux de les quitter! Non, je n'aurai point cet abominable courage. Qu'est-ce que les cajoleries de la grandeur auprès des épanchements de la nature? Je reste, j'y suis décidé; je n'abandonnerai pas ma femme et ma fille; je ne serai pas leur bourreau : car, mon ami, voyez-vous bien, mon départ leur donnerait la mort. Et le philosophe me couvrait de ses larmes, qui commençaient à m'attendrir, lorsque nous vîmes entrer Mme Diderot, et la scène changea.

» Il me semble encore qu'elle est là, sous mes yeux, cette femme impayable, avec son petit bonnet, sa robe à plis, sa figure bourgeoise, ses poings sur les côtés et sa voix criarde. — Eh bien! eh bien! Monsieur Diderot, s'écria-t-elle, que faites-vous là? Vous perdez votre temps à conter des balivernes, et vos paquets vous les oubliez. Rien ne sera prêt pour demain. Vous devez pourtant partir de grand matin; mais bon! vous êtes toujours occupé à faire des phrases éternelles, et les affaires deviennent ce qu'elles peuvent. Voilà ce que c'est aussi que d'être allé dîner dehors, au lieu de rester en famille. Vous aviez tant promis de n'en rien faire! mais tout le monde vous possède, excepté nous. Ah! quel homme! quel homme!

» Cette petite tempête de ménage, survenue si à propos pour éteindre le superbe feu d'artifice tiré par mon cher ami, excita en moi une hilarité difficile à décrire. J'ignore comment se termina la fête, car je m'enfuis sans attendre le bouquet. Je sais seulement que si l'on eût alors décerné des brevets d'invention, j'en aurais sollicité un pour l'auteur de ce nouveau conte, resté inédit, quoiqu'il méritât les honneurs de l'impression au Louvre. Le lendemain j'appris, sans étonnement, que l'infortuné avait quitté Paris avec une héroïque résignation, et que jamais sa famille ne s'était mieux portée. »

Voilà le récit de M. de Vaisne, voilà Diderot.

Ainsi, dis-je à Delille, Laharpe n'a point chargé son portrait de fausses couleurs quand il nous l'a peint, dans son cours de littérature, jouant l'inspiration, faisant le démoniaque, s'élevant quelquefois au sublime, mais pour tomber presque toujours dans le ridicule. A propos, poursuivis-je, tout ce qu'on a débité sur et contre Laharpe lui-même est-il vrai? Avait-il autant d'amour-propre et de prétentions qu'on l'assure? Le satirique par excellence prêtait-il, comme un autre, le flanc à la satire?

Eh! eh! répondit Delille, il y a bien quelque petite chose. Tout l'esprit de ce pauvre Laharpe ne l'empêchait pas d'être de temps en temps plus moquable que ceux qu'il sifflait. Sa critique n'avait pas toujours toute la finesse et la légèreté désirables. Dans la conversation, il n'était réellement aimable que le matin ou à dix heures du soir, jamais pendant ni après le diner. Gourmand avec délices, plus attentif à saisir au passage les bons mets qu'à laisser tomber les bons mots, il n'ouvrait la bouche que pour satisfaire le plus robuste des appétits, et il l'ouvrait sans cesse. Manger et digérer étaient pour lui deux occupations sacrées. Il ne fallait pas le troubler dans ces grands devoirs, ou bien alors il sortait de son silence par des sarcasmes et des traits terribles. On aurait cru voir un sanglier forcé dans son hallier et montrant ses longues défenses aux chasseurs qui l'environnaient. Aussi respectait-on religieusement Laharpe dans ses fonctions gastronomiques.

Qui se douterait que ce grand Aristarque, toujours armé de la férule, avait visé aux succès de boudoir, et qu'il s'était cru appelé à la renommée galante d'Alcibiade? Plus d'une femme m'a juré l'avoir vu à ses pieds, où il n'était pas redoutable; car il ne faisait jamais le siége d'un cœur qu'avec de l'artillerie légère : la romance et le madrigal. Cependant il avait de lui et de son mérite une si haute opinion qu'il dit un jour à la comtesse de Genlis, qui me le répéta le lendemain : Vous m'avez résisté, je veux l'apprendre à tout le monde pour vous faire honneur. Vous êtes une femme comme il n'y en a point.

Parlons un peu, poursuivit Delille, de ses ouvrages déjà passés de mode et pourtant dignes d'une plus longue célébrité. Le premier de nos critiques fut en même temps l'un de nos meilleurs poëtes dramatiques du second ordre; mais il prouva, par son exemple, qu'il est dangereux de vouloir manier à la fois et le stylet d'Archiloque et le poignard d'Eschyle. La sévérité des jugements qu'il portait sur les ouvrages de ses confrères, les rendit inflexibles, à leur tour, pour les productions sorties de sa plume; et, comme le ressentiment ne s'arrête pas d'ordinaire dans les bornes du juste, le malheureux Laharpe, à chacun de ses pas dans la carrière théâtrale, se vit assailli par une grêle d'épigrammes, de satires, de parodies, qui auraient pu renverser un génie plus fort que le sien.

Cruellement blessé, mais trop vain pour ne pas se plaindre, il avertit maladroitement ses ennemis des souffrances de son amour-propre. Plus il criait à l'envie, à l'injustice, plus les attaques redoublaient contre lui. On avait trouvé le secret de le désoler. Ce qu'il y a de plus étonnant, c'est qu'avec cette finesse d'observation qu'on lui connaît, il ne se soit pas aperçu que, dans le public, on riait de ses disputes au lieu de s'intéresser à ses disgrâces. La même destinée n'attend pas les victimes en politique et les victimes en littérature. On dresse des autels aux premières, on les parfume d'encens, on les couvre de fleurs, elles deviennent les idoles du moment ; les autres sont des fétiches perdus de réputation, qu'on s'amuse à voir traîner dans la fange au bruit des sifflets, et auxquels chacun se donne la petite satisfaction d'appliquer un coup de fouet en passant.

Maltraité par le parterre, l'infortuné Laharpe se réfugia au sein de l'Académie, comme les dieux vaincus par les Romains trouvaient un asile dans le Capitole. De l'Académie, où l'on dort souvent, il passa au lycée, où l'on bâille quelquefois, mais il sut y faire veiller ses auditeurs. On fit mieux : on applaudit avec des transports inaccoutumés aux leçons qu'il y débita pendant plusieurs années, et qui lui ont mérité le surnom de Quintilien français. Son *Cours de littérature* devint son premier titre de gloire; et ses pâles rivaux, comme ceux du chapelain dont parle Boileau dans le poëme du *Lutrin,* après avoir couru pour le huer et pour briser entre ses mains la verge didactique, s'en retournèrent *éperdus* et jugés.

Depuis ce temps il resta en possession du siége de la haute critique, d'où il tonna bientôt contre les révolutionnaires, qu'il s'avisa de mettre au rang de ses justiciables; mais ces citoyens n'étaient pas des auteurs endurants. Ils répondirent à ses coups de férule par de bons coups de pique qui le réduisirent au silence. Après avoir vécu dans les coulisses, il mourut au confessionnal. Dieu lui accorde le repos dont il priva si longtemps ses pauvres confrères!

Je vis mon interlocuteur en bonnes dispositions, et je résolus de pomper le miel de l'abeille tant qu'elle s'y prêterait aussi bénignement. Croyez-vous à cette grande dévotion que Laharpe affichait pour Voltaire? demandai-je à Delille pendant qu'il étageait les tisons de son foyer pour faire un entr'acte. — Et qui n'y croirait pas? Savez-vous bien que ce Voltaire avait un esprit prodigieux? savez-vous bien qu'il fallait avoir la tête tournée de lui quand il lui prenait fantaisie de se montrer dans tout son brillant? Il est vrai qu'il ne cachait pas assez le revers de la médaille, et alors tout changeait. Tenez, Monsieur, relisez ses lettres. C'est là qu'on revoit tout entier ce génie attrayant et profond qui ne se reposait jamais ; c'est là qu'on se confirme dans les sentiments d'admiration et, il faut le dire aussi, de pitié que fait éprouver, à mesure qu'il se développe, le caractère de cet homme si grand et si petit, si philosophe et si commère, si enthousiaste et si dénigrant, si libre de préjugés et si esclave des passions; de cet homme qui, plus que tout autre, fait honneur et honte à l'humanité.

Dans l'âme de Voltaire tous les contraires s'alliaient : une belle action ne lui coûtait pas plus qu'un mauvais procédé. De la main qui s'ouvrait pour répandre des bienfaits, il écrivait contre ses ennemis, et même contre ses amis, des libelles diffamatoires, moitié en style de Lucien, moitié en style de Scarron. Un noble orgueil le portait à protéger une multitude d'auteurs qui accouraient se ranger sous l'étendard de sa gloire; tandis que, par l'instinct d'une puérile vanité, il persécutait les deux Rousseau, Maupertuis et tant d'autres personnages célèbres, dont les talents et les opinions contrariaient ses prétentions immenses à la suprématie littéraire. Tantôt la raison lui faisait préférer la société d'une amie au commerce d'un roi, et les charmes de la retraite de Cirey au fracas de la cour de Berlin ; tantôt le grand homme tendait la main pour recevoir de l'argent, le philosophe s'agenouillait pour obtenir un cordon.

On a souvent écrit que dans Voltaire il existait plusieurs âmes : sa vie entière le donnerait à penser. Ceux qui l'ont décrié avec acharnement, ceux qui l'ont exalté avec idolâtrie, me paraissent avoir eu également raison. Personne n'a mieux mérité d'inspirer l'enthousiasme et de faire naître la mésestime. Louange et blâme, il justifie tout. Comment ne pas lui applaudir lorsqu'il flétrit ces farouches conquérants, nés pour le malheur de la terre; lorsqu'il s'indigne contre les fanatiques allumant les feux des bûchers qui dépeuplent les Etats ; lorsqu'il imprime en beaux vers au fond de nos âmes les sentiments de la tolérance, de la justice, de l'humanité ! Comment ne pas le conspuer pour son cynisme politique et religieux, pour ses éternelles et dangereuses plaisanteries sur les objets les plus sacrés, pour les maximes corruptrices dont il s'amuse à infecter l'esprit de la jeunesse, pour sa ridicule fureur de tout nier, de tout bouleverser, de tout changer sans créer rien, pour ses déclamations anti-patriotiques et dont s'indigne une âme française? Quand l'impartial observateur examine cet être mobile et étonnant sous ses deux faces, forcé de porter deux jugements divers, il gémit d'avoir à stigmatiser un petit homme en divinisant un sublime génie. Et Laharpe, Laharpe lui-même, lui qui avait passé sa vie aux genoux de Voltaire, a de temps en temps laissé tomber l'encensoir, mais toujours pour le reprendre. J'en fais autant, Monsieur. Ah! qu'il est difficile d'échapper à la fascination de ce serpent-là !

En ce moment on annonça le marquis de Cubières (1), ancien écuyer de Louis XVI, homme d'esprit et de bonne

---

(1) Qu'il ne faut pas confondre avec son frère le chevalier de Cubières-Palméseaux ou Dorat-Cubières, si fameux par ses ridicules comme auteur et par ses erreurs comme citoyen.

compagnie, que j'avais déjà rencontré. — De quel serpent parlez-vous? demanda-t-il après les premiers compliments. Il avait entendu la fin de la vive et énergique tirade du poëte chrétien jugeant le poëte matérialiste. On lui nomma Voltaire. — Voltaire! s'écria-t-il : je n'entends jamais parler de lui sans me rappeler une scène où il joua le rôle le plus comique. Je la raconte volontiers, parce qu'elle peint l'homme. Voulez-vous la connaître? — Oui, oui, répondit l'abbé Delille. — Écoutez donc :

« Je sortais de page et je conservais encore toutes les grâces de l'état, c'est-à-dire qu'en fait d'étourderie, de malice et d'espièglerie j'étais au grand complet. Nommé depuis peu écuyer du roi, je me vis chargé en cette qualité d'accompagner jusqu'à Turin Madame Clotilde, sœur de Louis XVI, mariée au prince de Piémont. Ma mission terminée, je revenais par la Suisse. En passant devant Ferney, la tentation me prit de rendre mes hommages au grand Lama de la littérature, enfermé dans ce lieu saint. Un petit billet bien complimenteur et bien gai lui est adressé : il répond avec sa grâce habituelle. J'arrive, je me présente, j'amuse la vieille idole par mes folies, je l'intéresse par mes récits; je couvre toutes mes phrases d'une dorure d'adulation banale qui réussit toujours avec les grands hommes quels qu'ils soient : enfin me voilà établi.

» Madame Denis, qui me lorgnait, et que je ne payais pas de réciprocité, disait en riant de mes facéties : On n'est pas plus divertissant. Il faut le garder : n'est-il pas vrai, mon oncle? Je me défendis de la faveur qu'on voulait me faire : mes fonctions me rappelaient auprès du roi. Mais du moins, reprit l'obligeante et lorgneuse châtelaine, vous nous resterez jusqu'à demain. Je le promis. Nous dînons, nous soupons; Voltaire est charmant : sa nièce minaude et grimace, je mange et je ris; tout va à merveille. Le soir, on se réunit en cercle dans le salon, dont le Jupiter tonnant de la poésie avait fait son Olympe, et qui ressemblait à une chambre du cabaret de la Courtille.

» J'étais assis à quelque distance de Voltaire, avec des Genevois, des Russes, des Allemands, des Anglais et des Italiens, venus là, comme moi, pour adorer le Dieu. Le Dieu m'interrogea sur mon voyage. Alors, prenant le dé, je fis une pompeuse description des fêtes célébrées à Turin pour consacrer l'alliance d'une fille de France avec l'héritier du roi de Sardaigne. Comme on le pense bien, je ne manquai pas de montrer les beaux présents que j'avais reçus. Pendant ma relation, qui me paraissait infiniment piquante, et dont je m'étais bien promis le succès, Voltaire, impatienté de l'attention suivie que me prêtait le cercle auditeur, caracolait grotesquement sur son fauteuil, toussait, se mouchait, multipliait les exclamations, comme un acteur négligé qui veut ramener à lui son public. Bref, voyant que décidément on ne s'occupait plus de lui, que j'étais le saint du jour, que les magnifiques pierreries dont je faisais parade jetaient un si grand éclat sur ma personne que la sienne restait dans l'ombre, il n'y tient pas, il se lève, passe dans sa chambre, revient, se rassied, puis se met à tourner entre ses mains je ne sais quoi qu'il voulait ouvrir et qui résistait à ses efforts.

» Envoyez-moi cela, mon oncle, dit Madame Denis, j'en viendrai à bout. Aussitôt, de cette voix tonnante et glapissante qu'on lui a connue : — C'est une boîte que Sa Majesté l'Impératrice de toutes les Russies m'a envoyée avec son portrait enrichi de diamants, dit Voltaire, en me remettant cet ornement superbe. Il n'y eut pas moyen de me taire sur ce petit accès de jalousie : le courtisan s'effaça, le page reparut. Je m'emparai de la boîte en m'écriant malignement : Ah! voilà M. de Voltaire qui se fait homme. Il resta un moment interdit; ensuite, me regardant de cet œil qui étincelait toujours : — Monsieur le page, la réplique est vive; mais il y a un beau côté, et je ne veux voir que celui-là. Il me tendit la main, nous nous séparâmes bons amis, et depuis ce temps il ne manqua pas de m'envoyer ses nouvelles œuvres, où j'eus le malheur de voir qu'il ne se refaisait pas Dieu. »

En vérité, reprit le malicieux Delille, personne ne l'a plus sévèrement traité que Mademoiselle de Lespinasse, lorsque, dans un de ses dépits contre le capricieux grand homme, elle disait à ses amis : Vous le prenez pour l'atmosphère, ce n'est que le vide.

Vous avez donc vécu, lui dis-je, dans la société de cette femme singulière, dont les philosophes, qui n'étaient pas des Numa, quoiqu'ils se donnassent des airs de législateurs, avaient fait leur nymphe Egérie! Etait-elle douée, comme on l'assure, de ce talent de causerie, de ce don d'improvisation qui l'ont rendue la merveille des salons du dernier siècle?

Oui, vraiment, répondit Delille. On ne pouvait l'entendre sans admiration et sans émotion. Elle savait intéresser le cœur, mettre en jeu l'amour-propre, aiguillonner l'esprit. Elle attaquait à la fois l'imagination, les sens, la raison. Elle faisait mouvoir en vous tous les ressorts de la pensée, et, à force d'électriser votre intelligence, en centuplait la valeur et l'activité.

Un hasard plaisant me mit en relation avec elle. J'allais dîner chez la duchesse d'Erville, dans la voiture d'un de nos financiers, je ne sais plus lequel, qui me l'avait prêtée pour la poétiser, disait-il. Mes chevaux galopaient avec une telle ardeur, qu'en passant ils renversèrent un modeste équipage qui ne se rangea pas assez promptement pour éviter le choc du mien. Aussitôt j'entends un cri, je m'élance, je cours à la portière du pauvre fiacre en désarroi, je l'ouvre; j'en retire, non pas une de ces jeunes beautés dont l'apparition décide du bonheur ou du malheur de notre vie, non pas une de ces vieilles guenons laides à faire peur et qu'on voudrait noyer, ni l'une ni l'autre. C'était une personne grande, sèche, le visage un peu enflammé, l'air assez noble, les yeux excessivement spirituels, et qui paraissait fort attentive à cacher de son mieux quelque quarante ans qu'elle portait ou plutôt qu'elle supportait avec assez peu de résignation. Excuses et offres de ma part, remerciments et acceptation de la sienne. Bref, elle monte dans la voiture de mon fermier général, je me place à son côté, et nous arrivons chez elle, où je la dépose saine et sauve sur le trépied confident de ses oracles et de bien d'autres choses.

Depuis cette bizarre circonstance, j'ai parfois revu Mademoiselle de Lespinasse. J'ai, comme un autre, admiré cette étonnante faculté de son âme, capable d'aimer à la fois trois adorateurs, ou soi-disant tels (1); et cette autre faculté de son esprit, encore plus étonnante, qui lui prêtait des charmes que la nature lui avait refusés tout net; si bien qu'on voyait en même temps à ses pieds un grand seigneur espagnol, un colonel français, et jusqu'au respectable géomètre l'un des pères de l'Encyclopédie. Mais j'avoue mon tort, si c'en est un : je n'ai jamais pu m'habituer aux contrastes que présentaient cette imagination de feu et ce tempérament de *papier mâché* (2). La pauvre femme! elle était obligée de mener

---

(1) Le jour que M. de Morat expirait, elle lui donnait un successeur. Il ne fallait pas que le trône de son cœur fût vacant. *Le Roi est mort, vive le Roi!* Voilà une femme à principes.

(2) Expressions de Delille.

de front les grandes passions et les petites maladies. Quelle situation complexe! La voyez-vous placée entre son amant qui lui baise la main et son médecin qui lui tâte le pouls, commentant un billet doux qu'elle vient de recevoir et examinant un mémoire d'apothicaire qu'elle va payer, envoyant une tresse de ses cheveux et avalant un julep; le jour en robe de gaze pour entrer dans son boudoir, le soir en peignoir de flanelle pour passer dans sa pharmacie. Non, jamais l'amour et l'hygiène n'ont pu loger agréablement ensemble ; les rôles de coquette et de malade sont bien distincts : cumuler est impossible, et il faut opter. Pas un homme, mais je dis pas un, ne voudra faire un long bail avec ces Corinnes d'infirmerie.

A la fin de ces réflexions, Madame Delille arriva, et nous prîmes congé le marquis et moi. Comme il avait une voiture qui l'attendait à la porte, il me proposa de me reconduire, et, chemin faisant, il me raconta une partie de son histoire, qui était celle de son temps.

A l'époque de mon entrée dans le monde, me dit-il, le monde n'avait qu'une occupation : le plaisir. Mais nos amis les philosophes lui en ménageaient d'autres. Tandis que nous faisions comme Crispin, qui s'amusait à la bagatelle, les Labranche politiques emportaient la dot, c'est-à-dire le royaume. A travers nos jeux éphémères, ils nous brassaient une admirable révolution qui dure depuis seize mortelles années, et qui finira quand il plaira au ciel d'avoir pitié de nous. Je me souviens encore de la grâce infinie avec laquelle nous dansions sur la mine où ces Messieurs mettaient le feu de si bon cœur. Nous avions l'enfer à nos pieds, et chacun de nous voyait les cieux ouverts.

Il est vrai qu'on ne pouvait plus joyeusement en finir. Les fêtes succédaient aux fêtes : la cour et la ville disputaient d'éclat, de faste, de magnificence : nos spectacles étaient délicieux; jamais on n'avait vu plus de femmes charmantes : c'était à qui s'étourdirait sur l'effrayant avenir que nous touchions presque de la main. Vous pensez bien que, parmi tant d'aveugles, un adolescent comme moi ne pouvait manquer de s'avancer avec tous leurs bandeaux sur les yeux.

Enfin la révolution *vint.* J'eus l'adresse de sauter à pieds joints sur cette fosse aux lions et aux serpents, et je me trouvai debout au milieu des ruines de ma patrie et de ma fortune, sous le règne ridicule mais supportable des cinq directeurs.

L'état de la société était alors fort ressemblant au chaos. Réfugié à Versailles, je reparaissais de temps en temps à Paris, où j'examinais ce monde nouveau qui n'offrait à l'observateur aucun profit pour son amusement ou son instruction. Tous les habitants de la grande ville, renouvelée des Romains et des Grecs, se réunissaient dans des cercles pour faire de la musique ou pour danser ; la soirée finissait par un thé brillant. On avait vu des hommes élégamment vêtus, des femmes parées de velours et rayonnantes de diamants; on avait entendu le chant de Garat ou applaudi à la danse de Trénitz, et puis on s'en allait en disant : Mon Dieu, quelle fatigue ! Ce n'étaient plus ces assemblées aimables où j'avais joué un rôle assez satisfaisant : la bonne compagnie avait disparu ; on s'en apercevait trop bien au ton brusque et grossier des hommes, aux manières familières et communes des femmes.

En acquérant les grands hôtels, dont les anarchistes avaient chassé les possesseurs héréditaires, les nouveaux riches eussent bien voulu acquérir aussi la politesse de ceux qui les occupaient avant eux; mais voilà justement l'impossible. Quant aux beautés à la mode, elles remplaçaient les grâces par l'affectation, l'aisance par l'effronterie : leurs yeux mendiaient des adorateurs, leur bouche appelait des déclarations. Dans leur *code civil*, elles avaient simplifié le cérémonial de l'amour et abrégé les préliminaires du plaisir; encore le plaisir devenait-il insipide pour elles sans l'accompagnement obligé du scandale. Le décousu de leur conversation, l'immodestie de leur danse, la singularité de leurs attitudes, me rappelaient ces nymphes que j'avais vues et applaudies sur le théâtre et dans les coulisses. Jusqu'aux costumes, tout me les retraçait, et, dans chaque salon de Paris, je me croyais encore à l'Opéra.

Plus tard, la scène changea. La France prit une nouvelle forme. De grandes idées politiques, enfantées par celui qui s'était emparé du pouvoir, lui avaient fait comprendre la nécessité de relever les autels, de rappeler les exilés, et de rouvrir des écoles de mœurs et de politesse en formant une cour, où il attira toutes les anciennes familles qui voulurent s'attacher à sa fortune. Alors se déploya un curieux spectacle : les bigarrures auxquelles donna lieu ce mélange des deux sociétés, mariées de force et comme par décret, blessaient le goût et offensaient toutes les idées de convenance. De cette étrange alliance il résulta une altération sensible dans les formes extérieures de ceux qui composaient l'ancienne cour, et je ne sais quoi de plus souple et de plus aisé dans les manières de ceux qui représentaient la nouvelle.

De chaque côté on se fit des emprunts qui rapprochèrent insensiblement des classes distinguées l'une de l'autre par des couleurs si tranchantes : peu à peu les nuances disparurent à tel point, qu'il serait difficile aujourd'hui d'apercevoir au premier coup d'œil la différence qui existe entre les hommes du passé et les personnages du présent. Toutefois, à un certain nombre d'exceptions près, cette différence devient sensible dans le commerce intime, où l'empire des premières habitudes reparaît à chaque instant et nous rend tout à coup à nous-mêmes. C'est alors qu'on reconnaît la ligne qui sépare une longue éducation sociale d'une politesse improvisée, et qu'on rend justice à chacun. Mais ces manières exquises du monde choisi, cette aisance sans familiarité, cette grâce sans afféterie, ce sel sans âcreté, en un mot, cette connaissance des lois secrètes de la bonne compagnie, voilà ce qu'on ne retrouve plus guère, excepté dans quelques maisons enfouies sous les décombres de la monarchie détruite, et dont la France actuelle ignore jusqu'à l'existence.

L'éducation de notre jeunesse l'éloigne chaque jour des mœurs et des habitudes de nos ancêtres; elle achèvera d'éteindre les derniers rayons de civilisation qui se prolongent encore sur nous, et la rude énergie des habitants de Londres, transmise à notre nation, si étrangement régénérée, avec les goûts, les modes, les constitutions anglaises, prendra désormais la place de la simplicité, du naturel, des grâces qui faisaient le charme de nos entretiens et les délices de nos réunions.

Ce récit terminé, les chevaux du marquis s'arrêtèrent : nous étions à ma porte. Je descendis, je me séparai à regret de celui qui venait de m'instruire si bien et de m'édifier si peu en me montrant les progrès du siècle. Depuis ce temps, j'ai toujours vécu dans l'intimité de cet homme plus qu'aimable, car il était bon. L'anéantissement de sa fortune et le besoin d'embellir ses vieux jours lui firent contracter un mariage dans lequel toutes les convenances se trouvaient réunies. Madame Olive, veuve d'un riche commerçant, femme d'esprit et de tête, restée avec quatre enfants, mais avec des fonds suffisants pour leur assurer une existence, inspira au marquis des sentiments qui furent partagés. Ils vécurent à Versailles après leur mariage jusqu'à l'époque de la Restauration. Alors ils vinrent s'établir dans la capitale, où le service du Roi, qui l'avait réintégré dans ses fonctions d'écuyer cavalcadour, rappela le marquis de Cubières.

Logé dans les grandes écuries, sur la place du Carrousel, il ouvrit sa maison à presque tout ce qui restait d'aimable. Chez lui se rassemblaient les gens de qualité distingués par leur esprit, les gens de lettres qui savaient cacher le leur, les savants qui étaient autre chose que savants, les artistes, dont les talents contribuent à l'agrément des soirées, les femmes sans prétention, mais non pas sans mérite, et dont le nombre était encore assez grand pour qu'on en pût citer plus de trois. Là, on faisait de la musique délicieuse, on dansait, ou jouait des proverbes. Quelquefois les causeries seules, mais quelles causeries! faisaient tous les frais de la veillée, qui n'en devenait que plus longue.

J'ai vu en 1815 le prince Constantin, frère de l'empereur Alexandre, s'oublier dans ces conversations, souvent instructives et toujours piquantes, où lui-même prenait une part si active qu'il nous étonnait. Il savait tout, il disait tout. Et quel feu, quelle rapidité dans ses récits! Il allait, il allait, sans songer à ce que la politique voulait qu'on laissât de voiles sur les mystérieuses et profondes bagatelles qu'elle nomme fastueusement les secrets d'Etat. Quand notre langue, dont il possédait toutes les finesses, et qu'il maniait avec une rare habileté, lui refusait par hasard le mot nécessaire au développement de sa pensée, l'impatient Césarévitch frappait du pied comme pour obliger la rebelle à lui obéir. Alors il devenait plaisant si le mot résistait à la sommation impériale. C'étaient des trépignements, des haut-le-corps; il écumait, il s'en prenait à la grammaire des défaillances de sa mémoire;

son visage rougissait de colère, ses lèvres tremblaient d'indignation. Mais sitôt que le mot déserteur revenait au poste, l'orage se calmait, le prince partait d'un éclat de rire, se moquait ingénieusement de lui-même, et nous laissait tous émerveillés de la violence comme de la brièveté de ses fureurs.

La jeunesse de Constantin avait été une tempête : il en parlait avec une franchise enjouée qui lui faisait honneur. Je paye maintenant les frais de ma mauvaise réputation, nous disait-il. Voilà ce que c'est que d'avoir été un garnement. Mais si on me connaissait, comme on serait édifié de ma conversion ! Tenez, mes amis, il ne faut désespérer de personne, pas même des princes. — Ni des marquis, ajoutai-je tout bas en me penchant vers l'oreille de M. de Cubières, qui n'avait pas du moins de si graves délits à se reprocher.

Celui-ci, tant qu'il a vécu, est resté au nombre de mes amis (1), en dépit de l'âge qui nous avait jetés lui et moi aux deux antipodes de la vie. Hélas ! cet excellent homme, cet homme d'un commerce si doux et si facile, nous fut enlevé bien rapidement. Je n'ai jamais vu de santé passer par des phases plus extraordinaires. Tourmenté depuis longues années de la goutte, il sortait d'un accès qui avait duré plusieurs mois lorsque le grand mouvement de l'Europe, soulevé par l'ambition d'un homme, renversa Bonaparte et reporta parmi nous la famille exilée des Bourbons. *Monsieur*, comte d'Artois, s'avançait aux portes de Paris. Aussitôt les murs de la capitale s'ébranlent; les Français amis de la paix se rassemblent; les

(1) Le lendemain de la représentation de *Ninus*, il me dit tout étonné : Comment, vous avez donc de l'esprit ! Mais je ne m'en doutais pas, et il y a deux ans que je vous vois ! — Ingrat, lui répondis-je en riant, il y a deux ans que je vous écoute parler. Si ce n'est pas là de l'esprit, qu'est-ce donc ?

vieux serviteurs des rois accourent. Une grande cavalcade se forme et va au devant du prince. On pense bien que l'ancien écuyer du roi Louis XVI ne pouvait manquer d'y occuper une place. Le marquis de Cubières paraissait, en effet, au milieu de cet escadron de la fidélité. Mais voyez le malheur... Non, voyez le bonheur! Tandis qu'il fait caracoler son cheval, un peu déshabitué, comme lui, du service, le pied manque à l'un, les rênes manquent à l'autre, tous deux tombent; le cheval n'a rien, le maître se casse la jambe, et, depuis ce temps-là, plus de nouvelles de sa goutte : le voilà boiteux et guéri.

Autre accident singulier : il reprend son service auprès du nouveau roi, qu'il suit dans ses courses. Un beau jour, en galopant à côté de la voiture, il est soudainement frappé d'apoplexie : il s'évanouit, vacille, glisse de son cheval sur la terre; et la chute est si rude, que le pauvre homme a la tête fendue. Ne le plaignez pas : il lui fallait une saignée, le sang coule, et il est sauvé.

Mais le bon génie qui veillait si obligeamment sur lui, et qui le tira ainsi d'affaire dans deux occasions critiques, eut une distraction à la troisième, qui fut malheureusement la dernière. Revenant un soir en fiacre chez lui, le marquis de Cubières éprouva une nouvelle attaque à laquelle il succomba. Il était seul, il ne fut point secouru à temps. Quand le cocher descendit de son siége pour lui ouvrir la portière de sa voiture, il le trouva immobile. On lui prodigua d'inutiles secours, il était mort.

Je l'ai regretté, je le regrette encore ; mais je déplore bien plus la perte du respectable vieillard dans la maison duquel je l'avais connu. M. Sage, vieux chimiste arriéré, en dispute avec tous les savants ses confrères, mais en parfaite harmonie avec tous les hommes de bien ses semblables, avait conçu un vif sentiment d'amitié pour moi qui le lui rendais bien. Il n'entendait absolument rien aux vers, et c'était sans doute pour cela qu'il goûtait les miens. Comme il riait à la lecture de mes contes ! comme il pleurait en écoutant mes tragédies ! J'étais enchanté de lui, et, par reconnaissance, je faisais toujours l'éloge des petites brochures qu'il publiait toutes les semaines contre la nouvelle nomenclature, contre les nouvelles découvertes, obstiné qu'il était à rester immobile sur le seuil du palais des sciences. Du reste, l'ami de l'univers, toujours prêt à servir et à obliger, la main tendue aux passants pour les attirer à lui, la bourse ouverte aux infortunés, et même aux intrigants, qu'il ne savait pas distinguer d'eux, il passait sa vie à faire du bien et à se laisser tromper.

Sa femme, aussi affectueuse et aussi charitable que lui, le poussait aux bonnes œuvres avec un zèle encore plus aveugle que le sien. Elle multipliait autour de lui des soins touchants dont il avait besoin : car, affligé de la plus cruelle des infirmités, la perte de la vue, il ne marchait qu'appuyé sur cette Antigone, dont la beauté charmait tous les yeux, même après cinquante ans d'exercice. Il en avait plus de soixante. Deux jeunes Créoles fort jolies habitaient sous le toit de ce couple bienfaisant, qui les avait recueillies à la suite des désastres de Saint-Domingue. Quiconque voulait être reçu dans cet hospice de la Providence n'avait qu'à dire ; on lui expédiait un brevet d'admission, et quelquefois on s'en trouvait mal. Dans le pêle-mêle de ces installations à l'impromptu se montraient souvent des personnages de la plus haute distinction, qui se détachaient du groupe des aventuriers comme les belles fleurs se séparent des herbes parasites.

Je vis là, et je me félicite de l'avoir vu, le marquis de Marialva, grand écuyer du roi de Portugal, courtisan plein de dignité, diplomate pétri d'honneur, retenu alors en France par la volonté de Bonaparte. Envoyé au nom de son souverain près de l'empereur des Français, pour lui demander raison de l'entrée de nos troupes dans ses Etats, M. de Marialva, sa mission remplie, n'eut point la faculté de quitter Paris, où il resta en otage avec le marquis d'Abrantès et, je crois, l'archevêque de Lisbonne, ses compagnons d'ambassade. Le marquis profitait de son séjour forcé dans la capitale des sciences et des arts pour agrandir le cercle de ses connaissances et pour se rapprocher des illustrations du siècle.

Le premier jour qu'il m'aperçut, tout froid et mesuré qu'il était, il se mit en frais pour moi. Je n'étais pas illustre, mais j'aimais ce qu'il aimait : la gloire, le génie, la vertu. Nos âmes sympathisèrent parce qu'elles étaient de la même essence. Nous nous devinâmes, et dès lors s'établirent entre nous des relations intimes et heureuses, qui n'ont fini qu'avec les jours d'un des êtres les plus dignes d'affection et d'estime que le ciel ait jamais formés. Sa maison était devenue la mienne; j'étais son frère par le cœur. Je disposais à volonté de sa bourse pour les indigents; et quelquefois, sollicité par moi en faveur d'infortunés d'une classe élevée, il me donnait des sommes si considérables, que je lui en rendais la moitié en lui disant: Gardez-moi cela, je le reprendrai; vous n'êtes pas quitte de mes emprunts forcés. En effet, je revenais à la charge sans trouver jamais du vide dans sa bourse ni de la résistance dans son cœur.

Possesseur d'une fortune immense, il la répandait sur ses compatriotes, détenus en France comme lui, mais moins privilégiés que lui; car ils ne touchaient pas un ducat de leurs revenus, tandis qu'il recevait les siens par la voie de l'Angleterre. Pour subvenir aux besoins des autres, il négligeait de faire face aux siens. Je lui ai vu brûler du charbon de terre afin de pouvoir donner du pain aux Portugais qui en manquaient. Et quelle modestie dans sa conduite ! Avec quelle précaution il cachait tous ses actes de vertu ! Il semblait craindre qu'on ne découvrît la trace de ses bienfaits : il rougissait d'être surpris dans ses bonnes fortunes de chaumières. Sa douceur et sa mansuétude égalaient sa générosité. Ses domestiques l'adoraient, et ils avaient bien raison : il souffrait d'eux des choses intolérables. Par exemple, un jour qu'il était allé visiter un de ses amis, avec lequel il resta moins de temps qu'à l'ordinaire, gens et cocher avaient couru faire un tour au cabaret. Il sort, il cherche son monde, il appelle ; personne ! C'était l'hiver ; vingt degrés de froid, il était gelé : il entre en grelottant dans la loge du portier, il y reste deux heures soufflant dans ses doigts et attendant sa livrée ; enfin, quand messieurs ses serviteurs reviennent, il se contente de leur dire : Vous n'êtes pas des modèles d'exactitude. En rentrant, il se mit au lit avec un énorme rhume et une fièvre ardente, qu'il garda deux mois sans proférer la moindre plainte.

Lorsque la Restauration rétablit les Bourbons sur leur trône et les autres rois déchus sur le leur, le marquis de Marialva, nommé ambassadeur à la cour de France, entouré d'honneurs et de dignités, déployant toute la magnificence obligée du représentant d'un souverain, conserva dans sa vie privée la simplicité de ses goûts et la modestie de ses manières. Le lendemain du jour où il avait traité splendidement le corps diplomatique et les ministres du Roi Très-Chrétien, il venait s'asseoir avec bonhomie à la table d'un artiste, d'un savant ou d'un petit bourgeois homme de mérite; aussi attentif, aussi soigneux avec eux qu'il avait pu l'être la veille pour l'élite des nations européennes.

J'avais mon couvert mis chez lui (seul engagement de cette sorte que j'aie voulu contracter, parce que son amitié méritait une telle exception) : nous dînions souvent ensemble, tantôt dans l'intimité, tantôt entre quarante convives brodés et empanachés. Mais que je préférais ses petits banquets aux grands galas! Lui, ses conseillers, et son secrétaire d'ambassade, le marquis de Loulé son beau-frère, et quelques hommes de mérite qu'il appelait à sa table : voilà le cercle le plus agréable qu'il pût m'offrir. Nous faisions aussi parfois des parties de spectacle et de campagne, toujours M. de Loulé en tiers. Celui-ci était un bon seigneur, bien simple, bien uni, qui vénérait M. de Marialva, qui vivait à l'aide de ses secours, et dont la destinée fut marquée et troublée par les événements les plus tristes comme les plus bizarres.

Je vis encore chez M. Sage deux Polonaises de grande naissance, dont l'une était charmante de figure, et l'autre adorable de caractère, ce qui ne veut pas dire que la première fût méchante ni la seconde hideuse. Celle-ci avait épousé un certain comte Birginski, qu'elle idolâtrait et qui vint la voir à Paris, où il resta trois mois occupé à se défaire d'une quarantaine de mille francs extrêmement tenaces et dont il était embarrassé; après quoi il repartit pour la Pologne. Celle-là s'était unie avec un vieux sénateur sarmate, le prince J...., qui l'ennuya si bien, qu'elle le quitta pour venir passer son temps plus agréablement qu'avec lui dans ce bon Paris, séjour consolateur des veuves affligées, des épouses mécontentes, et des filles lassées de l'être.

Je ne vous ai pas encore appris que la comtesse et la princesse étaient sœurs; je finis par où j'aurais dû commencer. On n'a jamais vu d'union plus exemplaire que la leur. Elles avaient loué pour elles deux un hôtel, où elles recevaient bonne compagnie, donnant des dîners, des concerts, des bals, et jetant l'argent à pleines mains, selon la mode du pays. C'était plaisir d'entendre l'une et de voir l'autre : la comtesse, toujours mélancolique et rêveuse au milieu des divertissements où elle se prêtait et ne se donnait pas; la princesse, toujours vive et enjouée, même en regardant à travers les fentes de sa bourse, d'où les ducats avaient fui dans toutes les directions. A un de leurs bals, elles me présentèrent à la femme que je désirais le plus de rencontrer.

C'était la comtesse ***, leur parente, femme d'une beauté surprenante, disait-on, et dont les attraits avaient subjugué celui qui asservissait le monde. On disait encore qu'elle s'était trop enthousiasmée pour le régénérateur futur de la nation polonaise. Je n'en sais rien, je n'en crois rien; je m'en tiens au fait le plus connu : c'est que le héros envoyait tous les matins demander les ordres de la belle comtesse; on mettait à sa disposition toutes les loges de spectacle qu'elle voulait ; on ouvrait à sa voix les portes des musées : elle était servie comme les fées dans leurs royaumes.

En un lieu mystérieux et magnifique de son hôtel était un jeune enfant de quatre ans, d'une figure douce et noble, d'un caractère aimable et attirant, qu'on laissait voir par-ci par-là aux initiés. Quel était cet enfant? On savait que M. *** existait, qu'il demeurait quelque part, que son mariage était bien constaté, et qu'il n'y avait que lui qui pût réclamer le droit de paternité : c'en était assez pour dérouter les pariers. S'ils voulaient en savoir davantage, de quoi se mêlaient-ils? Et qu'est-ce que cela leur faisait?

Quant à la jolie mère, quelle délicieuse et bonne créature! quelle simplicité dans ses manières! quelle franchise dans son accueil! Comme elle éprouvait le besoin, non pas de plaire, ses prétentions n'allaient pas si loin, mais d'être accueillie avec bienveillance! Vous ne vous doutez pas de sa timidité, me disait la princesse

J.... : elle craint tous les regards, elle rougit de sa beauté. Il lui semble qu'on doit lui en vouloir d'avoir captivé le lion ; car il est bien son captif. On ne peut se faire une idée de la délicatesse du sentiment dont l'empereur est pénétré. Il aime, il connaît cette passion qui n'a rien de commun avec les vulgaires besoins des sens. Hercule est presque devenu Céladon.

Figurez-vous, ajouta la princesse, qu'il était convenu avec son amie d'exécuter un traité dont le plan semble emprunté au roman de l'*Astrée* plus qu'à l'histoire de Napoléon. Comme l'étiquette leur défendait de parler ensemble au delà d'un certain temps dans les assemblées publiques, pour se prouver l'occupation où ils étaient l'un de l'autre, ils avaient juré d'employer un de ces signes télégraphiques inconnus aux profanes : par exemple, l'empereur devait toucher sa boutonnière où rayonnait l'étoile de l'honneur, et la comtesse, en réponse, agiter doucement un de ses superbes pendants d'oreilles.

Un jour on s'était querellé. Le soir il y avait bal à la cour. Mme *** y vint ; mais le télégraphe, du moins de son côté, ne joua pas du tout. Le lendemain un billet lui arrive contenant ces mots, que j'ai retenus tant ils sont curieux :

« Que vous êtes cruelle ! Hier, vous m'avez tenu rigueur pendant toute la soirée, et j'ai toujours eu la main sur mon cœur. »

Quoi, vraiment, m'écriai-je, vous avez vu ce billet ! vous l'avez tenu ! vous y avez lu ces expressions sacramentelles ! Napoléon galant, Napoléon passionné, Napoléon écrivant comme un marquis français ! c'est à ne plus s'y reconnaître. — Et pourquoi ne voulez-vous pas qu'il ait un cœur ? répliqua vivement la princesse. Où est donc le héros qui nous résiste ? Avez-vous vu cela dans les siècles ?

Je réfléchis un moment, et je répondis : Vous avez raison, et je suis un sot. J'ai peur qu'elle ne m'ait pris au mot, la maligne princesse ; elle en était bien capable, et je lui donnais bien beau jeu.

De cette société charmante qu'est-il resté? Mme B..., peut-être ; mais je n'en sais rien. J'ai seulement appris qu'elle était retournée en Pologne pour y voir ses biens saisis par la Russie, après l'expédition de Bonaparte, expédition à laquelle son mari avait pris part et qui le fit envoyer en Sibérie, où sa fidèle et généreuse compagne l'a suivi. Quant à la princesse Jablouwska, elle est morte au milieu de cruelles souffrances, occasionnées par un cancer au sein. Et la belle Mme Waleska, qui s'était remariée, après la mort du comte, au général Ornano, a disparu elle-même la première de notre cercle et du monde, emportant les regrets universels.

Qu'elles avaient d'esprit et d'agrément ces femmes polonaises ! que de mouvement et de charme elles apportaient dans la conversation ! Presque toutes véritablement instruites, elles étaient toutes naturellement aimables. Je n'en dirai pas autant de leurs maris : braves, francs, loyaux, dévoués à leur patrie, mais d'une étourderie et d'une inconduite qui gâtaient tout, ils laissaient à leurs femmes le soin d'orner leur esprit et de développer leur intelligence. Il y avait pourtant des exceptions à faire, notamment en faveur du comte P..... Personne ne brillait plus que lui dans le monde, personne ne lançait mieux la saillie. Il me revient en mémoire un bien joli trait de sa façon. On parlait devant lui de Bonaparte et de sa fureur d'enrégimenter l'univers. C'est un homme capable, au besoin, dit le comte, de mettre à l'Apollon du Belvédère un fusil sur l'épaule, et de lui crier : Marche, conscrit !

Au surplus, quand j'ai médit des Polonais, c'est des

pères que j'ai voulu parler. On m'assure que la jeunesse de ce pays est aussi remarquable par son instruction que respectable par ses malheurs.

Encore une connaissance précieuse que j'empruntai au salon de notre vieux chimiste. Ce fut le docteur Lassus, ancien chirurgien de MESDAMES, et nouvel ami de Talma. Il demeurait dans la même maison que le grand acteur, chez lequel il me conduisit; et de ce jour-là mes liaisons avec *Roscius* n'ont cessé de s'accroître jusqu'à la Restauration, qui changea beaucoup de choses et particulièrement nos rapports.

J'arrivai donc un beau matin, entre neuf et dix, sous la conduite du bon Esculape, dans le sanctuaire de la tragédie, qui était un cabinet de toilette. Nous trouvâmes Talma en pantalon blanc, en gilet de même couleur, sans veste ni habit, les bras demi-nus, achevant sa barbe devant un miroir, et parlant avec action à une femme d'une taille superbe, d'un âge un peu avancé, mais dont les allures et la mine annonçaient une de ses sœurs en Melpomène. Je conjecturai, et je ne me trompai pas, que nous avions là sous les yeux Mlle Raucourt. Je l'avais assez vue au théâtre pour la reconnaître sous le costume de ville. Entre elle et Talma s'était élevée une si vive discussion, que la présence des nouveaux venus ne la fit point suspendre. Destinés au rôle de spectateurs dans cette pièce improvisée, nous restâmes debout dans le fond du cabinet, et nous attendîmes avec curiosité le dénoûment.

Non, non, criait Talma, je ne jouerai pas demain; je ne le peux pas, je ne le veux pas. Qu'est-ce que c'est donc? Toujours moi! toujours des corvées! J'ai assez porté le collier de misère pendant six semaines pour avoir le droit de me reposer, et je me reposerai. — Oui, reposez-vous, répondait doucement son interlocutrice;

qui vous dit le contraire? Passé demain vous serez libre.
— Eh! je prétends l'être demain. Demain, je vais dire des vers chez la princesse Borghèse qui m'a demandé; est-ce que je peux refuser la sœur de l'empereur? — Allez chez elle, mais après le spectacle. — Que j'y aille, que j'y aille fatigué, hors de combat, pour débiter d'une voix enrouée des vers dont je ne me souviendrai plus! Je raterai tous mes effets, et on se dira à l'oreille : Quoi, c'est là Talma!... Impossible, ma chère, impossible!
— Mais si vous refusez, le spectacle manquera. — Eh bien, qu'il manque. — Mais c'est six mille francs que la comédie perdra. — Eh bien, qu'elle les perde. — Mais...
— Mais, mais, je ne jouerai pas. Que diable, je ne jouerai pas. Est-ce clair? — Ah! mon cher Talma, je ne vous crois pas; vous êtes trop bon camarade pour nous faire ce tour. Je vous connais : vous avez de l'âme, des entrailles, vous ne nous abandonnerez pas dans notre détresse; vous êtes notre planche de salut. — Ta, ta, ta, je ne suis point une planche, je suis un marbre; ne comptez pas sur moi, je ne jouerai pas. — Oh! que si. — Oh! que non. — Mon cher Talma! — Rien. — Mon petit Talma! — A d'autres. — C'est donc décidé? — Très-décidé. — En ce cas, que je vous embrasse, dit l'actrice matoise en se levant, car elle était assise; puis, allant passer ses bras autour du col nu de son rétif camarade : Je vais donc annoncer à la comédie que vous consentez à la tirer de peine en jouant demain *Manlius*. Ah! Talma, vous êtes bien aimable.

Cette déclaration inattendue surprit tellement le récalcitrant qu'il resta bouche béante, regarda l'actrice qui souriait, se mit lui-même à pouffer de rire avec sa franchise d'enfant, et s'avoua vaincu par la grâce, après avoir résisté au raisonnement.

Tandis qu'il la reconduisait avec les honneurs de la

guerre, nous admirâmes, le docteur et moi, l'habileté de la négociatrice. Je crois qu'elle seule pouvait obtenir ce que le capricieux tragédien avait refusé à tous ses autres camarades. Asseyez-vous, nous dit-il en revenant et en prenant le premier un siége; puis, les yeux dirigés vers moi : Vous travaillez pour le théâtre? vous avez une pièce reçue? Ah! des pièces, j'en ai, j'en ai une pile sur mon bureau. Tenez, les voilà qui attendent leur tour de lecture; Dieu sait quand je pourrai m'en occuper! — Mais il y a pièces et pièces, reprit le docteur. Si vous connaissiez celle de Monsieur! — L'avez-vous là? interrompit Talma toujours me regardant. Je répondis d'une voix mal assurée : Oui. — Fort bien! laissez-moi cela, et revenez dans quelques jours. — Quand? demanda mon patron. — Voyons : c'est aujourd'hui lundi... A la fin de la semaine, par exemple; cela vous convient-il? — Samedi je serai auprès de vous. — Et vous saurez ma façon de penser.

Je ne manquai pas au rendez-vous, dont j'eus tout lieu d'être satisfait. Ma tragédie nouvelle, car j'avais renoncé à faire représenter l'ancienne, vu la difficulté de se procurer un Hercule; ma tragédie nouvelle donc avait trouvé grâce devant le terrible arbitre de sa destinée. Elle portait pour titre *Jeanne Gray* : sujet emprunté aux grandes scènes de l'histoire d'Angleterre, mais sujet tout à fait anti-dramatique. Un de mes compatriotes, M. Petitot, connu par la publication des Mémoires sur l'histoire de France, m'avait engagé à puiser à cette source aussi dangereuse que féconde, et par malheur j'avais suivi son conseil, de façon que je venais de mettre au monde un *fœtus*.

Rien de plus contraire à l'intérêt que ces sortes d'ouvrages où l'on voit l'héroïne, placée dans une situation fausse, accepter par faiblesse ce que sa conscience repousse, et se couvrir du manteau de l'usurpation au moment où elle réclame elle-même en faveur du droit.

Tel qu'il était, mon avorton n'excita point les dédains de Talma, qui crut apercevoir dans cette informe production quelques germes de vie et d'avenir. C'est bien, me dit-il d'un air caressant : début de bon augure ; de belles masses, style naturel, vers faciles, mais trop de poésie, trop de poésie. Regardez, là, dites-moi, comment pourrai-je *débagouler* cette tirade-là ? Et puis, voyez-vous, passé le troisième acte vos reins ont fléchi sous le fardeau ; à quelques scènes près vos deux derniers actes sont nuls. Il faut les jeter bas et recommencer sur nouveaux frais votre échafaudage tragique. Allons, mon jeune travailleur, à l'ouvrage ! Cherchons, trouvons, arrangeons. Voyez-vous, ajouta-t-il (c'était sa locution parasite), nous avons besoin d'un crescendo, d'une péripétie... comme ça, comme ça, vous m'entendez bien.

Je n'entendais pas ; et lui, tout en tronquant ses phrases, en bronchant sur les termes, en tâtonnant dans les ténèbres du sujet, dessinait cependant les scènes des deux actes avec une force de génie qui annonçait une profonde étude de l'art. A travers son chaos d'idées pétillaient des milliers d'éclairs ; et la lumière se faisait, et un monde jaillissait tout rayonnant aux yeux de mon esprit, de mon esprit émerveillé de ce bizarre contraste d'avortement dans l'expression, de création dans la pensée.

Je remportai mon manuscrit, bien déterminé à retravailler sur les données de Talma. Au bout d'un mois, docile écolier, j'avais remis l'édifice debout, et j'obtins l'approbation de mon maître. Il demanda lecture pour ma pièce, qui fut reçue plus modestement que la première, mais qu'on mit sur l'heure à l'étude. Talma le voulait, et toute volonté s'abaissait devant la sienne. Déjà les rôles étaient distribués : on allait commencer les répétitions et même annoncer le jour de la représentation, sauf à le retarder six mois selon l'usage immémorial des coulisses, lorsque Napoléon ordonna que son lecteur ordinaire, Talma, vînt le distraire à Fontainebleau par la lecture de la pièce nouvelle.

Celui-ci, tout enchanté, part armé du papier fatal, et se rend dans le cabinet du maître, où quelques élus rassemblés accourent lui demander si cela sera long. Non, vraiment, répondit-il. Plus long qu'il ne croyait. Le pauvre Talma, qui n'avait songé à rien, pas plus que moi autre innocent, demeura tout blême et tout haletant, lorsqu'en avançant dans l'action il sentit qu'elle devenait brûlante. On y plaidait contre l'usurpation ; on y enfermait, malgré la foi due aux traités, une princesse légitime. Or, nous étions encore voisins de deux grands actes : le rétablissement du trône et l'emprisonnement du duc d'Enghien. Qu'on juge de l'embarras des auditeurs, du mécontentement mal dissimulé du maître, et surtout des terreurs croissantes du lecteur. Le lendemain, Talma, encore déconcerté, me confessa qu'il avait senti la sueur couler par tous ses pores. Ah! quelle situation pour chacun de nous, ajoutait-il. Quelles critiques l'empereur a faites des caractères, de l'intrigue, du style! Pourquoi veut-il mourir, ce *bêta-là?* a-t-il dit en parlant de votre jeune héros au moment de la catastrophe. Eh! j'ai passé par bien d'autres étamines, et je n'ai jamais songé à quitter la vie, moi. Il n'y a que les sots qui se tuent : les sages vivent et attendent. Tout cela n'est que du fatras : qu'on donne un dédommagement à l'auteur et qu'il retire sa rapsodie.

Pas si rapsodie, répliqua le comte de Ségur, ordinairement plus courtisan que poëte, mais ce jour-là plus généreux que courtisan. Je vous assure, Sire, que cette production, incomplète à la vérité, n'est pourtant pas sans mérite. Elle a eu l'approbation du grand maître de l'Université lui-même. N'est-il pas vrai, Monsieur de Fontanes? — Moi! je ne m'en souviens pas, marmotta ce dernier en cachant sous les plumes blanches de son chapeau un visage couvert de rougeur.—Et quand M. le grand maître s'en souviendrait, il n'y aurait là ni mal ni danger, reprit le comte de Ségur. Quant à moi, je soutiens que cet ouvrage offre les prémices d'un talent digne d'encouragement; et voilà M. de Bassano qui s'intéresse à l'auteur, et dont le suffrage... — Mon suffrage! mon intérêt! répondit avec impatience le secrétaire d'Etat, interpellé à son tour : oh! mon Dieu, je prête si peu d'attention à ces bagatelles! L'empereur se leva brusquement sur ce mot et congédia l'assemblée. Depuis cette époque il entendit encore des lectures de pièces nouvelles, mais ce fut toujours à huis clos.

Le duc de Bassano et M. de Fontanes avaient été mis en effet dans ma confidence; car les comédiens, et surtout Talma, s'étaient maladroitement avisés de porter aux nues mon malheureux essai, qui tomba, comme on voit, tout à plat dans le cabinet impérial pour retomber plus lourdement dix années après sur les planches du Théâtre-Français. Appelé dans vingt salons, j'y portai ma pièce, je la lus; je la fis entendre à qui voulait; j'étais là-dessus d'une facilité de père, je n'aspirais qu'à montrer mon enfant à tous les curieux. Quelle confiance chez moi! quelle patience chez mes auditeurs!

Puisque j'ai cité deux hommes célèbres de l'*ère impériale*, je ne puis me dispenser d'en dire quelques mots. Mes rapports avec eux furent moins que rien. Dîner, lecture à l'hôtel de Fontanes, où l'on m'accueillit par circonstance, où l'on me négligea par peur. Cependant des éloges furent donnés à ma tragédie, qui n'en valait pas mieux. L'autre grand dignitaire, M. de Bassano, m'avait, en qualité de compatriote, montré un intérêt assez vif, mais dont le comte de Ségur avait exagéré la mesure. J'étais ami de son frère, et celui-là s'occupait réellement de ma fortune et de ce qu'il appelait ma gloire. Je l'ai perdu, je l'ai pleuré ; je lui garde toujours un tendre et respectueux souvenir. Il avait tant de vertus ! il m'a prouvé tant d'amitié !

Nous avons laissé Talma désappointé et tremblant. Il eut le temps de se rassurer. Napoléon ne lui en voulut point de sa maladresse : la disgrâce de ma pièce n'entraîna pas celle de mon acteur. La paix rentra dans le cœur de celui-ci, et celle-là retomba dans mon portefeuille. Force fut pour moi de chercher un nouveau sujet : car la passion du théâtre me dévorait.

Un troisième ouvrage sortit bientôt de mon écritoire ; mais avant de le montrer, même à celui que je consultais toujours, et avant tout, je l'examinai, je le critiquai, je ne lui passai rien. Courant ensuite chez Talma, je lui parlai de ma dernière composition. Bon ! dit-il, j'aime à voir que le découragement ne vous gagne pas. Venez me lire la pièce à Brunoi, où nous serons tranquilles. (C'était sa maison de campagne.) Demain je pars à huit heures du matin, je vous emmènerai : nous resterons là trois jours, et nous coulerons à fond votre affaire. J'accepte la partie, je le rejoins à l'heure indiquée, et nous voilà dans le char d'Oreste qui roulait rapidement sur la route de Charenton.

Chemin faisant, Talma paraissait émerveillé du calme des villages. Si vous aviez vu il y a dix ans ces diables de cantons-là, me disait-il, ah ! quelle différence ! La révolution avait mis sur pied tout le peuple. On ne pouvait faire un pas sans être arrêté comme suspect, mené à la mairie, interrogé, fouillé, emprisonné, pour peu qu'on n'eût pas ses papiers en règle. Terrible époque! Dieu nous garde d'un nouveau 93!

Je fis un mouvement de surprise qu'il remarqua. Eh bien! eh bien! qu'avez-vous? s'écria-t-il avec émotion. Seriez-vous aussi de ceux qui ont osé me croire le partisan des jacobins? En vérité, je n'ai jamais frayé avec de tels monstres. J'étais dans le parti des girondins. Je ne savais pas plus qu'eux ce que je voulais, mais ce que je ne voulais pas je puis le déclarer. Ni despotisme ni anarchie : tel était leur mot d'ordre et le mien. Qu'ils avaient d'esprit, ces braves girondins! — Pas du moins l'esprit de se sauver, répondis-je à mi-voix. — J'en conviens. C'est bien leur faute. Toute la garde nationale était pour eux. Ils n'avaient qu'à dire un mot, et devenaient les maîtres; ils ne le dirent pas. Lorsqu'au 31 mai nous fûmes appelés aux portes de la convention, nous comptions recevoir leurs ordres pour arrêter les montagnards; ce furent eux que nous arrêtâmes par le commandement des montagnards. Notre stupéfaction fut égale à l'inertie de nos amis politiques. Il aurait fallu voir nos mines allongées quand nous les menâmes en prison. Pour eux, s'ils n'avaient pas su se défendre, ils surent mourir; mais qu'est-ce que des chefs de parti qui ne savent que mourir?

Le plus éloquent, le premier de tous, Vergniaud, avait obtenu de n'être pas enfermé dans la Conciergerie. On le gardait à vue dans sa propre maison. Il me fut permis de le voir. Je le trouvai tranquille et gai au milieu des fleurs de son jardin, où il se promenait comme un sage de l'antiquité sous le portique du Lycée d'Athènes. Je l'interrogeai sur ses dispositions. — Je n'en ai plus qu'une, me répondit-il : c'est d'attendre en paix l'événement. — Et pourquoi ne pas profiter des facilités qu'on vous laisse? Les murs de ce jardin sont peu éle-

vés; personne ne vous observe. Qui vous empêche de fuir?
— Pour vivre quelques jours de plus! Est-ce la peine? Dans ces horribles temps de saturnales politiques, lorsque la patrie est déchirée par les mains de ses enfants dénaturés, lorsqu'il n'existe plus ni lois, ni liberté, lorsque les massacres succèdent aux massacres, qui peut vouloir rester le témoin présent ou éloigné, visible ou caché de tant de monstruosités sanglantes? Pourquoi l'homme tient-il à vivre? Pour jouir des délices du bonheur domestique, pour savourer la gloire d'être honoré et applaudi par ses concitoyens sous la toge du législateur ou sous les lauriers du soldat. Mais aujourd'hui, mais en présence des cannibales, mais sur les ruines fumantes de l'édifice social renversé, on n'a qu'un parti à prendre : c'est de s'ensevelir entre ces ruines, dans la tombe de tous les gens de bien, en s'écriant avec Brutus : O vertu, tu n'es qu'un fantôme!

Soit! répondis-je. Mais puisque vous méprisez la vie, délivrez-vous-en du moins de vos propres mains. Ne laissez pas aux jacobins l'honneur de votre mort. Le poignard de Caton est quelque part; on peut le retrouver. — Un coup de poignard! C'est trop usé; cela traîne dans toutes les tragédies, cela ne fait plus d'effet. Il faut une manière ingénieuse de se tuer; il faut perfectionner le suicide ou ne pas s'en mêler. Et puis, ajouta Vergniaud, se donner la mort, c'est une affaire, c'est une fatigue, et je suis si paresseux! Laissons du moins cette peine aux bourreaux. J'eus beau insister, je ne pus lui communiquer mes sentiments romains; il se laissa bourgeoisement conduire à l'échafaud, et les montagnards se moquèrent de lui.

Mais vous, dis-je à Talma, vous dont ils connaissaient l'antipathie pour eux et leurs œuvres, comment avez-vous pu échapper à la hache de ces hommes de sang?

— En me réfugiant au théâtre, en me cachant derrière les républicains grecs et romains, en m'appuyant sur l'autel de l'antiquité. Encore étais-je peu défendu par la tunique et la toge : sans la protection du parterre, je ne sais trop ce que serait devenu l'artiste Talma. Sur ce propos il s'endormit, ce qui lui arrivait souvent.

Nous trouvâmes à Brunoi la seconde Mme Talma, qui m'en fit les honneurs avec une grâce qui rachetait la simplicité peu ornée des manières de son mari. J'avais déjà plusieurs fois visité cette charmante habitation, où brillaient réunis tous les dons de la nature et des arts. Un jardin anglais fort considérable, avec kiosques, ponts chinois, rivières naturelle et artificielle, allées crochues, ruines gothiques d'hier, offrait aux amateurs de l'ombre, des fleurs, mais pas un fruit. On n'y savait pas même le nom de potager ; en vain pendant cent ans y aurait-on cherché un melon ou un navet. Du reste, de la fatigue, de la poussière et des chenilles tant qu'on voulait. La maison, jolie mais incommode, changeait de face tous les six mois, grâce à l'inconstance du propriétaire. Une bibliothèque choisie, et qui, plus tard, fut transportée à Paris, me paraissait le plus solide ornement de ce séjour, auquel il ne manquait, pour être délicieux, que d'être arrangé.

Après deux jours consacrés à la promenade dans le parc et sur l'eau, nous procédâmes à l'expédition de l'affaire capitale qui m'avait amené. Je lus... point... je débitai de mémoire ma tragédie, non écrite, à Talma, sous les acacias et les arbres de Judée. L'ouvrage fut l'objet d'un grand nombre de critiques, que ne balançaient pas à mes yeux de rares éloges. J'écoutais, je pesais dans mon esprit les objections de mon censeur, qui avait raison, trop raison, à mon avis, et auquel j'aurais désiré un discernement moins parfait. Pas un des défauts de la pièce ne fut épargné. J'étais consterné; Talma se prit à rire : Eh bien! me dit-il gaiement, allez-vous perdre la tête parce que vous n'avez pas fait de prime abord un chef-d'œuvre? Ne voyez-vous pas que mes critiques prouvent le mérite de votre pièce? Si elle ne valait rien, me donnerais-je la peine de vous chicaner sur ses imperfections? Point de découragement, s'il vous plaît. Votre sujet est noble et touchant : vous avez là des scènes qui remuent, d'autres qui ennuient; vous pouvez presque en même temps aller aux nues et tomber tout à plat. C'est à vous de corriger le mauvais en gardant le bon. Six semaines de travail vous suffiront pour mettre la barque à flot. Ces dernières paroles me ranimèrent, j'acceptai mon horoscope tragique; je passai une nuit de poëte, c'est-à-dire une nuit d'illusions, et le lendemain nous revînmes à Paris.

Dans la grande rue de Charenton, cette rue si étroite et si montante, nous fûmes arrêtés tout net par une grosse guimbarde qui était là en station, tandis que les charretiers buvaient, fumaient et jouaient autour de la table du cabaret voisin. Nous arrivions lestement dans un élégant cabriolet, traîné par deux chevaux, avec un domestique en postillon. Nous voilà forcés de faire une halte et d'attendre pour repartir le bon plaisir de ces despotes de grands chemins, qui en prenaient à leur aise. Enfin, ils apparaissent, fouettent leurs chevaux, crient *hue :* les pauvres animaux se mettent en mouvement, la voiture s'ébranle, nous nous revoyons en route. Point du tout : les chevaux reculent, la guimbarde penche et descend précipitamment en arrière sur nous; notre frêle cabriolet, menacé par sa chute, va être brisé, broyé, mis en poussière. Toutes les portes, toutes les fenêtres sont garnies de spectateurs effrayés qui regardent sans oser, sans pouvoir nous secourir. Une clameur immense parcourt la rue. On nous croit morts, nous le croyons aussi. En vain avions-nous crié de toute notre force à notre Phaéton de seize ans : Tournez, tournez vite. Il était trop tard. Déjà touché et frappé par le train de derrière de l'énorme voiture, le mince cabriolet commençait à être enlevé de terre; encore une seconde, et c'était fait de nous.

Qui nous sauva? Une brouette chargée de foin, que le hasard avait placée entre la guimbarde et notre char, amortit le coup, arrêta le mouvement, détourna la terrible montagne qui dégringolait sur nos têtes, et nous eûmes le temps de sauter hors de notre léger équipage, à moitié en l'air, à moitié tourné, tandis que femmes, enfants, vieillards, maîtresses, servantes, nous entouraient, nous félicitaient, nous questionnaient, nous offraient des verres d'eau, et paraissaient encore plus étonnés que nous de nous voir debout, vivants et causants.

Pendant toute cette bagarre, je n'étais, moi, occupé que d'une pensée; je n'avais qu'un regret : lequel? De perdre la vie? Fi donc! belle misère! D'emporter avec moi ma tragédie. Cependant, à mon insu, la nature avait agi et pâti; car une des bonnes âmes qui venaient nous secourir après coup, faute de mieux, me dit au pied du cabriolet : *Ah! Monsieur, que vous êtes pâle!* Je ne m'en étais pas douté. Je me croyais un modèle d'intrépidité.

Après cet événement, qui pouvait être si grave, Talma me mit, un peu malgré moi, sur le chapitre de ses amours. Il avait eu d'abord une passion démesurée pour Mlle Vanhove. Quant à Julie, reconnaissance, amitié, considération, voilà tout ce qu'elle lui avait inspiré. Mlle Vanhove, au contraire, remua toutes les fibres de son cœur. Il en fut tellement épris qu'il osa la disputer au plus redoutable des rivaux, à Robespierre même. De toutes les femmes qui m'ont tourné la tête, c'est encore, me disait-il, celle qui me ferait faire le plus de folies. J'en ai vu de brunes, de blondes, de belles, d'aimables, d'agaçantes, de mélancoliques : pas une n'avait ce charme, cet agrément, ce je ne sais quoi qui m'a captivé dans Caroline. Elle réunit mille qualités; mais, par malheur, elle est jalouse, ah! jalouse! c'est excédant. Si elle permettait à mon cœur de vagabonder, d'aller de temps en temps à la maraude, passe encore. Que lui importent des goûts passagers que je satisfais ou ne satisfais pas? Tant de délicatesse n'est pas de notre siècle ni de notre métier. Les artistes ont un laisser-aller qu'on leur permet; voilà ce qu'elle ne veut pas entendre. Elle subtilise trop, ma pauvre femme. A présent je suis un peu coiffé de Bourgoin, je l'avoue; mais Bourgoin, à quelle femme peut-elle inspirer de la jalousie? qui ne sait que c'est une passade? Quand je dis une passade, ce n'est pas que la friponne n'ait de la séduction, terriblement de séduction. Vraiment, on ne la connaît pas. C'est une délicieuse créature, c'est un ange.

Je ne pus tenir à ce langage extraordinairement ridicule. Un ange un peu déchu, repris-je avec un sourire dont je me repentis quand je vis le visage de Talma se rembrunir. Bah! bah! répliqua-t-il avec humeur, il n'y a personne qu'on ne calomnie, et la pauvre fille est victime comme une autre des mauvais propos. Mais si vous pouviez la voir dans l'intimité, si vous pouviez juger de ce qu'elle vaut! Je ne parle pas de son esprit : elle a des traits qui ne sont qu'à elle. Pour la répartie, c'est Mlle Arnoult; comme pour l'âme, c'est Mlle Lecouvreur. Il faut que je vous en donne une idée. Dernièrement, dans un accès de passion, je lui proposai d'unir nos ménages comme nous avions uni nos cœurs. Elle rêva un moment; puis, avec une admirable candeur, elle me répondit : Non, vois-tu, Talma, cela me vieillirait de trente ans. On dit aujourd'hui *la petite Bourgoin*; si je m'emménageais avec toi, on ne manquerait pas de m'appeler *la mère Bourgoin*, et je serais perdue. Conçoit-on une sagacité plus merveilleuse? Et l'autre jour, quand on nous annonçait au foyer que *Volnais*, notre camarade, venait de faire l'acquisition d'une terre de 400,000 fr., toutes nos dames de s'écrier : Comment a-t-elle donc pu rassembler tant d'argent? Et l'espiègle de répartir : Vous verrez qu'elle a fait un appel au peuple. Ah! si l'on rassemblait tous ses mots, qu'on pourrait composer un joli *Bourgoiniana !*

Et vous ne tenez pas à elle? interrompis-je. — Non, ma parole, je ne tiens qu'à ma femme; mais qu'elle me laisse carte blanche sur mes caprices. — Laissez-lui donc aussi liberté plénière sur les siens, si elle en a. — Est-ce qu'elle en a? s'exclama notre Othello en fureur. — Non, je ne crois pas; mais la justice veut qu'entre bons époux tout soit égal et que les représailles soient permises. — Halte-là! c'est ce que je n'accorde pas. Qu'elle demande toute autre chose, j'y consens; mais cela! — Eh bien, repris-je pour l'engager, puisque vous parlez de concessions, elle en désire une. — Et laquelle? — De l'argent pour sa dépense intérieure. — Elle en manque? — Comme la femme de Sganarelle. — Elle vous l'a dit? — Je ne l'aurais pas deviné. — Et vous êtes chargé... — De sa requête. — Que réclame-t-elle? — Une somme suffisante par mois pour acquitter le mémoire du boulanger, du boucher, de l'épicier, qui lui répètent chaque jour : Payez-nous. — Oh! qu'à cela ne tienne. Je croyais lui donner les fonds nécessaires. — Vous ne lui donniez rien du tout. — C'est une distraction. — Sortez-en; voyons, comptons : en réunissant votre part et la sienne au théâtre, le prix de vos congés, les représentations à votre bénéfice, vos gratifications et celles qui lui reviennent, vous pouvez compter par année sur une valeur de cent mille francs. Elle vous en demande la cinquième partie. — Elle l'aura. — Elle vous laisse le reste. — Je le garde. — Bon mari! — Et après cela sera-t-elle contente, et moi serai-je tranquille? — Si vous ne proposez plus à Mlle Bourgoin de faire ménage avec vous.

Ce traité conclu, je me séparai de lui fort content moi-même, et j'écrivis à Mme Talma qu'elle pouvait revenir à sa maison de Paris, où son intention était de ne pas remettre le pied tant qu'on y verrait régner la famine. J'eus de la peine à la déterminer. Elle était poussée à la révolte par son médecin, qui était aussi le mien, par le docteur Moreau, l'un des hommes les plus spirituels et les plus laids que la terre ait produits. Malgré sa laideur il aimait, et, pour réussir, il comptait sur son esprit. Sans être touchée, la sensible Mme Talma était reconnaissante. Elle se laissait persuader par lui, non pas de l'aimer, mais de tracasser son mari. L'habile docteur avait déjà gagné du terrain, lorsque j'accourus pour le faire reculer. Comme il ne s'avançait qu'avec un masque sur le visage, je saisis l'avantage de la position. Je courus à lui feignant de le prendre pour l'ami des deux époux; je lui contai le succès de ma négociation, dont il enragea sans rien dire; je lui demandai de se joindre à moi pour obtenir de Mme Talma la fin de son ostracisme volontaire, lui assurant qu'il pouvait seul la ramener au bercail, que sa conduite lui mériterait l'estime de tous les honnêtes gens et la gratitude particulière du mari, avec lequel il craignait de se brouiller; bref, de belles paroles en belles paroles, je lui fis défaire son ouvrage, et je le forçai encore de me remercier de sa mésaventure et de son désappointement. Le plaisant de l'affaire fut que le distrait, l'insouciant, l'imprévoyant

Talma n'avait pas même soupçonné les approches de la petite guerre civile qui menaçait ses petits États.

J'ai peu connu d'hommes aussi doux, aussi insinuants, aussi faciles à vivre que le docteur Moreau. Instruit de tout, hormis de la médecine, qu'il exerçait comme il plaisait à Dieu, il allait dans la société portant chez les gens en santé un esprit qui les charmait sans exception, et chez ses malades des drogues qui les tuaient sans rémission. Je me plaisais à causer avec lui, mais je me défiais de ses ordonnances : aussi, dans nos rapports intimes, procédais-je avec un ordre parfait, enregistrant ses bonnes paroles dans ma mémoire et serrant ses mauvais remèdes dans ma pharmacie. Il était sous l'influence du génie de Lavater, dont il avait traduit l'ouvrage ; et, quand on niait devant lui la vérité du système inventé ou renouvelé par le philosophe helvétien, il ne manquait pas de le défendre, non par des arguments, mais par des faits. Répondez à ceci, disait-il ; et aussitôt il vous citait une histoire fort singulière que voici :

Un jour Lavater professait à Zurich dans son école physionomiste. Pendant la séance un étranger s'introduit dans la salle, monte sur les bancs, se place entre les auditeurs, et reste quelques minutes attentif à la curieuse leçon du maître. Dès que cet étranger est sorti, Lavater s'interrompt, regarde bien si on ne l'écoute pas du dehors, et, reportant les yeux sur ses disciples : Messieurs, dit-il, j'ai trop de bonne foi pour ne pas vous avouer que ma science est absolument conjecturale. Ainsi n'allez pas vous figurer dans mes énonciations une infaillibilité qui n'y est pas, et qui n'est peut-être nulle part. Tenez, par exemple, Messieurs, si j'en crois les notions de mon art, l'inconnu qui vient de s'éloigner porte sur sa physionomie tous les signes caractéristiques de l'homicide, et je ne doute pourtant pas qu'il ne soit un fort honnête homme.

La séance finit. On sort, on s'informe. Cet honnête homme était un des assassins de Gustave III (1).

L'esprit sert à tout : mille gens l'ont dit, peu l'ont prouvé. Moreau fut de ce petit nombre. Médecin médiocre, à force d'intelligence et de volonté, il parvint à être compté justement parmi les plus habiles. Galant ridicule, il sut se glisser, à l'insu de tous et d'elles-mêmes, dans le cœur des femmes dont il fut le soupirant. En politique, en littérature, en morale, il avait des idées fort arrêtées et souvent fort différentes des opinions qu'il rencontrait sur son chemin, mais point de luttes entre lui et ses contradicteurs. Sans rien céder de sa pensée, il biaisait, il louvoyait, il tournait les difficultés au lieu de les attaquer de front, il ne heurtait point pour n'être point heurté ; enfin il s'arrangeait de manière à n'éprouver ni l'embarras de la victoire ni l'humiliation de la défaite. Jamais on ne se séparait de lui avec humeur : on le retrouvait toujours avec plaisir.

Quelle foule dans le salon de Talma, ou plutôt quelle foire que ce salon ! Grands du jour, courtisans de l'ancien régime, artistes, hommes de lettres, savants, intrigants, agioteurs, se donnaient la main et jouaient au boston devant le foyer doré de l'opulent successeur du pauvre Lekain. J'ai vu souvent là le peintre Gérard, qui mettait autant de finesse dans sa conversation que dans ses compositions, causer avec le vieux Ducis, ce patriarche tragique à la tête superbe, aux cheveux blancs, à la parole forte des prophètes, dont il avait l'air inspiré et le regard étincelant ; le mathématicien Legendre écouter Musson jouant des proverbes ou mystifiant quelque nouveau débarqué de la province ; Madame Gay, ce tourbillon d'esprit, envelopper, enlever, étourdir le bon Clavier

(1) Le comte de Rybing.

l'helléniste, qui n'en pouvait plus et restait suffoqué. Que vous dirai-je? La brillante Madame de Bawr, à laquelle nous devons la jolie comédie intitulée : *la Suite d'un bal masqué*, et tant de romans agréables ; le peintre Guérin, si habile et si modeste; Arnault, Chénier, Lemercier, les trois tragiques qui s'étaient partagé la succession de Voltaire, comme Antiochus, Cassandre et Lysimaque se distribuèrent l'héritage d'Alexandre ; tant d'autres, dont les noms m'échappent, rendaient par leur association les fêtes de Talma aussi piquantes qu'elles étaient recherchées. Malgré la maîtresse du lieu, dont le ton toujours réservé et convenable n'avait pas l'avantage d'imposer, les bonnes manières et le langage mesuré n'entraient que rarement dans le programme de la soirée.

Le plus curieux, le plus divertissant de tous, qui le croirait? c'était Talma, Talma lui-même. Quand il prenait un livre de parades et qu'il nous lisait *Léandre hongre* ou *Gilles ravisseur*, c'était à se pâmer de rire. J'ai vu de vieux amateurs se rouler sur le tapis, des femmes sortir en se tenant les côtés. Je lui disais souvent : Vous avez manqué votre vocation. Que faites-vous au Théâtre-Français? Votre place est aux Variétés. Vous êtes né pour détrôner Potier. Il ne m'a pas cru, il a perdu la moitié de sa gloire. Le pauvre homme !

Entre lui et Musson il y avait rivalité pour mettre en joie l'auditoire. Dans une scène de *Tancrède*, où Talma représentait le premier personnage, et débitait avec une pompeuse gravité les vers de son rôle, tandis que son interlocuteur lui répondait par des trivialités en prose, l'hilarité des spectateurs alla si loin qu'il fallut baisser la toile, mais pour la relever un moment après.

A cette soirée parut au piano un enfant de sept ans, pâle, grêle, menu, n'ayant que le souffle, mais le souffle divin. Dès qu'il promena ses doigts sur l'instrument, on sentit que le génie était là. En effet, le démon de la musique était entré dans ce petit corps, qui nous ensorcela si bien à notre tour par ses délicieux accords, que nous perdîmes tous la tête. C'étaient des exclamations, des trépignements, des haut-le-corps : c'étaient des bravos, des bravissimos. Quand il eut fini, on le prit, on se le passa de main en main : chacun le baisait et le rebaisait. Si l'on avait eu cent couronnes, on les aurait entassées sur sa fragile tête, sauf à l'écraser du poids des honneurs. Nadermann, son maître, si le génie a des maîtres, nous dit : Ce n'est rien. Vous ne connaissez qu'une partie de sa valeur. Il a tous les talents, toutes les connaissances. Il peint comme David, il danse comme Vestris. Il sait les mathématiques, la physique, la chimie, la géographie, l'histoire, l'histoire surtout. Questionnez-le sur un point de l'histoire, sa réponse vous étonnera. On le prend au mot, on me charge d'interroger le lutin. Je fais le pédant, je pille M. Desmazures. — Lequel, dis-je, préférez-vous d'Alexandre ou de César? — César. — Et pourquoi? — Parce qu'il pardonnait à ses ennemis et qu'Alexandre tuait ses amis. — Quel jugement! Niez encore les progrès du siècle. En vérité, il n'y a plus d'enfants.

Hélas! que sont devenus les auteurs de toutes ces folies? Talma ne fait plus trembler, Musson ne fait plus rire. Qui habite maintenant ce salon où l'on se divertissait tant? Peut-être le silence et le deuil. Que la vie a de scènes variées, et que le dénoûment de tous ses drames est lugubre! Quelle conclusion tirer de là? Celle de Montaigne : Il faut mourir, donc il faut vivre.

A cette époque, je fus introduit dans le salon d'une femme qui n'était alors connue que par l'élégance de ses manières et le charme de son élocution, mais qui s'est fait depuis un nom distingué dans les lettres, grâce à un excellent ouvrage sur l'éducation des personnes de son sexe. La comtesse de Rémusat recevait habituellement l'élite de l'ancienne et de la nouvelle cour. Vouliez-vous rencontrer le prince de Bénévent, c'était chez elle que l'esprit du grand chambellan paradait le mieux. Aviez-vous une requête à présenter au duc de Rovigo, c'était avec elle qu'il se débarbarisait, s'essayait aux airs sémillants, faisait badiner la police et enjolivait l'inquisition. Si vous aviez affaire à M. Pasquier, le préfet de police, vous étiez sûr de trouver là son pliant entre le fauteuil de la vicomtesse de Vintimille et celui de la vicomtesse de Fezensac, deux sœurs qui, plus tard, m'ont honoré de leur amitié, et dont l'un de leurs parents disait : Madame de Vintimille a bien de l'esprit, mais elle n'est pas aimable; Madame de Fezensac est bien aimable, mais elle n'a pas d'esprit. Il ne savait ce qu'il disait, ce cousin-là, ou du moins, il ne le savait qu'à moitié. Toutes deux étaient aussi recommandables par le fond que par la forme ; toutes deux faisaient l'ornement comme les délices de leur nombreuse société.

On apercevait aussi dans un coin de ce brillant salon les débutants qui cherchaient fortune sur le chemin de la littérature en attendant que la tribune politique leur fût ouverte : M. Guizot, jeune élève de M. Royer-Collard, qui le renie aujourd'hui, dit-on; M. Villemain, petit aigle éclos sous les ailes de M. de Fontanes. Le premier annonçait déjà de grands talents pour la dissertation. J'étais émerveillé de sa faconde. Depuis ce temps, quel vol il a pris! Quel enthousiasme il a inspiré! Faut-il qu'un talent si beau se soit mis au service d'une cause différente de celle qu'il avait d'abord commencé par défendre!

Son rival de gloire et d'ambition, M. Villemain, marchait à plus petits pas, procédait avec moins d'appareil, laissait modestement tomber dans l'oreille de ses voisins, qu'il avait le soin de choisir parmi les bons juges, quelques-uns de ces mots heureux et inattendus qui lui viennent je ne sais d'où, mais du ciel apparemment, se renfermait ensuite dans un silence habile et approbateur pour écouter, n'interrompait personne et séduisait tout le monde.

Je ne fus pas surpris de voir un acteur se montrer sans désavantage dans ce cercle de priviligiés, et vous ne le serez pas non plus en apprenant son nom : c'était Fleury. Habitué de bonne heure à vivre avec les modèles de la vieille urbanité française, il avait conservé, en se frottant à eux, le vernis de la bonne compagnie. Voulez-vous juger de son tact et de son intelligence : suivez-le d'abord à la Chaussée-d'Antin, où je l'ai si souvent rencontré et admiré. Là, il est exactement le marquis de Moncade, comme au théâtre, s'étalant, se pavanant, faisant la roue devant la cheminée, menant la conversation et tenant le jeu à la fois, jetant sur le tapis vert les louis qui roulent de sa bourse et semant sur ses auditeurs les étincelles qui jaillissent de son esprit ; voyez-le ravir, enchanter, transporter nos parvenus ébahis, qui le regardent bouche béante, l'écoutent de toutes leurs oreilles, ne respirent pas de peur de perdre une de ses paroles, et conçoivent de lui la plus haute idée au bruit des noms magnifiques qu'il fait sonner devant eux.

C'est le prince de Tingri qui lui a confié ceci, c'est la duchesse de La Valière (1) qui lui a rapporté cela ; il a été témoin de tel fait chez la maréchale de Bauveau ; il dînait lui troisième avec le duc de Choiseul le jour de la disgrâce de ce haut personnage. Et des anecdotes se-

---

(1) Celle qui vivait sous Louis XV et dont parle Mme Du Deffand.

crètes sur la cour, et des histoires scandaleuses de grandes dames, en sait-il? en conte-t-il? Il a tout vu, tout connu; il était partout. Ministres, cardinaux, généraux, ambassadeurs roulaient autour de sa personne. Tout l'ancien régime a posé pour lui.

Il le fait entendre, on le croit. Comment ne pas croire un homme si bien instruit des secrets du cabinet et des intrigues de l'OEil-de-Bœuf! Puis, quand le merveilleux comédien a bien ébloui son monde et produit ses plus beaux effets, il ménage sa sortie, encore comme au théâtre, prend son chapeau, le glisse légèrement sous son bras à la façon des *talons rouges* de Versailles, emporte ou laisse avec l'air d'une noble insouciance l'argent du jeu, selon qu'il a perdu ou gagné, et se retire la tête haute en faisant un fracas de grand seigneur, en dérangeant les fauteuils et leurs occupants, et en lançant à la porte une dernière saillie qui se répète et devient proverbe du boulevard Poissonnière à la rue Tait-Bout.

Mais ne le perdons pas de vue. Le voici au faubourg Saint-Germain. Autres spectateurs, autre spectacle. Dans ces vastes appartements où rayonnent les monuments séculaires des vieilles grandeurs de la France, il arrive tout humble, tout incliné, saluant bien bas, se cache au dernier rang derrière tous les fauteuils, où il faut aller le déterrer, attend l'interrogation au lieu de la prévenir: confus en apparence, quand on lui adresse la parole, de l'honneur qu'il reçoit, mais pourtant toujours aux aguets pour saisir l'occasion de prouver que sa personne discrète et décente ne dépare point un salon, et que son esprit fin et délicat paye son contingent aussi bien que pourraient le faire, pour cette nature d'impôt, les plus riches contribuables de l'arrondissement.

Je voulais vous parler ici de la comtesse de Nansouty, sœur de Madame de Rémusat; mais j'ai fait tant de fois ailleurs le portrait de cette sirène, que ma palette n'a plus de couleurs pour elle.

Venons à Madame de la Briche, si bonne mère, et à Madame Molé, fille si parfaite. L'une et l'autre attirèrent mon attention précisément parce qu'elles ne la recherchaient pas. Déjà dans l'âge où cessent les prétentions, Madame de la Briche, qui n'en avait eu de sa vie, se montrait chez ses amis, comme chez elle, dans une agréable simplicité qui lui servait de parure. Sa toilette sans apprêts, ses cheveux gris-blanc qu'elle ne cachait pas, son langage naturel, ses manières affectueuses, tout donnait l'envie, non pas de la faire causer pour jouir de son esprit, mais de causer avec elle, pour connaître les qualités de son cœur. Tant de calme et de sérénité régnait dans sa personne qu'on sentait qu'il y avait là pour l'âme du repos et du contentement.

Aux perfections de sa mère, dont elle avait la douceur, les simples habitudes, la complaisance imperturbable, Madame Molé joignait des talents que Madame de la Briche lui avait transmis. Excellente musicienne, comme celle-ci l'avait été, elle se prêtait volontiers à faire le charme d'une partie de nos soirées en jouant et chantant au piano avec une justesse, un éclat, une sûreté de méthode qui défiaient les maîtres.

Son mari, déjà père d'un ouvrage politique, vanté par M. de Fontanes et critiqué par Bonaparte, dont on a retenu le mot si finement ironique ; son mari, qu'un beau nom, une noble figure et surtout les plus heureux dons de l'intelligence assuraient d'un rapide avancement dans la carrière de l'ambition, venait souvent se délasser dans la société que je dépeins des fatigues de ses premiers travaux, prendre part avec succès à des entretiens qu'il embellissait par les étonnantes ressources d'une raison forte et d'une brillante imagination, et s'essayer, comme en se jouant, à ces luttes de l'esprit qu'il devait continuer plus sérieusement dans l'arène parlementaire.

Pour M. Pasquier, que nous avons vu s'élever d'un vol si heureux aux premières dignités de l'Etat, il était alors ce que je l'ai toujours vu depuis, facile, accueillant, prêt à traiter tous les sujets comme à s'arranger de tous les interlocuteurs, montant et baissant à volonté les cordes de son instrument, amusant les femmes par des anecdotes piquantes et neuves, dont elles étaient enchantées d'avoir la première édition, approfondissant avec les hommes les plus difficiles questions d'Etat; érudit sans pédanterie, politique sans verbiage, magistrat exempt de morgue, et par-dessus tout prodigieusement maître de sa parole comme de sa pensée.

Ne point profiter à une telle école, n'aurait-ce pas été faire preuve d'idiotisme ! Aussi aucun jeune homme, excepté moi, ne sortit de là sans s'être poli et perfectionné. Mais si je n'ai point à me vanter d'y avoir beaucoup acquis, je puis dire du moins que j'y ai trouvé beaucoup à louer. Jamais, quoi qu'il arrive, je n'oublierai le salon de Madame de Rémusat, les plaisirs de bon goût qu'elle procurait, et cette délicieuse hospitalité qui s'étendait avec le même charme et la même bonté sur les grands et les petits, sur les forts de pensées et les faibles d'esprit; de manière que dans ce paradis des causeurs tous les appelés étaient aussi des élus.

Je m'aperçois que je n'ai pas dit un mot du maître de la maison, le comte de Rémusat : omission coupable qu'il faut réparer. Sans posséder les hautes facultés de sa femme, il n'était pas indigne d'elle. Beaucoup de politesse, le ton de la cour, les manières d'un grand seigneur, quoiqu'il n'eût pas la prétention de l'être; l'art de persuader qu'il obligeait, quoiqu'il y pensât rarement; de l'érudition qu'il cachait ou montrait avec une égale indifférence ; une heureuse facilité pour s'exprimer ou pour se taire ; la souplesse noble et respectueuse qui fait réussir un premier chambellan près du maître ; la fermeté mêlée de grâce et d'un certain laisser-aller trompeur et séducteur qui convient à un surintendant des théâtres : voilà par où se distinguait éminemment l'heureux époux de Mademoiselle de Vergennes.

Son habileté à saisir l'à-propos en tout et à caresser les faibles du souverain fut cependant mise en défaut dans une occasion remarquable. Il sollicitait un surcroît de subsides pour le Grand-Opéra, s'appuyant beaucoup sur des considérations de convenance qui ne frappaient point l'esprit de Bonaparte. Enfin, Sire, lui dit M. de Rémusat en insistant, ce théâtre mérite tout votre intérêt. Ne ferez-vous rien pour un établissement qui est la gloire de la nation? — Vous vous trompez, Rémusat, s'écrie l'Empereur avec une chaleur patriotique : c'est le Théâtre-Français qui est la gloire de la nation ; le Grand-Opéra n'est que sa vanité.

Sur ces entrefaites mourut Madame d'Houdetot, si célèbre par sa liaison avec Saint-Lambert, et plus encore par la singulière passion qu'elle avait inspirée à Jean-Jacques Rousseau. Une si mince nouvelle occupa tout Paris, malgré les grands intérêts qui agitaient alors et la France et l'Europe ; mais de quoi Paris ne s'occupe-t-il pas? Notre bon public a très-heureusement du temps pour tout. Il s'entretiendra le même jour du gain d'une bataille qui sauve l'Etat et du début d'une danseuse qui a créé un pas nouveau, de l'établissement d'un chemin de fer et de l'arrivée du nain qu'on montre à la foire, d'une levée de conscrits et d'une course au clocher.

J'arrivai chez Madame de Rémusat lorsqu'elle était encore dans cette première émotion qu'inspire un fâcheux événement. Elle avait commencé l'éloge funèbre de Madame d'Houdetot, et le continua devant moi. Quand elle eut fini, je m'avisai de dire assez étourdiment : Mon Dieu, oui, c'est une grande perte. J'aurais bien voulu qu'une telle femme restât longtemps encore à ses amis et à la société ; mais, puisqu'elle n'est plus, consolons-nous par l'espérance de voir enfin paraître les lettres de Jean-Jacques, ces lettres si admirables de passion, comme il le dit lui-même avec sa naïveté ordinaire. J'avoue que je meurs d'envie de les connaître. — Eh bien, prenez-en votre parti, vous ne les verrez pas, me répondit Madame de Rémusat. — Oserai-je, Madame, vous demander pourquoi? — Parce qu'elles sont en cendres. — Oh! bon, Madame d'Houdetot l'a prétendu ; mais Rousseau le nie, et je dis comme lui : on ne brûle pas de pareilles lettres. — Voilà pourtant ce qui est arrivé. — Vous en êtes bien sûre, Madame? — Très-sûre. Et si vous ne m'en croyez, questionnez Madame de Vintimille que vous voyez là : elle en sait quelque chose, elle est la nièce de Madame d'Houdetot. — Oui, certainement, reprit Madame de Vintimille, elles sont brûlées, ces lettres. — Par Madame d'Houdetot? m'écriai-je? — Point par ma tante, qui, en effet, les avait gardées, mais par sa petite-fille Madame de Bazancourt, à laquelle elle a laissé en mourant ces papiers, dont l'amitié n'osa se défaire, et que la piété vient d'anéantir. Je fus désolé de ce désappointement. Je tenais à voir comment Jean-Jacques avait su décrire une passion véritable, si la sienne était véritable (1).

Il était dans la destinée de Madame de Vintimille d'avoir des tantes qui eussent fait parler d'elles : 1° Madame

---

(1) Trois lettres seules sont restées : M. Molé, parent de Madame d'Houdetot par sa femme, les possède, et je les ai lues dans le château du Marais, où Mme de la Briche les a mises à ma disposition en 1825. Il y en a une qui est un chef-d'œuvre, et les deux autres ne signifient rien.

d'Houdetot, à laquelle sa plume, aussi délicate qu'ingénieuse, a payé un tribut de louanges et de regrets, honorable à l'une comme à l'autre; 2° Madame d'Epinai, tant solennisée de son vivant par les encyclopédistes, tant tympanisée après sa mort par les journalistes de nos jours à cause de sa confession générale, imprimée en trois volumes; confession qui a peu contribué, comme on sait, à l'édification du prochain. Disons un petit mot sur elle : le sujet en vaut la peine.

J'arrive trop tard pour médire de cette femme sensible, philosophe et auteur : aussi n'en médirai-je point. Qu'aurais-je de piquant et de neuf à débiter contre elle? Depuis la publication de ses mémoires, ne s'est-on pas généralement récrié sur l'immoralité de sa conduite et l'indécence de ses révélations? Je conçois la nécessité des censures en me rappelant l'énormité des délits; je conçois que, par égard pour les mœurs, on oublie ce qu'on doit au sexe; je conçois tout : mais, puisque justice a été faite, restons-en là. J'aime mieux que d'autres se soient chargés du châtiment de la coupable. Quant à moi, je l'avoue, je n'aurais jamais eu le courage surnaturel de la traiter si mal. Elle était aimable, elle était bonne, elle écrivait à merveille; la nature semblait l'avoir destinée à donner du plaisir à tout le monde, même à ses terribles dépréciateurs, qui lui ont dû assurément deux jouissances : celle de la lire et celle de la critiquer. Elle était femme, et par conséquent faible. Combien de titres à l'indulgence ! Mais, nous autres Français, nous sommes plus capables de commettre cent fautes que d'en pardonner une seule.

Et ses fautes? Eh bien, qu'est-ce au fond ! Ne peut-on faire valoir en faveur de la condamnée des motifs d'exception, des circonstances atténuantes? Savez-vous, Messieurs les casuistes, ce que c'était qu'un mari comme

M. d'Epinai? Croyez-vous qu'il soit si facile de garder fidélité à un homme qui vous néglige pour des vestales d'opéra, qui vous engage lui-même à vous consoler avec le premier venu, qui afflige votre cœur, blesse votre vanité, et vous réduit à la triste alternative ou de mourir d'ennui ou de prendre un amant? Rien n'est plus commode que de donner des leçons de vertu ; mais les rendre praticables, voilà l'embarrassant. Voudrait-on que Madame d'Epinai, par respect pour le lien conjugal, eût passé sa vie à pleurer sur les folies de son mari sans profiter de ses exemples? Quel est celui d'entre nous qui, se trouvant tête-à-tête avec elle, lui aurait prêché cette morale-là? Plaignons-la d'avoir eu un tel époux et d'avoir vécu dans une telle société. Ce qui m'étonne, moi, ce n'est pas que la pauvre femme ait succombé, mais qu'elle ait résisté si longtemps, accoutumée qu'elle était à entendre parler toujours philosophie et jamais vertu.

A la lecture de ses mémoires, on a paru extrêmement frappé d'une chose si naturelle et si ordinaire, qu'elle ne valait pas la peine d'être relevée; je veux parler des deux petits péchés d'amour dont s'accuse Madame d'Epinai; et personne, que je sache, n'y a porté son attention sur le seul objet qui m'ait réellement scandalisé. Des philosophes prêchant le vice ! Certes, cette singularité mérite bien qu'on s'en occupe. Il est curieux de voir ces nouveaux précepteurs de la société s'efforcer à prendre la place des directeurs de conscience, si en vogue quelques années auparavant. Quelle ardeur dans la propagation de leur doctrine toute mondaine ! Quel empressement à s'emparer de l'esprit des jeunes femmes, surtout lorsqu'elles sont opulentes, qu'elles tiennent maison, et qu'elles ont table ouverte ! Il semble qu'elles appartiennent de droit aux philosophes. Ces Messieurs s'établissent généreusement chez elles, entrent dans le détail de leurs affaires, leur donnent des femmes de chambre, des laquais, des secrétaires, les brouillent avec leurs amants sans les réconcilier avec leurs maris, dictent impérieusement leurs démarches, commandent du haut de la sagesse encyclopédique à toutes leurs affections, et, pour les retenir dans une éternelle dépendance, les menacent sans cesse, non des peines de l'enfer, à l'instar des anciens directeurs, mais des propos du monde, auquel ils sont toujours prêts à révéler le secret de la confession, qu'on a eu l'étourderie de placer entre leurs mains.

Ce caractère, particulier à la philosophie du dix-huitième siècle, n'annonce-t-il pas à la fois et le besoin de dominer et celui de tuer le temps? Comment ces écrivains, si occupés du soin de leur réputation, qui les entraînait tous les jours dans des millions de démarches; comment ces faiseurs de livres, qui nous ont laissé des bibliothèques, parvenaient-ils à dérober tant d'heures et à leurs travaux et aux intrigues littéraires pour le service ou plutôt pour l'assujettissement de la société? Mais le zèle de la maison des riches les dévorait. Et, d'ailleurs, quel triomphe d'établir partout la philosophie, de l'impatroniser, où? Dans la haute finance. La femme d'un fermier général : quelle conquête !

Aussi voyez la désolation de Duclos quand il faut battre en retraite! Et qu'il est noble, ce Duclos, après sa rupture! Que ces grands hommes sont intéressants les uns devant les autres! Jaloux, intrigants, dominateurs, brouillons, vindicatifs, ils ne dédaignent l'usage d'aucun des défauts dont la grossière nature leur a fait présent; ils se jouent des tours à qui mieux mieux; ils se décrient, se calomnient, se déshonorent réciproquement avec une charité admirable. Quelle pitié de lire tous ces commérages où Jean-Jacques, Diderot, Duclos et Grimm ne compromettent pas moins leur esprit que leur cœur! Quelle petitesse dans ces hommes supérieurs! Que de bassesse avec le génie ou le talent! Comment le même individu a-t-il pu écrire de si belles pages et faire des actions si détestables? Quand Madame d'Epinai n'aurait eu que le malheur d'être tracassée pendant sa vie par cette légion de pédants despotes, elle mériterait une absolution complète dans ce monde et dans l'autre. N'a-t-elle pas assez expié ses péchés?

J'avais depuis quelque temps le désir de lier connaissance avec Mme de Genlis. On me fit dîner avec elle à la Monnaye, chez mon vieil ami M. Sage. Je vis une femme grande, sèche, la figure ridée, l'air noble, l'œil encore vif et perçant; mais rien qui annonçât ce qu'elle était. Quand je l'entendis, le charme commença. Ce n'était point l'éblouissant monologue de Mme de Staël, avec qui je ne pouvais alors la comparer, faute de connaître sa merveilleuse rivale : c'était une suite de propos agréables, d'anecdotes piquantes, de riens débités avec cette aisance et cette grâce dont la bonne compagnie d'autrefois n'a pas voulu nous laisser la tradition.

Mme de Genlis possédait un art tout particulier, celui de vous faire croire à un intérêt qui souvent n'existait pas, de jeter dans votre oreille des paroles d'éloge qu'elle avait bien calculées, mais qui semblaient partir du cœur à son insu, de charmer l'amour-propre, d'éveiller l'attention, de disposer à une reconnaissance fondée, sur quoi? sur un regard bienveillant, sur un sourire de politesse, sur un banal serrement de main, légères et fragiles preuves d'une affection dont on aimait à se croire assuré. Dès qu'elle le voulait vous étiez pris. Après une demi-heure d'entretien, il ne tenait qu'à vous de la regarder comme une amie; tout vous y autorisait, sans qu'elle se fût engagée à rien.

Comme je ne demandais pas mieux que de m'y tromper, je me laissai doucement aller à ces flatteuses apparences, et je devins un de ses courtisans les plus assidus. Le commerce de cette femme célèbre ne pouvait manquer d'être utile à un jeune homme avide de connaître les choses du temps passé, les usages du monde choisi et la législation des salons charmants où elle avait vécu et régné. Personne n'était plus digne qu'elle de donner des leçons de savoir-vivre; elle aurait pu et dû tenir école. Ceux qui ne l'ont connue que par ses écrits, l'accusent d'un peu de pédantisme; ils trouvent qu'elle a toujours la férule en main, et peut-être ont-ils raison. Mais Mme de Genlis femme du monde avait toutes les qualités dont une partie manquait à Mme de Genlis auteur. Il faut avoir passé, comme moi, de longues années dans sa société pour comprendre toute la séduction qu'elle exerçait, toutes les magiques ressources de son esprit, ce Protée aux mille formes, tous les dons de plaire qu'elle avait puisés dans une riche et complaisante mémoire, dans une imagination intarissable, dans ce talent d'observation qui lui donnait sur-le-champ la mesure du faible et du fort de chacun, premier secret pour dominer.

Malheureusement tant de puissantes facultés, tant de moyens de captiver se trouvaient souvent annulés par un défaut qu'elle cachait de son mieux, mais qui perçait tôt ou tard : la mobilité du caractère. Mme de Genlis, qu'on a crue si ambitieuse, si tracassière, si avide d'arriver à tout, ne tenait à rien qu'à satisfaire son caprice du moment. Lorsque vous étiez en faveur près d'elle, que n'aurait-elle pas fait pour vous? Petits soins, attentions suivies, confidences multipliées, préférences de toute sorte vous étaient prodigués avec un tel abandon que vous ne doutiez pas de l'éternité de votre crédit. Vous la quittiez enchantée de vous. Quand vous reveniez, que trouviez-vous? Une femme froide, distraite, soucieuse, ennuyée : à d'autres l'empire de son cœur.

Ce sceptre, qui passait ainsi de main en main, fut gardé par une seule personne, Casimir, son élève. Jamais celui-ci n'éprouva les variations de cette amitié qui vous promenait si rapidement du bas en haut, du haut en bas de sa roue. La tendresse dont elle fit preuve pour lui tant qu'elle vécut n'est pas moins l'éloge de l'un que le panégyrique de l'autre.

La vérité et la reconnaissance exigent de ma part l'aveu, le facile aveu de l'aimable et peu compréhensible exception dont je fus aussi l'objet. Je ne sais pourquoi, malgré mon défaut de mérite, elle s'obstina dans sa bienveillance pour mon insignifiant individu. Il est vrai, comme elle l'a dit, que j'avais un titre à ce demi-favoritisme : je savais écouter.

La première fois que j'allai lui faire ma cour à l'Arsenal (1), où Napoléon lui avait donné un appartement, je fus extrêmement surpris du désordre de son salon. Moi qui m'attendais à cet agréable arrangement, à cette symétrie de bon goût qui signalent les maisons des femmes de cour, je la trouvai dans le plus abominable négligé, au milieu de vieux meubles dépareillés et épars çà et là. Une écritoire magnifique, donnée par la *reine d'Espagne*, brillait sur un bureau vermoulu, tout couvert de taches d'encre et de miettes de pain. A côté d'une belle harpe dorée on voyait un écran à pied, dont la tenture en soie verte disparaissait à moitié sous une longue traînée d'huile. La glace de sa cheminée était le rendez-vous de la poussière et des toiles d'araignées qui défiaient le balai : car le balai, tristement étendu sur un bout de tapis, était si estropié, si disloqué, qu'il paraissait hors de service,

---

(1) A la Bibliothèque.

ainsi que le soufflet, autre invalide suspendu au coin du feu par une ficelle usée et toute prête à se rompre.

Malgré les inconvénients attachés au défaut d'ordre et de propreté, tous les curieux passaient dans ce petit appartement. Etrangers, provinciaux, habitants de la capitale venaient tour à tour s'asseoir à ce foyer modeste où le feu était une rareté, à cette table plus que frugale où l'on mourait de faim. N'importe : elle parlait, elle contait, cette nouvelle Mme de Scarron, et l'on ne s'apercevait pas qu'on gelait, ni que le rôt avait manqué.

Dans la foule de ses amis je distinguai le comte de Choiseul-Gouffier, auteur célèbre du Voyage en Grèce; la maréchale Moreau, aussi spirituelle que son mari était brave; la baronne Dubrosseron, femme charmante et qui lui donna la fête la plus ingénieuse comme la plus touchante; le comte Anatole de Montesquiou, qui m'a aimé et qui m'aime encore, quoiqu'il ne s'en doute plus, homme de la meilleure compagnie et de l'imagination la plus heureuse; le comte de Rochefort, qui citait ou dormait toujours; le comte Joseph d'Estourmel, le second des hommes aimables, le premier des hommes aimants; le vieux prince Kourakin, ambassadeur de Russie, avec lequel je n'eus jamais de liaisons, mais que le ciel avait gratifié d'une belle-sœur qui devint bientôt mon amie; la duchesse de Courlande, douée d'une figure si aimable; enfin, vingt autres personnes qui ne déparaient point cette élégante et noble société. J'eus le plaisir de retrouver là M. de Valence et sa famille, qui m'attirèrent de nouveau dans leur hôtel, où je fus comblé de ces marques délicates d'attention qu'il n'est ni permis ni possible d'oublier.

A peu près dans ce temps-là on arrangea le mariage de Mlle de Valence avec le comte de Celles, gentilhomme belge fort riche, et, de plus, préfet de Napoléon. Invité aux fêtes préparées pour célébrer cette alliance, je me rendis avec Mme de Genlis et Casimir à Romainville, jolie maison de campagne, située près de Paris, et léguée au père de la future par la fameuse marquise de Montesson. Dans le salon, où cent conviés parés et joyeux se cherchaient, se quittaient, se coudoyaient, se repoussaient, je remarquai un homme gros, court, jambes torses, tête énorme, cheveux gris brochant sur le tout. A la première inspection je soupçonnai cet homme-là de cacher la quarantaine dans la vaste ampleur de son frac noir et lustré. Chacun tournait autour de lui, chacun le complimentait. Voilà le père du marié, me dis-je : allons le complimenter aussi. Cependant je me ravisai. Avant de m'embarquer dans les congratulations, je demandai à mon voisin : Quel est ce personnage respectable que tout le monde félicite? — C'est le futur, me répondit-il. Je restai cloué sur la place.

Bientôt on descendit dans la chapelle, où l'évêque de Liége, oncle de la duchesse de Bassano, attendait l'Automne et le Printemps pour leur donner la bénédiction nuptiale, sans oublier la petite exhortation de rigueur. La bénédiction donnée, l'exhortation nasillée, on passa dans la salle à manger. Là était servi un déjeuner splendide, qui aurait causé une joie sans mélange, si l'on ne m'eût forcé d'y débiter des vers de circonstance, et l'on sait ce que c'est que les vers de circonstance. Faits à la diable, ils furent lus de même. J'y célébrais, selon l'usage, père, mère, grand'mère, sans compter les deux conjoints. On m'applaudissait bien haut, et puis on vint me critiquer à part. Les amis de cœur m'attiraient dans les petits coins pour me dire bénignement : Vous avez trop flatté M. de Valence; vous le complimentez sur son esprit; est-ce qu'il en a, par hasard? Vous parlez de sa renommée; il n'est connu que pour avoir mis Mademoiselle Duchesnois au théâtre et dans ses meubles. La princesse de..... m'engagea bien sérieusement à ne plus me compromettre en rimant l'éloge du premier venu. Bref, je compris le danger des vers de société, et je n'en fis plus. J'aurais bien dû comprendre aussi le danger d'en faire d'autres.

A propos de cette princesse de..., j'ai grande envie de vous la peindre. Elle avait été jolie et se donnait des peines incroyables pour persuader que rien n'était changé dans sa personne, et que chez elle il n'y avait pas un attrait de moins. Comme la nature ne la secondait pas suffisamment, force fut de recourir à l'art; elle le pria donc de rendre à sa beauté délustrée et décréditée sa fraicheur et sa nouveauté baptismales. On n'a pas d'idée du visage qu'elle se composait chaque matin avec son teinturier. Le rouge, le blanc, le bleu s'y mêlaient ; et, à l'aide de cet ingénieux enduit chimique, elle sortait de son laboratoire armée d'un superbe teint tricolore : de façon que, pour mettre en état de paraître sans inconvénient des charmes si luisants et si neufs, il lui fallait un temps considérable. Sa toilette durait des heures. Un matin je me présentai beaucoup trop tôt à sa porte; son domestique me renvoya brusquement par ces mots : Madame ne reçoit pas, Madame *sèche*.

Après le mariage, je continuai de voir dans l'intimité Madame de Genlis et ses enfants. Les journées de cette famille étaient marquées par des plaisirs qui se renouvelaient sans cesse. A l'une des fêtes données par Casimir à sa bienfaitrice, fête dont elle rend dans ses mémoires un compte détaillé et trop détaillé, je descendis de son petit théâtre, où j'avais joué un rôle, pour aller m'asseoir parmi les spectateurs. Le hasard me plaça près d'un célèbre faiseur de romans, qui faisait aussi de la politique, autre espèce de roman, mais moins agréable. M. Fievée, c'était lui, m'accueillit avec empressement, me complimenta sur mon jeu, puis finit par m'inviter à l'aller voir.

Je consultai sur ce dernier article Madame de Genlis, qui m'exhorta fort à ne pas dédaigner les avances d'un écrivain recommandable par une fonction importante, la rédaction du *Journal des Débats,* et par une magnifique *sinécure,* la direction de la conscience de l'Empereur. On sait que M. Fievée écrivait pour l'un et conseillait l'autre.

Je passai donc, au bout d'une semaine, à la porte de ce personnage doublement digne de considération. Il me reçut à merveille et commença par m'offrir ses services, que j'acceptai, non pour moi mais pour autrui. Je connaissais un auteur espagnol sans ressources et soutenu par les seuls secours de mes amis et de moi-même. Je parlai de lui à M. Fievée, qui mit en vogue un des romans de ce pauvre homme en le prônant dans son journal. Il aimait à placer, à recommander, à se faire des créatures. Attaqué de tous les côtés et vulnérable sur quelques points, il se faisait un rempart de ses services contre la malignité. Aux voix qui le décriaient il opposait les voix de ses protégés, et celles-ci étaient en grand nombre. Au surplus, peu lui importait l'opinion, qu'il avait, disait-il, appris à mépriser en voyant les quiproquos dans lesquels elle tombait tous les jours, l'inconstance de ses volontés et la bizarrerie de ses jugements. J'ai eu bien des réputations, ajoutait M. Fievée, je n'ai jamais eu la mienne. Il partait de là pour rire du cri et du décri public, et il passait outre. Cela mène loin.

Vous jugez que Madame de Genlis fut le premier texte de notre conversation. Il me la dépeignit sous les plus favorables couleurs; il lui devait la vie (1) : car il avait

---

(1) Elle me l'a du moins assuré, mais il prétendait le contraire.

été sur le point de périr fusillé à l'époque des conspirations dont le Consulat fut la cause et Bonaparte l'objet. J'ignore s'il s'était associé aux folies de quelques écervelés qui se croyaient des Monks; mais je ne pense pas qu'un homme accoutumé à juger froidement les choses et à peser le prix de l'existence ait voulu risquer la sienne pour parvenir à un but chimérique alors. Quoi qu'il en soit, dénoncé, arrêté, compris parmi les proscrits, il était en danger de perdre la tête, ou du moins de traîner plusieurs années dans l'obscurité des prisons, si Madame de Genlis, sans connaître de lui autre chose que son talent, n'eût sollicité le Consul en sa faveur et répondu de Fievée comme d'un ami éprouvé. A la recommandation de cette femme qu'il considérait, Bonaparte fit relâcher le prisonnier, le manda près de lui et se l'attacha, ce qui valait mieux que de le fusiller. Mais comme Fievée passait pour un agent des Bourbons, le grand capitaine s'amusait quelquefois à le railler sur son ancien dévouement. Un jour, devenu empereur, il lui dit : — Fievée, vous devez être riche, vous. — Moi, Sire ! Et pourquoi? — Le comte de Lille vous a sans doute comblé. — Jugez-en par ce que Votre Majesté me donne. Depuis ce temps les plaisanteries napoléoniennes cessèrent.

Dans ma correspondance avec l'Empereur, me disait Fievée, je ne suis occupé que d'un point, mais c'est le point capital. Je cherche à le détromper sur le compte du genre humain, qu'il calomnie en ne lui accordant point de vertus. Il ne croit qu'à l'intérêt personnel : aussi prodigue-t-il les trésors de l'Etat à ses séides, moins pour payer leur zèle passé que pour acheter leur fanatisme futur ; mais il se défie d'eux et il n'aime que lui. Sa franchise à cet égard passe toutes les bornes. Il leur avoue lui-même qu'il ne fait de fond sur l'attachement de qui que ce soit au monde, et qu'il n'aurait de foi qu'à sa maîtresse; encore!.... Telle est sa déclaration de principes qui épouvante. Il faut pourtant marcher avec cet homme-là. Je ne doute pas qu'il ne fasse bien des fautes, que ne rachèteront pas ses exploits. A force de méconnaître les autres et de juger trop bien de soi-même, il se précipitera dans le vaste abîme de son ambition, abîme où il aura jeté des milliers de victoires sans parvenir à le combler.

Effrayé de cette confidence, je demandai à M. Fievée s'il était d'une si complète sincérité avec tous les passants. — Avec l'Empereur lui-même, répondit-il : je ne lui cache aucune de mes pensées et de mes prévisions. Voici ce que je lui ai écrit : Votre Majesté ne songe pas à l'avenir, et elle n'aura point d'avenir. Pour en avoir un, il faut le créer. — Et il souffre vos hardiesses ! m'écriai-je. — Il m'a demandé la vérité, il faut bien qu'il la tolère.

Une si grande sagacité en observant autrui ne servait pas à notre publiciste quand il s'examinait à son tour. Il avait de ses talents une si haute idée que personne ne l'appréciait autant qu'il l'eût désiré. Aussi, pour réparer les omissions du public, colportait-il avec une rare complaisance ses certificats d'habileté, signés Fievée. J'allai causer avec lui après la seconde chute de Napoléon, en 1815, et je voulus savoir s'il accepterait quelques fonctions sous le gouvernement royal, miraculeusement rétabli. — Moi, répondit-il, rien du tout. Que peut devenir ce pays avec les marionnettes qui le gouvernent? Il faut à la tête de l'Etat un homme fort, et on ne l'appelle pas. — Mais cet homme fort, quel est-il? M. de Talleyrand? — Bon! il est usé. — M. Fouché? — Fi! il est odieux. — M. de Blacas? — On le tuerait. — M. R.? — Il sauterait pour tout le monde et ne contenterait personne. — M......? — Vous tombez trop bas. Je le devinai, mais j'eus la malignité de chercher encore le nom du sauveur en question, et il n'osa me dire le secret de son amour-propre.

Cependant, au commencement de notre entretien, il s'était assez ouvert à moi pour achever la confidence, attendu qu'il venait de me conter son entrevue avec le duc de Richelieu, président du conseil, qui l'avait appelé pour lui offrir le choix d'une place. Monseigneur, avait répondu Fievée, une préfecture, misère que cela. Les hommes forts ne peuvent être qu'en première ligne. Comparez les deux dialogues, et concluez. Fievée! Fievée! Toujours Fievée!

Au reste, à mon avis, nul de nos personnages politiques ne savait tant, ne disait moins et ne disait mieux. Mais avec lui point de dialogue possible. Un monologue toujours spirituel, où il se parlait, se répliquait, faisait les objections et les réfutations, le tout en termes si choisis, avec une raison, une justesse, une lucidité si étonnantes, qu'en l'écoutant on croyait assister à la lecture d'un bon livre et non pas aux jeux d'une improvisation aventureuse.

A travers les distractions que me donnaient ces diverses sociétés, je n'oubliais pas le soin de ma fortune littéraire, la seule qui me parût digne de mon attention. Un de mes compatriotes, amateur décidé de vers et de tragédies, s'engoua de ma personne et parla tant de moi à M. Goubaut et à M. Labiche, attachés au secrétariat du cabinet de M. de Montalivet, ministre de l'intérieur, qu'ils voulurent me connaître, puis connaître mes productions, puis me présenter à leur supérieur, qui me goûta; de sorte que je fus bientôt établi chez ce ministre sur le pied le plus honorable. Non content de me recevoir toujours le premier à ses audiences publiques, il voulut que mon couvert fût mis chez lui le matin et m'invita souvent à ses diners et à ses soirées. J'abusais si peu de mon crédit et de sa bienveillance qu'il se plaignit souvent de ma discrétion, et ses faveurs redoublaient à mesure que je cherchais à m'y dérober.

Je ne puis me rappeler ses procédés constants à mon égard sans me reprocher de l'avoir négligé après sa chute; mais les circonstances et une certaine honte m'empêchèrent de reparaître devant un homme avec qui je n'étais en rapport que par mes goûts et non par mes opinions. J'ai toujours gémi sur le malheur d'une séparation dont je souffris plus que lui sans doute. Il ne perdait presque rien en moi, au lieu que la privation de sa société m'enlevait mille jouissances de cœur et d'esprit. J'ai fréquenté et aimé beaucoup d'hommes remarquables par les plus hautes qualités; mais il en était peu qui me missent si parfaitement à l'aise, dont les idées en littérature et en morale fussent en aussi complète harmonie avec les miennes, qui fussent si simples dans la grandeur, si jaloux de mettre leur pouvoir au service des talents, si amis du bien, si admirateurs du beau, si empressés de faire oublier en eux le ministre pour ne montrer que l'homme, mais l'homme aimable, juste et bienfaisant.

Quand un ministre vous traite bien, vous ne manquez pas de dire en vous-même : Profitons vite de ses bonnes dispositions. Qui sait si le caprice durera? Pour moi, loin de songer à exploiter son affection, si j'avais pu être gêné avec M. de Montalivet, je le serais devenu par la crainte qu'il ne se trompât sur la source de mes empressements, et qu'il ne prît pour des effets de cupidité des marques de reconnaissance. Il a toujours été dans ma nature un peu fière de garder avec les puissants une réserve composée de délicatesse et de susceptibilité. Quand je ne crains point qu'on suspecte mes intentions, il ne m'en coûte rien de caresser les amours-propres et d'encenser les capacités; même il m'est doux de prouver mon estime à qui la mérite, d'entourer d'hommages le talent, et de multiplier les génuflexions devant l'autel où le génie est assis. Cependant ma discrétion ne va pas jusqu'à refuser la louange à la grandeur quand la grandeur en est digne. Et pourquoi devenir injuste dans l'appréhension de paraître flatteur?

Un soir, au cercle du ministre, on parlait de la ridicule harangue de je ne sais plus quel préfet recevant Napoléon à l'entrée de son département. Chacun s'en moquait. Deux ou trois complaisants opposèrent à ce sot discours les paroles toujours pleines de convenance et de finesse adressées à l'Empereur par M. de Montalivet dans le temps où il exerçait les fonctions de préfet à Versailles. Tandis que les éloges bourdonnaient autour des oreilles du ministre, je gardais le silence. Il s'aperçut de ma neutralité, et me dit, pour changer de texte et pour se faire oublier : Avez-vous lu le *Moniteur?* — Non, Monseigneur; j'ai cessé de le lire. — Et depuis quand donc? — Depuis que vous ne faites plus de harangues. Il sourit, j'en fis autant, et ce petit trait de flatterie ne me mit ni mieux ni plus mal dans son esprit : il était au-dessus d'un compliment.

Je vivais ainsi dans une espèce d'intimité avec ce ministre sans morgue et sans prétentions, lorsque l'excellent M. Sage, à force de tendresse pour moi, fut sur le point de tout gâter. Toujours occupé du soin de me servir, il me grondait sans cesse de laisser en jachère le champ de la fortune. Enfin, voyant que mes idées ne cadraient pas avec les siennes, que j'aurais bien consenti à recevoir, mais que je ne voulais pas demander, il prend le parti d'avancer mes affaires malgré moi et à mon insu.

Le voilà donc qui me charge de solliciter pour lui une audience que j'obtiens facilement ; mais j'apprends la veille de cette audience qu'il a le dessein de stimuler la paresse de cœur du ministre, et de lui arracher l'assurance d'une place ou d'une pension en ma faveur.

J'aperçus d'un coup d'œil l'inconvenance et le ridicule de la situation qu'on m'allait faire. J'étais au désespoir ; je ne savais comment parer le coup, mais je voulais le parer. Enfin je me détermine. J'écris sur-le-champ à M. de Montalivet pour lui apprendre le projet que je viens de découvrir et qui me désole ; je proteste que j'étais loin de chercher dans l'abus des bontés du ministre la fin de ces mêmes bontés ; que le bonheur de lui faire ma cour m'attirait seul auprès de sa personne ; que, certain de son affection, je n'aurais point hésité à lui adresser des demandes si j'avais éprouvé des besoins ; que dans son cœur je pouvais facilement me passer de tout appui étranger ; que je le savais bien, et qu'aussi, quoi qu'il arrivât, jamais je ne voudrais recourir qu'à un seul protecteur pour n'avoir point à partager ma reconnaissance. C'était là le fond de ma lettre ; mais comme les expressions en partaient du cœur, et qu'alors ce cœur était tout bouillant d'orgueil, d'honneur et de désespoir, je ne puis, aujourd'hui que je suis refroidi sur cette affaire, en rendre l'énergie ni la vivacité.

Sorti sans piqûre de ce guêpier, je reparus à l'hôtel du ministère aussi bien accueilli qu'auparavant. M. de Montalivet, délivré de la crainte d'avoir à sa suite un importun, me prouva, par de nouveaux témoignages d'estime, l'approbation qu'il avait donnée à la franchise de ma conduite. Mais son affection veillait et travaillait à ma fortune ; elle y travaillait même un peu trop.

Un matin il me fit venir dans son cabinet. Voici, dit-il, un grand événement (le mariage de Napoléon avec

Marie-Louise); tous nos poëtes vont tendre les cordes de leur lyre pour le célébrer. C'est l'occasion de vous faire connaître. Allons, une ode, un poëme, un dithyrambe, tout ce que vous voudrez ! Je ne m'attendais pas à cette proposition, je fus atterré. Depuis que le glaive de Napoléon avait coupé la dernière branche de laurier qui restât sur la tige des Condé, j'admirais encore son génie, mais je n'aimais plus son gouvernement. Le haïr et le flatter : comment faire cet alliage sans m'avilir à mes propres yeux ? Je ne pus me résoudre à consentir ; mais, craignant de refuser, je pris un biais. Je dis en riant au ministre : Ah ! Monseigneur, vous ne connaissez pas ces pauvres rimeurs. Ce qu'ils appellent leur esprit ne dépend jamais d'eux. Ils sont dominés par un je ne sais quoi qui leur dicte le sujet de leurs veilles. Par exemple, me voici, moi, aux prises avec la muse tragique. Je ne songe qu'à combiner un plan, à créer des scènes, à dessiner des caractères. Toute mon émotion, toute mon âme est là. Je suis indigne de chanter avec une voix affaiblie les prodiges d'un hymen qui demande la jeunesse et la fraîcheur des sensations du poëte.

Prenez-y garde, me répondit M. de Montalivet en me pressant affectueusement les mains : l'Empereur va me demander les noms des auteurs dont le talent veut s'associer à sa gloire et à ses destinées ; je ne pourrai pas prononcer le vôtre. Il est tout-puissant ; vous êtes jeune, vous avez une carrière à parcourir. Si vous m'ôtez les moyens de vous recommander à sa protection, que pourrai-je pour vous ? Je le compris, je le remerciai, je promis ma bonne volonté sans engager ma plume, et je sortis dans un état d'angoisse dont auraient bien ri ceux de mes confrères qui chantent tout ce qu'on veut pour tout ce qui le veut.

Mes amis furent consultés sur la conduite que je devais tenir en cette grave occasion. Ils décidèrent d'une voix unanime qu'il me fallait passer sous les fourches caudines : ils se moquèrent de mes scrupules du vieux temps.......

Troublé, sans être ébranlé dans mes convictions, je me rendis de guerre lasse.....

Ma pièce composée, je la portai au ministre, qui en fut content comme d'une circulaire aux préfets. Elle devint ce que devinrent les autres, le jouet de l'oubli, et je n'y penserais plus moi-même sans une petite circonstance qui mérite d'être rapportée. Quelques années après, sous la Restauration, quand Madame de Genlis publia ses mémoires, j'en reçus de sa part un exemplaire, que je m'empressai de lire sans me flatter d'y trouver mon nom. Il y était cependant, accompagné d'une note assez maligne de l'éditeur, qui rappelait avec intention mon poëme sur le mariage de Napoléon et mon ode sur la naissance du Roi de Rome, autre rapsodie louangeuse arrachée encore à ma trop docile muse par la tyrannique sollicitude de mes amis.

Rien de plus étrange que le don d'un ouvrage où l'on retrace une des circonstances les moins honorables de ma vie. Ce fut sans doute une distraction. Qui, de Madame de Genlis ou de son éditeur M. Ladvocat, s'en aperçut et voulut réparer? Je l'ignore. Quoi qu'il en soit, je vis bientôt ce dernier venir me parler la langue des excuses et des regrets, promettant que, dans la prochaine édition, disparaîtrait cette note de malheur insérée par hasard. — Non, Monsieur, non, lui dis-je, ne la supprimez pas ; elle ne dit que la vérité. Puisque j'ai eu la faiblesse dont elle m'accuse, et dont je m'accuse moi-même, il est bon que la punition suive la faute. C'est un acte de justice, et ces actes-là sont si rares ! M. Ladvocat parut étonné de ma réponse. D'où vient donc que la chose la plus simple surprend toujours?

J'arrive au point culminant de ma vie. Jusqu'à ce moment (1813), jeune homme obscur et inconnu, je n'étais rien, je n'avais rien; mais je me nourrissais d'illusions célestes, et, les yeux sur l'avenir, je lorgnais infatigablement la gloire avec cette jolie lunette qui rapproche toujours les objets : la lunette de l'espérance. Maintenant, l'espace qui m'en séparait est franchi, les barrières vont tomber, je touche au brillant fantôme. Après avoir traîné dix ans et plus dans les coulisses, ma tragédie obtient enfin les honneurs de la représentation devant un public en bonne humeur qui m'applaudit, peut-être sans savoir pourquoi. Le lendemain, je suis proclamé grand homme dans quatre journaux (1) : trois autres, il est vrai, me contestent ce titre; mais qu'importe? L'élan est donné à l'opinion, je reste en possession de la faveur; on me suit dans les promenades, on s'arrête dans les rues pour me regarder, le parterre monte sur les banquettes pour me saluer au spectacle, et cela pendant tout un été : de façon que ma célébrité devient incontestable aux yeux de quatre cents désœuvrés de la capitale.

De vous dire ce que j'éprouvai d'anxiétés et de tortures pendant les trois heures ou plutôt les trois siècles que dura la représentation de ma pièce, est au-dessus de mes forces et de ma volonté. Cruelle et ridicule situation! Figurez-vous, si vous le pouvez, ce que devient un pauvre champion admis sur le champ de bataille, à condition qu'il y restera caché dans un coin, et qu'il se battra seulement par procuration. Tâchez de vous repré-

---

(1) En ce temps-là, le nombre des feuilles publiques était très-limité.

senter le malheureux, pâle, éperdu, immobile, haletant, les bras croisés, tandis qu'un autre est là qui s'escrime à tort et à travers pour lui. Voyez-le tremblant à chaque coup donné ou reçu ; suant au moindre mouvement de l'ennemi, et cet ennemi c'est le public ; pâlissant au plus léger cri qui émeut la lice ; sa gorge s'enfle, il veut et ne peut parler ; ses yeux éblouis ne voient plus, ses oreilles qui tintent finissent par ne plus entendre. Et quand le mot *victoire!* résonne de toutes parts autour de lui ; quand les applaudissements saluent son nom trompetté solennellement par le héraut du camp dramatique, demandez-lui si la joie et le délire du triomphe le dédommagent des mille supplices par lesquels il vient de passer : sa réponse sera celle du condamné qui reçoit sa grâce sur l'échafaud.

Si l'homme n'avait pas besoin de sensations, s'il n'en cherchait point partout et à tout prix, serait-il possible de comprendre la folie des faiseurs de pièces de théâtre ? J'avoue que je ne m'étais pas douté du sort qui m'attendait. Sans cela... eh ! mon Dieu, qu'est-ce que je dis ? J'ai connu ce sort-là, et pourtant je suis revenu deux fois à la charge. Qui sait si je ne me laisserais pas rengager dans la carrière à la première chance de succès ?

Toutefois, en rentrant le soir dans mon lit, en parcourant par le souvenir mes épouvantables sensations, en jetant un coup d'œil philosophique sur le couronnement qui avait suivi, je finis par reconnaître que, tout balancé, les recettes de la gloire ne valaient pas les frais qu'elle nous coûte. Comblé d'éloges, saturé de compliments, embrassé, porté en triomphe par des admirateurs d'un jour qui devaient m'oublier le lendemain, je jouissais mal de mes nouveaux honneurs. Plus d'une remarque fâcheuse avait altéré mon plaisir, plus d'un souffle de l'envie avait déjà passé sur ma petite palme pour la plier ; je n'étais pas content de moi, je reprochais à mon succès d'avoir attristé des confrères, de m'avoir fait faire à moi-même de honteuses découvertes dans le cœur humain. Je me disais : Le beau triomphe ! voilà que je vais passer la nuit sans dormir : demain j'aurai les yeux bouffis, la figure bouleversée, l'estomac malade ; je ne pourrai pas déjeuner ; je me fais des envieux et je perds des amis. Est-ce pour cela que j'ai tant souhaité cette soirée? Gloire, gloire, que tu es peu de chose ! mais ne prostituons pas son sublime nom. Un peu de vogue n'est pas la gloire, comme un éclair n'est pas le jour.

Les répétitions de ma pièce m'avaient fatigué au point que les médecins m'ordonnèrent d'aller prendre du repos dans mon pays natal, où je n'excitai point de curiosité ; mais, ce qui vaut mieux, j'y reçus de mes anciens condisciples et de mes compatriotes en général des preuves d'intérêt plus touchantes pour moi que de banales acclamations. Là, je respirai pendant cinq mois au sein de l'amitié, et au bout de ce temps je revins à Paris la tête tellement vide des fumées qui l'avaient remplie, le cœur si libre de vanité, que j'aurais pu passer pour un sage ; je n'étais qu'un heureux, tout me prospérait. J'avais trente-trois ans : mon succès, auquel je ne tenais plus par esprit de gloriole, venait de donner un suffisant démenti aux reproches d'oisiveté et d'inutilité que les malins avaient jusque-là fait peser sur ma vie. Je me figurais alors qu'une pièce de théâtre était dans l'Etat un objet de première nécessité : le temps m'a détrompé, mais j'avais encore la vue trouble. Ainsi, me regardant comme un homme de quelque valeur, je me croyais assez de droits à la considération et à l'estime pour me contenter d'une position conquise sans intrigue et sans cabale. De la fortune, des places, je n'en désirais point. Le Permesse allait devenir pour moi le Pactole : telle était mon espérance. Qu'avais-je besoin de plus? Hélas! j'ignorais ce qu'ignorent tous les novices littéraires, que je marchais dans le pays des chimères, et que le vent emporterait bientôt toutes les feuilles de chêne sur lesquelles j'avais écrit : *Repos, bonheur, sécurité.*

Mon premier désappointement vint du théâtre, source de mes premières illusions. Après quelques représentations de *Ninus*, l'un de mes acteurs, Baptiste aîné, tomba malade. Par un sentiment de convenance qui me fut fatal, mais auquel je ne me reproche pas d'avoir cédé, je refusai de remettre son rôle à un de ses camarades, à Lafon lui-même, qui me l'avait demandé. Je voulus attendre le rétablissement de mon acteur. Qu'arriva-t-il? Que la prolongation de sa fièvre arrêta le cours de mes succès, que l'été survint, que les comédiens partirent, que je fus mis hors de combat, et que six mois se passèrent avant la reprise des hostilités.

Les délais ne valent rien pour les héros, pour les plaideurs; ils sont mortels pour les poëtes dramatiques. Tandis que *je dormais sur mes lauriers*, content d'avoir fait un acte de générosité en conservant son rôle à ce pauvre Baptiste, Napoléon revint d'Allemagne après la déroute de Leipsick. Qu'y a-t-il de commun entre Leipsick et ma tragédie? Continuez de lire, vous le saurez.

Napoléon arriva donc. Il voulut connaître la pièce qui faisait du bruit : elle fut jouée devant lui à Saint-Cloud, peut-être aux Tuileries, je ne sais plus où précisément; mais ce que je n'ai pas oublié, c'est l'interdit qui tomba sur mon ouvrage le lendemain de cette représentation. Je n'avais pas été troublé par les critiques de Geoffroi, qui s'était déchaîné dans ses feuilletons contre ma progéniture dramatique, soit pour m'arracher un tribut, soit plutôt pour obéir à sa conscience; je fus atterré de l'arrêt de l'Empereur. A moins qu'on ne fût à la tête de six cent mille hommes, on n'appelait pas des jugements partis de son tribunal; je ne commandais qu'à deux mille vers assez mal disciplinés, cependant je tentai l'aventure. J'avais des amis puissants, on s'intéressait à ma personne : à force de démarches, d'instances, de sollicitations, j'obtins mainlevée de l'excommunication, mais à des conditions cruellement onéreuses. Des scènes mutilées, des tirades supprimées, un personnage proscrit : tels furent les sacrifices imposés à un père. Pour sauver la vie de mon enfant, je consentis à le démembrer. L'opération faite, on me le rendit, et en quel état, juste ciel !

Je suis encore à comprendre comment les censeurs ne craignaient pas de demander la rature de vers tels que ceux-ci :

> Je ne puis ni souffrir ni déclarer ma honte...
> Ah! du bandeau royal le criminel orné
> N'en est pas plus heureux pour être couronné.

En voici un surtout qui fut biffé le premier :

> Par le bonheur public légitimer sa gloire (1).

Entre mon succès et ma disgrâce mourut un poëte illustre qui m'avait aimé, que j'avais chéri, et dont la perte mit en deuil tout le monde littéraire. Delille, l'aimable Delille, atteint d'une attaque d'apoplexie, succomba au milieu de la plus immense et de la plus méritée des célébrités. Jusqu'au dernier moment il conserva ce don céleste de poésie qu'on lui conteste vainement aujourd'hui. Sa mémoire, aussi sûre et aussi riche que dans sa jeunesse, lui restituait à volonté non-seulement les vers, mais les tirades, mais les chants entiers que lui avait

---

(1) Dans ma pièce imprimée, j'ai rétabli les choses dans leur ordre, autant que je l'ai pu; mais elle se ressent encore des sacrifices exigés par mes bourreaux.

confiés le paresseux auteur. Les saillies coulaient toujours abondamment de ses lèvres. Hélas! il mourait tout entier.

Affligé d'un malheur plus cruel qu'inattendu, j'assistai par un sentiment de devoir religieux aux obsèques de mon vieil ami, je n'ose dire de mon glorieux maître. Tout le corps des gens de lettres se fit un honneur de grossir le cortége qui accompagna ses restes à la dernière demeure. Je me souviens encore des regrets exprimés à la vue de ce cercueil où la poésie semblait s'être ensevelie avec son dernier favori. Le trône qu'il avait si dignement et si longtemps occupé, fut en effet vacant plus de sept années; mais enfin son successeur parut et nous consola. Dieu nous le garde!

Dès que les bienséances le permirent, je courus chez la veuve du charmant poëte, que je m'attendais à trouver dans les larmes. Elle me reçut avec un visage presque serein, parlant d'un air dégagé de la perte *cruelle* qu'elle avait faite, des derniers moments de son *pauvre* mari, courant lestement sur son éloge, plus occupée de sa toilette de deuil que de sa tendresse conjugale; enfin, je sentis que ce n'était pas là une douleur. Je fus outré. Qui devait plus de regrets à la mémoire de Delille?

La froideur de cette femme me gagna, et me gagna si bien que je laissais la conversation tomber tout doucement, quand un mot, prononcé au hasard, la releva. Pour dire quelque chose, je demandai à cette veuve inconsolable si son mari laissait quelque ouvrage posthume. Ah! ne m'en parlez pas, me répondit-elle en changeant de ton et de voix. Le malheureux homme! il avait composé sur la vieillesse un poëme admirable; admirable, c'est le mot : tous les connaisseurs qui en ont entendu des fragments vous le diront. Ce poëme, Monsieur, il contenait au moins six mille vers, et quels vers! Il n'avait jamais rien fait de si beau. Mais vous savez son indolence; il négligeait le soin de sa gloire comme celui de sa fortune. Je lui disais tous les jours :—Monsieur Delille, Monsieur Delille, ne vous fiez pas à votre mémoire; dictez-moi ces vers-là, je veux les écrire pour qu'ils ne soient pas perdus. Eh bien, Monsieur, il ne m'a pas écoutée, il est mort, il a emporté dans la tombe son superbe poëme. Je m'étais déjà arrangée avec un libraire, qui m'en donnait un prix considérable; mais bah! voilà M. Delille *ad patres,* et l'ouvrage aussi. C'est dix mille francs qu'il m'enlève, Monsieur. Dix mille francs! Et la respectable matrone de larmoyer, de sangloter à n'en pas finir en répétant sur tous les tons : Dix mille francs, Monsieur, dix mille francs! Je me sauvai résolu à ne plus remettre les pieds chez cette Artémise trafiquante, qu'en effet je n'ai pas revue, et qui s'est mieux passée, je crois, de mes visites que des pistoles du libraire.

Talma, qui, dans ma pièce, où il avait joué le rôle de *Ninus,* s'était montré véritablement sublime; Talma, que Madame de Genlis ne connaissait pas (elle avait dès longtemps renoncé au spectacle), faisait tant parler de lui à cette occasion dans le salon de l'Arsenal, qu'il prit fantaisie à notre femme auteur de juger par elle-même si le successeur de Lekain méritait sa réputation. Elle me pria de la faire dîner avec lui. M. Sage, leur ami commun, offrit sa maison. J'y réunis à table ces deux illustrations différentes, et j'engageai le grand acteur à tout essayer pour conquérir un suffrage de haut prix. On mit l'un à côté de l'autre; mais, par malheur, en faisant sa leçon à Talma, j'avais oublié de donner à Madame de Genlis une petite instruction : c'était d'encourager par quelques éloges préliminaires le timide débutant qu'elle allait entendre. Faute de cet avertissement, elle se livra tout entière à ses vieilles admirations théâtrales, le satura de l'éloge de Lekain au lieu d'ébaucher au moins le sien, lui assura qu'il ne remplacerait jamais un homme dont le talent ne pouvait avoir d'égal, et déconcerta si complétement ce pauvre acteur de génie, que, le soir, lorsqu'on lui demanda des vers, il cessa d'être lui-même. En vain se fit-il entendre dans ses meilleurs rôles : point d'inspiration, point de chaleur. Ce n'était plus le maître de la scène ; c'était un écolier ânonnant son *pensum* et en méritant un autre pour son détestable débit.

Jamais tant de médiocrité n'avait succédé à tant de talent. On ne s'y reconnaissait plus. Je souffrais pour le malheureux ; j'aurais voulu n'avoir pas provoqué cette séance où sa réputation échouait si ridiculement. Mais qu'importait cette petite défaite à huis clos? Le lendemain il prit en public sa revanche et fut plus Talma que jamais.

Après la retraite de Madame de Genlis, je le grondai fort sur son éclipse totale, qui avait si mal pris son temps pour survenir. Voilà comme je suis toujours, me dit-il : électrisé par l'enthousiasme, asphyxié par le dénigrement. C'est ainsi que les critiques de Geoffroi m'ôtaient une partie de mes ressources. Je le sentais, je voulais secouer la tyrannie du feuilleton ; le feuilleton continuait d'écraser mon talent. Comme j'avouais à mes amis cette étrange faiblesse, l'un d'eux imagina de ménager un rapprochement entre le vieux critique et moi. Nous voilà donc ensemble dans le cabinet de Lainez, le chanteur du Grand-Opéra. Ce fut moi qui entamai l'entretien.

— Eh bien, dis-je au terrible Cerbère, vous ne me croyez donc point de talent?— Oh ! que si, vous en avez, et beaucoup, je le sais et j'en conviens ; mais... — Quoi, mais? — Vous êtes à une distance incommensurable..... —De Lekain ; n'est-ce pas ? — *C'est toi qui l'as nommé*, reprit-il en riant. — Il était donc bien admirable! — La

perfection même : un débit juste, varié, touchant, énergique ; une noblesse incomparable de poses et de gesticulation ; des élans d'un sublime qui nous enlevait ; une pantomime expressive : ah ! il fallait voir. Rien ne peut donner l'idée de cette pantomime-là, pas même la vôtre.
— Ah! ah! je croyais que c'était mon fort. Sur les autres points, tels que la richesse d'intonations, le grandiose, la dignité, le pathétique même, je passais condamnation ; mais quant au jeu de physionomie, il me semblait que...
— Il vous semblait mal. Sur cet article, comme sur les autres, vous n'approchez pas de Lekain. — En vérité ?— En vérité. Voulez-vous des preuves ? Tenez, par exemple, dans la tragédie de *Tancrède,* quand vous entrez en scène, que faites-vous ? Des contre-sens de toute sorte : vous entrez comme entrerait un passant, un commis-voyageur, un herboriste, le premier venu ; vous donnez votre bouclier à droite, votre lance à gauche aux deux comparses qui vous servent d'écuyers ; puis vous vous avancez sur la rampe, disant de votre mieux :

A tous les cœurs bien nés que la patrie est chère !

Et vous êtes prodigieusement ébahi de l'indifférence du public, qui pourtant n'a pas tort : vous seul méritez des reproches. Savez-vous pourquoi ? Lekain va vous l'apprendre.

Ah! c'est lui qui se présentait avec grandeur, continua Geoffroi en s'animant. Tudieu ! Dès qu'il paraissait, toute la chevalerie entrait avec lui. On se sentait remué au seul aspect de ce guerrier qui parcourait si vivement le théâtre les yeux errants sur tous les monuments élevés autour de lui ; tantôt s'arrêtant vers les trophées de ses anciens compagnons d'armes qui excitaient son attendrissement ; tantôt levant la main vers la demeure de celle qu'il aime, qu'il vient chercher à travers mille dangers, et montrant à son écuyer cette maison où l'amour le rappelle. Plus loin, quel objet réveille son attention, son indignation? L'enceinte du sénat qui l'a proscrit. Ailleurs, il reconnait l'église qui l'a voué au culte de Dieu, la place témoin des acclamations d'un peuple enivré de ses victoires. Tout lui offre un souvenir, un regret, une espérance. Une foule de passions se succèdent dans son sein, se peignent sur son front, étincellent dans ses regards; et, lorsqu'il a bien répandu dans les âmes les diverses émotions dont la sienne vient de se remplir; lorsque l'étonnement, la curiosité, l'intérêt sont au comble, il laisse sortir de ses lèvres ce cri du citoyen, du soldat, de l'amant, du chrétien, ce cri qui retentit au fond de tous les cœurs et auquel répondent toutes les mains. Voilà comme on magnétise son public, voilà le triomphe de l'art, voilà Lekain.

Après avoir réfléchi un moment : Tout cela est parfait, repris-je; mais Lekain jouait dans une salle étroite, devant des spectateurs rapprochés de lui, émerveillés de son talent et sachant attendre. Que deviendrais-je aujourd'hui, moi perdu dans les profondeurs d'un immense vaisseau, obligé d'envoyer mes regards à une lieue, de parler par ma physionomie à un parterre impatient, et dont la moitié est hors de portée? J'ennuierais, j'excéderais; on trouverait ma pantomime éternelle; je serais sifflé, et je ne tiens pas à l'être. — Bon! bon! quel conte! Et les Romains, qui avaient des théâtres contenant trente mille spectateurs, sifflaient-ils le mime Paris et autres? Mettez-vous bien dans la tête que l'éloquence des gestes et de la physionomie est la plus puissante et la plus universelle. Tout le monde comprend cette langue-là, et vous êtes sûr d'opérer, comme Lekain, des prodiges, quand vous la saurez parler comme Lekain.

Cette conférence n'eut pas de suite : les deux parties ne s'entendirent pas, elles se séparèrent plus brouillées que jamais, et les hostilités du feuilleton recommencèrent.

Cependant les présages d'une grande catastrophe assombrissaient l'horizon de la France. L'homme du destin touchait à la fin de son bail avec la gloire : l'Empereur, à force de secouer les rênes de l'empire, les avait brisées. Rois et peuples, longtemps menacés, devenus menaçants à leur tour, couraient tous à la fois sur lui : c'était la chasse au lion. Traqué de toutes parts, atteint, frappé, meurtri, las d'une lutte effroyable et inutile, il se retira de l'arène, mais à la manière des lions, en poussant un dernier rugissement qui fit bondir la terre jusqu'à six cents lieues de lui, et reculer le million d'assaillants dont il était enveloppé.

Pour laisser passer ce vaincu terrible, ils ouvrirent leurs rangs avec joie, tant ils le redoutaient encore! Napoléon partit. On sait comme il revint, combattit, succomba, repartit enfin pour toujours : triste dénoûment de son duel avec le monde.

Heureusement placé par mes goûts, ainsi que par mes travaux, loin de cette sphère orageuse de la politique, où s'agitaient et se heurtaient tant de passions, où tombaient et se relevaient tant de fortunes, à peine reçus-je le contre-coup de l'universel tremblement. Mais j'étais Français, j'avais une patrie, je pleurais sur elle. L'aspect des Bourbons sécha mes larmes. Quand ces fils aînés de la France accoururent du fond de l'exil pour la retirer des mains de l'étranger, j'applaudis à leurs efforts et à leurs succès. Pourquoi l'esprit de réaction voulut-il combattre l'influence de leur esprit conciliateur? Il essaya de m'enrôler sous son drapeau, que je repoussai. Modération, modération, je restai fidèle à ton culte. Je ne gagnai rien à cela. Les partis opposés s'armèrent tous contre moi et mes œuvres. Je leur cédai la place sans humeur. S'ils firent tomber une de mes tragédies, Jeanne Gray, celle que Napoléon avait déjà condamnée, ils me rendirent le service le plus digne de reconnaissance : ils m'apprirent le néant de la gloriole, et je n'ai jamais oublié cette bonne leçon de philosophie.

Admirez pourtant la bizarrerie des jeux du sort. Si l'on eût représenté cette pièce sous l'empire, le parterre, c'est-à-dire l'opposition, car le parterre est toujours l'opposition, n'aurait pas manqué de l'applaudir.....

Sous les Bourbons tout est changé. Ce qui devait contribuer auparavant à ma réussite, tourne dès lors contre moi. J'attaque l'Empereur, je suis coupable, je dois être puni ; et la punition ne tarde pas.

Dirai-je que mon ouvrage était bon et que le parterre fut injuste ? Non. J'avais choisi un déplorable sujet, mes acteurs se sentaient glacés par l'air de la salle : quelques scènes, assez touchantes peut-être, ne purent balancer la faiblesse d'autres scènes en plus grand nombre ; enfin, le vice originel de ce sujet qu'on m'avait donné décida ma chute. Je pris mon parti sur-le-champ, et je n'en appelai point

> Du parterre en tumulte au parterre attentif.

Du reste, ma conduite avec mes ennemis, ou avec ceux qui voulaient l'être, fut toujours la même. Je me montrai le lendemain ce que j'avais paru la veille, sensible aux bons procédés, indifférent aux injures, le cœur fermé aux ressentiments et les bras ouverts à tout le monde. Je puis fournir mes preuves. En voici une qui me tombe sous la main.

Le pauvre Talma, qui m'avait lâchement abandonné pour plaire au parti dont il se croyait le coryphée et dont il n'était que le valet; le pauvre Talma (je suis fâché de l'épithète, mais il la mérite) se vit, au second retour des Bourbons, en proie aux plus violentes agressions de la part des royalistes exagérés; et, comme il était assez poltron de sa nature, il craignait l'effet de ces attaques, pour sa tranquillité d'abord, et ensuite pour sa pension. Je me hâtai de le défendre dans les journaux par une lettre qui semblait n'être qu'une justification de Mademoiselle Mars, attaquée comme lui, mais dont le but réel ne peut être méconnu.

J'ai là cette lettre, et je la copie.

» *A Monsieur le Rédacteur de* la Gazette de France.

» Monsieur,

» Mademoiselle Mars est une si jolie actrice et les violettes sont de si jolies fleurs, qu'il y a conscience de garder rancune, après trois mortels mois, aux opinions de l'une et aux couleurs des autres. D'ailleurs, Monsieur, je vous le demande, quel mal cela fait-il au Roi? Devient-il fort important pour sa cause que Mademoiselle Mars change de parure et de sentiment? Il me semble que cette charmante élève de Monvel est au théâtre non pour bien penser, mais pour bien jouer. Ne vaut-il pas mieux qu'elle nous enchante par ses talents que de nous édifier par ses principes? Qui sait, au surplus, si la fantaisie des violettes ne lui a pas passé, comme tant d'autres fantaisies passent aux jolies femmes! Qui sait même si son tort n'est pas celui de sa marchande de modes! Comme toute espèce de fleurs se marie à merveille avec la ravissante figure de Mademoiselle Mars, on lui a vu porter aussi des lis. Or, dans cette variété d'ornements qui se remplacent sur sa tête, comment distinguer l'emblème des sentiments qu'elle a dans le cœur? Moi, je me plais à en juger sur de meilleurs indices. A la noblesse de ses manières, aux grâces de son débit, à ce ton exquis de la bonne compagnie, dont Mademoiselle Mars offre au théâtre l'attrayant modèle, je parierais qu'elle est royaliste. Elle pourra bien n'en pas convenir avec le public tant que le public exigera d'elle une profession de foi à coups de sifflets. Ces sortes de déclarations sont comme des aveux d'amour; il faut les obtenir et non les arracher. Le public a été trop impérieux pour que l'actrice ne fût pas un peu mutine. Cela finira par s'arranger. Mademoiselle Mars criera d'elle-même *Vive le Roi!* comme elle l'avait déjà crié; les spectateurs applaudiront Mademoiselle Mars comme ils l'ont toujours applaudie, et tout le monde sera content.

» A propos d'applaudissements, Monsieur, parlons de Talma, qui en mérite tant, mais qu'on accuse aussi très-injustement de ne pas aimer le Roi. On se trompe. Comblé des bienfaits d'un homme qui l'avait pris spécialement sous sa protection, Talma, j'en conviens, a payé ces bienfaits de reconnaissance. Et qui osera condamner le plus légitime, le plus sacré des sentiments? Mais, tout en acquittant sa dette de particulier, il a payé celle de Français. On sait, à n'en pouvoir douter, que, peu de jours après le retour de Napoléon, Talma se présenta devant lui, et que, dans la conversation qui s'engagea, il fut question de notre monarque. Le Roi vous a parlé, dit le grand soldat au grand acteur. Avec une extrême bonté, répondit Talma sans se déconcerter et sans trahir la pensée de son cœur. Les amis de Talma ont tous remarqué qu'il ne s'était jamais expliqué sur le Roi qu'avec le ton de la vénération, et cela dans un temps où il faisait mal sa cour en tenant un pareil langage. Il est concevable que Talma regrette son bienfaiteur. S'il ne lui donnait pas quelques souvenirs, il serait digne de mépris.

Il est du petit nombre de ceux auxquels leurs affections imposent silence sur la conduite politique de Bonaparte, et pour qui seuls l'image de ce personnage trop fameux se montre couverte d'un voile respectable. Dans tous les pays l'ingratitude est un crime et la reconnaissance une vertu. Il n'est point d'opinions qui puissent faire consacrer des principes contraires; moins encore celles des amis d'un roi dont toutes les actions sont des exemples de justice, d'honneur, de magnanimité, et qui semble avoir pris pour devise ce vers inspiré au génie par la sagesse :

J'en ai gagné plus d'un, je n'ai forcé personne.

» J'ai l'honneur d'être, etc.

» Paris, 25 juillet 1815. »

Cette tolérance que je réclamais pour autrui, je l'eusse volontiers sollicitée pour moi, mais à quoi bon? Ne sait-on pas que les partis sont intraitables? D'ailleurs la fierté de certaines âmes ne leur permet pas de chercher à désarmer l'inimitié, quoi qu'elles en puissent craindre. Rien de plus naturel et de plus convenable; mais il ne faut pas non plus se placer sous sa couleuvrine; c'est une imprudence dont la punition ne tarde jamais : la haine paye toujours comptant. J'acquis cette triste certitude quelques années plus tard, lorsque je donnai au second Théâtre-Français la tragédie de Charles de Navarre, ouvrage d'un mauvais auteur peut-être, mais du moins d'un bon citoyen : pièce toute composée dans des vues de conciliation, et digne par son but de l'estime comme des encouragements de tous les vrais Français. Hélas! quel fut son sort? On se moqua des exhortations à la concorde, des paroles de modération que cette tragédie contenait. On siffla le Dauphin, fils du roi Jean, parce que je lui avais conservé son caractère pacifique et raisonnable, parce qu'il cherchait à rapprocher des amis divisés par les opinions politiques. On lui reprocha de descendre du rang de prince aux fonctions de juge de paix. Ce drame ne tomba pas, ne réussit pas : il resta suspendu entre les murmures et les applaudissements ; je me tins pour averti, je renonçai au théâtre.

Il est des hommes intrépides qu'animent les obstacles, que les dangers exaltent, qui sont nés pour trancher tous les nœuds gordiens. Il en est d'autres auxquels l'aspect de la moindre barrière, le visage du plus faible ennemi, l'appréhension même d'une petite guerre, inspirent sur-le-champ l'envie de battre en retraite. Je suis de ces derniers, grâce à Dieu. Et qu'ai-je à faire au milieu des épées de la malveillance? pourquoi troubler moi-même ma vie? pourquoi me jeter dans la fournaise ardente? Amusons les hommes, rien de mieux; mais s'ils ne veulent pas être amusés par nous, il faut être sot et fou pour s'obstiner, après trois sommations, à leur crier aux oreilles : Messieurs, vous aurez du plaisir de ma façon, ou vous direz pourquoi. Faire violence au public, quelle rage! passer en cheveux gris par les verges de la critique, quelle pitié!

Repoussé du théâtre dans les salons, je consentis de bon cœur à cet échange de territoire, ou plutôt j'abandonnai mes prétentions sur l'un des domaines pour m'établir solidement dans l'autre. Le cercle de mes relations s'élargit. Par système, je ne frappais à aucune porte ; j'attendais qu'il s'en ouvrit pour moi, plus jaloux de devoir ma réception à la bienveillance qu'à l'importunité. L'idée de forcer la main m'a toujours répugné. Comment tant de gens, qui ont pourtant de l'âme, se déterminent-ils à faire en quelque sorte le siége des maisons, à s'introduire par effraction dans des lieux où l'on ne doit se plaire qu'autant qu'on s'y voit appelé? Cette violation de la propriété me passe. Il est tant de personnes de bonne volonté qui vous tendent la main! il en est tant d'autres, encore plus obligeantes, qui vous prennent au collet pour vous faire entrer chez elles! Contentez-vous du fauteuil qu'elles vous offrent, acceptez cette hospitalité banale, ou ne l'acceptez pas; vous avez l'option. Mais grâce pour votre propre honneur! mais respect pour la propriété d'autrui!

Citer les noms de tous les personnages plus ou moins importants dont l'indulgente bonté s'empressa de m'accueillir, est-ce là mon intention? Nullement. Les uns ne se soucieraient pas de paraître ici, mêlés et confondus même avec la meilleure compagnie; d'autres demanderaient compte à ma trop fidèle mémoire des révélations du secret de leurs salons. D'autres, enfin, furent pour moi comme ces ombres chinoises qu'on voit passer avec plaisir, mais qui ne laissent de trace de leur passage ni sous les yeux ni dans le cœur. Je me renfermerai dans l'enceinte, assez large encore, de la charmante colonie d'amis où je me suis retiré et que j'appelle avec tant de raison mon champ d'asile.

Parmi les êtres dont la parfaite bonté m'a laissé de douces impressions, j'aime à me rappeler le vénérable abbé Morellet, qui disait à ses nièces en leur prononçant mon nom : Croiriez-vous bien que mon vieux cœur se ranime et s'attendrit pour ce jeune homme? Sa maison, où tout respirait l'odeur des temps antiques, était le rendez-vous des esprits les plus éminents, non-seulement de la France, mais encore de l'Europe entière. On prenait part chez lui à des entretiens si lumineux qu'on en sortait tout ébloui de clartés. Point de grandes questions d'utilité sociale, d'économie politique, d'administration, de gouvernement, de finances, de morale, de littérature appliquée à l'instruction et au perfectionnement des nations qui n'y fussent discutées et résolues autant qu'elles puissent l'être par tous ces chefs d'ordre de la pensée.

J'ai vu souvent là le marquis Garnier, homme d'Etat profond et convive aimable; le marquis Barthélemi, ancien membre du Directoire et le seul grand fonctionnaire de cette déplorable époque qui eût conservé de la considération, peut-être parce qu'il avait méprisé la fortune; M. Lainé, vertueux philanthrope, toujours occupé du bien de ses semblables, tandis qu'il était calomnié par eux; M. Maine de Biran, métaphysicien du premier ordre et simple dans ses manières comme un enfant; M. Pasquier, M. Molé, dont j'ai déjà bien ou mal apprécié les divers degrés de mérite; enfin, des ambassadeurs, des ministres étrangers, des publicistes anglais, des libéraux russes : vivante et riche galerie de portraits qui me faisait dire : L'histoire pose déjà devant moi.

Mme Chéron, nièce de l'abbé, tenait une place honorable dans ces groupes illustres. Une raison supérieure, un esprit remarquable, la mettait presque au niveau de tant de savants interlocuteurs, qu'elle étonnait quelquefois par des observations pleines de sens et de justesse. Un jour on examinait la position critique de la cour de Rome, et M. Garnier, tout effrayé du pas de la philosophie prête à envahir le seuil du Vatican et à briser la chaire pontificale, disait : Le danger presse, il faut faire la part du feu, il faut que le Pape en vienne à des concessions.—Et où s'arrêteront-elles? demanda sagement Mme Chéron. Que de profondeur dans ce mot? Quel éclair jeté sur un abime (1)!

C'était elle qui, ne pouvant souffrir les inconvénients du gouvernement représentatif, où l'on dit plus de choses

---

(1) Il s'agissait du spirituel, et non du temporel.

qu'on n'en fait, l'appelait gaiement le gouvernement bavardatif.

Sa sœur, Mlle Beltz, était l'économe de la maison, où l'esprit d'ordre s'alliait merveilleusement avec une espèce de magnificence, vu la fortune de notre ami. Les douze ou quinze mille livres de rentes de M. Morellet, jointes à son traitement académique et à quelques pensions, suffisaient à l'entretien de sa table, au salaire de deux domestiques mâles, d'une cuisinière, d'une femme de chambre, et aux autres dépenses nécessaires. Ses dîners offraient presque du luxe. Le philosophe aimait la bonne chère, et les jours de jeûne et d'abstinence l'abbé n'était pas scrupuleux. Loin d'éviter le péché de gourmandise, il se donnait, avec une largeur étonnante, l'absolution de toutes les dindes mangées, de tous les pâtés digérés en contravention aux commandements de l'Eglise.

Semblable à ces vins vigoureux auxquels le temps ôte leur verdeur pour leur donner un délicieux bouquet, l'abbé Morellet, mûri par l'âge, avait perdu cette sève âpre et mordante de la jeunesse et s'était parfumé des fruits de la sagesse et de la réflexion qui font la couronne des vieillards. Qui ne l'a connu que par ses ouvrages doit le juger mal. Ecrivain, il était tout au plus du second ordre : dissertateur et causeur, on pouvait, sans partialité et sans prévention, le mettre à la tête du premier.

Cet ecclésiastique qui, par malheur, ne croyait à rien, fit au lit de mort un singulier aveu à son médecin Moreau. Malgré son mépris pour les préjugés, il mourait à quatre-vingt-treize ans, sinon comme un confesseur, du moins comme une vierge. Et comment, lui demanda le docteur, un mécréant tel que vous est-il resté fidèle au vœu de chasteté? — Ce n'est point par superstition. Voici tout le mystère : Quand j'ai eu des tentations, les occasions m'ont manqué ; quand j'ai trouvé des occasions, les tentations étaient passées.

Je causais de préférence chez lui avec Mme de Vintimille, sa voisine et son amie, qui se montra toujours sensible à mes empressements. On était à cette époque dans l'enthousiasme des montagnes françaises, si oubliées aujourd'hui. Les femmes surtout allaient se faire *ramasser* trente fois de suite dans ces chars lancés rapidement sur une pente effrayante et remontant avec peine vers le point de départ. Elles aimaient à la folie la suffocation qui les attendait, et quand un tour était fini, ces dames essoufflées s'écriaient bien vite : A un autre ! Mme Chéron, qui ne connaissait pas encore tout ce mécanisme, en demandait l'explication. Je la lui donnai comme je pus. Mme de Vintimille me fit répéter. Je me tournai vers elle : Vous voulez savoir ce que c'est, Madame ? C'est tout ce qu'il y a de plus ridicule. Figurez-vous une calèche dans laquelle on va, on va toujours en descendant, et qui ne mène à rien. Si du moins elle menait à vous ! — On peut y arriver par d'autres chemins, me répondit-elle en riant. Depuis ce jour-là je devins un des habitués de son salon.

Elle occupait un hôtel en commun avec sa sœur et le vicomte de Fezensac (1), fils de sa sœur. Il avait avec lui toute sa famille, composée de sa femme, personne d'un caractère charmant et d'une détestable santé, de deux filles en bas âge et d'un jeune garçon. L'aînée de ces filles, nommée Mathilde, édifiait déjà par des vertus qu'elle a couronnées depuis par des talents dont ses parents ont le droit d'être fiers. La plus jeune était un prodige de finesse et d'espièglerie. Jamais on n'a dit

(1) Devenu duc depuis la mort de l'abbé de Montesquiou, son oncle. C'est un de nos meilleurs généraux et de nos plus remarquables écrivains. Tout le monde le dit ; il faut bien que cela soit.

sitôt des mots si jolis. La saillie partait de ses lèvres comme un trait, à une épigramme succédait une épigramme. Je me plaisais à la picoter pour la mettre en verve; et quand notre dialogue s'animait, c'étaient de sa part des fusées qui pétillaient, qui éblouissaient de seconde en seconde. J'étais obligé de crier merci. Alors elle cessait gaiement le feu et nous faisions la paix, sauf à recommencer la guerre pour amuser la galerie et nous-mêmes.

On l'avait baptisée du nom d'Oriane. Je lui demandai où était son Amadis. Elle me répondit : Je n'ai point pour amants des chevaliers errants ; je veux qu'ils me restent, je ne suis pas dupe. Sur cela je la tourmentai ; elle fit mouvoir son artillerie, mais ses petits canons ne jouaient pas si bien qu'à l'ordinaire. Mademoiselle, lui dis-je, quand on lance des épigrammes, il ne faut pas bégayer. — C'est pour qu'elles durent plus longtemps, Monsieur.

Un jour sa sœur voulut lui faire honte de son peu d'application à l'étude, lui représentant les inconvénients de l'ignorance et le mépris que son mari aurait pour une femme qui ne saurait rien. — Bon, bon! répond la friponne. Est-ce que tu crois que j'épouserai Monsieur Desmazures? Et, je le répète, elle n'avait que six ans.

Roger, fils du vicomte, était aussi un enfant qui promettait; je crois qu'il a tenu parole. Sa grand'tante, Madame de Vintimille, fit pour lui un acte de patience des plus surprenants, un véritable acte de mère. Afin de lui faciliter l'étude du latin, elle apprit cette langue morte et devint son répétiteur. Obligeance et dévouement : voilà le fond de ce caractère. Sous des formes un peu rudes, Madame de Vintimille cachait une exquise sensibilité. Aucune des délicatesses du cœur n'était étrangère au sien. Et quelle simplicité dans sa manière de rendre des services ! Quelle constance dans son amitié ! Qui savait mieux qu'elle dire le mot gracieux, faire la chose utile ! Son esprit se montait sur le ton de son âme; il s'ingéniait comme elle pour multiplier les preuves d'une bonté qu'on réclamait chaque jour et qui ne se lassait pas un moment.

Quand Madame de Vintimille s'était mise en marche pour quelqu'un, ni distractions, ni difficultés ne la détournaient de son chemin ; elle ne s'arrêtait qu'au but. Demander, écrire, visiter, recommencer les démarches et les instances, presser les ministres, les étourdir, les convaincre, leur arracher pour ainsi dire le bienfait de la main, ne lui coûtait pas plus que d'aller au concert ou au spectacle, et lui agréait davantage. Heureuse, mille fois heureuse quand elle pouvait vous dire avec sa bonhomie habituelle : Voilà votre brevet.

Adorée dans sa famille, indispensable à ses amis dont elle augmentait de jour en jour le nombre, utile à tout ce qui l'approchait, recherchée dans le monde pour les agréments de son esprit autant que pour la sûreté de son commerce, elle passait et faisait passer une vie délicieuse. Auprès d'elle ni ennui ni langueur. Jamais une conversation où elle prenait part ne tarissait. Quelque sujet qu'on traitât, son esprit se trouvait à l'unisson des autres esprits : il faisait feu du matin au soir. Raisonnable avec les raisonnables, gai avec les frivoles, profond avec les penseurs, il se reproduisait toujours lucide, toujours neuf, sous toutes les formes et dans toutes les sphères de l'intelligence. Son goût sûr et délicat lui méritait l'honneur d'être consultée par nos meilleurs écrivains. M. de Châteaubriand lui-même s'est souvent bien trouvé de ses conseils.

De tous ses attachements le premier était voué sciemment à M. Pasquier : il dominait tout sans la rendre injuste à l'égard des rivaux de son ami. Elle souffrait la contradiction sur lui comme sur le reste de la terre. Un jour (nous étions alors au Marais, belle propriété appartenant à Madame de la Briche), à une promenade autour du château, je l'attaquai à propos de certains actes du ministère dont Monsieur Pasquier faisait partie, et la discussion s'engagea si vivement entre nous que nous revînmes le visage rouge et l'œil enflammé. On crut à une querelle terrible. On lui demanda ce qui l'avait fâchée. Fâchée ! dit-elle : est-ce qu'on peut se fâcher contre cet homme-là ? Puis, se tournant vers moi avec une grâce charmante, elle ajouta : Ceci me rappelle ce joli vers d'une comédie :

Les gens du même avis ne sont jamais d'accord.

Après cette citation, elle me tendit une main que je baisai bien respectueusement, et il n'en fut pas davantage.

Telle était cette femme, dont la philosophie pratique devait d'autant plus étonner que le ciel lui avait donné une vive imagination et une volonté inflexible.

Mariée jeune à un homme d'une très-grande naissance, mais plus âgé qu'elle, elle remplit ses devoirs d'épouse comme tous ses autres devoirs. Je ne sais ce qu'il lui en coûta ; mais je sais bien que sa fierté s'accordait avec sa raison pour repousser la foule de ces petits séducteurs qui caracolaient alors avec tant de hardiesse autour des vertus de dix-huit ans défendues seulement par la béquille d'un vieillard. Elle m'a conté que la lecture d'un ouvrage abominable (1), tombé par hasard entre ses mains, l'avait prémunie contre les faiblesses du cœur plus et mieux que tous les livres de morale, que tous les sermons des

(1) Les Liaisons dangereuses.

prédicateurs et toutes les réflexions de sa propre sagesse. Quand j'en vins, me dit-elle, à la fameuse lettre où le héros, après la défaite de la présidente de Tourvel, écrit avec une si insolente fatuité : La voilà donc vaincue cette femme superbe qui s'était flattée de me *résister !* je jetai le livre et je m'écriai : Quoi ! je pourrais donner à un homme le droit de parler ainsi de moi ! Non, jamais, jamais aucun de ces messieurs ne sera autorisé à se vanter de ma conquête. J'ai dit, et je me suis tenu parole.

Elle réunissait chez elle une petite société triée, dont l'habitude était de se rendre dans son cabinet de livres, souvent les soirs, toujours les matins de trois à six heures. Là, on devisait, on apportait les nouvelles, on jugeait les ouvrages récents, on rendait compte des événements d'importance, on révélait les anecdotes les plus secrètes sur les intrigues des cours et les affaires ministérielles. Presque tous les interlocuteurs pouvaient parler de ces derniers objets avec connaissance de cause : ils étaient, comme disait l'abbé Morellet, dans la bouteille à l'encre. En ces moments-là le dialogue devenait quelquefois si curieux et si intéressant que les dialogueurs s'oubliaient et que, pour déterminer leur retraite, il fallait l'avertissement du laquais qui venait dire : — Madame est servie.

Je vivais ainsi doucement parmi ces âmes d'élite lorsqu'un grand chagrin vint les éprouver. Le bon abbé touchait à sa fin. Une chute, qui lui avait cassé la jambe, précipita le moment fatal, dont sa robuste complexion semblait encore l'éloigner. Peu de temps avant la triste catastrophe, ses aimables nièces s'étaient concertées avec quelques-uns de leurs amis et plusieurs artistes célèbres pour solenniser sa fête. Le jour de la Saint-André, nous étions au nombre de cent, au moins, dans ce petit salon que je vois encore. Là, le pauvre vieillard, étendu sur une chaise longue, pâle, affaibli, assoupi, éteint, portant déjà sur son visage livide et ridé le masque menaçant de la mort, se réveillait de temps en temps pour distribuer autour de lui des paroles d'amitié et de reconnaissance, serrant la main aux uns, jetant aux autres un coup d'œil affectueux, certain que cette fête serait pour lui la dernière, mais toujours serein, comme s'il allait passer d'une partie de plaisir à une autre.

Ses adieux (car ces empressements, ces sourires, ces serrements de main, ces gracieux regards étaient des adieux) ressemblaient à un *bonjour*. Pas la moindre marque de faiblesse dans son âme. Pour son corps, à tout moment il retombait sous le poids de l'affaissement : sa tête se penchait involontairement sur sa large poitrine, ses yeux se fermaient avec langueur. Les sons du piano, les accents des chanteurs, le mouvement et le calme alternatifs d'une foule pressée dans un petit espace, la chaleur de l'appartement, le bruit des domestiques apportant les glaces et les autres rafraîchissements d'usage, les entretiens à voix haute ou basse changeaient la forme du spectacle et en renouvelaient les incidents sans le tirer de sa léthargie. Puis je ne sais quel génie, celui de l'hospitalité sans doute, le ranimait encore : il parlait, et on respirait.

Dans une de ces résurrections momentanées, il eut la force de nous débiter des stances pleines de sentiment et de poésie sur la vieillesse, dont il faisait le plus attrayant tableau. Socrate, commentant le Phédon à sa dernière heure, n'avait ni plus de calme ni plus de majesté; mais Socrate espérait un avenir ; et Morellet, qu'attendait-il ?

Toutefois, sans nous livrer aux réflexions solennelles qu'inspirait naturellement la scène étalée sous nos yeux, nous éprouvions tous un attendrissement sacré. Il y a tant de mystérieux dans l'homme qui sort de la vie pour entrer dans cette autre vie inconnue que nous appelons l'éternité! L'énigme de notre destinée nous semble si prête à révéler son mot! Sérieux ou frivoles, nous ressentons instinctivement l'inanité de cette chose qui est nous, et un involontaire effroi nous saisit à l'aspect d'un être de notre nature, dont nous sommes voisins, que nous touchons, que nous entendons parler, que nous voyons agir et qui, dans une heure peut-être, privé de voix, d'action, de sentiment, jeté derrière l'immense rideau que la mort va tirer sur lui, doit pour jamais être séparé de nous par une invisible puissance, dont les lois nous atteindront à notre tour.

A cette fête, dois-je écrire un tel nom ? je fus touché de la complaisance d'une femme de haut rang qui se mit au piano pour plaire au moribond et qui chanta sans en avoir la moindre envie. Mais Madame Molé ne consultait que le désir d'autrui, et ne voyait dans son talent que la propriété de ses amis. Dans cette pensée, elle ne dédaigna point de s'unir aux artistes présents pour répandre une teinte agréable sur cette lugubre soirée.

Une circonstance singulière me frappa. Plusieurs ministres, et notamment MM. Pasquier, Lainé et Molé, assistaient à ce concert : le lendemain ils devaient donner leur démission. Nous savions d'avance la nouvelle. Mais quel étrange rapprochement! un ministère à l'agonie fêtant un vieillard à l'extrémité.

Peu de jours après nous perdîmes en effet le Nestor de la philosophie. Il expira doucement, sans regret sur son passé, sans crainte pour son avenir, disant avec un grand sang-froid au docteur Moreau, qui cherchait à le fortifier contre les horreurs du dernier moment : Ai-je donc vécu quatre-vingt-treize ans sans avoir appris à mourir? Nous le pleurâmes. Où est-il? Dieu lui fasse paix! Il a aimé.

Ce fut sous la protection de son nom respectable que son petit-neveu, M. Chéron, entra dans la carrière administrative, où sa capacité fit le reste, et l'aurait conduit assez loin sans les oscillations du gouvernement représentatif. Sous-préfet à Provins, grâce à M. Lainé, il perdit sa place sous le successeur de ce ministre, se retira, se maria, et vit à présent libre, tranquille et heureux *procul negotiis,* dans une jolie terre à quelques lieues de Paris.

Je rencontrais partout Madame de la Briche et Madame Molé, qui devinèrent que je serais capable de m'amuser à leurs soirées de Paris et de figurer dans leurs spectacles du Marais. Aussitôt les invitations m'arrivent, les rôles me pleuvent : je ne refuse rien. Me voilà installé chez elles, à la ville et à la campagne. A la ville je me plus beaucoup, mais à la campagne ce fut bien une autre merveille. La première fois que je vis le château du Marais, j'eus un grand accès d'admiration qui dure encore. Je crois qu'on n'en eut point en me voyant jouer la comédie; j'en pris mon parti. Le plaisir que j'éprouvai me consola de l'ennui que je faisais naître. Nous avions, du reste, une troupe excellente.

Madame Molé ravissait dans les ingénues, et Madame de Chastellux dans les soubrettes. On ne pouvait trouver un *ci-devant jeune homme* plus gai que le marquis de Seignelay, ni un Oronte plus convenable que le baron de Tourolle. Je ne parlerai pas du comte de Bethizy, qui jouait et chantait en acteur consommé, ni de ceux qui formaient le bas chœur; mais je me garderai bien d'oublier la duchesse de Maillé, venue plus tard partager les lauriers de ses nobles camarades. Le comte de Termes, l'Elleviou de la banlieue, le vicomte de Fezensac et le marquis de Mun, par leur rare intelligence et leur jeu savant, contribuaient merveilleusement à l'ensemble et au charme des représentations.

Les triomphes du Marais excitèrent bientôt l'émulation de la duchesse de Maillé, qui voulut aussi avoir sa gloire de comédie pour son château de Lormois, où elle nous transplanta tous sur un théâtre emprunté aux *Menus-Plaisirs*. Mais je me suis trop avancé dans mes souvenirs : rétrogadons.

Sur la liste de mes amies je trouve encore le nom d'une femme célèbre par l'éclat prolongé de ses charmes et par les suaves productions de son pinceau. Quand je la vis, elle conservait des restes de cette beauté qui avait fait courir tout Paris; pour son talent, il n'avait éprouvé aucune avarie : les portraits du comte de Coëtlosquet, de la comtesse de Lostange, de la comtesse Dawidoff et vingt autres l'attesteront.

Madame Lebrun était l'enfant de la nature, mais son enfant le plus gâté. L'art n'avait rien à faire là. On dit que l'amour eut beaucoup d'occupation autour d'elle et chez elle; je le conçois. Une figure et une taille enchanteresses, un talent qui ne se signalait que par des chefs-d'œuvre, un esprit sans culture mais non pas sans produit, car il n'attendait pas qu'on le sollicitât pour prodiguer les richesses d'un fonds inépuisable : en fallait-il autant pour tourner les têtes de ses contemporains, qui perdaient souvent la raison pour bien moins que cela? Madame Lebrun fut l'idole de son siècle, et devint l'oracle du nôtre. Il y avait là de quoi la rendre fière : elle s'est contentée d'être bonne.

Sa maison sans faste, et pourtant plus richement décorée que les hôtels les plus opulents, puisqu'elle montrait ses ouvrages étalés; sa maison attirait Français et étrangers, avides de connaître ses tableaux, sa figure et son esprit. Liée depuis longues années avec l'aimable comte de Vaudreuil, qui revenait de l'exil, elle me réunit à lui dans un banquet moins splendide qu'agréable. La comtesse de Vaudreuil, compagne inséparable de son époux, me charma comme lui, mais autrement que lui, à cette table d'artiste qu'elle embellissait de sa présence. Elle n'avait presque rien perdu de cette séduisante beauté dont la renommée était venue jusqu'à moi. L'Angleterre, en nous la cédant, dut nous l'envier.

Elle me parla beaucoup de Madame de Staël, dont elle raffolait, et la loua tant, que le comte de Mesnars, un de nos convives, impatienté de la longueur du panégyrique, l'interrompit brusquement par ces mots : Madame, voilà bien des compliments adressés à une ennemie de nos princes. — Comment, Monsieur, une ennemie! — Oui, Madame, il est impossible d'en parler plus indignement que ne le fait Madame de Staël. — Calomnie, Monsieur, calomnie! — Vérité, Madame, vérité! — Et vos preuves? — Elles sont dans les mains de M. le duc de Berry. — Et qu'a-t-il dans les mains M. le duc de Berry? — Des lettres remplies d'outrages pour les Bourbons. — Des lettres d'elle? — D'elle-même. — S'il est ainsi, pourquoi donc lui est-il permis de rentrer en France? — Parce que nos princes savent pardonner. — C'est bien étonnant. — Pas du tout de leur part. — Tant d'indulgence pour de si grands torts! — Eh! Madame, n'en ont-ils pas pardonné de plus grands? La comtesse se tut, on changea de conversation; mais je n'oubliai pas ce petit dialogue instructif.

Le surlendemain, un de mes amis, le marquis de Maleteste, arrive chez moi. Nous causons; l'entretien nous mène droit au sujet le plus intéressant parce qu'il était le plus nouveau : le retour de Madame de Staël. Vous êtes-vous fait présenter chez elle? me demanda M. de Maleteste. — Non. — Non? Comme vous dites cela ! Quoi, cette femme prodigieuse, cette merveille, ce phénomène, vous ne vous souciez pas de lui porter vos hommages? — Pas le moins du monde. — Mais tout l'univers va chez elle. — Que tout l'univers y aille! — Mais il faut l'avoir vue, ou passer pour un Iroquois. — J'aime mieux passer pour un Iroquois que courir après une révolutionnaire. — Une révolutionnaire! — Sans doute, une ennemie des Bourbons. — Elle? — Elle. — Qui vous a fait ce conte? — Un homme bien instruit. — Il vous a trompé, ou il a été trompé. Elle ne parle de nos princes que pour célébrer leurs vertus ; elle devra bientôt à Louis XVIII le remboursement de deux millions laissés par son père dans les coffres de l'Etat ; elle déteste Napoléon, qui l'a exilée; elle est bien revenue de ses rêves de républicanisme. Venez, venez la voir et l'entendre : à son premier mot, vos préventions vont s'évanouir.

Je fus ébranlé. Je mourais d'envie de mesurer de près cette gloire que j'avais admirée de loin. Il me promit de solliciter mon admission, et je lui donnai carte blanche. Je n'attendis pas longtemps le résultat de sa démarche. Il revint au bout de deux jours.

Eh bien! m'écriai-je. — Eh bien, reprit-il avec humeur en jetant son chapeau sur un fauteuil, vous aviez raison, c'est fini. La cruelle femme! Je n'y retourne plus. — Que vous est-il donc arrivé avec elle? — J'ai couru hier la chercher. Je la trouve, elle était seule : nous parlons de ce qui se passe. Elle se met à gémir sur les fautes du gouvernement, sur l'impossibilité de conserver la paix dans l'Etat avec les Bourbons; et comment termine-t-elle le cours de ses lamentations? Par ces mots : Si le duc d'Orléans ne devient pas roi, tout est perdu. — Que lui avez-vous répondu? — Je me suis levé, je lui ai fait un grand salut, et me voici. Elle m'a vu, c'est pour la vie.

Ce dénoûment de la négociation me fit réfléchir. Je renonçai au projet de grossir la foule des courtisans de cette puissance hostile, et, sans la circonstance qui me rapprocha d'elle dans le salon de Madame de Rumfort, il est très-probable que je ne l'aurais jamais vue, car je ne l'ai jamais recherchée. Je ne fus pourtant pas fâché de la rencontrer, d'autant plus qu'elle me montra infiniment de bienveillance et me découvrit un prodige de faconde. Sa familiarité me flatta : elle me prenait les mains, elle me frappait le bras et même la cuisse dans la chaleur de ses improvisations. J'étais ravi comme ce bonhomme qui racontait avec orgueil que le roi lui avait donné un soufflet. Je dis je ne sais plus quoi. Oh! oh! mon cher, me répondit-elle, vous nous donnez là du Brunet. Et dans le même instant elle se permit un calembour. Je la pris sur le fait, et je m'écriai : Vous me rendez du Potier; nous sommes *quittes*. Elle disserta ensuite sur l'art théâtral, et se moqua, selon son usage, d'Aristote et de ses règles. Croyez-vous aux règles? me demanda-t-elle : là, voyons, la main sur la conscience, y croyez-vous? — Non, lui répondis-je en riant : je suis athée, mais je suis hypocrite. Ce mot me mit tellement en faveur auprès d'elle, que tout le reste de la soirée je fus son *Benjamin*. Encore un mot sur Madame Lebrun.

Notre brillante artiste donnait souvent des concerts, où Viotti, revenu de Londres, nous enchantait par la magie de son violon. Le comte de Vaudreuil ne manquait à aucune de ces soirées; mais il y cherchait surtout le délassement de la conversation. Comme il m'avait pris en amitié, c'était avec moi qu'il se laissait le plus souvent aller au plaisir de conter, et il contait bien. Je l'écoutais à la manière des béats devant leurs directeurs de conscience. Les histoires de la vieille cour, qu'il débitait pour la millième fois avec une grâce parfaite et un grand air de naturel, comme s'il en eût été à sa première représentation, me mettaient au courant de tout, ce joyeux passé d'où est sorti notre lugubre présent. Que d'anecdotes il savait concernant le Roi, la Reine, Madame de Polignac, M. de Calonne, M. de Loménie, les parlements, les favoris, les membres de l'assemblée constituante, Bailly, Mirabeau, Condorcet et compagnie. C'était l'*ana* de la cour et le *memento* de la Révolution.

Qu'il était curieux à entendre lorsqu'il fouillait dans ses souvenirs et qu'il y puisait des particularités peu connues sur les fêtes de Bagatelles, jolie retraite du comte d'Artois, cet aimable et gracieux prince, tout occupé de divertissements lorsque d'autres princes, moins gais et moins francs que lui, minaient le trône. Là, les travestissements de Musson le mystificateur, les bouffonneries de Dugazon le comédien, des passe-temps de toutes les sortes et des joies de tous les moments étourdissaient si bien cette folâtre cour, qu'elle descendit en riant du dernier de ses bals sur la place sanglante de la Bastille, sans se douter qu'une révolution passait par là.

Que vous étiez heureux! dis-je à M. de Vaudreuil; vous ne pensiez à rien qu'au plaisir. Vous mettiez un rempart de fleurs entre vous et le monstre qui s'élançait de son antre pour vous dévorer dans vos palais. Quoi! vous n'aperceviez donc pas ses griffes déjà levées? vous n'étiez pas avertis par ses rugissements lointains? — Que voulez-vous? me répondit-il : nous étions tous des novices; nous n'avions pas vu de révolutions. Il est bien aisé de songer à élever des digues le lendemain d'une inondation; mais qui s'en occupe la veille?

Cependant, ajouta-t-il, je prévis de bonne heure l'imminence du danger; et si l'on fut surpris dans le conseil du Roi, il n'y eut rien de ma faute. Par exemple, après la fameuse séance du 23 juin, à laquelle M. Necker, chef du ministère, refusa d'assister, je fis ce que je pus pour éclairer la Reine, mais elle dédaigna de voir. — Et qu'arriva-t-il donc entre la Reine et vous? — Voici le fait :

« La veille de cette grande journée qui devait pro-
» duire tant de bien et qui tourna si mal, j'avais appris
» que le comte de Lally, homme au cerveau creux, qui
» rêvait la constitution anglaise, s'était rendu le soir *in-*
» *cognito* chez M. Necker pour lui demander s'il assis-
» terait à la séance. Sur la réponse affirmative de celui-
» ci : — Tant pis pour vous! répondit M. de Lally. — Je
» ne puis m'en dispenser. — Eh bien, allez-y, et votre
» popularité est perdue. — Mais le Roi, dans sa déclara-
» tion, fait tant de sacrifices aux Français! — On ne
» veut point les accepter. — Qu'est-ce qu'on veut donc?
» — Les arracher. — Je vous entends, répliqua M. Nec-
» ker saisi d'effroi, je vous entends. — Si vous m'en-
» tendez, serez-vous encore tenté de paraître? laisserez-
» vous croire par votre présence que vous approuvez la
» déclaration qui doit être lue par le Roi? — Puis-je dé-
» savouer mon ouvrage? — Non, ce n'est pas votre ou-
» vrage, c'est celui de la cour. Le vôtre valait mieux, je
» le sais; on l'a modifié, dénaturé dans le conseil secret,
» je le sais encore. Vous n'y pouvez mettre votre attache;
» répudiez-le, vous en avez le droit. — Nous verrons,
» j'y songerai, dit le ministre. Le lendemain il était ma-
» lade, et le Roi, qui comptait sur un auxiliaire, eut à
» se plaindre d'un transfuge (1).

» Il ne se plaignit point; au contraire, l'illusion dura.
» On eut encore foi au perfide conseiller, dont le langage

(1) Dans son livre des *Considérations sur la Révolution française*, Madame de Staël rapporte les faits d'une façon toute différente. Qui d'elle ou de M. de Vaudreuil a rendu témoignage à la vérité?

» austère et le faux patriotisme avaient séduit jusqu'à la
» Reine. Vous allez voir à quel point elle était sous le
» charme. Au moment où Louis XVI, suivi de ses mi-
» nistres, moins M. Necker, alla prononcer son discours
» au sein de l'assemblée, M. de Polignac, quelques autres
» gentilshommes et moi, tremblant pour la Reine, que
» les factieux menaçaient tous les jours, nous nous ren-
» dimes au château pour nous joindre avec nos épées à
» ses vaillants mais peu nombreux défenseurs. Instruite
» de notre venue et de sa cause, Marie-Antoinette nous
» fait appeler devant elle, et, de ce ton digne et gracieux
» qui la distinguait entre toutes les femmes et toutes les
» reines : Messieurs, je sais les motifs qui vous ont ame-
» nés, et je vous remercie, nous dit-elle ; mais, grâce au
» ciel, nous n'avons plus besoin qu'on veille sur nos jours.
» A force de bonté le Roi va désarmer toutes les rébel-
» lions ; il accorde aux Français plus qu'ils n'espéraient :
» les sujets de division cessent d'exister.

» Oserai-je demander à la Reine, dis-je en m'inclinant
» respectueusement, si M. Necker a suivi le Roi à l'as-
» semblée? — Non, répliqua-t-elle d'un air de surprise
» et de mécontentement ; mais pourquoi cette question?
» — C'est que si l'on ne fait pas son procès aujourd'hui
» au principal ministre, demain la monarchie sera dé-
» truite. A peine eus-je prononcé cette parole, qu'un
» geste sévère de la souveraine m'ordonna de sortir. Je
» m'inclinai encore, et avec une plus grande démonstra-
» tion de respect ; puis, en reculant à petits pas vers la
» porte, je dis d'une voix basse, mais distincte : Je vois
» avec douleur que j'ai encouru la disgrâce de la Reine,
» mais jamais je ne balancerai entre la faveur et mon
» devoir. Après un troisième salut, plus profond que les
» autres, je me retirai. On ne me rappela pas.

» Vingt jours après, sur le point de quitter la France

» avec M. le comte d'Artois chassé par les vociférations
» et les insultes de la populace, je voulus prendre congé
» de l'infortunée princesse. Elle me reçut. Ces deux
» semaines, péniblement écoulées dans les crimes et les
» massacres, avaient bien mûri ses idées. Je remarquai
» qu'elle était pâle, triste, amaigrie. Le découragement
» se peignait dans ses traits, mais son attitude conservait
» encore cette majesté qu'elle devait porter jusque sur
» l'échafaud. Arrivé près d'elle, je posai un genou à terre
» et je balbutiai quelques mots d'adieu. Son visage dai-
» gna se pencher vers le mien. Je sentis ses larmes qui
» roulaient sur mon front. Vaudreuil, me dit-elle d'une
» voix étouffée, d'une voix dont l'accent me restera tou-
» jours dans la mémoire, vous aviez raison, Necker est
» un traître, nous sommes perdus. Je levai les yeux avec
» effroi pour la regarder. Elle avait déjà repris son air de
» calme et de sérénité. La femme s'était trahie devant
» moi seul : le reste de la cour ne vit que la souveraine. »

Ce brillant comte de Vaudreuil, qu'on croyait si léger et surtout si courtisan, ne laissait pourtant point passer les occasions de dire une vérité. Malgré son faible pour M. le comte d'Artois, il savait aussi l'admonester quand il le fallait, mais avec cette mesure et cette délicatesse qui sauvent l'amour-propre du prince et la position du favori. Un jour le plus jeune des frères de Louis XVI, entouré d'une troupe d'élégants étourdis, courait à cheval dans le bois de Boulogne, où M. de Vaudreuil l'avait accompagné. Comme le prince trottait à l'anglaise, toute son escorte l'imitait. Les modes d'Angleterre étaient alors les seules qu'on suivît en France. M. de Vaudreuil, loin de céder à la contagion de l'exemple, continua le trot de Louis XIV. — Est-ce une leçon, Vaudreuil? dit le prince d'un air surpris et peu satisfait. — A Dieu ne plaise que j'aie tant de hardiesse! mais Monseigneur me permet-il une observation? — Laquelle? — Monseigneur doit un jour commander les armées françaises : les commandera-t-il à l'anglaise? Le comte d'Artois sourit, changea d'allure, et le triomphe des importations anglaises fut ajourné par un noble mot.

La Restauration avait donné au comte de Vaudreuil le gouvernement du Louvre, où il reçut, en 1816, Monsieur le duc de Berry et toute la cour avec une magnificence extraordinaire le jour de la fête de ce prince, qui se nommait Charles, comme son père. Une parade, intitulée *Gilles ravisseur*, fut jouée par les amis du lieu pour l'amusement de l'hôte illustre, et j'y remplis un rôle, celui de Léandre. Je ne savais pas un mot de ce rôle ridicule dont ma mémoire avait dédaigné de se charger, mais personne ne s'en aperçut : ce fut un secret entre le souffleur et moi. Je fis des pauses, je répétai dix fois ma première phrase et les suivantes sur des tons plus ou moins burlesques. J'excitais le rire, un peu par ma pantomime, beaucoup par mon costume, et pendant qu'on riait je pompais les paroles sur les lèvres du souffleur si habilement, si habilement, que, le spectacle fini, chacun, après m'avoir applaudi sur la scène, vint me complimenter dans la coulisse; et qu'admirait-on par dessus tout? mon imperturbable mémoire. Pour moi, je n'en pouvais plus, je suais sang et eau. J'ai bien juré qu'on ne me rattraperait jamais à faire le beau Léandre pour les menus plaisirs des princes. Mais quelle sorte de divertissement! on en donnait d'autres au grand Roi.

Le lendemain de cette fête ne fut pas si gai que la veille, où les choses n'allèrent pourtant pas entièrement à ravir : car, à minuit, glaces, rafraîchissements et le reste, tout manqua, tant la foule des amateurs était grande! Or, ce lendemain ce fut le tour d'une autre foule, celle des créanciers. Ils accouraient disant au pauvre comte : Puisque vous avez de l'argent pour donner des fêtes, vous devez en avoir pour payer vos dettes. Lui, de son côté, contestait la vérité de cet axiome, qui n'était pas dans le manuel de cour, mais que ces messieurs prétendaient trouver dans le Code civil. Monsieur le comte d'Artois termina le procès en désintéressant les demandeurs.

La maison de Monsieur de Vaudreuil était du reste un vrai karavansérail pour les artistes, les savants, les écrivains, mais il fallait qu'ils fussent de bonne compagnie; sans les lettres de marque de la politesse, ils n'étaient pas reçus. Quant aux gens de cour, ils avaient leurs entrées s'ils étaient aimables, et non autrement. Cependant je vis encore là beaucoup de nullités dorées qu'on y souffrait en qualité de parents, d'alliés ou d'amis. Les amis de cour sont rarement des amis de choix. Tout ce monde magnifique ne me détournait pas du modeste salon de Madame Lebrun, où l'on rencontrait aussi des grandeurs, mais des grandeurs qui se cachaient derrière la foule des talents.

Je me liai chez elle avec le comte de Langeron, Français émigré qui avait transporté ses pénates en Russie, où, par ses talents militaires, il était parvenu au grade le plus élevé après celui de feld-maréchal. Il aimait les lettres et les cultivait. On a de lui trois tragédies : *Mazaniello*, *Rosamonde* et *Marie Stuart*, pièces écrites d'un style noble et naturel, offrant de belles scènes et des caractères dessinés avec force; mais si l'auteur connaissait les finesses de l'art, il ignorait les rubriques du métier. Ses pièces, dignes de l'estime des amateurs, manquaient des formes exigées au théâtre; elles n'y parurent point. Le comte de Langeron se contenta d'en faire imprimer quelques exemplaires qui furent distribués à ses amis. J'ai entretenu avec lui une correspondance qui n'a été interrompue que par sa mort, arrivée en 1831, et causée par le choléra asiatique. Je garde ces lettres, qui sont des modèles.

Une femme à laquelle Madame Lebrun me présenta, et qui m'admit presque sans épreuves et sans veille des armes dans son intimité, ce fut la princesse Kourakin. Je n'ai jamais vu plus de sans-façon que chez cette bonne princesse, dont la longue affection contribua si fort à l'agrément de ma vie, et dont la mémoire me sera toujours précieuse. Initiée, comme toutes les dames russes, dans les secrets de notre belle langue et dans les mystères de notre bonne société, elle possédait encore à un plus haut degré qu'elles cet abandon, cette vivacité d'impressions, ce *molle et facetum* qui les distinguent. Amie des plaisirs, des spectacles, de la causerie, de tout ce qui met l'esprit en mouvement et le cœur en fête, elle ne perdait pas une heure, elle n'oubliait pas un moyen d'amusement : au milieu d'une jouissance elle en rêvait une autre. Elle plaçait des jalons sur toute sa route de fleurs. Chaque matin elle s'ingéniait pour faire de sa journée une journée d'heureuse. C'étaient sans cesse des parties à la ville et à la campagne, des soirées de musique, des bals, des lectures. Les lectures, elle y bâillait bien un peu ; mais elle montrait à l'auteur tant de bonne volonté, tant d'envie de croire qu'elle s'était amusée ! Quand elle arrivait quelque part, appelée par le dieu de la joie, la peur de s'ennuyer la prenait sur l'escalier ; elle hésitait, elle délibérait avec elle-même, cherchant dans sa mémoire si elle n'avait pas quelque invitation plus séduisante, et pour peu qu'il lui vînt en tête une tentation de contrebande, elle y cédait, courait à la guinguette au lieu d'entrer au bal paré, rentrait harassée mais contente, et se couchait en disant au plaisir : A demain !

Son salon, qui méritait le nom de *Capharnaüm*, rassemblait le bon, le médiocre, le grand, le petit, le beau, le laid, le talent, la sottise, bref tout le monde. Il lui fallait l'univers, elle n'aurait pas consenti à moins; mais en faisant rafle de tout, elle choisissait. C'était même pour élire qu'elle appelait. Je ne sais d'ailleurs comment s'y prenait l'étonnante femme; mais il n'y avait là personne qui ne contribuât à son plaisir. Elle forçait la moindre volatile de sa basse-cour à pondre son œuf d'or, comme elle obtenait du meilleur rossignol de son bocage les plus jolies chansons du printemps.

Quelquefois, à travers son tourbillon d'amusements, des nouvelles fâcheuses pénétraient jusqu'à elle : son mari avait la fièvre, sa fille allait aux eaux pour sa santé. Oh! alors, comme elle pleurait de bon cœur, l'excellente princesse! car elle aimait bien ce qu'elle aimait. Vous la voyiez, tout inquiète, demander à chacun si la fièvre était dangereuse cette année, si les eaux étaient bonnes pour la poitrine. Dès que la réponse lui semblait rassurante, elle essuyait ses yeux, laissait tomber son flacon de sels, se rembarquait pour les fêtes et regagnait à force de voiles le pays des enchantements.

Elle avait un médecin aussi jovial qu'elle, qui ne lui tâtait jamais le pouls, mais qui la faisait rire du matin au soir. Sa seule ordonnance était : Divertissez-vous. Et jamais prescription ne fut observée plus à la lettre. Quand la princesse se plaignait d'une migraine ou de quelque autre bagatelle, il lui disait : C'est que vous ne vous égayez pas assez. Elle répondait : Vous croyez? Aussitôt la voilà en armes pour combattre l'ennemi, qu'elle met en fuite à force de joyeuses manœuvres. Que de peines, mais que de gloire! Chaque campagne aurait pu et dû lui compter pour deux.

Son mari, le prince Alexis Kourakin, était ministre de l'intérieur et favori de l'empereur Alexandre. Possesseur d'une immense fortune, accrue par la succession du prince Alexandre, son frère (celui que nous avons vu longtemps ambassadeur à Paris sous le règne de Napoléon), il avait trouvé le secret d'être toujours presque à sec ; et quand les eaux étaient entièrement basses, elles alimentaient fort mal la bourse naturellement aride de sa femme. Tous deux s'étaient adorés, quittés et repris ; mais sitôt qu'ils vivaient séparés, le prince recommençait à idolâtrer la princesse, et la rappelait à Pétersbourg. On ne saurait calculer le nombre de chevaux qu'il lui fit crever pour le service conjugal.

Je m'étonnais de ces singularités, qu'elle m'expliquait par un seul mot : C'est la mode du pays. Je m'étonnai bien davantage au récit de l'aventure d'une de ses amies, encore plus qu'elle à la mode du pays. Cette amie venait d'épouser un jeune homme charmant, qui lui avait tourné la tête. On était dans le mouvement des fêtes de la noce : le bal commençait. Tout à coup la porte s'ouvre : la nouvelle mariée voit paraître un de ses cousins, qui l'avait quittée à quatorze ans pour faire son tour d'Europe, et qui revenait grandi, embelli, *avec la taille d'Hercule et la figure d'Adonis*. A cette vue, elle éprouve un éblouissement, chancelle, se frappe la tête, et s'écrie : Ah! mon Dieu, je me suis trompée ; ce n'est pas mon mari que j'aime, c'est celui-là. Qu'on se figure, si l'on ose, toutes les suites humainement possibles d'un si malheureux quiproquo.

Dans toutes ses courses, la princesse Kourakin n'avait qu'un point de mire : Paris. Aussi comme elle y revenait vite! Comme elle en partait tard! Quand son mari lui demandait de visiter d'autres capitales, il fallait bien satisfaire ce désir : elle s'y conformait comme on subit une pénitence. Engagée par lui à connaître l'Italie, elle y passa deux mois, et reparut au bout de ce temps dans son cher Paris. Quoi, déjà de retour! lui dit-on ; mais vous n'avez pu voir tous ces grands monuments, toutes ces ruines illustres de l'ancienne capitale du monde. — Que m'importe? répondit-elle : j'aime mieux mes amis que des colonnes.

Ses concerts étaient, comme sa société, mi-partis de bon et de mauvais. Elle y recevait quiconque témoignait l'envie d'y assister. J'y ai vu arriver l'abbé de Pradt, ce fameux archevêque de Malines, qui parlait si bien et si longuement, que personne ne pouvait le surpasser en esprit ni en loquacité. A son air d'empressement et de jubilation, je le pris pour un *dilettante;* mais à peine eut-il paru dans le salon, qu'il fit une pirouette et partit. Qu'est-il donc devenu? demandai-je à la demoiselle de compagnie qui éclatait de rire. — Il s'est enfui furieux en criant : On ne m'écoute pas, on ne m'écoute pas. — Il était venu au concert pour pérorer.

Je renouvelai connaissance à cette soirée avec la princesse Zénéide Wolkouski, femme distinguée par des talents portés à une grande perfection. Elle était aussi bonne musicienne qu'agréable actrice. Nous avions joué ensemble dans la troupe de Lormois, où elle ne répéta que deux fois son rôle dans la *Coquette corrigée,* et le débita de manière à nous rappeler de temps en temps Mademoiselle Contat. Son succès lui avait attiré force compliments. Elle en reçut encore au concert de sa noble compatriote. Cet arriéré d'éloge lui fut payé par la maréchale Marmont, que j'examinai en curieux. Je connaissais beaucoup son mari : séparé d'elle depuis longtemps, il parlait de son ancienne moitié sur un ton qui n'était pas celui du regret. Elle avait cependant été fort jolie; mais les années, ces terribles années!

A côté de la duchesse de Raguse je vis un mari qui n'était pas le sien, mais qui avait aussi pris le parti de ne plus vivre avec sa femme, et dont les yeux lorgnaient, par désœuvrement, une belle Espagnole mariée à un

Anglais. C'était le prince ***, plus attentif aux charmes de lady *** qu'aux agréments de la musique. J'ai vécu depuis dans la société intime de ce prince, tantôt libéral, tantôt royaliste, tantôt autre chose; toujours spirituel, toujours éloquent, toujours frondeur, ce qui rendait sa conversation fort amusante; mais sa société ne l'était pas. »

Quelquefois j'arrivais chez lui pour l'entendre crier contre le despotisme, quand le roi son frère lui retirait ses apanages; dans d'autres moments, il tonnait contre l'esprit révolutionnaire, et j'apprenais qu'il avait marié sa fille au grand-duc Michel, qui lui procurait une pension de la Russie. Tout s'expliquait alors à mes yeux. Le fait est que jamais prince ne fut plus facile à vivre, n'eut moins de prétentions, n'affecta moins de morgue et ne fut pourtant plus décrié.

Sans prétentions? Je me trompe; il en eut une : c'était de régner sur les Grecs, et, pour parvenir à son but, il cabala de son mieux; mais le prince Léopold l'emporta : petite disgrâce qui mit au désespoir l'altesse allemande. *Soyez donc tranquille, Monseigneur; attendez, et vous allez voir ce qui arrivera,* lui dit un de ses courtisans. *Ce pauvre prince n'y sera pas longtemps, on le tuera : il aura un successeur que les Grecs feront mourir de chagrin; un troisième aura le même sort, et votre tour viendra : cela ne peut pas vous échapper, Monseigneur.* Quelle consolante perspective !

Le dernier voyage de la princesse Kourakin à Paris fut attristé par un malheur d'autant plus sensible, qu'elle était loin de s'y attendre. Son mari mourut assez promptement, et cette perte imprévue la désola au point de changer tout à fait son caractère. Cette femme d'ordinaire si animée, si avide de divertissements, ne prenait plus d'intérêt ni de part à rien. Ah ! si vous l'aviez connu, nous disait-elle, vous concevriez l'étendue de ma douleur et le bouleversement de ma destinée. Il était mon ami, mon meilleur ami. Nous nous étions attachés l'un à l'autre par des nœuds qui peuvent se relâcher, mais jamais se rompre. Je ne craignais point l'avenir, je l'y voyais : je ne l'y vois plus, que deviendrai-je ?

Elle partit l'âme en proie aux plus sinistres pressentiments, et, deux ans après, le choléra vint les réaliser. Elle et le comte de Langeron, ainsi qu'un vieux sénateur russe, furent les seules personnes de marque enlevées à Pétersbourg par ce fléau dévastateur. Les journaux m'apprirent la triste fin du comte, et le trépas de la princesse me fut annoncé par son médecin, qui ne riait plus. Ce pauvre homme si gai l'a suivie dans la tombe. Ainsi nous voyons disparaître l'un après l'autre tous les êtres que nous avons aimés, emportant avec eux une part de notre bonheur.

Une autre amie me fut enlevée dans le même temps, la comtesse de Baraguay-d'Hilliers, veuve du colonel général des dragons, et mère de deux femmes connues par leur mérite personnel et par les talents de leurs maris : on a nommé Madame Foy et Madame de Damrémont. Je fus mené chez elle en 1820. C'est là que je retrouvai le maréchal Marmont, dont j'avais entrevu la figure chez Madame Henri de Chastenay, avec laquelle il était lié d'une très-forte amitié. Jadis aide de camp du comte d'Hilliers, il avait conservé d'affectueux sentiments pour sa veuve : il était même devenu le tuteur de la seconde fille de son ancien général. Ses connaissances variées jetaient beaucoup d'agrément dans les conversations, mais moins que la vivacité et l'originalité d'esprit de Madame d'Hilliers. Quoiqu'elle eût la prétention de tenir maison mieux qu'une autre, elle n'y entendait absolument rien. Trop animée par ses passions particulières pour s'occuper de tous ses hôtes, elle les négligeait d'habitude pour un être privilégié. C'était tantôt un poëte à la mode, tantôt un artiste en faveur. Le dernier tableau qu'on lui avait montré, la dernière tragédie qu'on lui avait lue, excitaient son engouement au point que rien n'était bon ni supportable à ses yeux, excepté ces chefs-d'œuvre-là. L'enthousiasme durait huit jours; puis un autre objet d'admiration l'appelait, et vous étiez coulé à fond. Cependant elle vous voyait toujours chez elle avec plaisir, quand elle vous voyait. Au demeurant bonne, obligeante, serviable, toujours prête à donner tout ce qu'elle avait, à promettre tout ce qu'elle n'avait pas, pour secourir un malheur qui souvent ne méritait aucun intérêt; mais si le bienfait était mal placé, du moins l'intention était bonne.

Sa tête, qui fermentait sans cesse, créait mille projets, commençait mille entreprises soit pour sa fortune, soit pour son bonheur; et tout cela restait à l'état d'ébauche. Ni son imagination ne pouvait s'arrêter, ni son cœur ne pouvait prendre de vacances. Il lui fallait tourmenter sa vie pour croire qu'elle existait. Si elle eût manqué de sensations pendant un quart d'heure, elle se serait regardée comme une femme morte. A force d'agiter le flambeau, elle l'éteignit. J'avais beau l'avertir et la conseiller. Quand je lui prêchais la sagesse, elle me répondait par un acte de folie, mais de folie charmante ou touchante. Quand je l'engageais à ne pas risquer ses derniers capitaux, elle m'apprenait en riant de toute sa force qu'elle venait de les jouer à croix ou pile.

Enfin on obtint d'elle qu'elle quitterait Paris, où elle achevait de se ruiner, et l'excellente femme se retira en effet à Saint-Germain, dans un hôtel qui lui coûta deux cent mille francs, ce qui faisait dix mille livres de loyer, et où elle donna des bals et des comédies à toute la ville. Moyennant ce nouveau système d'économie, sa fortune dépérissait à vue d'œil. La révolution de juillet lui donna le coup de grâce. Je la plaignis, je la pleurai. Ses défauts ne nuisirent qu'à elle, ses qualités la rendaient agréable à tout le monde.

J'ai nommé la comtesse Henri de Chastenay. Reparlons-en; je n'ai que du bien à dire d'elle. Après le succès de *Ninus*, la fantaisie lui prit de me connaître; un de ses parents, le comte de Mandelot, me mena chez elle. Je vis une femme jeune, vive, animée, d'une physionomie heureuse, et qui me mit tout de suite à l'aise. Notre première conversation ressembla parfaitement à la continuation d'une causerie de la veille. Quand on se convient on s'entend bien vite. Son esprit engageant, ses manières franches, son caractère ouvert me gagnèrent le cœur : aussi nos rapports ont-ils été rarement interrompus. Elle voyait un monde infini; mais c'était pour les intimes qu'elle réservait les soirées de choix. Je fus d'abord admis à celles-ci. Bientôt je gagnai du terrain, je montai en faveur, j'obtins des confidences, mais des confidences littéraires. On me montra un joli roman qu'on ne voulait pas publier. L'aimable auteur fuit la célébrité autant que d'autres la recherchent. Instruite, éclairée, douée de mille qualités, Madame de Chastenay se donne une peine infinie pour cacher ce qu'elle vaut : elle en vaut encore davantage.

Une de ses nièces a épousé le comte Alexis de Saint-Priest, qui s'est fait un nom dans la diplomatie et qui passe, à juste titre, pour un de nos bons historiens. On lui doit deux ouvrages remarquables qu'il a composés pour se désennuyer dans ses ambassades. Au jeu de la conversation personne n'a des coups de dés plus heureux. Gai, brillant, fin railleur, il est l'épigramme vivante; il pique souvent, ne blesse jamais. Il doit être né en riant; je suis sûr qu'il finira de même.

Parmi les habitués du salon de Madame de Chastenay, on distinguait le comte Alexandre de Laborde, politique du second ordre, aimant les arts, écrivant avec talent sur tous les sujets, postillonnant tant qu'il pouvait sur le chemin des places, toujours entre les déceptions et les espérances, lorgnant la fortune le matin, et prenant du thé le soir avec la philosophie, détrompé et non rebuté, un peu triste, un peu riant, moitié malheureux, moitié le contraire ; bref, le meilleur des êtres légers.

Je veux vous rapporter un trait de sa vie qui peint à la fois le bonhomme et l'homme d'esprit. Un jour il reçut la visite du fameux chirurgien Larrey, qui venait lui demander son suffrage pour l'Institut. — Que n'êtes-vous arrivé plus tôt? répond l'académicien : je me suis engagé. — Eh bien, ce sera pour une autre fois, dit Larrey, prenant son parti. Mais qu'avez-vous donc? Vous paraissez souffrir. — Eh! oui, j'ai là un rhumatisme qui me désole. Et le bon M. de Laborde montrait son genou enflé. — Bah! bah! ce n'est que cela. Soyez tranquille. Qu'on lui applique le moxa. On obéit, ou plutôt Larrey lui-même fait l'opération et le laisse dans des douleurs atroces, qui mettent le patient aux abois. Il jette les hauts cris : sa femme accourt. — Qu'y a-t-il? Il explique l'affaire. — Mais comment, lui dit-elle, vous êtes-vous laissé ainsi prendre d'assaut? — Eh! que voulez-vous? je lui avais refusé ma voix ; pouvais-je lui refuser mon genou?

On a cité de M. de Laborde tant de distractions, que je m'abstiendrai de conter celles dont je fus témoin. Passons. Voici le tour de Madame de Rumfort.

Qu'en dirai-je? Qu'elle était bonne? Non. Qu'elle était bête? Nullement. Qu'était-elle donc? Vous allez le savoir. Naturellement frondeuse, la comtesse de Rumfort cherchait partout et trouvait sans peine ses pareils. Son hôtel passait pour le chef-lieu du mécontentement, le centre de l'opposition, le refuge des pécheurs politiques, l'hospice des affligés démissionnaires ; il était en même temps le sanctuaire de la meilleure compagnie. Des douze arrondissements de Paris, on s'y rassemblait pour tout critiquer. Les gloires d'un siècle et les renommées d'une heure y avaient, les unes leur trône, les autres leur tabouret. On y voyait s'accoupler MM. de Lafayette et Benjamin Constant, Eugène d'Harcourt et Victor de Tracy ; on y voyait se heurter l'archi-trésorier Lebrun et Béranger le chansonnier, l'omni-savant Cuvier et l'avocat Bavoux.

Là, on entendait la meilleure musique et les propositions les plus malsonnantes. Là, toutes les cantatrices étaient portées aux nues et tous les gouvernements passés par les verges. Là, chaque réunion ressemblait à un attroupement. Là, enfin, les dîners étaient des conspirations à trois services, et les concerts des émeutes en bécarre et en bémol. Du reste, cette secte peu formidable faisait plus de bruit que de mal, et ses coups d'épigrammes n'ébranlaient pas plus le pouvoir que ses coups d'archet ne blessaient les oreilles. On buvait à plein verre à la liberté, on chantait la patrie à tue-tête, et, après avoir dépensé en toasts et en airs de bravoure toute l'énergie du civisme et toute l'audace de l'opposition, chacun allait dormir en paix comme le gouvernement menacé.

Il me prend fantaisie de vous dire ici quelques mots touchant deux personnes d'un esprit remarquable que j'avais rencontrées et perdues dans le labyrinthe des sociétés de Paris, mais que je retrouvai, et avec joie, dans le voisinage du Marais : c'étaient Madame de Catelan et sa fille, la comtesse de Grammont. L'une et l'autre, amies des innovations quelles qu'elles fussent, ennemies des gouvernements sous quelque forme qu'ils se présentassent, appartenaient à la secte des doctrinaires, dont elles n'avaient pourtant ni la morgue ni le pédantisme, car je crois qu'on reproche à ces messieurs les deux petits travers en question. La mère était plus docte que la fille, mais la fille était plus accommodante que la mère. Celle-ci s'arrangeait de tout, celle-là ne prenait à rien. Madame de Catelan trouvait détestables les livres, les pièces de théâtre, les brochures, les journaux à la mode, tandis que Madame de Grammont disait : Mais non, il y a du bon là dedans, surtout dans les romans d'amour. À la première les conversations les plus piquantes paraissaient d'ordinaire si insipides qu'au bout de fort peu de temps elle commençait à bâiller, se taisait et tournait la tête, comme une femme pressée d'en finir ; au lieu que la seconde, reprenant par politesse le poste abandonné, y maintenait la lutte le plus longtemps qu'elle pouvait. Le seul secret pour empêcher les désertions de l'esprit de Madame de Catelan, je l'avais découvert, et j'en tirais souvent parti. La contradiction réveillait la *capriciosa*, qui déployait alors toutes ses ressources, et dont les bons mots, les traits, les épigrammes pleuvaient avec tant d'abondance, qu'ils ne manquaient presque jamais d'éteindre le feu de l'ennemi.

Du château de Madame de la Briche, situé à un quart de lieue, j'allais de temps en temps passer la matinée à Angervilliers, retraite charmante habitée par ces spirituelles recluses qui s'étaient séparées du monde depuis que la Fortune ne leur souriait plus. Chacune d'elles avait un mari sans l'avoir ; on ne parlait pas d'eux, par convention secrète ; et moi, pour me conformer à la loi établie, je me gardais bien de demander des nouvelles de ces génies invisibles qui protégeaient ou ne protégeaient pas le foyer domestique. Leur absence ne nuisait en aucune manière aux plaisirs de cet intérieur. Cela dit, ne nous occupons plus d'eux, et reprenons le fil de notre discours.

Un matin, sur une invitation pressante et mystérieuse, je m'étais rendu à Angervilliers, où l'on voulait, m'écrivait-on, me présenter à une certaine femme que je ne serais pas malheureux de connaître. Et quelle était cette femme? Celle dont la célébrité est devenue européenne, celle dont les qualités surpassent encore la renommée; en un mot, Madame Récamier. Dirai-je que sa figure m'éblouit, que sa taille m'enchanta, que ses manières gracieuses me tournèrent la tête? Je ne ferais que répéter le langage universel. Oui, j'admirai à mon tour cette beauté devenue à si juste titre l'objet de l'admiration universelle. Mais quand je l'entendis causer; quand elle me révéla les trésors de cette âme si pure, si noble, si intelligente, si simple dans sa supériorité, je querellai Madame de Catelan, Madame de Grammont, le monde, les présents, les absents; tant j'étais indigné, et de quoi? De ce qu'on m'avait toujours parlé des charmes et jamais de l'esprit de cette femme, qui séduisait mille fois plus, à mon avis, par le merveilleux agrément de sa conversation que par l'éclat de son extérieur.

Après un joli déjeuner, qui nous fut servi, je crois, par les fées, nous descendîmes dans le parc, où je me promenai une demi-heure dans les allées, seul avec l'enchanteresse, qui avait accepté mon bras. Pendant notre court tête-à-tête en plein vent, nous causâmes de je ne sais combien de choses, sur je ne sais combien de tons, et il me sembla que je connaissais pour la première fois le plaisir de la conversation. Quand on nous rejoignit, je fus désolé. J'aurais voulu renvoyer à cent lieues les interrupteurs. Ces interrupteurs étaient aimables, brillants, amusants; mais toutes leurs belles paroles valaient-elles un sourire de mon attrayante interlocutrice? Je prolongeai tant qu'il me fut possible le bonheur d'être avec elle. Enfin il fallut me résoudre à la quitter; mais je ne partis qu'avec la permission d'aller lui faire ma cour à Paris, dès qu'elle et moi nous y serions de retour; et pour moi, j'y retournai au plus vite.

Me voici donc dans son salon. Rendez-vous habituel des gens du monde et des gens de lettres, des savants et des artistes, des génies novateurs et des esprits rétrogrades, des hommes de paix et des hommes d'agitation, ce salon a sa spécialité, il est véritablement à part. Libéraux, royalistes, bonapartistes, partisans de la république, de la monarchie, de l'empire, bref, les quatre nations s'y rencontrent et y vivent en bonne intelligence. Grâce à l'esprit facile et conciliant de la maîtresse du lieu, toutes les opinions s'y touchent sans se heurter. On y parle dans toutes les langues, et dans toutes les langues on est charmant. Là, M. de Châteaubriand apporte ses découragements et ses enthousiasmes, le duc de Noailles sa sagesse et sa logique, M. Ballanche sa bonhomie rêveuse et le laisser-aller de ses pensées, M. Alexis de Tocqueville ses systèmes nouveaux et son cœur du vieux temps (1). D'autres n'apportent que leur attention; d'autres n'apportent rien, et retournent à vide, comme ils sont venus. Au milieu de cette foule, qui n'est point cohue, Madame Récamier, toujours bonne, douce, engageante, se distingue par ces ménagements ingénieux, cette réserve gracieuse, ces recherches de bienveillance

---

(1) A l'époque dont je parle, M. Ampère, si brillant d'esprit, si riche d'érudition, était absent. Je ne l'ai vu que plus tard contribuer, par sa conversation, aux plaisirs de l'Abbaye-aux-Bois. Il en fut de même à l'égard de M. Lenormant, cet érudit si distingué et si digne d'être l'époux de l'aimable et vertueuse nièce de Madame Récamier.

désignés dans toute l'Europe sous le nom d'urbanité française.

Le sérieux du siècle a banni des entretiens le ton du persiflage, de ce persiflage la plus lâche et la plus cruelle des infractions aux lois hospitalières de la bonne compagnie ; mais il a substitué à ce ton-là je ne sais quoi de sauvage et de rude qui rendrait difficiles et épineuses toutes les conversations, si les interlocuteurs n'étaient rappelés au sentiment des convenances par l'être que le ciel a doué du tact le plus sûr : une femme. Celle dont je parle, sans donner de préceptes, instruit d'exemple. Une fine plaisanterie, un badinage innocent, qui appellent la gaieté sans exciter l'irritation, montrent que ce sont là les seules armes permises aux jouteurs dans ces combats de la parole. On devine sa pensée, on s'empresse de se modeler sur elle, on reçoit son empreinte, et on en vaut mieux.

Madame Récamier possède le secret des âmes bonnes : elle sait dire le mot qui plaît et surtout le mot qui touche. Elle s'est fait d'illustres amis qu'elle a conservés ; elle s'est associée aux disgrâces des uns, à l'exil des autres, aux sentiments de tous. Son cœur est tendre, sa vie est pure : une grande considération l'environne. Que lui manque-t-il pour être contente de son sort ? La santé.

Elle manque aussi totalement à Madame Swetchine, dont le salon ne doit pas être dédaigné dans mes souvenirs. Le nom, l'esprit et les vertus de cette dame, née en Russie, devenue catholique, et maintenant établie à Paris, lui ont formé une cour, composée de tous les hommes graves, de tous les adolescents religieux, de tous les ecclésiastiques distingués par leurs lumières. Parmi ces amis du bien, si éminents à différents titres, on aperçoit des personnages ordinaires, mais en petit nombre. Pour les femmes elles y abondent : celles-ci viennent par goût, celles-là par ton ; les unes jettent dans la conversation des éclairs, les autres y promènent des éteignoirs. Tantôt les plus grandes questions sont agitées, tantôt les plus minces détails de toilette amusent le tapis. Aujourd'hui, on se croit à la chambre des députés ; demain, on se croira dans un boudoir ; après-demain, dans un séminaire. Mais le fond de tous les entretiens y est la religion ; l'objet de toutes les pensées, la charité, et le but de tous les projets, la propagation du catholicisme.

Où donc ai-je rencontré cette Grâce, cette Sylphide, cette Péri, qui n'a fait que glisser sur la terre pour revoler dans les régions aériennes, son berceau ? Où ai-je donc trouvé la jolie comtesse Emeric de Narbonne ? Hélas ! je ne m'en souviens plus. Mais

> Combien j'ai douce souvenance

des heures fortunées qu'elle m'a fait passer et qu'elle a fait passer à tant de gens meilleurs que moi ! Que je l'aimai vite ! que je l'aimai bien ! Et pouvait-on faire autrement ? A qui ne prenait-elle pas le cœur ? Jeune, belle, opulente, entourée de riantes illusions, de réalités plus riantes encore, heureuse entre les heureuses ; du sein de son bonheur, où elle pouvait si facilement se retrancher contre tout ce qui n'était pas lui, elle tendait la main avec tant d'abandon à ceux qui souffraient et pleuraient ! La charmante créature parlait la langue des infortunés comme si elle n'en avait point connu d'autre. Loin de repousser une misère, elle se détournait de ses plaisirs pour courir la chercher, toujours prête à l'environner de soins, de pitié, de tendresse. Souvent on la voyait mal : elle cachait son âme derrière son esprit ; mais le premier coup de foudre tombé sur un ami ou un étranger les éclairait et la révélait à eux tout entière.

Un matin, elle aperçut son fils, un petit enfant, charmant comme elle, qui priait à mains jointes, agenouillé devant une image du bon Dieu. Pour qui pries-tu donc? lui demanda-t-elle. — Maman, c'est pour le diable. — Comment, pour le diable! — Oui, maman. — Et à quel propos? — Ah! il est si malheureux! Personne ne s'intéresse à lui. Quelle bonté, quelle délicatesse, dans cette réponse naïve! On aurait dit que l'âme de la mère avait passé dans le corps de l'enfant.

Avec ces habitudes douces, avec cette sensibilité expansive qui la signalaient, il semblait qu'elle dût préférer à tout le charme du petit comité, le demi-jour du boudoir : et, en effet, les conversations intimes étaient ce qu'elle recherchait de préférence; mais elle ne craignait ni les grandes réunions, ni le bruit des fêtes, ni l'éclat des plaisirs. Ces oppositions la rendaient plus agréable encore. On l'aimait à la fois et par entraînement et par réflexion; le cœur était séduit et touché : à la première vue, elle exerçait un empire irrésistible, que le raisonnement confirmait. Pour les uns c'était une sirène, c'était une sainte pour les autres : elle tenait de toutes les deux.

Ah! quel délicieux temps que celui qu'elle vous donnait! qu'on se plaisait entre elle et l'adorable duchesse de Narbonne! Jamais tante ne fut moins éclipsée par sa nièce; jamais nièce ne ressembla plus à sa tante. Point d'assaut d'esprit entre elles : l'une ne rivalisait avec l'autre que d'obligeance et de grâce. Ceux qui ont vu la duchesse de Narbonne peuvent seuls se faire une idée de ce qu'elle est, de ce qu'elle vaut, des intarissables ressources de sa riche imagination, des saillies ravissantes qui lui échappent comme à son insu; de ce mélange de finesse, de profondeur, de malignité, de sensibilité qui la rend si attrayante qu'on voudrait toujours l'entendre, si supérieure qu'on désespère de lui restituer en conversation la moitié du plaisir qu'on a reçu d'elle.

Quand elle se met à causer, et sur quoi? sur ce qu'on voudra, sur la pluie et le beau temps, sur tout et sur rien, peu importe : soyez tranquille, laissez-la faire, laissez-la dire ; elle va vous intéresser ou vous divertir, à son choix ; elle va se rendre maîtresse de votre attention, de vos pensées, de vos volontés, de vos opinions mêmes. Dans ses récits les moindres détails ont un prix inestimable, les plus arides sujets portent fleur. Regardez dans ce cercle où tombent ses paroles d'or, regardez ces hommes si élégants, ces femmes si courues, qui l'écoutent la tête avancée, les yeux ébahis, la bouche béante. Les voilà pris : ils oublient l'heure du spectacle, celle du rendez-vous ; ils croient avoir mille fois plus gagné qu'ils n'ont perdu. Vive l'esprit! il est bon à tout, vous le voyez. Non, vous ne voyez rien, si vous n'avez pas connu et entendu Madame la duchesse de Narbonne.

Et cette femme-modèle dans les salons est aussi la femme-perfection dans les chaumières. Quelle charité ardente et ingénieuse ! comme elle sait bien faire le bien ! comme elle sait découvrir les malheurs et les secourir ! Pas une heure de sa vie perdue pour la vertu. Au moment où vous la croyez uniquement occupée à vous enchanter par ses bons mots, elle fait trente bonnes actions. Ici on porte de sa part des habits, du linge et des aliments ; là, elle envoie un médecin pour soigner le corps, un prêtre pour sauver l'âme. Vous ne devineriez pas combien elle met de gens en campagne, qui tous ont la même mission, celle de rendre à la vie, au bonheur et à Dieu les malades, les infortunés, les impies. Si son nom est célébré dans le monde, il est sans doute béni dans le ciel. On se fatiguerait à compter toutes les existences attachées à la sienne; on ne se lassera jamais de célébrer toutes ses vertus.

Dieu merci, nous avons le bonheur de la conserver; mais cette autre elle-même, mais son angélique nièce, depuis longtemps elle est perdue, perdue pour nous. Qui la remplacera? Que de fois à genoux, loin de sa tombe, j'ai répété ces vers, enfants de mes regrets, ces vers inspirés par le chagrin d'une autre perte, mais dont l'application lui convenait tant :

> Objet d'éternelles louanges,
> Objet d'éternelles douleurs,
> Elle apparut comme les anges,
> Elle passa comme les fleurs.

Après la duchesse de Narbonne, une des femmes qui rappelait le plus, à mon gré, le ton exquis, la grâce aisée, le badinage facile et délicat de la bonne compagnie défunte, était la marquise de Bouflers. Je crois la voir et l'entendre encore. Mieux qu'une autre, celle-ci savait que le premier secret de plaire est de cacher qu'on veut plaire. Le voulait-elle? qui en doute? Quelle femme est exempte de cette jolie fantaisie! Seulement, chez elle, il n'y paraissait pas, tant son langage était simple et ses manières unies. Soit que la nature, soit que l'art s'en mêlât, son esprit, sans coquetterie apparente, ne semblait jamais pressé de se faire valoir; il n'*étalait* pas, il n'éblouissait pas. Non; il avait je ne sais quoi de calme et de reposé, dont la suavité inconnue portait au fond de l'âme un doux sentiment de bien-être. Près de la bonne marquise on se sentait à l'aise et content, la bouche souriait, le front s'épanouissait : si on eût cherché le pourquoi, personne n'aurait pu le dire. Mais n'était-ce pas que le charme attaché aux paroles de Madame de Bouflers consistait dans ce facile abandon qui appelle la confiance, inspire l'intérêt et fait prendre les avances de la politesse pour les engagements de l'amitié? si bien qu'à la fin de la séance, trompé par la plus agréable des erreurs, vous comptez sur un cœur de plus.

Unie dans sa première jeunesse au comte de Sabran, vieux marin de haute naissance et de petit mérite, qui ne lui fit qu'un seul plaisir dans sa vie, celui de la rendre veuve, elle cherchait partout à se désennuyer pour réparer le temps perdu. Or, aucun homme ne s'entendait aussi bien à désennuyer que le chevalier de Bouflers, qu'elle rencontra, qu'elle apprécia, qu'elle prit ou qui la prit, et avec lequel elle fut si heureuse, si heureuse qu'après quelques années d'épreuve elle échangea son nom contre celui de son ami, peut-être de son amant. Quoi qu'il en soit, son bonheur, pour être sanctifié, n'en eut pas moins de délices pour elle. Un mot sur ce second mari.

Nommer le chevalier de Bouflers, c'est rappeler l'un des esprits les plus aimables que le dernier siècle ait produits. Né dans le temps où l'on riait, il se montra doué lui-même d'une gaieté si contagieuse qu'il augmenta considérablement la bonne humeur des Français; et ses petits vers un peu libres, ses contes un peu indécents eurent dans sa société, comme dans le public, une vogue inouïe, parce qu'ils étaient amusants. La première affaire était alors le plaisir, et l'esprit la première puissance. Bouflers vint à propos pour donner le ton. Les femmes raffolaient de lui. Poëte délicieux, peintre agréable, musicien charmant, il savait à la fois les louer, les peindre et les chanter : que de talents! Il savait plus : il les adorait comme elles veulent être adorées, avec fureur et sans constance, de peur de l'ennui. Il leur jurait des passions éternelles de quinze jours, et il leur tenait fidèlement parole. Les ministres eux-mêmes, qui avaient le caractère badin et se divertissaient beaucoup dans le monde, laissant la France à la garde de Dieu, cédèrent à l'ascendant de cet esprit si vif, si enjoué et si fou. Enfin, le chevalier de Bouflers devint l'homme du jour, et jamais titre ne fut mieux mérité.

Les cours se le disputaient comme les salons. Admis à Lunéville dans l'intimité du roi de Pologne, qu'il réjouissait de ses saillies toujours nouvelles, il revint à Versailles dire, en chansons, des vérités flatteuses à une reine enchanteresse, destinée à n'entendre plus tard que de monstrueuses calomnies. Tous les hommes de son temps le traitaient comme les femmes : il leur tournait aussi la tête. Il faut voir les éloges que Voltaire lui prodigue, les vers qu'il lui adresse, le faible qu'il montre pour lui en mille occasions. Il est vrai que le chevalier n'était pas en reste sur la louange, et que l'encensoir passait avec rapidité de la main du vieillard de Ferney dans celle du jeune colonel, presque l'égal de son maître dans l'art de flatter finement et avec grâce. Le croirait-on? Laharpe lui-même, cet Aristarque si sévère et si dédaigneux, laissait tomber sa férule pour applaudir au nom de Bouflers. Il n'était pas jusqu'à Madame du Deffand dont il n'eût déridé le front, ce front le plus renfrogné du siècle.

Ainsi tous les sexes, tous les âges, toutes les classes de la société concouraient par leur suffrage au triomphe du dernier conservateur de la gaieté française. Qu'il est bon de venir à temps! Trente années plus tard la scène changea bien : plus de rire, plus d'amusements, plus d'esprit. Si le pauvre chevalier de Bouflers eût paru pour la première fois en 1790, s'il eût débarqué au milieu de la révolution, comme on l'y aurait trouvé étranger! Quel rôle aurait-il pu y jouer? Où aurait-il porté ses chansons et ses contes? Il serait arrivé tout juste pour voir les salons se fermer et les clubs s'ouvrir. Alors la bonne compagnie dispersée cédait la place aux factions, dont le langage énergique et dur contrastait terriblement avec le ton des grâces badines. Des milliers d'hommes d'Etat couvraient les places publiques, encombraient les cafés, s'emparaient des trompettes de la Renommée, et répandaient partout les grandes vérités à l'ordre du jour. Le peuple criait contre les nobles, le parlement contre le ministère. L'ambition gagnait toutes les têtes, la déraison entrainait tous les esprits. Chacun se croyait appelé à gouverner les destinées de la nation, parce qu'il contribuait à les troubler. C'était une espèce d'orgie politique, où l'on s'enivrait à la même coupe : mais l'ivresse avait quelque chose de farouche, et d'un bout de la France à l'autre on n'aurait pas entendu le mot pour rire.

Quand il fut bien décidé que nous tournions au sérieux et à pis que cela, la gaieté française émigra et le chevalier de Bouflers la suivit. Comme il n'avait pas cessé d'être aimable, il plut chez l'étranger non moins qu'en France. La Prusse lui donna l'hospitalité, qu'il paya en bons mots. Cependant, pour fuir d'importuns souvenirs, sa vive et brillante imagination s'élança dans les nuages de la métaphysique, qui, par un bonheur assez rare, ne purent l'obscurcir. Il s'en dégagea bientôt pour rentrer dans son élément. Il était né pour les grâces, et les grâces, auxquelles il sacrifiait toujours, l'ont aussi toujours inspiré. Vieux et valétudinaire, on l'a vu, de retour parmi nous, séduire encore dans les salons les filles de celles qu'il avait enchantées ; on l'a vu, comme dans sa jeunesse, répandre avec profusion les traits piquants, les saillies originales, les compliments ingénieux. Plaire et amuser furent l'affaire de toute sa vie, et personne ne s'est tiré d'affaire aussi bien que lui. Je crois que son dernier soupir a été encore un bon mot.

Sa succession spirituelle fut recueillie précieusement par le public, qu'il avait institué son légataire universel. On y trouve, outre ses richesses poétiques, des vers de plusieurs personnes parentes de l'auteur. Quelques-uns de ces vers ont un air de famille dont je les félicite. Les autres sont des riens qui n'ont pas le mérite d'être charmants ; et sans cela qu'est-ce que des riens ?

Dans la jeunesse comme dans les vieux ans du bon chevalier, les jeux de mots étaient fort à la mode. Il en fit donc, par égard pour la mode, qu'il suivait toujours. Quoique j'aie fort peu de goût pour le genre, en voici un assez drôle que m'a cité le comte Elzéar de Sabran, fils de sa femme, et le plus singulier comme le plus agréable des hommes distraits.

Un matin, le comte, assis devant son bureau, plume en main, traçait à la hâte un billet. Le beau-père arrive. — Que faites-vous là ? — Une lettre. — Pour qui ? — Pour Madame Récamier. — Ne vous levez pas, crie le chevalier :

> Ecrivez, écrivez dans l'ardeur qui vous presse,
> Et servez-vous du mot qui s'offre le premier.
> Ne mettez même pas de poudre sur l'adresse :
> Rien ne peut effacer Madame Récamier.

Terminerai-je cette nomenclature sans y comprendre quatre personnes dont je n'eus qu'à me louer : Madame de Thélusson, la marquise de Roquefeuil, la duchesse de Duras, et spécialement une auguste princesse qui laissa dans mon cœur d'ineffaçables souvenirs, Madame la duchesse d'Orléans douairière ? Je ne puis ni ne veux me dispenser de la douce obligation de consacrer quelques pages à ces personnes plus ou moins chères à ma mémoire.

Madame de Thélusson avait le goût et le talent de la

poésie : ses jolis ouvrages sont là pour l'attester. Elle réussissait de même dans la prose, témoin ses deux ou trois romans que la société a lus et relus. Son mari, ses filles et ses gendres composaient avec elle une famille aussi unie dans son intérieur qu'elle était accueillante pour les étrangers. La mère ne gouvernait point ce petit empire : chacun y agissait en maître, et cette douce confusion ne ressemblait point à la *hideuse anarchie*. En possession d'une fortune considérable, elle en jouissait noblement avec M. de Thélusson, qui aimait comme elle les talents d'élite et les gens de bon ton, qui se plaisait à les rassembler dans son salon ainsi qu'à sa table, et dont les façons simples et franches gagnaient les cœurs que captivait sa femme par le piquant et le *désinvolte* de son esprit. Sans manquer aux lois de la bonne compagnie, Madame de Thélusson se donnait le droit de les modifier toutes les fois qu'elle les trouvait nuisibles à la liberté de la parole. L'aimable femme pensait qu'il vaut mieux avoir du plaisir en glissant sur les règles que de l'ennui en les observant trop à la rigueur. On pourrait, sur ce point, la comparer aux grands hommes de l'antiquité, qui suspendaient la constitution de l'Etat pour sauver la patrie.

Incapable de haine, elle savait aimer, et ses amis pouvaient compter sur elle à la vie et à la mort. Elle aurait pu leur écrire comme Henri IV à Crillon : *Je vous aime à tort et à travers.* Si on les attaquait devant elle, malheur aux assaillants! La lionne ne défend pas mieux ses petits que Madame de Thélusson les objets de son attachement. Je n'ai jamais vu de colère pareille à la sienne, quand M. de Charbonnières, un auteur de sa connaissance, s'avisa un jour de lancer devant elle des lardons sur Madame de Staël, qu'elle faisait profession d'idolâtrer.

Quoiqu'il fût bienvenu chez Madame de Genlis, ce Monsieur de Charbonnières, il ne la trouvait jamais disposée à flatter ses petites passions. A la mort de l'abbé Delille, dont il se prétendait le neveu, il voulut mener le deuil. Repoussé dans ses prétentions par la veuve, il courut à l'Arsenal se plaindre, demander conseil et, en attendant, menacer de troubler le convoi plutôt que de renoncer au droit d'y occuper la première place. Qu'allez vous faire? lui dit Madame de Genlis : mettre le désordre dans une cérémonie, scandaliser le monde, attaquer une veuve qui pleure! Prenez garde : vous aurez tort contre les larmes. Il entendit raison, il remercia la sage et prudente amitié qui lui épargnait une extravagance et le sauvait d'un ridicule.

La même femme rendit le même service à l'abbé Maury, qui alla lui lire son premier discours de réception à l'Académie française. Avant de le prononcer en public, il voulut en faire l'essai en particulier. Dans ce morceau de rhétorique, par une inexplicable fantaisie, il avait inséré une façon de dialogue entre lui et le curé de St-Roch, jadis précepteur de l'abbé de Radonvilliers, auquel succédait le nouvel élu. Il était convenu entre eux que, le jour de la solennité, le curé se placerait dans la salle des séances, à une tribune élevée, vis-à-vis du récipiendaire, lequel, du haut de la banquette des immortels, devait lui adresser diverses apostrophes comme celles-ci : N'est-il pas vrai, Monsieur le Curé, que l'abbé de Radonvilliers possédait telle vertu? N'est-il pas vrai, Monsieur le Curé, que l'abbé de Radonvilliers était recommandable par tel talent? Et à chaque interrogation le curé devait se lever, faire une révérence et répondre oui. Ah, l'abbé, s'écria Madame de Genlis arrêtant le lecteur dans le feu de l'action, si c'est une comédie, on la sifflera.

J'ai laissé Madame de Thélusson sur la foi des traités,

et je l'y laisse encore. Elle vit, elle est heureuse ou à peu près, car les biens de la vie ne se composent que d'à peu près ; elle n'a pas besoin de moi : je la vois moins souvent, mais je lui suis toujours attaché. Venons à Madame de Roquefeuil.

C'était une des jolies femmes de la cour de Louis XVI, comme vous l'attestera un témoin irrécusable, Léonard, l'ancien coiffeur à la mode, qui, la rencontrant un jour avec moi au jardin des Tuileries, se permit de l'arrêter pour lui faire compliment. *Toujours charmante, Madame la Marquise, toujours charmante. Je me souviens du temps où vous m'honoriez de votre confiance. Ah! le bon temps ! J'avais du plaisir à exercer mon talent sur une tête aussi bien partagée des dons de la nature. Toutes ces dames me disaient : Coiffez-nous donc comme Madame de Roquefeuil. Et je leur répondais : Donnez-moi une figure comme la sienne.* — Eh bien ! répond la bonne marquise, en riant et en se tournant vers moi, vous l'entendez, je ne le lui fais pas dire.

Elle avait alors la cinquantaine et mieux ; mais par tout ce qui lui restait d'agréments extérieurs, on devinait ce qu'elle en avait possédé dans la primeur. Veuve de bonne heure, après avoir perdu dans l'émigration une immense fortune, elle était revenue en France avec sa mère, la comtesse de Calan ; et si elle ne jouait plus de rôle à la cour, elle tenait encore sa place dans le monde. Ces deux femmes bretonnes, ce qui veut dire fidèles, s'étaient décidées à tout abandonner pour suivre dans l'exil MESDAMES, filles de Louis XV, auxquelles l'une et l'autre n'étaient attachées par aucune fonction. Mais le zèle les entraîna ; et tant que les princesses vécurent, Madame de Roquefeuil et sa mère se firent un devoir de partager leurs malheurs. Fatigues, dangers, courses en mer, rien ne rebuta ces âmes courageuses.

Chassées de Rome par les Français, les princesses s'étaient réfugiées à Caserte, dans les Etats du roi de Naples, d'où l'irruption subite des armées républicaines les força bientôt de fuir sur un bâtiment portugais qui faisait voiles pour Corfou. Ce vaisseau portait une autre victime des révolutions, le cardinal d'York, dernier descendant des Stuarts. Madame de Roquefeuil, toujours à la suite de Mesdames, entra dans ce navire, où l'une des princesses, Madame Victoire, malade, souffrante, étendue sur un grossier matelas, n'avait pour échapper à la mort que les tendres soins de ses compagnes d'infortune et les inefficaces prescriptions d'un médecin sans médicaments.

Enfin on débarque heureusement à Corfou. Echappées aux incommodités inséparables d'une navigation et à tous leurs maux supplémentaires, Mesdames respiraient sur le rivage où elles venaient de débarquer, lorsque Madame de Roquefeuil, s'empressant de les rejoindre, rencontra la duchesse de Narbonne-Lara, dame d'honneur de Madame Adélaïde, dans un accès d'hilarité qui la surprit. Elle lui demande la cause d'un rire si bruyant. C'est le cardinal d'York, dit Madame de Narbonne, qui ne veut pas sortir du vaisseau sans avoir obtenu, comme Mesdames, la salve de vingt et un coups de canon. Concevez-vous le ridicule des prétentions de cette Eminence? N'est-ce pas plaisant? Puis, voyant celle à qui elle s'adressait garder un silence glacé : A quoi rêvez-vous donc, Madame de Roquefeuil? — A l'avenir, Madame. Qui sait si dans vingt ans nos Bourbons exilés recevront encore les honneurs qu'on rend aux têtes couronnées et à leurs enfants? A ce mot, Madame de Narbonne cessa de rire.

La Restauration avait trouvé la mère et la fille, sinon dans le dénûment, du moins dans un état indigne d'elles. La loi d'indemnité vint à propos réparer en partie les brèches de leur fortune. Leur maison, montée sur un ton modeste mais convenable, rappelait encore la dignité et le confortable des anciennes familles. Privée de ses grands biens, Madame de Roquefeuil ne l'était pas de ses amis, auxquels ses attrayantes manières en ajoutaient tous les jours de nouveaux. Si elle avait pu perdre quelques-unes des habitudes de jolie femme et renoncer aux caprices d'aussi bonne grâce qu'à la jeunesse, rien n'eût altéré les agréments de son commerce. Mais un peu d'inégalité dans son humeur, un peu d'exigence dans son amitié, jetaient des ombres quelquefois tranchantes sur l'horizon où rayonnaient ses nombreuses qualités. Cependant telle que la nature nous l'avait faite, elle avait encore de charmants quartiers d'hiver. Pour sa justification, il faut dire qu'une infirmité cruelle affligea ses derniers jours. Sujette aux souffrances de la pierre, souvent aux prises avec le monstre, Madame de Roquefeuil croyait le voir sans cesse. Etait-il étonnant qu'elle manifestât quelquefois de l'humeur? La patience de Job est célèbre; mais si sa femme eût été mise à l'épreuve au lieu de lui, qu'en dirait-on?

Dans ses heures d'intervalle, Madame de Roquefeuil appelait auprès d'elle et de sa mère, dont elle était l'Antigone, les gens de bon ton et de bonne conversation. Le clergé y arrivait en force : c'était presque un concile. On voyait là l'ancien évêque de Carcassonne, M. de Vintimille, l'une des dernières colonnes de la petite Eglise; l'abbé de Bombelles, évêque d'Amiens; l'abbé de la Châtre, évêque de Soissons; l'abbé de Vichy, évêque d'Autun, mon vénérable et parfait ami; enfin, le premier aumônier du Roi, l'ancien évêque d'Agen, le plus gai des prélats et le moins susceptible des bossus. Il nous administra la preuve de ces deux qualités un certain soir que nous étions en petit comité, lui, les patronnes de la case, Mademoiselle de Moudion, excellente personne, amie de Madame de Roquefeuil, un ci-devant médecin de MESDAMES nommé Lavitte, et moi.

Comme on rappelait tous les malheurs causés par la révolution de 1789, et que l'entretien devenait lugubre, pour l'égayer je pris la défense de l'accusée, disant qu'on ne lui rendait pas justice, qu'elle avait eu du bon, et que si l'on pouvait lui reprocher de grands torts, il ne fallait pas du moins nier ses petits services. — Et quels services a donc rendus la Révolution? s'écria Madame de Calan, qui était le salpêtre même. — Quels services! Quand elle n'aurait fait que restituer la santé à toutes les femmes vaporeuses de la cour, qui n'ont plus eu le temps d'être malades, ne lui aurait-on pas encore des obligations? — C'est vrai, c'est vrai, dit le docteur Lavitte, prenant la chose au sérieux. Non-seulement des femmes, mais des hommes eux-mêmes ont été miraculeusement guéris par ce remède héroïque. Et tenez, je puis citer en exemple l'abbé de.... je le soignais. Il avait cent mille écus de rentes en bénéfices, et cent maladies pour faire contrepoids. Le pauvre riche! quel état! quelle figure! Il était bossu comme vous, Monseigneur.... A ces paroles, qui s'adressaient au premier aumônier, s'il vous plaît, nous voilà tous consternés, baissant les yeux, rougissant pour le docteur, qui restait intrépidement assis sur sa balourdise. Mais l'abbé de Bonnac, riant à gorge déployée, nous mit bien vite à notre aise, et nous imitâmes en sûreté de conscience son joyeux épanchement.

Le Lavitte, gardant son flegme doctoral, pousse sa pointe. — Il était pâle, défait, maigre comme vous, Monseigneur. Oh! il faisait vraiment pitié (nouveaux rires)! Et puis une faiblesse si grande qu'il fallait deux robustes laquais pour le hisser dans sa voiture et pour l'en tirer. — Achevez donc, dit M. de Bonnac, qui étouffait. Que devint mon Sosie? — Ce qu'il devint! Bah! quand la Révolution lui eut ôté ses bénéfices, ses laquais, sa voiture et son médecin, ce fut un tout autre homme. Deux ans après son émigration je le retrouvai à Rome, où il s'était sauvé sans le sou. Figurez-vous ma surprise en voyant un abbé dispos, leste, au teint fleuri, à la face rebondie, courant comme un Basque, et droit comme Monsieur (c'était moi qu'il montrait). Oh! il ne vous ressemblait plus du tout, Monseigneur.

A cette seconde bordée, il n'y eut plus moyen d'y tenir. Nous fûmes saisis d'un accès de gaieté folle qui nous fit dire tout ce qui nous passait par la tête. En somme, on convint que l'exemple était convaincant, ma proposition vraie, et la Révolution excellente par-ci par-là pour redresser les *torts*.

Cet abbé de Bonnac, qui faisait si héroïquement les honneurs de sa ou de ses bosses (car il en avait sept, autant que le Nil a d'embouchures, et il les énumérait avec une sorte d'orgueil); cet évêque, d'une vertu consommée et d'une rare gourmandise, mangeait souvent à la table de M. le prince de Condé, dont il sortait rarement sans emporter une indigestion. Chaque fois que nous le voyions revenir de là chancelant et trébuchant, la figure enluminée, les yeux nageant dans un nuage, la bouche béante et la voix entrecoupée de bâillements, nous éprouvions le frisson de la peur. Il nous semblait un homme perdu : l'apoplexie planait sur sa perruque défrisée. Par bonheur pour lui, son sérénissime restaurateur mourut, et cette mort lui sauva la vie.

Rien ne put prolonger celle de la vieille comtesse de Calan, qui succomba dans sa quatre-vingt-sixième année à une violente attaque de goutte. Sa fille la pleura longtemps, se consola mal, quitta Versailles où toutes deux s'étaient retirées depuis peu par système d'économie, revint s'établir à Paris, s'y ennuya, nous tourmenta de ses fantaisies, nous affligea de ses maladies, et finit par s'éteindre insensiblement dans les bras de Bourdois, son médecin. Encore une source de regrets ouverte dans mon cœur ; encore un vide laissé dans ma vie.

Je dus à un hasard singulier la connaissance et l'affection de la duchesse de Duras. Un de mes amis m'avait rendu dépositaire d'un recueil de lettres inédites écrites par Madame Cottin. Leur mérite m'avait engagé à lire quelques-unes de ces lettres dans des maisons choisies et discrètes. Ces lectures se multiplièrent contre mon gré. Parmi les personnes qui me demandèrent de participer à cette petite faveur, j'eus à inscrire Madame de Duras. Elle m'écrivit tout simplement pour me conter que, souffrante et seule, elle avait besoin de douces distractions ; que je pouvais lui en procurer une des plus heureuses : c'était de lui faire connaître la correspondance d'un auteur dont les romans avaient charmé ses premières années. J'acceptai le rendez-vous qu'elle me donna au bout de son billet ; je satisfis sa curiosité, mais à condition qu'elle contenterait la mienne. Elle consentit, par échange, à me lire sa jolie nouvelle d'*Ourika*, entre le duc de Doudeauville et la duchesse de Clermont-Tonnerre, qui ne parurent pas moins charmés que moi de cette agréable confidence d'un agréable talent.

Bientôt je connus *Edouard*, le *Moine*, *Olivier*, les *Mémoires de Sophie*, enfin toutes les productions de Madame de Duras, dont le succès fut d'autant plus grand qu'on osait moins attendre d'elle. Fille d'un homme de qualité qu'avaient ébloui les premiers prestiges de la Révolution, qu'il croyait ne devoir être qu'une réforme, mais que ses premiers crimes détrompèrent, Mademoiselle de Kersaint s'était mariée, dans l'émigration, à l'un des plus grands seigneurs de France. Introduite au sein des meilleures sociétés, elle y apprit les mœurs et les usages de ce siècle qu'elle devait peindre. La nouvelle duchesse n'avait pas toutes les sortes d'esprit, mais elle possédait celui qui vaut le mieux, parce qu'il fait réfléchir, comparer, juger et bien juger : l'esprit d'observation. De là son insignifiance à son entrée dans la société, et ses triomphes à la fin de la carrière.

Jeune, on ne la regardait pas, on ne la comptait pas, on ne savait ce que c'était. Plus attentive à étudier le monde que jalouse de s'y distinguer, elle se mettait à l'écart, se donnait pour une femme sans conséquence, et il lui arrivait ce qui arrive toujours aux personnes modestes, elle était prise au mot. Aussi m'a-t-elle dit qu'aux yeux de bien des gens elle avait eu la triste réputation d'une... d'une bête. Elle hésitait sur ce dernier mot, tant il coûte à prononcer, même après qu'on n'a plus à en craindre pour soi l'application! Mais la prudente fourmi amassait au printemps ses provisions d'hiver. Quand Madame de Duras eut pris sur le fait le cœur humain, quand elle eut mis en ordre toutes ses notes, elle écrivit. On fut étonné de la foule d'idées ingénieuses, de remarques fines, d'heureuses découvertes recueillies dans les profondeurs de la société par cette femme devant laquelle on posait si dédaigneusement ; car personne ne se doutait qu'elle préparait ses pinceaux.

J'ai vécu près de dix ans dans la familiarité de cette duchesse auteur, moins éminente encore par son rang que par son mérite. La ruine de sa santé l'avait confinée dans sa maison, où elle tenait cour plénière. Toute l'Europe y était représentée par ses plus nobles figurants. Qu'on y disait de choses, et qu'on les disait bien ! Qu'on y dévoilait de secrets politiques, et qu'ils étaient curieux! Quelle source d'instruction et de connaissances pour un novice avide d'apprendre ! Jamais on ne sortait de ce cabinet sans avoir enrichi sa mémoire, étendu la sphère de ses idées, rectifié ou perfectionné son jugement sur les hommes et les événements passés et présents, recruté pour l'histoire et travaillé pour soi-même.

La maîtresse du lieu, toujours occupée, sans en avoir l'air, de faire valoir chacun et de se dissimuler autant qu'elle le pouvait, tenait dans ses mains tous les fils de la conversation, qu'elle maniait avec un art imperceptible, les rapprochant, les séparant tour à tour sans les embrouiller ni les rompre jamais. Si le redoublement de ses souffrances habituelles l'obligeait d'abandonner un moment les rênes de l'Etat, la duchesse de Rauzan, son aimable fille, s'en emparait avec grâce ; mais, quoiqu'elle fût digne de suppléer sa mère, elle préférait alors aux graves entretiens des Châteaubriand, des Cuvier, des Humbold, des Talleyrand, des Pozzo, les folâtres propos de la jeunesse brillante qui formait sa cour particulière.

Le salon de Madame de Duras opérait des miracles : il ouvrait le cœur au prince de Talleyrand, qui devenait presque expansif, et qui nous attachait souvent par des révélations historiques dont il se repentait peut-être le lendemain. Le comte Pozzo, par esprit de rivalité sans doute, opposait indiscrétion à indiscrétion, de façon qu'avec le temps nous aurions pu posséder les mille clefs de la diplomatie ; mais le temps manque toujours à tout et à tous. La duchesse de Duras tomba décidément malade, son cabinet se ferma et les oracles se turent.

Néanmoins, avant ce triple malheur, le prince, qui se délassait très-volontiers de la politique par les frivolités, nous amusa beaucoup du récit de son aventure avec la princesse de Robecq. C'était en 178... Epris, comme tous ses contemporains, des talents magiques de Cagliostro, qui possédait je ne sais combien de secrets pour guérir de tous maux, et même pour prolonger indéfiniment la vie, M. de Talleyrand était allé au charlatan à la mode pour lui demander une eau merveilleuse contre les migraines. Armé de sa fiole, il se rend à l'hôtel de M. de Calonne, alors contrôleur général des finances, où il devait dîner. Il trouve dans le salon la princesse de Robecq étendue sur une bergère, et criant douloureusement : Ma tête! ma tête! On s'empressait de la soulager; mais rien ne prospérait, ni les sels, ni l'eau des carmes. Laissez-moi faire, dit M. de Talleyrand écartant la foule; j'ai là ce qu'il lui faut. Bonne occasion pour lui d'essayer sans danger l'effet de son remède! Il s'approche, et, après avoir versé dans un mouchoir blanc quelques gouttes de son élixir, il pose le topique bienfaisant sur le front de la patiente. Mais voyez le malheur, dit-il : comme chez ces hommes de finances il faut toujours qu'on prenne quelque chose, j'enlevai avec mes doigts deux ou trois lignes de la peau de ce front féminin, sans enlever le mal, qui pis est. On me maudit, on voulut me lapider, mais je me moquai de la cabale : j'avais fait l'épreuve de l'essence sur une autre, et je remerciai Dieu d'en être quitte pour ce léger *déficit* dans le matériel de la princesse.

Une personne du rang le plus élevé m'avait demandé des vers pour la fête de Madame la duchesse d'Orléans douairière, qui se nommait Adélaïde. Ces vers, composés avec d'autant plus de plaisir que jamais sainte n'a mieux enthousiasmé son prédicateur, furent lus en mon absence devant la nombreuse cour de la princesse, qui témoigna le désir d'en connaître l'auteur. Je lui fus amené la même semaine par la personne dont j'ai parlé, et que je nommerai plus tard. Je fus reçu avec cette bonté gracieuse qui caractérise la famille des Bourbons. Toutes les dames de la princesse m'entourèrent pour me féliciter. Par un hasard extraordinaire, je n'en connaissais qu'une, la marquise Delaage, encore n'était-elle attachée à Madame la duchesse d'Orléans que par sa respectueuse affection.

Celles qui avaient un titre ou une fonction étaient la marquise de Castera, noble Espagnole, que la princesse avait amenée du fond de son exil; la vicomtesse de Saint-Simon, mère du gouverneur actuel de Pondichéry, et la marquise de Chantérac, fille du vicomte du Hautier, ancien page favori de M. le duc de Penthièvre.

Ce serviteur respectable et dévoué me prit sur l'heure en amitié. Il m'a donné depuis de curieux détails sur l'auguste famille à laquelle il devait son existence, j'allais dire sa considération, je me serais trompé; car cette considération était fondée sur ses vertus personnelles. Entre autres choses singulières, il m'apprit que Mademoiselle de Penthièvre était presque accordée avec Monsieur, frère de Louis XVI, et plus tard son successeur au trône sous le nom de Louis XVIII. Les biens immenses qu'elle devait hériter, le respect qu'inspirait son père, ses propres vertus, tout avait fixé sur elle le choix de la cour. Hélas! elle en avait aussi fait un, mais bien peu digne d'elle.

Quand son père l'appela pour lui annoncer le haut rang auquel elle était destinée, la jeune princesse tout éperdue tomba en pleurant aux pieds de M. le duc de Penthièvre, et balbutia des compliments qui équivalaient à des refus. Et pourquoi ne voulez-vous pas du frère du Roi? Espérez-vous mieux? Telles furent les paroles paternelles. Alors elle avoua qu'elle aimait son cousin le duc de Chartres, et qu'elle serait malheureuse si elle ne l'épousait pas. Elle l'a épousé, et l'on sait le reste.

La fille du vicomte du Hautier, Madame de Chantérac, remarquable par sa beauté et ses nobles manières, montrait à la princesse un attachement si désintéressé qu'il n'y avait personne qui ne l'en aimât. Pour Madame de Saint-Simon, c'était une petite vieille morose, frondeuse, grondeuse, difficile à vivre, mais pétillante d'esprit et travaillant en tapisserie comme les fées, auxquelles elle ressemblait par sa toilette, ses talents et sa malignité. Elle s'humanisa cependant pour moi. De mon côté je me mis en quatre pour elle, et tant qu'elle vécut, le traité de paix et d'union fut exactement observé entre les deux puissances. Sa compagne Madame Delaage n'avait guère plus d'indulgence qu'elle pour le genre humain, sur lequel, dans ses jours d'humeur, qui n'étaient pas rares, elle tirait à boulets rouges; mais elle avait de bons moments, et alors on était heureux de l'entendre : elle savait beaucoup et contait bien.

Dans la liste des dames de la princesse j'ai omis la bonne et simple Madame de Follemont, qui méritait tant d'éloges et prêtait si peu à la critique que personne ne parlait d'elle. Je n'en parlerai pas non plus. Je viens de lui payer un tribut assez flatteur. Venons à son mari, dont on a porté tant de jugements divers.

Le comte de Follemont avait été membre de cette convention d'horrible mémoire qui faisait la chasse aux hommes et surtout aux princes. Sa position politique lui procura l'honneur de ravir aux griffes sanglantes des bêtes féroces de cette ménagerie une noble proie qui sans lui n'aurait pu leur échapper. Madame la duchesse d'Orléans lui dut la vie.

Reconnaissante d'un si grand service, elle ne voulut plus permettre que son libérateur se séparât de sa destinée. A l'époque où fut prononcée par les révolutionnaires l'expulsion totale des Bourbons, elle passa en Espagne, où il la suivit sous le titre de chancelier de sa maison. J'ai entendu dire que cet homme, doué du meilleur naturel, mais épouvantablement mal élevé, manquait souvent aux plus simples égards et pour sa princesse et pour Mademoiselle d'Orléans. On prétend qu'il exigeait de celle-ci, au nom de sa mère qu'il faisait parler, des actes de déférence indignes de son rang. Il fallait qu'elle vînt le saluer tous les matins, sorte d'hommage qui n'était due qu'aux auteurs de ses jours.

Ce que j'ai vu de mes yeux m'autorise à croire tous les bruits de cette nature. Jamais on ne connut moins, je ne dirai pas l'étiquette des cours, mais même les plus simples bienséances du monde. Pour donner une preuve de son défaut de mesure, je ne citerai qu'un trait qui me concerne.

J'avais dîné chez la princesse. On était sorti de table, on commençait les parties de jeu. Me voilà installé à un wisk, M. de Follemont pour partner, et pour adversaires l'archevêque de Sens et la baronne de Talleyrand. Nous jouons : je fais une faute, M. de Follemont me regarde de travers. Je lui demande pardon de mon étourderie, il se met à grommeler un peu et continue le jeu sans me gronder. Un moment après, autre distraction de ma part. Pour le coup le tonnerre éclate. Mon terrible associé jette impétueusement ses cartes sur le tapis, le visage rouge de colère, en s'écriant d'une voix qui remplit la salle : On ne joue pas comme cela... Et il couronne sa phrase par un de ces jurements que l'estaminet prête rarement aux palais. Au lieu de me déconcerter, je lui dis gaiement : Monsieur de Follemont, quand mon partner me fait perdre la tête, j'ai coutume de lui faire perdre la partie. Il m'entendit, reprit ses cartes sans souffler, et, malgré mes deux sottises, nous sortîmes de la place avec les honneurs de la guerre, c'est-à-dire avec dix fiches de gain.

Après le ridicule, voici l'extraordinaire. Madame la

duchesse d'Orléans, témoin de la scène, au lieu d'être irritée, comme je le croyais, de l'algarade de son chancelier, qui avait manqué si essentiellement au respect qu'il lui devait, ne s'en tourmenta que pour moi. Dans le dessein de m'apaiser, elle me prit à part d'un air caressant et me dit : Il est un peu vif, Monsieur de Follemont; mais si vous saviez comme il vous aime, comme il parle de vous avec estime! La bonne princesse!

Tant de faiblesse avait sa justification. Cet homme se couvrait devant elle du nom de sauveur : c'était sa dispense de respect. Ajoutons qu'à la mesure près, c'était un chancelier accompli. Serviteur fidèle et intègre, il ne manquait aucune occasion de prouver son zèle et sa probité par les faits : administrateur habile et économe, il avait augmenté considérablement les revenus de la princesse, qui finirent par s'élever à dix-huit cent mille francs; et quand il mourut, on trouva une somme de deux millions dans les coffres.

Une des personnes que Madame la duchesse d'Orléans aimait et considérait le plus, était la marquise de Sémonville. Elevée au Palais-Royal, la femme du grand référendaire avait, par de longs services et surtout par d'excellents conseils, acquis de justes droits sur le cœur de la princesse. Personne ne possédait et ne possède mieux que Madame de Sémonville le don de réussir dans les cours. Une intelligence élevée, un tact parfait, une connaissance approfondie des hommes et des choses, une facilité merveilleuse à s'exprimer, un talent tout particulier de s'attirer la confiance, la rendent bien vite indispensable à ceux qu'elle a l'envie de captiver.

Dès qu'elle entre dans un salon, le moment de son triomphe arrive. Elle parle, et on n'écoute plus qu'elle; elle dit on ne sait quoi, et on est charmé; elle monte au plus haut de la pensée, vous y montez avec elle, sans peine, sans effort, sans comprendre comment : elle vous a fait votre escalier. Elle conte une anecdote qui tombe de vieillesse, cette anecdote prend dans sa bouche un air de jeunesse et de fraîcheur ; mais ce cas est rare, car Madame de Sémonville sait toujours mieux qu'un autre, et avant tout autre, les nouvelles. Quelque étendu que soit le cercle où se trouve placé son fauteuil, je devrais dire son trône, personne n'est oublié ou négligé par cette reine de la conversation. En un clin d'œil elle a parcouru le salon, reconnu les visages, deviné ce qu'il faut dire à chacun et taire à tous, jeté vingt mots de compliment, distribué vingt promesses de services, égayé ceux-ci par un trait d'esprit, attendri ceux-là par le récit d'une bonne œuvre, caressé tous les faibles, flatté toutes les passions, éveillé la reconnaissance et mis la malveillance hors de combat : si bien qu'elle ne se retire jamais sans faire redire à tous les échos de la maison : *C'est la plus aimable des femmes.* A coup sûr, elle en est la plus étonnante.

Moins séduisant, mais aussi spirituel, son mari, mort tout récemment, ne s'amusait point aux conquêtes qui ne flattent que l'amour-propre : il visait toujours au solide. Je n'ai jamais aimé son ton ni son langage, qui rappelaient le vieux persiflage de nos pères. Avec lui on ne savait au juste si *oui* était *oui*, si *non* était *non*. L'entortillage de ses phrases nuisait à la finesse de ses idées. Son opinion sur toute matière était toujours renfermée dans un nuage ; il est vrai que c'était un nuage doré. En vous parlant il avait l'air de se moquer de vous, tandis que sa femme semblait persuadée, vaincue, soumise par vos paroles. Tous deux, avec des moyens différents, parvenaient au même but. Tous deux avaient un égal besoin de connaître les masques et de rester sous leur domino dans ce grand bal de la société. Pour lui, sa curiosité ne se contentait pas du nécessaire, elle allait jusqu'à vouloir en ce genre le superflu. Voyageait-il? elle le suivait cherchant à se satisfaire dans un lieu de passage comme à la cour, comme chez les ministres.

On m'a conté que, lorsqu'il s'arrêtait quelque part, sa coutume était de demander d'abord le barbier de la ville, qui, tout en le rasant, lui apprenait l'histoire du menu peuple; ensuite il avait un accès de fièvre à volonté, et faisait venir le médecin, qui, en lui tâtant le pouls, le mettait au courant des nouvelles de la bonne compagnie, de sorte qu'à son départ il emportait la chronique scandaleuse du pays tout entier.

Sa malignité, toujours gaie, jamais offensive, s'exerçait quelquefois, faute d'un autre objet, sur sa femme elle-même, et Madame de Sémonville se prêtait de bonne grâce à des mystifications dont elle ne faisait que rire. En sa qualité de grand référendaire, il avait invité tout le ministère Villèle à un grand repas. Au moment d'entrer à table, il dit à sa femme : Mettez le président du conseil à votre droite et le ministre de l'intérieur à votre gauche. Pour M. de Villèle elle consentait bien ; mais à l'égard de M. de Corbière, refus net. Le mari insiste. —Non, non, répond-elle; c'est un homme si mal élevé, si désagréable! Il m'ennuiera ou me choquera. Décidément je ne veux point de lui : je prendrai le duc de Doudeauville. — Vous ne le prendrez pas. — Et pourquoi? — Parce que la hiérarchie ministérielle s'oppose à cela. — Je me moque de votre hiérarchie. — Ah ! pour le coup, c'est trop fort. Voulez-vous me brouiller avec le ministre de l'intérieur?

La grosse cloche retentit à une oreille très-sensible : la femme politique frémit, la femme du monde céda. M. de Corbière s'assied donc près de celle qui le redoutait et l'abhorrait tant, mais il ne s'assied qu'après avoir reçu ses instructions. — Soyez sur vos gardes, lui avait dit le grand référendaire : ma femme a contre vous des préventions effroyables, c'est à vous de la faire revenir sur votre compte. Elle ne vous croit pas aimable : déployez toutes les ressources de votre esprit, ou vous resterez perdu dans le sien.

On dîne, on cause : le ministre mal famé s'ingénie pour plaire, trouve des mots heureux, amuse le tapis, et fait si bien que Madame de Sémonville se laisse prendre insensiblement à la glu de ses paroles. La conversation ne tarissait pas entre eux, et le mari matois, qui les observait de sa place, riait sous cape de l'effet de sa rouerie conjugale. Quand on se leva de table, M. de Corbière, se penchant vers l'oreille de son hôtesse : — Eh bien, Madame, m'avez-vous trouvé aussi maussade et aussi ennuyeux que vous le pensiez? — Ah! s'écria-t-elle, je reconnais là M. de Sémonville : il ne m'en fait pas d'autres. C'est d'elle que je tiens ce petit fait qui tourne à la louange de trois personnes, dont il prouve l'esprit et le bon esprit.

Admis chez la vénérable princesse dont j'ai commencé à peindre la vie intérieure, j'y voyais souvent Madame de Sémonville, et j'étais ébloui du feu perpétuel qui jaillissait de ses moindres paroles. Mais ce n'était pas le seul astre de cet horizon : La marquise de Bouflers embellissait aussi de ses aimables saillies les petites et grandes soirées de la princesse.

On allait ordinairement dîner avec Madame la duchesse d'Orléans à la *Ferme*, maison de campagne voisine de Paris et qui avait appartenu à Mademoiselle Contat, la fameuse actrice. Ce lieu portait le nom d'Ivry; mais celui que la princesse voulut y substituer, je ne sais pourquoi, lui est resté et lui restera sans doute, puisqu'il consacre un souvenir illustre et précieux. C'était donc là qu'elle recevait toute la semaine avec une noble affabilité dont on se souvient comme d'une source de regrets, non comme d'un objet de comparaison : car elle a laissé de nombreux admirateurs, mais point de rivale.

Dans ce lieu rayonnait une liberté charmante qui ne connaissait de limites que les bienséances et le respect dû au plus auguste sang. La table était abondamment servie, les mets délicats, les vins choisis : point ou presque point d'étiquette. La princesse, assise au haut bout, faisait placer à côté d'elle les femmes titrées, c'est-à-dire les duchesses, et avant tout les vieilles femmes ; les autres convives se groupaient à leur fantaisie. Je m'y suis souvent trouvé placé entre le marquis d'Autichamp, gouverneur du Louvre, et l'archevêque de Rouen, neveu du cardinal de Bernis, dont il portait le nom. Ces messieurs voulaient me placer entre eux. On buvait et on mangeait longtemps et bien. Pour Madame la duchesse d'Orléans, c'était par complaisance qu'elle siégeait au banquet. Privée de dents et pourvue d'un faux râtelier qu'il lui fallait déposer au moment de ses repas, elle procédait sans témoins à cette laborieuse occupation ; puis à cinq heures elle venait faire semblant de partager notre festin, tantôt en avalant le jaune d'un œuf frais, tantôt en prenant un peu d'une certaine bouillie dont elle envoyait une part aux privilégiés, du nombre desquels j'étais assez souvent. Après le dîner on rentrait au salon pour faire de la conversation, puis de la musique; ensuite venait le jeu, auquel la princesse ne voulait jamais s'intéresser. Elle s'amusait à dévider de la soie et à prêter l'oreille à la lecture de quelque roman.

Sa lectrice était Madame de Chantérac, relayée par le comte de Sabran et par moi. J'ai vu un soir le chancelier de France, M. Dambray, s'emparer du livre, et nous désopiler la rate par la vivacité comique de ses tons : genre de talent que je ne lui aurais jamais supposé. C'était une comédie nouvelle qu'il faisait connaître à la princesse. Elle se délectait aux scènes de la vie sociale, aux peintures des caractères nobles, aux situations touchantes ou gaies. Mais le grand pathétique lui faisait mal : il lui rappelait de terribles réalités dont son âme douce et timide fuyait le souvenir, trop fort et trop pénible pour elle. Quand un roman finissait par une mort, elle refusait d'en entendre la lecture : car elle avait grand soin, dès le début, de s'informer du dénoûment. Elle voulut un jour me faire changer les dernières pages d'Amélie Mansfield, ouvrage de Madame Cottin, qu'elle tenait à connaître, mais corrigé et *égayé*.

Malgré ses précautions pour éviter les catastrophes dans les romans, elle fut cependant prise au piége. M. de Sabran, distrait comme le comte de Brancas de Madame de Sévigné, lui apporta un nouveau poëme de lord Byron. Grande joie! La princesse se place, on se range autour d'elle, l'assemblée se tait et écoute : le lecteur commence, les cœurs palpitent; mais quel désappointement! C'est l'abomination de la désolation. Un homme lié à son cheval, emporté à travers les bois et les précipices; un supplice inouï, une agonie sanglante : qui peut tenir à cela? Une voix crie : Finissez, finissez. C'est la voix dont les volontés ne souffrent aucune contradiction, c'est celle de Madame la duchesse d'Orléans. Elle avait assez de *Mazeppa*, elle en avait trop. Ah! mon Dieu! dit-elle à demi pâmée, est-il possible d'entendre ou d'écrire de telles horreurs? Ne m'amenez point votre lord Byron : je ne veux pas le voir dans ma société.

Elle avait, comme je l'ai dit, beaucoup aimé M. le duc d'Orléans. Jamais ce sentiment ne s'est démenti. Quelquefois son père la plaisantait sur cette vive inclination. Savez-vous, lui disait-il avec une aimable gaieté, que si je ne vous l'eusse pas donné pour mari, votre vertu courait de grands risques? La princesse ne cachait point son faible. Bien souvent je l'ai entendue, parlant de l'homme funeste, répéter avec un soupir : Mon pauvre mari ! Quoique personne ne connût mieux et ne condamnât davantage les torts du régicide par excellence, elle ne pouvait refuser au criminel les regrets et la pitié d'une belle âme. Lorsqu'elle allait visiter ses enfants au palais royal, les émotions causées par ses souvenirs étaient si violentes, qu'il lui fallait s'arrêter sur le grand escalier pour reprendre des forces. Là, tout lui retraçait les fautes énormes de celui qu'elle avait préféré à un prince destiné au trône. Puissant et coupable, elle s'était séparée de lui avec horreur; déchu et puni, elle ne savait plus que le plaindre.

Les traits nobles et réguliers de cette princesse rappelaient ceux du grand roi dont elle était descendue. Aussi, pour lui faire ma cour, lui disais-je un soir : Madame me procure deux plaisirs à la fois : en voyant Madame, je vois le Roi son aïeul. — Hé mais, répondit-elle flattée et non surprise du compliment, on prétend que j'ai quelque chose de lui; et même, pour rendre la ressemblance plus frappante, on m'a souvent engagée à porter des perruques à la Louis XIV. Elle avait aussi, par transmission, les beaux bras et le teint magnifique d'Anne d'Autriche, son arrière-grand'mère, qui lui laissa un autre héritage bien triste. La malheureuse princesse mourut, comme cette reine, atteinte d'un cancer au sein, dont sa pudique réserve cacha trop longtemps l'existence.

Vingt ans auparavant, reléguée en Espagne, elle s'était aperçue de la naissance d'une glande qui fit d'abord peu de progrès et ne lui causa qu'une légère douleur. Au lieu d'en parler aux hommes de l'art, elle défendit à ses femmes de révéler son mal : on ne lui obéit que trop.

Ce ne fut qu'à la mort de M. de Follemont, mort qui la plongea dans une incroyable affliction et qui envenima sa plaie, ce ne fut qu'alors qu'elle consentit à invoquer les secours de son chirurgien : encore, pour l'y déterminer, fallut-il que ses souffrances eussent été aggravées par un accident qui rendit son état désespéré.

Un matin, assise dans sa bibliothèque, elle demandait un livre, qu'un de ses valets de chambre lui tendit du haut d'une échelle. Soit maladresse, soit frayeur, cet homme laissa tomber de ses mains le volume, qui alla frapper le sein de la princesse. Oh! Alphonse, que vous me faites mal! s'écria-t-elle dans sa première angoisse. Il se précipita de l'échelle à ses pieds. Ne dites rien, ne dites rien de ceci à personne, ajouta la princesse avec cet accent de bonté ineffable qui la faisait adorer de tous : on vous gronderait si nous étions décelés. Il garda en effet le silence ; mais l'excès des douleurs amena la confession de leur cause. Médecins et chirurgiens accoururent. On apprit le danger de la princesse, et l'alarme fut générale.

Cependant elle ne voulut pas changer dans sa maison l'ordre établi de toute éternité : les réceptions, les dîners continuèrent ; seulement on dînait plus tôt, et les soirées furent supprimées. On partait une heure après la sortie de table. De temps en temps, la princesse se montrait encore aux convives, qu'elle voulait rassurer par sa présence. D'habitude elle restait au salon, tandis que sa société prenait ses repas dans la salle à manger; les dames et le vicomte du Hautier faisaient les honneurs. On dînait vite, puis on revenait se ranger sur des fauteuils au milieu desquels était placé le grand canapé. Là, un affaissement graduel, occasionné par ses longues tortures, procurait à la princesse un demi-sommeil; et dans ce faux assoupissement, qui durait bien peu, l'habitude de la bonté plaçait encore le sourire sur ses lèvres quand tous ses traits exprimaient la douleur.

Je passais ma vie chez cette angélique princesse; j'y dînais deux fois par semaine, soit à la Ferme, soit à Paris. Elle ne permit pas que ma discrétion abrégeât ou éloignât mes respectueuses visites. Cependant, forcé de partir pour quelque temps, je ne savais quelle résolution je devais prendre. Pour me déterminer à faire le petit voyage projeté, elle me trompa. Vous pouvez vous séparer de nous sans inquiétude, me dit-elle : mon chirurgien est fort rassuré sur mon état. Attendez-le, et vous verrez par son rapport qu'il n'y a plus de craintes à concevoir. En effet, M. Levraut, homme habile et qui possédait sa confiance, arriva et me rendit l'espoir. Hélas! elle lui avait dicté ses paroles.

Je partis tranquille pour le Marais, où je fis partager ma sécurité par tous ceux qui occupaient alors ce château. Mais quelques jours après, la comtesse de Chastellux, l'une des personnes que j'y trouvai établies, reçut une lettre de sa mère, la comtesse, depuis duchesse Charles de Damas, qui lui mandait que Madame la duchesse d'Orléans touchait à sa dernière heure, qu'elle avait reçu ses sacrements, et qu'on n'attendait plus rien pour elle, pas même une mort douce et consolante.

A la lecture de cette lettre, je tombai anéanti sur un siége; mais, sentant les larmes me gagner, je rassemblai toutes mes forces pour remonter dans ma chambre, où je laissai un libre passage à ma douleur. Vous pouvez penser que je ne prolongeai pas mon séjour loin de la capitale. Le lendemain j'étais à Paris. Logé à quelques pas de l'hôtel de la princesse, j'envoyais sans cesse à sa porte pour apprendre des nouvelles, toujours plus alarmantes. Enfin le dernier coup me fut porté : Madame la duchesse d'Orléans avait cessé de vivre.

Elle expira le.... juin 1821, à la Ferme, d'où l'on n'avait pu la transporter à Paris, dans sa soixante-neuvième année. On verra par mes lettres les marques de ma profonde reconnaissance pour les faveurs dont elle me combla; on y verra aussi l'immense affliction que laissa dans mon âme cette perte imprévue et irréparable.

J'ai promis le nom de la personne éminente par sa position et ses qualités qui m'introduisit dans cette demeure de la grandeur et de la vertu : il est temps de tenir parole.

Lié depuis longtemps avec une vieille chanoinesse, la comtesse de Bataille, Bourguignonne et par conséquent ma compatriote, je souffrais par paresse d'esprit qu'elle me menât en laisse chez tous ses amis, dont la liste ne finissait pas. Les chanoinesses aiment tout l'univers : c'est la règle des chapitres d'Allemagne et de France. Or, la bonne comtesse m'introduisit un soir chez une sempiternelle qu'on nommait la marquise de Vielzmaisons. Je me trouvai en présence d'un siècle, mais c'était le siècle de Louis XIV. Politesse exquise, raison profonde, esprit fin et délicat, manières nobles et élégantes, art merveilleux de tenir salon, de mettre la société à son aise, mais pas trop, de faire courir la conversation à travers les écueils de la politique sans s'y briser, de distribuer les égards et les prévenances moins selon les rangs et les titres que suivant l'âge et le mérite, simplicité charmante, gracieux enjouement, tout ce qui contribue à plaire aux jeunes comme aux vieux, aux doctes comme aux ignorants, la marquise de Vielzmaisons le possédait dans un degré de perfection qu'on admirait trop pour l'envier. Qui eût osé rivaliser avec elle?

En dépit de ses quatre-vingt-six ans, qui l'invitaient à la retraite, elle avait tenu ferme et restait dans le monde, comme ces anciens généraux qu'on voit manœuvrer encore en cheveux blancs sur le champ d'honneur, pour apprendre à la jeunesse des camps les finesses du métier. Bien me prit que l'infatigable marquise n'eût point quitté son canapé pour son lit de repos. Ce fut à une de ses réunions que je vis celle dont la bonté, les soins, l'affection m'attachèrent par tous les liens de la reconnaissance à sa destinée, qui devint la mienne.

Parmi les personnes de distinction rassemblées par Madame de Vielzmaisons pour entendre les versiculets qu'elle me faisait sans cesse répéter, j'en remarquai une assise auprès d'elle à la place d'honneur, et dont la figure, aussi douce que riante, respirait la bienveillance. Sans être encore dans un âge avancé, elle avait cependant les épaules un peu courbées ; sa toilette simple annonçait le dénûment de prétentions. Pendant la lecture son air attentif, ses gestes approbateurs, ses regards satisfaits, que j'apercevais dans mes pauses, m'avaient disposé à lui croire un esprit supérieur et un goût raffiné. Quand j'eus fini, elle m'applaudit de la meilleure grâce, ce qui me confirma tout à fait dans la bonne opinion que j'avais prise d'elle, et ses compliments achevèrent de me conquérir. Mais si elle entra dans mon cœur par le chemin de l'amour-propre, elle s'y maintint par la puissance d'un sentiment qui le sanctifia : l'amitié.

Fille aînée du duc de Chastillon et de Mademoiselle de Lavalière, dont le père possédait cette riche bibliothèque de soixante mille volumes tant prônés par les érudits, elle avait vu toutes les grandeurs et toutes les gloires rayonner magnifiquement autour de son berceau. Son aïeul paternel, issu de la puissante et illustre maison qui donna tant de héros à la France, qui posséda dix souverainetés et s'honora de treize alliances avec la famille royale; son aïeul paternel, dis-je, avait été gouverneur du Dauphin fils de Louis XV. Longtemps favori du souverain, longtemps comblé de ses bienfaits, il mourut laissant à son fils une fortune considérable, rehaussée par un des plus grands noms de France. Ce fils lui survécut peu : atteint à vingt-cinq ans de la petite vérole, il emporta dans le tombeau ce nom dont il était destiné à soutenir l'éclat. De deux filles, seuls fruits de son mariage, l'aînée se vit à quinze ans et demi unie avec le duc de Crussol, son cousin issu de germain ; la seconde devint la femme du prince de Tarente, fils aîné du duc de La Trémoïlle. Je ne parlerai que de la première.

Le sort de la jeune duchesse de Crussol fut à la fois prospère et malheureux. Entrée dans une famille où elle était adorée, redevable aux tendres soins de son beau-père et de sa belle-mère (1) d'une destinée qui réalisait tous ses jeunes rêves de félicité, cette femme douce, simple, candide, donna successivement à son mari deux fils et une fille, dont la beauté vint accroître les jouissances pures de son cœur aimant. Charmante de figure comme eux, elle se plaisait à entendre son éloge se mêler au leur dans la bouche de tous ceux qui les rencontraient avec elle dans nos promenades publiques. Quand on disait : Les jolis enfants! le visage maternel s'épanouissait d'orgueil. Mais si on ajoutait : On voit bien de quelle mère ils sont nés ; oh! alors, il n'y avait pas assez de place dans son âme pour contenir toute sa joie. Cette vie de béatitude ne devait pas durer, la Révolution y mit bon ordre.

Aux premières annonces de nos troubles civils, le duc d'Uzès, beau-père de celle dont je conte brièvement l'histoire, résolut de quitter la France et partit en effet avec tous les siens. On passe à Bruxelles, de là on se rend à

---

(1) Le duc et la duchesse d'Uzès.

La Haye, puis on s'embarque pour l'Angleterre, trainant une suite si nombreuse que les ressources furent bientôt épuisées. Arrivèrent les besoins. Il fallut vendre les parures que la duchesse de Crussol, plus avisée que le reste de sa famille, avait emportées malgré l'opposition de son beau-père, qui trouvait la précaution inutile. Deux pensions offertes, l'une par la cour d'Angleterre, l'autre par l'impératrice de Russie, contribuèrent, avec le prix des diamants, à sauver cette famille des humiliations de la détresse.

Mais que faire de deux fils parvenus à l'âge du service et de l'avancement? Le premier fut, avec le titre d'aide de camp, attaché au vice-roi d'Irlande. Pour le second, délices de sa jeune mère, son sort, plus éclatant et plus triste, fit verser à celle-ci bien des larmes. Le prince Alexandre de Russie appelait près de lui Théodorit de Crussol, qui s'arracha des bras de ses parents, l'âme pénétrée d'une douleur que comprendront les êtres condamnés au double exil de la patrie et de la famille.

Toutefois, une consolation l'attendait à Saint-Pétersbourg. Sa tante, la princesse de Tarente, s'y était réfugiée après la chute du trône de France et brillait à la cour de l'impératrice au même rang qu'elle avait si dignement occupé à Versailles dans la maison de Marie-Antoinette. La faveur dont elle jouissait procura bientôt au jeune émigré des honneurs et des grades précoces, distinction accordée à sa naissance, mais que ses exploits auraient sans doute justifiée si la mort ne l'eût arrêté dans sa noble et courte carrière. Il finit ses jours en Pologne à l'âge de trente-trois ans, colonel aide de camp d'Alexandre devenu empereur.

Cette fin aussi prompte qu'inattendue ouvrit dans le cœur de sa mère une plaie qui saigna longtemps et ne fut jamais entièrement fermée. Deux enfants lui restaient encore pour charmer sa douleur, mais non pour lui faire oublier qu'elle en avait aimé un troisième. La perte de sa belle-mère, aveugle et infirme, lui porta un nouveau coup qui ne fut pas le dernier. Le duc d'Uzès, resté veuf, suivit de près sa femme au tombeau. Tant de disgrâces ne furent point compensées par le bonheur de rentrer, après dix années d'exil, dans le pays natal, où la duchesse de Chastillon, qui vivait encore, donna l'hospitalité à son gendre et à sa fille.

Revenus en France, ces grands déchus, ces riches ruinés, qui avaient pris le nom d'Uzès toujours affecté au chef de la famille, marièrent les enfants que la Providence leur avait laissés. Emmanuel de Crussol épousa Mademoiselle de Mortemart, sœur de ce duc de Mortemart que nous avons vu successivement ambassadeur de Charles X et de Louis-Philippe, femme bonne et aimable, qui, au bout de peu d'années d'une douce union, finit ses jours après avoir mis au monde les deux derniers rejetons d'une illustre tige. Mademoiselle d'Uzès, destinée et donnée au marquis de Rougé, enrichit sa maison de cinq enfants, aujourd'hui pleins de vie et faits pour devenir l'ornement de leur classe et de la société.

La fortune de Madame la duchesse d'Uzès prit bientôt une face plus riante, mais il fallut l'acheter par la perte de sa mère et de sa sœur. Si elle recueillit deux trésors, ce fut sur deux tombes. La Restauration, qui survint, lui rendit avec son rang et ses titres un superbe hôtel et des bois considérables ; enfin la part légitime qu'elle obtint au fameux *gâteau* de l'indemnité acheva de la rétablir dans l'état d'opulence et de splendeur dont la révolution l'avait précipitée. On verra comme elle sut profiter de ces faveurs inespérées du sort.

Ses goûts, qui la portaient naturellement vers les talents et les arts, lui rendaient cependant peu désirable la fréquentation de ceux qui se distinguaient par les travaux de l'esprit. Leurs prétentions effarouchaient sa modeste simplicité : aussi, tout en applaudissant à leurs œuvres, elle s'éloignait de leur personne.

Quand je lui fus présenté, l'enseigne d'homme de lettres que j'avais effrontément clouée à ma porte, et qui lui causait une si grande frayeur, semblait ma sentence d'excommunication. Je ne puis dire pourquoi l'interdit fut levé en ma faveur, mais enfin cette gloire immméritée me fut accordée dès le premier jour. Non-seulement on me pardonna ma funeste qualité d'auteur, mais on m'admit au bout de fort peu de temps au nombre des amis dont on se plaisait à recevoir les visites.

La liste de ces amis, plus choisie que nombreuse, se composait des noms du marquis de Lévis, de l'évêque d'Autun, du duc de La Châtre, de l'évêque de Tulle, du comte d'Aunay, de la vicomtesse de Doué, de la marquise de Frondeville, du marquis d'Ecquevilly, du vicomte de Dampmartin, et de plusieurs autres que j'aurai l'occasion de nommer dans leur ordre. Elle voyait aussi d'habitude la princesse Charlotte de Rohan, que je rencontrai chez elle, et qui me montra un intérêt dont je fus d'autant plus touché que son nom, sa liaison connue avec un prince digne de regrets, et surtout le malheur qui la sépara si cruellement de lui, me l'avaient rendue presque sacrée.

Notre première entrevue dura une soirée entière. Nous avions dîné ensemble, et après le café je m'assis par son ordre à son côté pour entendre les confidences que cette infortunée princesse m'avait promises. Hélas! me dit-elle, parmi ces êtres qui me recherchent il en est si peu qui me comprennent! Vous, je vous ai d'abord deviné. Je suis sûre que votre âme entre dans les pensées de la mienne. Il m'est si doux de pouvoir communiquer avec quelqu'un pour qui ma douleur ne soit pas ridicule. Pleurer au bout de vingt ans celui dont l'horrible destinée ne doit jamais être mise en oubli, cela paraît une folie étrange. Aussi ai-je grand soin de cacher mes larmes devant cette foule d'indifférents aimables qu'on appelle le monde. Mais quel surcroît de malheur que de souffrir du cœur sans pouvoir dire Je souffre ! Et que je bénis la Providence quand elle m'envoie des êtres compatissants comme vous ! Ce fut alors qu'à travers des torrents de pleurs, cette femme si favorisée par la nature, mais si éprouvée par le sort, me conta l'effroyable catastrophe qui mit fin à ses félicités.

Le duc et la duchesse de Clermont-Tonnerre venaient aussi fort souvent à l'hôtel d'Uzès :

Lui trop *facétieux*, elle trop *pomponnée* ;

mais tous deux instruits, obligeants, aimables causeurs, de plus fort riches, se plaisant à recevoir et déployant dans leur maison une magnificence de bon goût.

Personne ne leur ressemblait moins que le comte de L..... M....., ami et en outre parent comme eux de Madame la duchesse d'Uzès, homme dont tout l'esprit était en petite monnaie ; encore en était-il fort économe, vu la rareté du numéraire. En vain mettait-il sa pacotille à l'abri d'un grand nom, le pavillon couvrait mal la marchandise. Une épouvantable saleté le rendait l'embarras des salons et le fléau des dîners.

Il n'en était pas de même du marquis de Lévis et de l'évêque d'Autun.

Le premier, toujours soigné, poudré, tiré à quatre épingles, ne manquait à aucune des bienséances sociales. Poli avec dignité, modeste avec le sentiment de sa haute naissance, cédant volontiers la première place, ne se mettant jamais en avant dans un cercle, peu communicatif sans être pourtant inabordable, il n'affichait qu'une prétention, celle de n'en point avoir. Ses paroles, dont il n'était ni avare ni prodigue, il ne les jetait jamais bruyamment à travers le cliquetis des discussions; il les laissait tomber avec négligence au fond des paisibles conversations, où personne n'allait les chercher. J'étais le seul à recueillir ses mots fins, ses jolis traits, à la fortune desquels il tenait si peu! Sans moi, autant de bien perdu. Grâce au soin que je pris de mettre au jour ma collection, quelques gens se doutèrent enfin que le marquis de Lévis pouvait valoir plus qu'on ne croyait et qu'il ne croyait lui-même.

Le second m'a toujours paru le phénix des prélats. Etait ce par la supériorité des lumières? Non. Par l'éloquence de la parole? Non; mais par la douceur de son caractère, par la simplicité de ses vertus. De beaux cheveux blancs qui lui donnaient l'air d'un patriarche, un ton affectueux, un accent qui allait au cœur, une vie consacrée au bien : voilà l'évêque d'Autun. Il fallait l'aimer; il fallait se plaire dans le commerce de cette âme où n'entrait pas un sentiment amer, de cette vertu qui souriait toujours, de cette bonté qui ne se fatiguait jamais. Quelque liberté qu'on prît avec lui, il la pardonnait de si bonne grâce!

Je m'avisai un jour de faire l'impertinent avec ce saint. A la chambre des pairs, dont il était membre, il soutenait toujours les mesures d'un ministre qui me semblait peu digne de sa prédilection et de sa confiance. Je lui dis, à propos d'une mauvaise loi que ce ministre présentait : Comment peut-on l'appuyer? Comment peut-on encore être dupe de ce charlatan? — Me prenez-vous, dit-il, pour une dupe? — Non, Monseigneur, mais pour un compère. Au lieu de se fâcher, le nouveau François de Sales m'embrassa. J'avais grand besoin de ses absolutions : j'étais un modèle d'impénitence.

Un homme lui ressemblait par l'indulgence et l'aménité : le vicomte de Dampmartin. Né dans la ville d'Uzès, il avait donné tout son cœur aux descendants des anciens suzerains du pays. Pas un jour ne se passait sans qu'il vînt leur faire sa cour, mais particulièrement à la duchesse, qui le traitait avec les plus grands égards. Marié en troisièmes noces à Mademoiselle de Durfort, sœur de la maréchale de Beurnouville et du comte Armand de Durfort, il portait à la perfection la fidélité et la docilité conjugales. Son affection pour moi se déclara promptement. Il me connaissait par ma tragédie de Ninus, qui lui avait inspiré pour l'auteur une estime dont je fus fort étonné, mais ravi; il voulut même m'associer à sa famille en me donnant le titre de neveu *in partibus*; aimable distinction que j'acceptai.

Il faut finir : Madame la duchesse d'Uzès me rappelle.

Quand le ciel m'envoya vers elle chez la marquise de Vielzmaisons, elle avait atteint l'âge de cinquante-sept ans, et je sortais de la trentaine. Quoique entourée d'une nombreuse famille, elle était souvent seule, et moi aussi. Son cœur et le mien cherchaient un repos animé dans une de ces affections pures qui ne réalisent pas les rêves de l'imagination, mais qui consolent de les avoir perdus. Nous fûmes deux années à nous éprouver dans le noviciat d'amitié qui devait nous mener à la perfection de l'état de profès. Des voyages multipliés, des affaires, des maladies, nous enlevèrent l'un à l'autre jusqu'au moment dont je vais parler.

Madame la duchesse d'Uzès avait une amie qui possédait une belle maison de campagne aux environs de Paris. Elle me proposa de m'y mener; je consentis, et nous arrivâmes à Epinay, près Saint-Denis, dans une habitation délicieuse, mais moins que l'esprit de celle qui en faisait les honneurs.

Madame de Grollier était une autre marquise de Vielzmaisons. Douée des mêmes qualités, elle y joignait d'admirables talents. Van-Spaëndonck seul la surpassait dans l'art de peindre les fleurs; elle ne cédait qu'à Madame de Sévigné le sceptre épistolaire; pour la science de converser, si c'en est une, elle n'y connaissait ni maître ni maîtresse. Je fus reçu par elle comme aurait pu l'être Racine après Athalie, ou Voltaire avant son Dictionnaire. Dès le premier jour elle m'appela son ami.

Habituée aux manières du grand monde, la marquise de Grollier possédait aussi le secret des bonnes gens. Dans sa maison, où se trouvaient réunis toutes les commodités et tous les agréments, on ne se croyait chez elle que parce qu'on était mieux que chez soi. Une table toujours bien servie, où elle ne se mettait jamais, la pauvre aveugle, mais dont sa nièce, Madame de Bellecroix, femme aimable, élevée à si bonne école, faisait les honneurs à sa place; des plaisirs variés, la lecture en commun, la musique, des promenades dans la vallée de Montmorency, des conversations pleines d'intérêt, où MM. de Châteaubriand, de Humbold, de Lacépède, de Sabran, de Bouillé, et d'autres dignes d'eux, apportaient leur part de lumières; où Mesdames de Bouflers, de Sérent, de Prié, de Vimeux, de Choiseul-Bauffrémont, de Genlis, répandaient les fleurs de leur gracieuse imagination : tels étaient les éléments de la vie charmante qu'on menait dans cet Elysée.

Un soir, par un hasard extraordinaire, toute la société d'Epinay avait pris le parti de s'envoler, et je restai seul entre la marquise de Grollier et la bonne duchesse. L'entretien tourna au sérieux : on parla des folies du siècle, du malheur d'être homme et d'acquérir de l'expérience, du besoin de moins savoir et de mieux sentir. Enfin, on regretta l'âge de l'enfance, et je m'écriai : Ah! Mesdames, que vous avez raison! Alors je fis de la pastorale à propos de ce sujet, le plus poétique et le plus frais de tous ceux qu'on peut traiter.

Mon improvisation un peu longue avait été calculée pour faire passer le temps à mes deux interlocutrices, qui ressentaient déjà une attaque d'ennui, quoiqu'elles fussent rarement sujettes aux visites de ce triste mal. Comme vous peignez sous de riantes couleurs ce premier âge de la vie! me dit Madame la duchesse d'Uzès : vous avez donc été bien heureux dans votre enfance! — Hélas! Madame, loin de là. Ce fut pour moi une époque toute marquée d'infortunes. — Pauvre homme! murmura Madame de Grollier. Oh! contez-nous votre histoire. — Oui, oui, reprit avec vivacité son amie; je suis persuadée qu'elle est fort intéressante. — Pour moi, Madame; mais pour autrui! — Pressez-le, Madame, pressez-le de satisfaire notre curiosité, interrompit la duchesse en prenant la main de la vieille marquise, qui se leva de son grand fauteuil avec un air d'autorité pour m'ordonner solennellement d'obéir. — Vous le voulez, Mesdames; prenez garde à vous, je vous avertis. Vous vous avancez sur un chemin où vous ne trouverez ni la variété ni le plaisir. — C'est ce que nous verrons : parlez. — Je parlai.

Vous savez sans doute, leur dis-je, que je suis né à Dijon, mais vous ignorez de quels parents. Les miens étaient obscurs et pauvres, toutefois honnêtes et estimés, comme on dit ordinairement pour remplacer une vanité par une autre. Le 15 février 1781 je vins au monde à minuit, au milieu des joies de ma famille, joies qui devaient bientôt se convertir en tristesses; car mes premières années furent pénibles. Cependant, à l'âge de six ans, les maux qui m'avaient assiégé dès mon berceau disparurent. Un teint frais remplaça ma pâleur de mauvais augure. J'acquis de la force, de la santé, et d'enfant indolent et plaintif je devins garçon alerte et enjoué. Ma petite raison se débrouilla promptement. Étranger aux goûts et aux habitudes des étourdis de mon âge, je préférais la lecture aux jeux, le travail à l'oisiveté : je courais après l'instruction comme mes camarades après le plaisir. J'aimais les conversations où l'on recueillait des choses utiles ; je questionnais sans cesse pour apprendre sans cesse. Mon père, dont l'éducation n'avait pas été poussée loin, possédait un esprit naturel qui suppléait presque tout chez lui : il avait le don de m'amuser en m'éclairant. Il me citait les traits les plus remarquables de l'histoire, qu'il entremêlait de réflexions à la portée de mon intelligence naissante. Quand les grands sujets me fatiguaient, un conte des *Mille et une Nuits,* des vers de comédie ou de tragédie, dont sa mémoire était pleine et prodigue, venaient à propos me délasser l'esprit.

Le commerce de vins qu'il avait entrepris le forçait à de fréquents voyages, dans lesquels il me prenait souvent pour compagnon. Je n'ai pas oublié son frêle cabriolet, ni son petit cheval blanc qui nous menait et nous ramenait le même jour ; car mon père ne découchait jamais quand il faisait avec moi des courses. Nous allions toujours gaiement tant que le soleil éclairait notre route ; mais le soir, à notre retour, j'avais peur, et, pour détourner mon attention des fantômes qui m'apparaissaient à travers l'obscurité, il imaginait cent folies : il jouait la parade, il imitait le baragouinage d'Arlequin, il grasseyait comme Polichinelle, il me chantait des noëls de Lamonnoye, des couplets de Vadé. Je riais, je l'embrassais, j'étais dans l'ivresse : adieu la frayeur. Le bon acteur qu'un bon père !

Quant à ma mère, toujours malade et peu disposée à *redevenir enfant pour amuser le sien,* elle m'attristait par ses sermons autant que mon père me divertissait par ses facéties. Mon caractère lui était si mal connu, qu'elle le prenait toujours à rebrousse-poil. Pour obtenir tout de moi, il fallait m'encourager, me flatter même, au lieu de me gourmander et de me contenir. Je me révoltais contre un ordre, je cédais à une caresse. Mon père, qui avait étudié mon humeur, se gardait bien de vouloir me mener le bâton haut : il me dirigeait avec sa baguette d'enchanteur, et sur ses pas je volais, en jouant, au but où mon impérieuse mère ne pouvait me faire parvenir parce qu'elle recourait à la force pour m'y traîner. Sans les soins et la dextérité paternels, où en serais-je aujourd'hui ? En vérité, je le crois, je dois le dire : si je n'eusse été le plus gâté des enfants, j'aurais pu devenir le plus détestable des sujets.

Ma grand'mère, femme d'un sens parfait, mais d'une faiblesse excessive, faisait plus que me gâter : elle me divinisait. Toutes mes volontés lui paraissaient sacrées; ma fantaisie était son Evangile. Quand j'avais dit *oui,* elle répondait oui; quand j'avais dit *non,* elle n'aurait pu trouver sur ses lèvres ni dans son cœur un autre mot que le mien. Il est vrai que j'étais joli, vif, sémillant, caressant, toujours prêt à prévenir ses désirs, toujours en mouvement pour la distraire. Souvent, au milieu de mes jeux, je les quittais pour sauter sur ses genoux et la couvrir de mes baisers bien appuyés. Plus souvent je sortais de mes études pour lui chanter *Monsieur Marlborough;* ou bien *Il pleut, il pleut, bergère;* et mes tons enfantins, mes petites mines, mon fausset, délicieux pour elle, la faisaient rire aux larmes; après quoi je me jetais dans ses bras en riant comme la bonne femme, qui me criait : Tu es charmant.

Elle n'en disait pas autant à mon frère, plus jeune que moi d'un an, mais encore peu avancé pour son âge, triste, morose, et cependant doux et facile à conduire. Je voyais, car un enfant voit tout, que les cœurs de mes parents m'accordaient sur lui une préférence qui pouvait le blesser et l'humilier. Je voyais qu'il était le disgracié, et moi le favori. Comme j'ai toujours eu des idées de justice distributive, j'éprouvais quelque peine de ce partage inégal dans les prévenances et les caresses de la famille, de sorte que je m'efforçais de le dédommager par mon amitié de celle qu'il attendait en vain de ses proches.

Grâce à l'habileté de mon père dans ses opérations de commerce, nous étions presque arrivés à un état d'aisance : les affaires prospéraient. Je pouvais m'en apercevoir à l'élégance de mes habits, aux dépenses qu'entraînait mon éducation, au train de la maison et au luxe de la table. Ce luxe était même hors de mesure avec notre fortune; mais mon père aimait la bonne chère et voulait briller à tout prix.

Tandis que les fées bienfaisantes semblaient souffler sur nous, un mauvais génie menaçait notre bonheur. Frappée d'un mal de poitrine dont les progrès lents et cachés n'avaient alarmé personne, ma mère succomba promptement à une fièvre accompagnée de toux qui lui ôta en huit jours le sommeil, la force et la vie. Ce fut notre première disgrâce; d'autres devaient la suivre. Hélas! mon âge d'or ne fut pas long.

J'étais parvenu à ma huitième année quand la Révolution, ce grand orage, éclata sur mon pauvre pays, renversa toutes les existences, déracina toutes les fortunes, mit en bas ce qui était en haut; en haut ce qui était en bas, ou plutôt confondit les choses et les hommes dans un pêle-mêle épouvantable. En un clin d'œil changea la face de la France. Mes yeux, en s'ouvrant au jour, n'avaient vu partout que les images de la splendeur, de la concorde et de la joie. Je souriais à ce tableau enchanteur d'une société brillante et bien ordonnée. J'aimais cette magnificence des hôtels, cet éclat des voitures, ce bon goût et cette élégance dans la parure des femmes, ces robes de soie, ces fleurs, ces diamants qui embellissaient jusqu'à la laideur, jusqu'à la beauté, cet air de liberté et de contentement répandu sur les visages des gens du peuple, ce mouvement, cette animation générale qui donnent tant de vie à la physionomie d'une nation, et qu'on retrouvait dans les salons comme dans les boutiques, dans les rues comme dans les promenades.

Tout à coup le tambour bat, le tocsin retentit; on court aux armes, on crie : Liberté! égalité! Et voilà que cette belle et opulente France disparaît pour faire place à une France horrible, déguenillée, qui plonge un pied dans la boue, l'autre dans le sang, se couvre d'un bonnet rouge, brandit une pique, abat un trône pour élever cent mille échafauds, fait tomber des fers sur les mains qui portaient le sceptre et sur celles qui le défendaient, impose des bâillons aux bouches qui refusent de pousser son cri de ralliement ou plutôt d'extermination, fait succéder le deuil à la joie, les larmes aux ris, les supplices aux fêtes, la mort à la vie et l'immobilité au mouvement.

Le même motif qui vous avait déterminées, Mesdames, à fuir loin de votre inhabitable patrie, entraîna mon père, dont les opinions royalistes lui faisaient une loi d'imiter la conduite de ses supérieurs. Il partit donc, laissant ses deux enfants sous la garde d'une vieille femme, au milieu d'une ville en désordre et d'une populace rugissante. Menacé chaque jour par les révolutionnaires, mais retenu par sa tendresse pour nous, il céda enfin aux frayeurs de sa mère, dont les larmes le déterminèrent à mettre ses jours en sûreté. A peine eut-il posé le pied hors de sa demeure, qu'elle chancela dans sa résolution, cette pauvre mère. Oh! comme elle aurait voulu le rappeler! Nous la vîmes pâlir et tomber sur son vieux fauteuil, d'où elle s'était levée pour le reconduire jusqu'à la porte. Que de tempêtes dans son âme! Quel bouleversement dans ses traits! Nous crûmes qu'elle allait mourir. Mon frère et moi nous courûmes nous précipiter à ses pieds en lui criant tout éplorés : Vivez pour nous.

Elle nous regarda d'un air effaré, ouvrit machinalement ses bras, où elle nous pressa l'un et l'autre, voulut parler, mais la douleur lui ôta la voix, voulut nous bénir, mais ses mains roidies refusèrent de se lever sur nos têtes. Enfin elle eut assez de force pour nous dire : Mes pauvres enfants, priez Dieu pour lui. Nous tombâmes à genoux et nous priâmes Dieu.

Cette scène si cruelle fut le prélude d'une scène terrible. Dès qu'on sut dans le peuple des faubourgs le départ inattendu de mon père, les meneurs décidèrent qu'il fallait le punir de sa désertion sur sa famille restée à la disposition de leur férocité. Le soir même une multitude armée entoure notre maison, brise les barreaux des fenêtres à coups de pierre, secoue les battants de la porte d'entrée et s'apprête à les enfoncer.

Réveillée par le bruit, ma grand'mère entendait du fond de son lit les vociférations de ces cannibales. Une jeune servante épouvantée s'était sauvée demi-nue jusque dans l'écurie, où elle se blottissait derrière quelques bottes de foin. Pour mon frère et moi, dormant du sommeil de l'innocence, nous eûmes le bonheur de n'entendre rien.

Tandis que cette troupe furieuse faisait un dernier effort pour pénétrer jusque vers les victimes désignées à ses coups, un épicier du voisinage, capitaine de gendarmerie, organisateur de révoltes, distingué parmi les terroristes, mais pourtant capable de pitié et accessible au sentiment de la justice, sort de sa boutique en bonnet de nuit, arrive au milieu des méchants, les harangue, leur fait honte, les déconcerte et les apaise. Que faites-vous là? leur crie-t-il : A qui en avez-vous? Quels sont les objets de votre colère et de vos ressentiments? Une vieille femme, deux petits enfants! De quoi sont-ils coupables? Est-ce d'eux que vous devez vous venger et venger la patrie? Laissez, laissez-les tranquilles, et montrez-vous aussi généreux envers les innocents que vous êtes terribles pour vos ennemis.

Sa grossière éloquence, soutenue par des gestes et par une carrure de gladiateur, imposa tellement à cette populace effrénée, qu'elle obéit à ses injonctions et se dispersa sans résistance, mais non pas sans murmure. Le reste de la nuit se passa paisiblement, et je n'appris que le lendemain le danger commun. Après m'avoir conté la tentative des révolutionnaires et le trait d'humanité de notre voisin l'épicier-gendarme, ma grand'mère me prit à part et me dit tout bas : Tu es le plus grand, c'est à toi de remplir une mission indispensable. Va-t-en remercier Monsieur V.... de sa bonne action. Il nous a sauvés, il peut être destiné à nous sauver encore. Je ne perdis pas un moment, je volai à la boutique de notre libérateur, et je lui tournai mon compliment avec une effusion de cœur qui le toucha. Il passa la manche de son habit sur ses yeux pour essuyer quelques larmes, et, d'un ton moitié affectueux moitié farouche, il me répondit : C'est tout simple. Est-ce que vous autres vous comptez pour quelque chose en révolution? Mais votre père, c'est différent. Si je le tenais, le coquin, il passerait un mauvais quart d'heure. Je me hâtai de quitter ce scélérat obligeant pour retourner vers ma grand'mère, qui fut peu rassurée par le compte que je lui rendis de ma visite au Brutus du coin.

Le lendemain, sans savoir par quelle voie, nous reçûmes une lettre écrite au crayon : elle était de mon père. Il nous mandait qu'il ne s'était échappé qu'avec de grands risques. Au moment où il descendit le rempart pour gagner la porte d'*Ouche*, la plus mal gardée des portes de la ville, la lueur du réverbère qui le signalait à la vigilance de la sentinelle le força de rebrousser chemin et de rentrer dans l'intérieur des rues. Là, il se glissa derrière les maisons, jusque vers la place qui mène au guichet par lequel il fallait passer pour gagner la campagne. Sa manœuvre savante lui promettait un plein succès, lorsqu'au détour de la dernière rue il se sentit saisir par le bras et il entendit une voix qui lui disait d'un ton impérieux : Où vas-tu? Il s'arrête, se retourne, regarde, reconnaît un de ses ennemis, dont sa lettre ne révèle pas le nom, et lui répond cette seule parole : Je suis père de famille. — Suis-moi, reprit le questionneur adouci. Mon père le suit, ou plutôt il accepte le bras qu'on lui offre, s'y cramponne, et, arrivé près de la sentinelle qui crie : Halte-là! il laisse parler son guide, son gardien, son ange tutélaire, qui ne dit qu'un mot, montre une carte, et passe, avec le malheureux proscrit, qu'il eût peut-être dénoncé sans sa réponse attendrissante : Je suis père.

Ces détails nous firent respirer. Nous tombâmes encore à genoux pour remercier Dieu et bénir notre bienfaiteur inconnu. Depuis ce temps, nous ne reçûmes plus de nouvelles de mon père, et les mois s'écoulaient péniblement pour nous. Enfin, un soir, ma grand'mère me dit : Charles, tu as dix ans, te voilà parvenu à un âge raisonnable : tu sauras garder un secret, n'est-ce pas? — Oui, bonne maman, répondis-je avec un prodigieux battement de cœur; car je m'attendais à quelque révélation intéressante. — Eh bien! mon ami, prépare-toi à revoir quelqu'un que tu aimes bien. — C'est mon papa, m'écriai-je. — Tais-toi, tais-toi. Est-ce là ta discrétion? Oh! mon Dieu! tu vas nous perdre. — Pardon, pardon. Je ne dirai plus mot, je suis muet, je le suis. Mais mon papa, où est-il? Menez-moi vers lui, que je le voie, que je l'embrasse, que je sois heureux. — Ecoute, reprit ma grand'mère avec un air mystérieux : il est arrivé cette nuit, il est là-haut dans la chambre rouge, il y a passé la journée tout seul. Tu vas monter près de lui; vous souperez ensemble en tête-à-tête. C'est ainsi qu'il l'a décidé. Moi, j'ai du monde, et je dois le recevoir. Il ne faut rien changer à nos arrangements, de peur d'inspirer des soupçons. Tandis que je resterai ici avec mes convives, tu entretiendras ton pauvre père, qui est affamé de te voir. Va, monte : point de bruit sur l'escalier ni dans la chambre, entends-tu? Je n'entendis rien. J'avais déjà saisi une lumière, et je grimpais lestement les marches de l'escalier qui me conduisait à la consolation, au bonheur, à mon père.

Vous jugez des larmes qui coulèrent dans notre entrevue, de nos embrassements, de nos questions, de nos réponses, du mauvais souper que nous fîmes et de la bonne conversation qui nous le rendit délicieux. J'appris par mon père toutes les tribulations qu'il avait éprouvées dans sa courte mais cruelle émigration. Denué d'argent et de ressources, mal accueilli chez l'étranger, peu satisfait de ses compatriotes exilés, que la détresse forçait à l'égoïsme, il s'était vu dans la nécessité de rentrer en France à travers des périls sans nombre, et dont sa bonne étoile l'avait garanti.

Mais que vas-tu faire? lui demandai-je. — Je ne sais encore quel parti je prendrai ; je sais seulement que je ne veux plus quitter mes enfants, me répondit ce bon père. Je m'élançai à son cou, dont mes bras ne se séparèrent plus : il me prit sur ses genoux, et nous continuâmes l'entretien, qui roula sur mes études, sur les progrès que j'avais faits dans les langues, sur la satisfaction que je donnais à mes maîtres et à ma grand'mère. Moi, toujours moi : voilà le cercle où il tournait. Il oubliait mon frère, je l'y fis songer : je ne voulais pas absorber toute sa tendresse et toutes ses sollicitudes. Nous restâmes ainsi longtemps à causer du cœur, si longtemps que le sommeil me gagna, mes paupières se fermèrent sous ses baisers, et je m'endormis doucement sur son sein.

Il y avait une heure à peu près qu'il me gardait dans cette attitude, lorsqu'un petit bruit me réveilla. C'était la porte de notre chambre qui s'ouvrait. Ma grand'mère parut en déshabillé. Levez-vous, levez-vous, mon fils, dit-elle d'un air de désordre et d'effroi : il faut partir, et partir sur-le-champ. On sait votre arrivée, vos ennemis sont sur pied. Une femme, une mégère, comme nous en voyons tant aujourd'hui, a trouvé le moyen de se glisser ce soir dans la cour; elle a écouté, écouté, et s'est retirée avec précaution. On l'a vue sortir toute radieuse. Si elle est instruite, et elle doit l'être, la méchante créature va vous dénoncer, ameuter le quartier; les brigands vont accourir, vous surprendre, vous trainer en prison. Sauvez-vous, sauvez-vous, mon fils : vous n'avez pas de temps à perdre.

Ses craintes n'étaient que trop fondées. La servante, qui la suivit de près, vint nous prévenir de la rumeur qui régnait dans le voisinage. Eh bien, partons, dit mon père d'une voix étouffée. Il se leva, fit un pas vers la porte, puis il s'arrêta tout court. Mais où aller? ajouta-t-il avec inquiétude. Je pleurais. Ma grand'mère ne faisait entendre que des sanglots. Hors d'état de lui donner un conseil, elle se penchait sur lui à moitié morte. Partez, disait-elle, et elle le serrait convulsivement dans ses bras. Il nous embrassa trois fois alternativement, gagna l'escalier, qu'il descendit avec une vitesse incroyable. Je le suivis soutenant sa mère, qui cachait son visage dans un mouchoir tout humide de larmes, et qui bronchait à chaque pas. Lorsqu'il fut dans la cour, il se retourna, nous vit à la lueur expirante d'une petite lanterne, nous fit signe de la main, ouvrit la porte de la rue, et la referma précipitamment sur lui. La pauvre femme ne lui dit rien, ne l'aperçut point : il n'y avait plus pour elle ni fils, ni famille, ni monde; elle s'était évanouie.

Vous dire comment il échappa de nouveau à ses persécuteurs me serait impossible. Il ne m'a jamais appris les détails de cette seconde fuite. Hélas! que de jours affreux suivirent ce déplorable jour! En vain nous attendions des lettres de lui : rien n'éclairait ses enfants et sa mère sur son errante et triste destinée. Au bout d'un an, nous étions seuls au coin du feu, dans une de ces soirées d'hiver qui sont si longues et jettent tant de mélancolie au fond des cœurs malheureux. Je lisais tout bas à la clarté d'une vieille lampe ; mon frère jouait avec des cartes qu'il construisait en châteaux ; ma grand'mère, à genoux dans un coin, murmurait à mi-voix sa prière du soir.

Tout à coup la fille qui nous servait entre suivie d'un militaire, et le laisse avec nous. Un étranger! si tard! dans un lieu où personne ne se présentait à une telle heure par respect pour l'âge avancé et les habitudes régulières d'une veuve! Que nous annonçait cette visite? Un mot nous mit au fait.

Cet homme était le capitaine de mon père; de mon père, qui, faute d'autre refuge, avait choisi nos camps pour s'y dérober aux poursuites. Il expliqua brièvement à ma tremblante aïeule que son fils s'était engagé; qu'il avait fait dans le même régiment que lui, capitaine Mazuyer, la campagne des bords du Rhin; que, dans un bivouac, le froid l'avait saisi, et qu'il arrivait les pieds gelés.

A peine le capitaine Mazuyer avait-il terminé son récit, que la porte s'ouvrit de nouveau et nous montra... Dieu! quel spectacle! Mon père, mon père lui-même, affublé du costume du soldat, un bonnet militaire sur la tête, pâle, vieilli, changé, méconnaissable pour tout autre que nous, et marchant appuyé sur deux béquilles que ses mains encore novices faisaient jouer avec une inquiétante maladresse.

Cette vue nous pétrifia. Nous restions là sans faire un mouvement, sans prononcer une syllabe: la terreur nous empêchait d'apercevoir ses pauvres jambes emmaillottées dans d'épaisses flanelles. Il s'approcha: deux grosses larmes, qu'il s'efforçait de cacher, roulaient dans ses yeux. Eh bien! dit-il en essayant de sourire, c'est moi: vous ne me reconnaissez pas? Pour toute réponse nous fondîmes en pleurs. Son compagnon lui donna un siége, en prit un autre, et tous deux s'assirent devant le feu. Ce fut alors que les marques de son infirmité se dévoilèrent tristement à mes regards. Je ne pouvais plus me soutenir, j'allais tomber; il me retint, me fit placer à côté de lui dans son grand fauteuil, et, voyant ma consternation: Allons, enfant, pourquoi te tourmentes-tu? Qu'est-ce que cela? *Fructus belli*. On en voit bien d'autres quand on fait le métier. Dans un mois je serai guéri. — Oui, oui, reprit son capitaine, il sera guéri, je vous en réponds. J'ai passé par là! moi, et vous me voyez. Alors il se leva, et fit une pirouette de l'air le plus leste, pour nous prouver que toute sa personne avait bien conservé son libre arbitre.

Cependant ma grand'mère s'était occupée à faire préparer et bassiner le lit de son fils, qu'elle vint rejoindre pour lui annoncer qu'il pouvait passer dans sa chambre. Fatigué d'une longue route, et plus souffrant qu'il ne disait, mon père avait besoin de repos ; et tandis que son ami allait dans la salle à manger chercher avec empressement le souper improvisé qui l'attendait, il se traîna clopinant vers son lit.

Le lendemain je me levai de bonne heure, non pas pour entrer chez lui : aurais-je pu songer à troubler son sommeil? mais pour me tenir à sa porte. Dès qu'il fut réveillé, il me demanda. J'entrai brusquement dans sa chambre, où je le trouvai d'une gaieté si vive et si franche que je crus avoir rêvé ses maux. Comme les couvertures du lit me cachaient l'objet de mes frayeurs, je cessai d'être épouvanté. Nous causâmes aussi tranquillement qu'autrefois. Il me félicita sur l'accroissement de ma taille ; puis il ajouta : Mon ami, ma situation est bien difficile. Un seul être peut m'en tirer, et c'est toi.

— Moi, mon papa? m'écriai-je tout surpris. — Sans doute, toi : écoute attentivement ton père, mon petit Charles. Les républicains apprendront bientôt mon retour dans mes foyers, et Dieu sait quel parti ces honnêtes gens me feront si je ne les arrête par un coup de hardiesse ! J'ai pensé à cela tout à l'heure avant de te faire appeler, et voici ce que j'ai imaginé dans ma sagesse. Ce soir je serai dénoncé au club, immanquablement dénoncé. On parlera de me prendre, de m'emprisonner, et une fois emprisonné, je suis perdu. Il faut prévenir mes ennemis : il faut, mon enfant chéri, que tu te rendes à la séance de ces clubistes avec ton frère et le capitaine. Là tu demanderas à être entendu. Ne t'avise pas d'avoir peur. Présente-toi hardiment en fils chargé de défendre son père. Un enfant joli comme toi, blond, gracieux, des cheveux bouclés, une voix touchante : en voilà plus qu'il ne faut pour gagner nos terribles juges. Tu seras donc bien reçu. Tu entreras, tu monteras à la tribune, tu y liras ce discours que je viens de brocher, tu le liras de ton mieux, n'est-il pas vrai, cher enfant ? Car tu te souviendras que du succès de ta lecture doit dépendre la vie de ton père.

A dix ans et demi, moi paraître dans une assemblée publique, affronter les regards de tant d'hommes, dont un seul me faisait trembler dès que je l'apercevais, même de loin ; bien plus, m'élancer à une tribune, y débiter dix phrases de suite sans me troubler, sans balbutier, avec ce ton, cet accent, ces inflexions de voix qui émeuvent et désarment : quel rôle ! quelle mission ! Jamais un enfant de mon âge fut-il placé dans une position si critique, exposé à une si périlleuse épreuve ! Eh bien, je n'eus pas un moment de crainte ni d'hésitation. Allons, répondis-je, j'irai, je lirai, j'aurai du courage, j'en aurai. Mais ils sont si bêtes, ces coquins-là ! Comprendront-ils ce qu'il y a là dedans ? Mon père sourit de ma fière résolution et de mon observation méprisante. Qu'importe qu'ils comprennent, pourvu qu'ils applaudissent ? reprit-il ; et ils applaudiront, mon ami. Va, tu auras les honneurs de la séance.

Sur son aventureuse caution, je me déterminai à montrer mon savoir-faire, ou plutôt mon savoir-lire. Mon père, qui excitait pour raison mon petit amour-propre, me demanda de débiter deux ou trois fois tout haut ma harangue, et je m'acquittai de mes fonctions d'une manière si satisfaisante, qu'il ne douta plus de mon triomphe.

Le soir venu, je pars avec mes deux compagnons. Nous arrivons à la porte du club. Le capitaine Mazuyer, fanatique républicain, accoutumé au jargon révolutionnaire, obtient notre admission à force de phrases de carrefour, et nous voilà dans le *Pandémonium*. Quelle assemblée, juste ciel! quelles figures farouches! quelles attitudes cyniques! quels costumes sales et grossiers! Tous les frères et amis, assis ou plutôt *vautrés* sur trente banquettes fort rapprochées, les uns grimaçant la dignité civique, les autres ricanant à notre arrivée avec cette effrayante hilarité du peuple, attendaient tumultueusement l'orateur imberbe. Le président, placé au bureau entre deux autres membres de la *société*, m'invita d'un air assez affectueux à monter à la tribune, où je me rendis sans me déconcerter. Mon frère était à côté de moi.

Nous restâmes debout devant ces majestueux souverains en sabots et en carmagnole. Un grand silence se fit autour de moi. De tous les points de la salle des yeux attentifs et flamboyants dardaient la place où se tenait ce petit avocat de dix ans et demi, dont la première cause était la plus sacrée comme la plus dangereuse de toutes. Pour le coup mon cœur battit vivement, je sentis ma respiration entrecoupée, mes yeux se couvrirent d'un nuage, et quand ils se portèrent sur le papier que j'avais à la main, je ne distinguai plus rien. Que serais-je devenu, grand Dieu! si je n'eusse entendu les applaudissements partir autour de moi pour enhardir ma faiblesse! Ce signe prématuré d'une faveur que je n'espérais plus, me ranima. J'essuyai mes yeux chargés de pleurs; je saluai l'assemblée des démons, qui m'applaudit de nouveau; et, d'une voix faible et altérée qui augmenta l'intérêt de mes formidables auditeurs, je commençai.

Que contenait l'écrit paternel? Après tant d'années, il ne me reste qu'un bien confus souvenir de ce plaidoyer. Je me rappelle cependant qu'il paraissait être l'émanation de ma propre pensée. J'y disais, en termes aussi simples que le demandait mon âge, que je conjurais la société populaire de ne pas juger à la rigueur la conduite d'un citoyen qui venait de perdre l'usage d'une partie de ses membres pour la défense de la patrie ; qu'en lui laissant la liberté et le droit de vivre dans ses foyers, on conservait à sa mère et à ses enfants un protecteur chéri et nécessaire ; que je n'aurais pas tendu en vain des mains suppliantes vers des pères de famille, qui tous avaient aussi des enfants et une mère à protéger ; qu'ils tenaient dans leurs mains la vie et la mort de quatre malheureux, qui pouvaient cesser de l'être si la voix d'un peuple aussi grand que généreux ne repoussait pas leurs timides prières.

Cette harangue, prononcée par une bouche innocente, produisit une sensation que je ne saurais peindre. Dès que j'eus fini, les clubistes se levèrent involontairement pour courir à la tribune, où ils se précipitèrent sur moi. Je fus porté en triomphe, comme l'avait prédit mon père. J'entendis quelques-uns d'entre eux s'écrier : Le bon fils ! heureux qui peut posséder un enfant comme lui ! D'autres disaient qu'il fallait m'accorder les honneurs de la séance. Le plus grand nombre allait, venait, m'interrogeait, questionnait mon frère, s'adressait ensuite à notre introducteur, puis revenait à moi avec des acclamations d'intérêt et de compassion. Il y en eut qui déposèrent lourdement sur mes joues, colorées par l'émotion, leurs gros baisers patriotiques, dont, malgré la plus terrible envie, je n'osai pas effacer la trace.

Enfin le président, après avoir agité sa sonnette et fait rentrer tous les frères dans leurs rangs, me dit au milieu d'un vaste silence : Jeune homme, vous avez bien mérité de la patrie et de l'humanité. Jouissez du prix de vos efforts : votre père est sauvé ; la dénonciation formée contre lui est mise à néant. La voici, je la déchire. Allez dire à vos parents ce qui vient de se passer ici. Allez recevoir leurs remercîments et leurs caresses; mais n'oubliez pas la clémence et les vertus du peuple.

Tel fut le résultat d'une démarche qui pouvait avancer notre perte et que l'événement justifia. Je ne vous rapporterai point les détails de l'accueil que je reçus dans la maison paternelle : vous vous doutez assez du bonheur d'une famille dont le chef vient d'échapper au couteau. Hélas! que nous servit cette faveur arrachée à la pitié populaire! Au milieu de notre allégresse, nous étions loin de prévoir l'horrible catastrophe qui nous menaçait.

Un matin j'étais dans la rue, où je jouais avec quelques écoliers de mon âge, lorsqu'un fracas épouvantable nous arrêta dans nos divertissements. C'était la voûte d'une église voisine, la basilique de Saint-Pierre, qui s'écroulait sous le marteau des démolisseurs. Nous tournons les yeux, et, à travers un voile de poussière, nous voyons les larges pierres de l'édifice sacré se précipiter les unes sur les autres avec une effrayante rapidité. Ce mouvement, ce bruit, ce voile poudreux, la clameur qui se fait entendre comme pour applaudir à cette exécution de la justice nationale sur Dieu, excitent parmi les assistants une telle joie qu'ils se prennent par la main et dansent en rond, chantant l'affreuse chanson du jour. Aussitôt je m'éloigne et je rentre chez mon père. Quelle scène m'y était réservée!

A peine ai-je mis le pied dans la cour, que je vois paraître sur un brancard un corps mutilé et sanglant, porté par quatre hommes, qui me criaient : N'approchez pas! n'approchez pas! Ce corps, c'était celui de mon père; ces hommes, c'étaient ses amis. L'infortuné! au moment où l'on avait fait sauter la voûte, il s'était imprudemment avancé, et quelques éclats de pierre, en l'atteignant, l'avaient renversé, meurtri, tué. Il était tué! Je le perdais, je le perdais au moment où je le croyais le plus en sûreté. O Providence!

Des êtres charitables s'emparèrent de moi et m'entraînèrent privé de mes sens dans la première maison ouverte au malheur. J'y restai le jour, j'y passai la nuit; je ne revins sous le toit paternel qu'après que le cadavre en fut sorti. On ne me permit pas de revoir ces restes déchirés, dont l'aspect lamentable et hideux n'eût pas manqué de me jeter dans toutes les convulsions du désespoir. Cependant on me laissa suivre le cercueil au cimetière. Qui aurait pu m'empêcher de rendre ce triste et dernier devoir au père le plus adoré?

Bien des années se sont écoulées, bien des événements ont suivi cet événement, mais rien n'a pu affaiblir dans ma mémoire le souvenir d'un malheur qui a passé pour moi tous les autres. Les circonstances effroyables de cette catastrophe me sont encore présentes comme le premier jour. Il est encore là devant moi, ce corps sanglant de mon père; je le vois, je vois ses larges blessures; je vois son visage pâle, ses yeux fermés, sa bouche entr'ouverte, ses cheveux souillés et pendants; je pleure, je pleure encore sur lui et sur moi, comme s'il venait de m'être enlevé. Je ne conçois pas comment ni pourquoi j'ai vécu. Et cependant, que de grâces n'ai-je pas à rendre à la Providence? Qui fut plus que moi favorisé de ses regards? quand m'a-t-elle manqué? Ma vie presque entière atteste la persévérance de sa protection.

Ma grand'mère, j'oubliais de vous le dire, avait précédé mon père au tombeau. Je restai seul avec mon frère sous la garde de cette servante dont j'ai parlé, et à qui mon tuteur crut pouvoir confier un dépôt qui ne l'intéressait guère. Je suivais depuis quelques années les cours du collége; je les continuai. Mon frère ne se souciait ni d'apprendre ni de travailler: il eut le malheur de persévérer dans son dégoût pour les travaux de l'esprit, et il n'a rien ajouté aux dons qu'il reçut du ciel. Son âme honnête, son sens droit, le dédommagent des facultés qu'il a refusé d'acquérir. Peut-être eut-il raison de les dédaigner. Qu'importent des talents? Des vertus suffisent. Les fleurs passent, les diamants restent.

Tout jeune et tout étourdi que j'étais du bruit de mon âge, je passais mes journées dans une mélancolie qui fit craindre pour moi. Bientôt la fièvre survint avec des accès redoublés et accompagnés de délire. Je fus trois mois entre les mains des médecins, qui prononcèrent mon arrêt. Malgré toutes les précautions prises pour me cacher leur décision, je la devinai : je devinais tout. Jamais enfant n'eut plus que moi le don de pénétration, don funeste. Instruit de mon sort, je m'y préparai; mais je n'en repris pas moins mes études, forcément interrompues.

Mon professeur, qui me voyait dépérir, m'interrogea par bonté. Je lui dénonçai ma fièvre, dont il ne fit que rire. Venez demain chez moi, me dit-il : je sais le secret de chasser ce mal-là. Je doutais de sa science en médecine autant que je croyais à sa supériorité dans l'art de l'enseignement. Néanmoins je me rendis à son invitation, et je me trouvai bien de ma docilité. En me voyant, il demanda une tasse de café qu'on lui apporta. Je la reçus de ses mains, et je bus devant lui le breuvage libérateur. Depuis ce temps, plus de nouvelles de mes accès.

Ce service m'attacha davantage à mon professeur, devenu aussi mon esculape, et redoubla chez lui-même l'intérêt qu'il m'avait toujours porté. Privilégié entre tous ses élèves, je me doutais de ses préférences; mais je n'aurais pu les établir sur aucune preuve manifeste, tant il avait soin de dissimuler un sentiment qui pouvait faire naître la jalousie dans le cœur de mes condisciples! Chéri, je ne dis pas assez, adoré de nous, il n'avait qu'à parler pour obtenir l'obéissance. Nous, de notre côté, sûrs qu'il nous aimait, qu'il voulait notre bien, et que tous ses efforts tendaient à nous rendre à nos parents, ornés de connaissances et riches de qualités qui feraient leur joie et notre gloire, avec quel zèle et quelle émulation nous travaillions à seconder ses vues paternelles ! Nos progrès étonnaient à la fois nos familles, nous-mêmes, et jusqu'à lui. Notre accord le charmait, et c'était encore son ouvrage. Sa bonté, sa douceur, son indulgence, sa patience inaltérable, sa gaieté charmante, nous rendaient nos travaux si désirables et ses leçons si attrayantes, que nous courions au collége encore plus vite qu'à nos divertissements.

Tous les jours, à la fin de la classe, il nous amusait ou nous intéressait par le récit d'historiettes habilement choisies pour jeter dans notre âme des semences de vertu et d'honneur, pour fortifier en nous l'amour du bon et du beau, enfin pour nous faire aimer les devoirs de l'homme et les obligations du chrétien. Loin de nous montrer le front sévère d'un moraliste, il ne nous laissait voir que le visage riant d'un conteur ; et nous, tout en croyant nous livrer avec lui à des récréations agréables, nous amassions joyeusement de durables trésors de sagesse.

L'empire aimable qu'il exerçait sur nous se manifesta bien honorablement pour lui dans une occasion que j'aime à citer.

La révolution venait de mettre le comble à ses fureurs : la tête de Louis XVI était tombée, la république proclamée, et la terreur à l'ordre du jour. Qui l'aurait cru, qu'à cette sanglante époque, lorsque tout tremblait et courbait silencieusement la tête, dans un collége obscur de province, un simple professeur, bravant les lois, les proscriptions, la hache des bourreaux républicains, mais fidèle à sa conscience, à ses affections, à la piété, demanderait chaque matin à ses élèves, au commencement de la classe, des prières et des vœux pour le roi, pour le saint roi dont il pleurait la mort? Qui l'aurait cru, que, parmi tant de jeunes êtres si divers d'esprit, de caractère et de volonté, un seul, osant menacer le maître d'une dénonciation, se verrait forcé de fermer la bouche devant les généreuses défenses de ses camarades irrités?

Ce même écolier, si indigne de nous être associé, parut un jour dans la classe le front couvert du bonnet rouge. Un cri général de réprobation s'éleva autour de lui. Il voulut résister et à la voix du professeur, qui lui ordonna de quitter cet insigne, et à nos clameurs encore plus impérieuses; mais il fallut céder, et la coiffure du sans-culotte disparut.

Tel était le vénérable abbé Rousselot ; tels étaient ses heureux disciples. J'admirais cette âme forte et élevée, à laquelle l'exercice des plus dangereuses vertus ne coûtait ni hésitation, ni inquiétude : je bénissais Dieu de l'avoir chargé de mon instruction ; mais j'étais loin de prévoir tout ce que je devrais bientôt à sa tendre sollicitude et à ses bontés hospitalières.

Tandis que je m'efforçais, sous sa direction, à devenir un homme, celle dont on avait fait notre gouvernante se brouilla si bien avec notre tuteur, qu'elle fut renvoyée, et mon frère et moi installés chez lui. Il nous croyait de la fortune. Si les lois d'alors n'eussent favorisé le remboursement en papier-monnaie, nous eussions été assurément à l'abri du besoin ; mais, grâce à l'improbité de nos débiteurs, les contrats que nous possédions, convertis en masses d'assignats sans valeur, servirent à peine aux dépenses de quelques mois. Il nous restait un peu d'argent, mais il diminuait à vue d'œil ; une maison assez considérable, mais on ne trouvait pas à la louer. L'insuffisance de ces ressources changea promptement les dispositions de notre avare tuteur, qui prit le parti de nous renvoyer dès qu'il vit en nous un fardeau.

Plus hardi ou moins fier que moi, mon frère alla demander un asile à des parents éloignés, qui consentirent à le recevoir. Pour moi, triste, honteux, découragé, incertain de ce qu'il me fallait faire, seul et portant toute ma fortune, j'errais dans les rues, je ne voyais rien, je ne reconnaissais personne, je tremblais d'être reconnu. Au milieu de mes courses, je me trouvai à l'une des extrémites de la ville, où une jolie promenade, bien plantée, attirait à toutes les heures du jour les oisifs et les convalescents. Fatigué, je m'assis sur un banc, et là, je me demandai ce que j'allais devenir. Cette question m'épouvanta.

Pendant que je mesurais d'un œil stupide la destinée qui m'attendait, je vis de loin venir à moi un de mes amis de collége : l'idée de me présenter à lui dans l'état de dénûment et d'abandon où j'étais tombé révolta mon orgueil. Je pensais aux questions qu'il pourrait m'adresser et aux réponses que je serais obligé de lui faire. Une rougeur d'indignation couvrit mon visage ; je le sentis, car mes joues étaient brûlantes. Des larmes roulèrent dans mes yeux, je ne pouvais me soutenir, tout mon être me semblait bouleversé : on eût dit que la terre entière allait apprendre, par l'organe d'un écolier, la honte et la misère d'un autre écolier, auquel, hélas ! personne ne songeait.

Tandis que ces idées tourmentaient mon esprit, celui dont je redoutais la vue et l'entretien approchait..... Je découvris un petit pont à quelque distance, et, par un mouvement instantané, je courus me cacher sous ses arches, attendant pour sortir de là que mon condisciple fût passé. Dans mon incertitude, je n'osais regarder autour de moi. Enfin, après une heure, je me hasardai à mettre la tête hors des arcades du pont, et je ne vis rien : je respirai. Heureux et satisfait d'avoir échappé à des regards que je redoutais, je me hâtai de m'éloigner, et je rentrai dans la ville par les rues les plus détournées.

Je marchais lentement, la tête baissée, les yeux fixés sur le pavé, lorsque je me sentis arrêter doucement, et j'entendis une voix qui ne m'était pas inconnue : c'était, en effet, celle de mon professeur. — Où allez-vous donc ainsi, mon enfant? me dit-il avec un air d'intérêt. A cette question, je restai immobile; la rougeur se répandit sur mes traits, et mes yeux semblaient demander grâce de la réponse. Il fut effrayé de mon trouble. — Eh, grand Dieu! s'écria-t-il, qu'avez-vous ? Vous est-il arrivé quelque nouveau malheur? Venez, entrons chez moi, vous me conterez cela comme à un ancien ami : il y a longtemps que je suis le vôtre. Et, sans me demander mon consentement, il prit ma main et m'entraîna jusque dans sa maison, qui était voisine.

Là, il me pressa de nouveau de lui confier mes chagrins. Son langage, son air, toute sa physionomie, exprimaient tant de bienveillance, que je n'eus pas la force de lui résister : mon cœur, chargé d'un fardeau de douleur, s'en soulagea dans son sein. Je lui contai tout. Sa résolution fut prise sur-le-champ. — Vous resterez ici, me dit-il ; ma maison sera pour vous le toit paternel, et vous retrouverez dans mon âme tous les sentiments que vous prodiguaient les auteurs de vos jours. Je n'ai plus de fortune; mais il me reste le fruit de quelques économies, la paix d'une bonne conscience et la protection de Dieu : avec cela je puis vivre, et vous aussi. Suivez-moi, mon enfant.

Il se leva, et je le suivis dans une petite pièce modestement mais proprement décorée. Voici votre chambre, me dit cet homme respectable : ces tablettes de livres sont à vous. Béatrix, cria-t-il en mettant la tête à la fenêtre, placez un troisième couvert sur ma table. Ensuite, sans me permettre le moindre remercîment, il me fit descendre dans son jardin, dont il me montra toutes les parties dans le plus grand détail. Sa voix était douce comme son cœur ; elle m'inspirait un attendrissement dont je n'étais pas maître; je me sentais prêt à me prosterner devant lui et à l'adorer comme une divinité bienfaisante : mais il y avait tant de calme dans ses traits, tant de bonhomie dans ses manières, que, au moment d'éclater, ma reconnaissance s'arrêtait, dans la peur de troubler la quiétude de cette âme si belle et qui faisait le bien avec tant de simplicité.

Sa sœur parut, vieille personne d'une physionomie avenante et d'un caractère aussi bon que le sien. Il me présenta cordialement à elle. — Voici notre enfant, lui dit-il, Dieu nous l'envoie. Elle répondit : — Vous savez bien, mon frère, que je n'ai jamais d'autres volontés que les vôtres. Il la remercia, me dit de lui baiser la main, ce que je fis de bon cœur, et mon installation eut lieu sans autres frais.

Nous dînâmes tous trois dans une jolie salle à manger ornée de gravures représentant toute l'histoire d'Esther. Le repas était simple et frugal; mais celui qui l'offrait en faisait les honneurs avec une franchise si parfaite, la conversation était si attachante, je me trouvais si à l'aise, qu'il ne tenait effectivement qu'à moi de me croire encore assis à la table paternelle. Après le dîner, il me fit entrer dans une bibliothèque pleine de riches éditions des meilleurs auteurs. J'en parcourus plusieurs en admirant la beauté de l'impression et la magnificence des reliures.

Il souriait de joie, car on ne pouvait pas lui faire un plus grand plaisir que d'admirer ses livres.

Nous sortîmes pour aller faire un tour hors de la ville. Tandis que nous marchions et qu'il entretenait ma curiosité en me contant des anecdotes intéressantes mêlées de réflexions morales, nous étions arrêtés de temps en temps par des pauvres qui venaient lui demander l'aumône; il n'en rebutait aucun, et, en leur donnant une légère rétribution, il les saluait avec honnêteté. Ils sont si malheureux! me disait-il. Mon enfant, songez bien que cette marque de politesse les touche autant que l'offre de cette pièce de monnaie les satisfait. Il faut leur donner parce qu'ils sont pauvres, et les saluer parce qu'ils sont hommes.

En rentrant, nous trouvâmes la lampe allumée dans son cabinet. Il prit un volume sur un rayon de bibliothèque et me l'apporta gracieusement avec ces mots: C'est l'Imitation. Lisez-en tout bas un chapitre pendant que je m'occuperai de mon bréviaire. L'Imitation! ce livre me semblait bien sérieux pour un jeune homme de quinze ans. Mais le moyen de refuser! Je me mis donc à jeter les yeux sur le premier chapitre que le hasard m'indiqua, et je fus si étonné de la sagesse profonde empreinte dans chacune de ces lignes, que ce qui m'avait paru une pénitence devint une jouissance pour moi. Je lus quatre chapitres au lieu d'un, et en peu de soirées l'ouvrage fut dévoré.

L'heure de se retirer étant venue, l'abbé Rousselot me conduisit lui-même dans ma chambre, après avoir fait la prière en commun avec sa sœur, la ménagère Béatrix et moi; puis, me laissant une petite lumière, il fit sur moi le signe de la croix, et me quitta en me souhaitant une nuit meilleure que celles auxquelles j'avais été condamné chez mon avide et barbare tuteur. Je me couchai dans un lit bien doux, le sommeil me gagna insensiblement au milieu des plus agréables souvenirs, et le lendemain je n'eus pas plus tôt les yeux ouverts que je m'agenouillai sur mon lit pour rendre grâce au ciel et lui recommander les jours de mon bienfaiteur.

Me voilà établi ; me voilà dans un asile où rien ne manquait à mon jeune cœur ni à ma raison naissante. Je n'étais pas gai, mais j'étais content. La vie que je menais, l'ami que le ciel m'avait donné, les affections qui animaient mon âme sans la troubler, répandaient sur les jours de mon existence un charme que je sentais doucement ; et mon esprit et mon caractère se modifiaient avec bonheur sous l'influence d'un génie inspiré par celui de Fénelon. J'étais disposé à plaire à tout le monde. On vantait mes manières prévenantes, mon respect pour les femmes et pour les vieillards, mon attention continuelle à ne rien faire comme à ne rien dire qui fût contre les bienséances. Cette conduite était l'ouvrage de mon vieil ami, auquel je devais la considération progressive dont je me voyais entouré et qui m'en faisait apprécier tous les avantages.

Tandis que j'acquérais journellement à cette école de l'expérience et de la vertu, je vis s'éteindre au milieu des veilles et des sollicitudes pour les pauvres celui qui avait protégé ma jeunesse contre le malheur. Une maladie lente consumait ses forces, que ranimait en vain son zèle ardent pour le bien de l'humanité. Convaincu de la faveur spéciale dont l'honorait le ciel, je ne craignais rien pour lui ; je le regardais comme un de ces missionnaires de la charité que leurs fonctions rendent si augustes et si indispensables sur la terre, qu'il n'est pas permis à la mort d'approcher d'eux. Si l'on m'eût dit : Votre ami n'a plus que peu de jours à vivre, j'aurais pris ce propos pour celui d'un insensé, et en me permettant d'y ajouter foi je me serais cru sacrilége.

Cependant mon aveugle confiance céda bientôt aux plus vives alarmes quand je vis cet homme de bien aux prises avec une fièvre violente et dont les accès multipliés achevaient de rompre les ressorts de sa vie. Nuit et jour au chevet de son lit, je passais les heures dans une affreuse anxiété, les yeux attachés sur lui et l'esprit douloureusement occupé des images de sa fin prochaine, qu'il annonçait avec le calme et la sérénité d'un ange, prêt à retourner vers sa patrie céleste d'où il était exilé.

Mon enfant, me dit-il un matin, voyant que je me détournais pour pleurer, mon enfant, il faut nous quitter. Je vous regrette : votre amitié a versé sur mes derniers jours un charme qui n'a son nom que dans le ciel. Je suis vieux, j'ai rempli ma carrière, et, en regardant derrière moi, je puis me dire : Il n'y a rien dans ma vie qui me fasse rougir. Je vais rendre compte à Dieu des jours qu'il m'a donnés. Je vais vous servir, je l'espère, d'intercesseur auprès de lui. J'ai formé un honnête homme ; je le laisse à ma place sur la terre, heureux de vous avoir été utile, et surtout de vous avoir appris à le devenir vous-même un jour à quelque autre. Vous ne m'oublierez pas, je le sais, et moi....

Ici mes sanglots l'arrêtèrent. Je me précipitai sur sa main, que je pressai contre mon cœur avec un religieux respect. O mon ami, mon protecteur, mon père, m'écriai-je, donnez-moi votre bénédiction. Aussitôt je tombai à genoux devant lui, et il me bénit. Ses lèvres décolorées s'entr'ouvrirent pour appeler sur moi les grâces d'en haut; un sourire céleste brilla sur son visage à travers les sombres nuages de la mort. O mon Dieu, dit-il, faites qu'il soit toujours honnête homme et qu'il ne s'éloigne jamais de vous!

Alors il lui prit une faiblesse, et je crus que j'avais perdu mon ami; mais le ciel me le conservait encore quelques jours pour me montrer tous les trésors d'amour et de résignation que peut renfermer une âme tendre et pieuse. Il donna au ciel les derniers moments qui lui restaient. La religion, qu'il appela près de lui, ne le quitta plus, et ses augustes cérémonies semblèrent apporter une nouvelle force à ce juste éprouvé par la douleur.

Je n'avais plus de larmes. Je contemplais d'un œil immobile ce grand et magnifique spectacle de l'homme de bien qui se dégage des liens terrestres pour revoler, assisté de toutes les consolations de l'Eglise, vers le séjour pur et sacré de l'éternelle félicité. Je sentais mon cœur se briser; mais je ne sais quel espoir de rompre aussi la chaîne qui m'attachait à la terre, et de le suivre dans l'éternité, se mêlait à ma profonde douleur. Je ne concevais pas comment je pourrais vivre sans l'ami de ma jeunesse, sans le bienfaiteur de ma vie. Il me semblait que la Providence, qui nous avait rapprochés sur la terre, devait nous réunir dans le ciel.

Hélas! mon ami seul était digne d'y paraître : il partit seul pour entrer dans la gloire des élus, il me laissa, et je me crus englouti dans le néant. La nuit de sa mort, je ne pus refuser à ses instances d'aller prendre dans ma chambre un peu de repos, et quel repos! Toutes les angoisses déchiraient mon cœur, toutes les images du trépas assiégeaient mes yeux. Accablé de fatigue et de douleur, je me jetai sur mon lit. Je ne dormais pas, je ne veillais pas ; j'étais dans un de ces états inexplicables où la pensée craint d'agir, où l'imagination s'arrête d'elle-même, où l'esprit refuse d'accueillir des souvenirs et de s'attacher à la poursuite d'un objet. Tandis que je me plongeais dans cette léthargie de l'âme et que j'engourdissais mon intelligence, un bruit se fit entendre dans la pièce voisine. On parlait de derniers moments, de convoi, de testament, de prière des agonisants. C'étaient comme des voix de la mort.

Voici ce qu'on disait : Notre père a terminé sa vie il y a vingt années ; deux ans après nous avons perdu notre mère ; notre neveu les a suivis il y a cinq ans : puis on s'arrêtait, et je n'entendais plus rien.

Alors, sortant de ma stupeur, je me lève, je me traîne du côté où l'on avait parlé ; je vois la sœur de mon ami entre Béatrix et la garde-malade désoccupée : elles étaient toutes trois assises, elles pleuraient, et le rameau bénit était encore entre les mains de la plus âgée et de la plus vénérable de ces femmes. Je m'arrête, je la regarde avec égarement. Je crains de l'interroger. Hélas ! je savais déjà tout ; mais je veux douter encore de mon malheur, et cependant un irrésistible désir me porte à la questionner. Eh bien ! lui dis-je, comment est-il ? — Bien ! répondit-elle d'une voix sourde. Et elle se tut. Je retournai brusquement dans ma chambre.

J'y demeurai dans un état de torpeur dont je ne puis encore me rendre compte. Il me semble que dans tout le reste de cette nuit je n'ai pas vécu. Oh oui ! mon âme était ailleurs, elle m'avait quitté. Je n'avais plus ni sensations ni pensées ; je ne m'entendais pas respirer ; je n'étais à rien, ni au passé, ni au présent, ni à l'avenir. Si en ce moment on s'était approché de moi, on m'eût pris pour un cadavre, et en effet j'en étais un : mon ami avait emporté ma vie.

Le lendemain de cette nuit horrible, je recouvrai l'existence, je revins au sentiment pour renaître à la douleur. Qu'on juge de ce que j'éprouvai en ne retrouvant que des restes insensibles à la place de celui que j'avais laissé la veille encore animé par sa tendresse pour moi et soutenu par sa piété envers Dieu. Je me prosternai devant lui, et, prenant cette main froide et pâle que je plaçai sur ma tête, je priai longtemps. Quelles furent mes prières ? Je ne puis me les rappeler ; mais Dieu sans doute les entendit et les exauça, car je me relevai rempli d'un courage extraordinaire, je commandai les apprêts du convoi, et je demeurai en présence du cadavre tout le reste de la journée. Le jour suivant on l'emporta au dernier séjour. Je le suivis, j'entrai dans l'église, j'en sortis, je marchai vers le cimetière, dont la porte de fer s'ouvrit devant le cercueil, j'y pénétrai, je vis la fosse, j'entendis remuer de grosses cordes, j'entendis qu'on jetait de la terre sur quelque chose et que les prières cessaient; puis je m'évanouis. J'étais une seconde fois devenu orphelin.

Maintenant il me reste bien peu à dire. Depuis cette déplorable journée jusqu'au moment de mon départ pour la capitale, les événements de ma vie n'ont plus rien de remarquable ni d'intéressant. Je restai dans la maison du deuil avec la sœur de mon ami, qui me fit jurer de ne point me séparer d'elle tant que le secours de ses lumières serait utile à mon inexpérience, tant que ma jeunesse aurait besoin d'une sauvegarde.

L'argent que produisit la vente d'une magnifique bibliothèque, d'une belle collection de gravures et de quelques autres objets précieux formait un capital suffisant pour l'entretien d'une seule existence; mais la nécessité d'en assurer deux me força de chercher un supplément dans le produit de mon travail. On sollicita pour moi un emploi médiocre qui me fut accordé, et l'ex-écolier de rhétorique devint apprenti greffier. Quelle vie! comme elle était différente de celle que j'avais rêvée! comme elle contrastait avec l'ambition de mes vues et l'idéal de mon imagination! mais je contribuais à l'embellissement d'une vie sacrée, et cette pensée me rendait tout supportable.

Le bon abbé, avant sa mort, n'avait point oublié les étroites obligations qu'il s'était imposées en se chargeant de moi : il transmit ma tutelle morale à un ami qui l'accepta. Cet ami, plus âgé que lui de quelques années, était aussi un ecclésiastique ; il s'appelait l'abbé Volfius. Instruit, éloquent, distingué par d'éclatantes qualités comme par des talents du premier ordre, auxquels pour se développer il ne manqua qu'un plus grand théâtre et des spectateurs plus encourageants, il était dépourvu, par malheur, d'une faculté que mon vieux instituteur possédait au plus haut point : la fermeté d'âme. De là quelques fautes dont il regretta d'avoir chargé sa vie.

Au premier signal de la Révolution, comme elle annonçait hypocritement les intentions les plus pures, il se laissa tromper par son masque, la prit au mot, et s'engagea sans réflexion avec elle. L'évêque de Dijon ayant refusé le serment civique, le suffrage populaire, le seul alors demandé, éleva M. Volfius au siége épiscopal, où il remplaça M. de Mérinville non démissionnaire. Sa mitre usurpatrice lui attira la haine de ses confrères restés fidèles à l'orthodoxie, et ne le sauva point des fureurs du parti anarchique et impie, lorsque celui-ci se déploya dans toute sa naïve cruauté. Le cri : *Plus de prêtres!* retentit après le mot : *A bas les rois!* Et les prêtres furent emprisonnés, proscrits, exilés, guillotinés, sans distinction d'assermentés ni de réfractaires, comme Louis XVI avait été frappé en attendant les autres souverains.

L'abbé Volfius partagea le sort de ceux du clergé pour lesquels s'ouvrirent les cachots. Sous ces noires murailles, où il eut le temps de méditer et de se repentir, son âme naturellement pure, et religieuse avec conviction, revint aux principes qu'elle n'aurait jamais dû abandonner. Il sortit de là changé par la réflexion et purifié par le malheur. Depuis cette époque les louanges succédèrent au blâme pour cet apôtre relevé presque aussitôt que tombé : le reste de sa vie, consacré aux bonnes œuvres, répara pleinement ses premiers torts, et il est allé dans le ciel entre la prière et l'aumône par le doux et paisible chemin de la vertu.

Quelques dispositions heureuses qu'il crut apercevoir en moi l'intéressèrent à ma destinée. Il consentit à donner le dernier coup de lime à mon éducation restée imparfaite ; et, comme il avait le cœur excellent, il s'attacha de plus en plus à moi, parce que j'étais isolé et malheureux. Bientôt son amitié devint si forte qu'il me regarda, qu'il me traita en fils. Il avait aussi une sœur qui prit pour moi une tendresse maternelle. La Providence, qui ne m'oubliait pas, semblait m'avoir donné la clef de tous les cœurs : faveur non moins rare que précieuse, et dont, au milieu de mes plus grandes infortunes, j'ai remercié et béni le ciel ; car à côté des privations, il m'envoya toujours les dédommagements.

Si les connaissances variées de M. Volfius contribuèrent à grossir le petit trésor de mon intelligence débutante, les formes polies de son esprit achevèrent de me donner ce qui me manquait pour posséder la science la plus nécessaire à qui veut réussir dans le monde. Lui et l'abbé Rousselot avaient appartenu à l'ordre des jésuites. Il était aisé de s'en apercevoir à l'élégance de leurs manières, ainsi qu'à la constante urbanité dont ces maîtres de l'éducation n'ont point laissé le modèle après eux. Toujours logé chez Mademoiselle Rousselot, je passais cependant mes journées auprès de mon nouvel instituteur, qui me tira de l'obscurité de mon greffe, et, du consentement de sa sœur, de l'aveu même de ses autres parents, me promit toute sa fortune. Cette sœur, qui voulait comme lui me faire son héritier, me prenait souvent le menton en riant, avec ces mots : Il sera quelque jour un bon parti. Tous deux eurent quelques vues pour un mariage assez avantageux, mais qui ne me plut pas; ce projet n'eut aucunes suites. Plus tard, les deux successions, que je ne soignais nullement, m'échappèrent sans m'inspirer de regrets : j'avais à pleurer mieux que de l'argent.

Avant, bien longtemps avant que ces deux êtres si bons fussent ravis à mon amitié, la passion des vers, qui fermentait dans ma tête, éclata plus violente que jamais. Il en résulta une tragédie que je n'eus pas plus tôt enfantée, que je cessai d'avoir l'esprit en repos jusqu'au moment de sa réception au Théâtre-Français. L'abbé Volfius, au jugement duquel je la soumis, m'encouragea dans mes projets, et, toutefois, il entassait prétextes sur prétextes pour en retarder l'exécution. Mais il avait affaire à un poëte, c'est-à-dire à tout ce qu'il y a de plus impatient parmi les hommes. Un beau matin, sans le prévenir, je prends mon manuscrit; un passe-port, une bourse de trente louis (1), des chevaux de poste; je pars, et je suis à Paris....

Une visite du comte de Sommariva, voisin de campagne de Madame de Grollier, mit fin à ma narration, qui plus d'une fois avait excité de vives émotions dans l'âme de mes deux auditrices. Le même jour, la bonne duchesse fut obligée de regagner la capitale, d'où elle me manda qu'elle partait pour une de ses terres avec le regret de ne pouvoir m'exprimer, comme elle l'eût désiré, le vif intérêt que lui avaient inspiré mes malheurs. Elle terminait en me promettant de m'écrire, et notre correspondance commença pour ne plus finir, hélas! qu'avec sa vie.

Quelque gracieuses que fussent ses lettres, quelque sensibilité qu'elle m'y témoignât, je ne voyais encore dans leur contenu que les assurances d'un sentiment qui ressemble à mille autres : j'en étais touché sans prévoir

---

(1) Prêtée par un ami, Vaudremont; ami bien cher et bien rare.

que mon cœur allait bientôt s'engager tout entier à l'articulation d'un mot, d'un seul mot qui me fut non pas écrit, mais prononcé verbalement. Au retour de celle que j'appelais encore du titre de duchesse, et à laquelle son extrême bonté va me permettre de donner un autre nom, je me hâtai de la suivre à Epinay, où elle me manda de la rejoindre. Sa petite-fille, Mademoiselle Anastasie d'Uzès, depuis duchesse de Tourzel, était avec elle, et m'attendait aussi. A peine âgée de dix ans, celle-ci montrait déjà ce cœur qui l'a rendue l'objet, le digne objet de tant d'affections tendres pendant sa vie, de tant de regrets intarissables après sa mort.

J'étais devenu le confident de ses pensées, son conseil, son oracle; et je me plaisais à jouir par elle du spectacle le plus doux pour un observateur : elle me montrait à découvert une âme si pure, si candide! Elle était si vraie dans toutes ses paroles! Que de vertus naissaient déjà au fond de ce cœur, modelé sur celui de son aïeule! Charitable, sans savoir encore ce que c'est que la charité, elle donnait tout aux pauvres, et ne comprenait pas qu'on réservât pour soi quelque chose. Heureuse d'aimer, plus heureuse d'être aimée, elle savait tant de gré d'un sourire affectueux, d'un mot encourageant, d'une marque de confiance ou d'un témoignage de prédilection!

Quelques défauts perçaient à travers ses aimables qualités; mais dès qu'on les lui faisait remarquer, elle n'avait plus qu'une occupation : celle de s'en affranchir. Souvent elle disait : J'ai eu ce matin de l'humeur, grondez-moi. Est-ce qu'on doit avoir de l'humeur? D'autres fois, elle demandait pourquoi il existait des méchants. Oh! moi, je veux être bonne, toujours bonne, ajoutait-elle : je n'aurais pas le courage de faire souffrir.

Le ciel n'a pas donné de longs jours à l'une de ses plus attrayantes créatures. Nous avons vu mourir cette charmante personne au moment où la vie lui était bien chère, entre les sourires d'un jeune époux et les caresses de son nouveau-né : sa tombe s'est ouverte auprès d'un berceau, comme si elle n'eût été envoyée sur la terre que pour y déposer un petit ange, lui donner un baiser maternel, et disparaître mystérieusement; vision légère et gracieuse, qu'on n'aperçoit qu'un instant, mais dont on se souviendra toujours.

A Epinay, quelle surprise pour moi! On m'y préparait une fête. A peine arrivé, je vois s'ouvrir les portes d'une salle ornée de colonnes de marbre blanc; des guirlandes de fleurs serpentent autour de ces colonnes; le fond est voilé par des draperies vertes, devant lesquelles on a placé un trépied antique, où est assis un jeune et joli génie, représenté par Gerand de Crussol, en tunique blanche, la tête couronnée de verveine, un flambeau dans une main, une palme dans l'autre. A mon aspect il se lève, me débite des vers mille fois trop louangeurs de la façon du comte de Sabran, et me présente la palme qu'il tenait, palme que je méritais si peu!

Ce spectacle inattendu, ce compliment rimé, ces honneurs de contrebande, me troublèrent et me déconcertèrent à tel point, que je devais faire la mine la plus ridicule. Personne ne voulut s'en apercevoir : on applaudit la représentation, j'embrassai le génie, je remerciai l'auteur de la pièce, et la toile se baissa.

Le lendemain, autre cérémonie. Madame la duchesse d'Uzès voulut visiter les tombeaux de Saint-Denis, et m'y mena. Sa petite-fille était avec elle. Nous descendîmes dans les caveaux funèbres où repose la poussière de trois races royales; nous priâmes devant les restes du prince de Condé, dont elle avait été l'amie; et, après avoir rassasié nos âmes de tristesses, nous revînmes à la riante retraite d'Epinay.

Sur la route, des pensées graves amenèrent une conversation analogue. Chacun de nous parla des pertes qu'il avait éprouvées. Hélas! dit notre noble conductrice, qui, plus que moi, peut compter des sujets de pleurs! Ma mère, ma belle-mère, son mari, le ciel m'a tout enlevé. Je sais que dans l'ordre de la nature ils devaient me précéder au tombeau; mais mon fils, mon Théodorit, lui que je croyais destiné à me fermer les yeux! Alors elle s'étendit sur ses louanges avec cette complaisance maternelle qui peut être verbeuse sans jamais lasser. Je l'écoutais les larmes aux yeux. Qui vous le rendra? m'écriai-je. — Vous, répondit-elle : soyez mon second fils. — Oh! oui, soyez mon oncle, ajouta son aimable Anastasie. Et voilà le mot qui a renouvelé ma destinée.

Tenir lieu d'un fils, et surtout d'un fils orné d'un si beau nom, riche de qualités si brillantes, avais-je l'orgueil de l'espérer et l'ambition d'y parvenir? Nullement, je l'assure. Je me rendais justice; mais du moins je répondis à des bontés sans nombre par un dévouement sans bornes. Aussi, dans les affections de la terre, rien ne fut semblable au pieux et tendre sentiment que j'éprouvai, que j'inspirai, et dont l'expression, contenue dans notre longue correspondance, pleine des improvisations de nos cœurs, porte un caractère bien nouveau pour le vulgaire, mais non pour ces âmes d'élite dignes d'en comprendre la sainte pureté, le charme inconnu et les jouissances exceptionnelles.

LA SECONDE ÉPOQUE DE MA VIE.

1819.

J'entre dans une carrière de bonheur qui a duré vingt ans. L'hôtel d'Uzès (1) fut pour moi un port tranquille et assuré, où je pus amarrer ma petite barque et me reposer doucement au milieu d'une illustre et bonne famille, dont tous les membres semblaient se disputer le plaisir d'ajouter sans cesse à mes belles journées une belle journée de plus.

Pour se faire une idée du gentilhomme d'autrefois, il suffisait de connaître le vieux chef de cette grande maison. Bon, mais brusque; franc et loyal, attaché aux habitudes traditionnelles du siècle où il était né; fidèle aux lois de l'honneur et de la justice; conservateur consciencieux de ce feu sacré qui ne brûle plus que dans les cœurs nommés retardataires, il ne pouvait ni se résoudre à plier sous le joug des mœurs nouvelles, ni accepter sans se plaindre la position équivoque que nos diverses révolutions lui avaient faite. De là son peu de goût pour une société dont les tendances contrastaient si fort avec les siennes, et qui avait amoindri son rôle politique : de là son besoin de solitude, qu'il n'expliquait pas, mais qu'on devinait : aussi passait-il dans ses terres la plus grande partie de l'année.

(1) Je n'y demeurais pas, mais j'y passais ma vie.

Son fils, le duc de Crussol, sans oublier le rang où sa naissance l'avait appelé, consentait de bonne grâce à entrer dans l'esprit du siècle, riait un peu des idées gothiques de son père, tout en lui gardant le respect dû à ses vertus et à ses convictions, s'arrangeait du bon, examinait le douteux et rejetait le suspect dans nos institutions comme dans nos lois, s'inclinant devant la nouvelle forme de notre gouvernement en citoyen docile mais éclairé : du reste, homme charmant, du commerce le plus facile, du caractère le plus bienveillant, toujours prêt à obliger, se faisant des amis de tous et des amies de toutes, dépensant en grand seigneur et vivant par goût dans la société des littérateurs et des artistes, dont il savait apprécier les travaux. Jeune, il avait brillé dans les cercles de Paris par les grâces de sa figure et l'élégance de ses manières. Les hommes d'alors ne parlaient que de lui, soit pour le vanter par justice, soit pour le décrier par jalousie; et si les femmes se taisaient en public sur son compte, on prétend qu'il n'y perdait rien en particulier.

Parlerai-je de Madame la marquise de Rougé? Son éloge serait suspect sous ma plume. Les bontés dont elle m'a comblé dans tous les temps me permettent bien de la bénir dans mon cœur, mais non de la juger dans mes écrits. Je me borne à dire que, mère d'une grande famille, attachée à une grande princesse, elle remplissait avec une égale ponctualité ses devoirs domestiques et ses fonctions de cour. Jamais je n'ai connu de tête plus vive ni d'âme plus sensible. Ce caractère si naturel et si vrai, placé dans un monde fardé et corrompu, offre aux amateurs le même charme, leur cause la même surprise que la découverte d'une rose des champs glissée au milieu de fleurs artificielles.

La douceur de ma nouvelle existence ne me rendit

point insensible à la perte d'un vieillard qui m'avait chéri et que la mort vint frapper au moment où nous espérions encore pour lui une longue vie. Cet excellent M. Sage, qui m'avait accueilli comme un fils lorsque j'étais encore inconnu dans la ville où l'on ne se soucie de personne, à moins qu'on n'en espère quelque chose; cet ami de tout le monde, excepté des savants ses contradicteurs, s'en allait à Dieu, laissant sa femme dans un état presque voisin du dénûment. Ni lui ni elle ne s'étaient occupés de l'avenir. Tous deux, comme les oiseaux, se confiaient à la Providence, vivant au jour le jour, ne pensant même pas qu'il y avait un lendemain. Admirables êtres! S'ils s'étaient un moment inquiétés de leur subsistance, ils auraient cru offenser Dieu.

Je ne puis sans attendrissement me rappeler le temps que j'ai passé dans cet heureux et insouciant ménage. Ils étaient aussi extraordinaires l'un que l'autre par leurs vertus et par leurs défauts, si l'on peut donner le nom de défaut à ce singulier mais charmant désintéressement d'eux-mêmes. Voici dans quelles circonstances ils s'unirent : on les reconnaîtra l'un et l'autre à la manière dont se fit leur mariage.

Aux affreux temps de la terreur, M. Sage, retiré à la campagne près Paris, avait aperçu, dans ses excursions quotidiennes, une belle personne, sortie de la jeunesse sans être encore entrée dans l'âge du désespoir qu'on appelle l'âge mûr; les traits de cette femme le frappèrent si vivement qu'il voulut la connaître; après l'avoir connue, il voulut la revoir tous les jours; à force de la revoir, il sentit qu'il ne pouvait plus se passer de son entretien; et, comme il n'avait pas de temps à perdre, vu son âge, il lui demanda naïvement si elle ne serait pas épouvantée de la cinquantaine qu'il avait à lui offrir, avec l'accompagnement de quarante mille livres de rentes (1). On lui répondit fort obligeamment ; mais, comme on avait peu de fortune, il fallut l'avouer pour s'entendre dire que sa possession valait mieux que celle d'un trésor.

Forcée dans ses derniers retranchements, l'aimable femme déclara que, tutrice de deux jeunes personnes amenées par elle de Saint-Domingue à Paris, et privées de leurs parents comme de leur fortune par la dévastation de l'île, elle ne les abandonnerait jamais. L'amoureux cinquantenaire applaudit à cette protestation généreuse, et jura solennellement de n'être pas moins bienfaisant qu'elle. Voyant qu'elle avait affaire à un homme qui ne s'effrayait de rien, pas même d'épouser trois personnes à la fois, elle prit son parti : la cérémonie des noces ne tarda point, et le retour à Paris fut décidé. Le Directoire venait de tomber, l'Empire s'élevait.

Ce fut peu de temps après qu'on me mena chez le vieil académicien, qui ne tarda pas à découvrir que l'air des champs lui valait mieux que l'atmosphère de Paris, où ses fonctions de Professeur des Mines le retenaient l'hiver, mais laissaient l'été à sa disposition. Il chercha donc une maison de campagne, et la trouva. C'était un petit château avec un joli jardin de quinze arpents, lieu de plaisance où jadis Marguerite de Valois, connue par ses distractions conjugales, aimait à se retirer du fracas des grandeurs. Qu'on se figure un nid d'aigle dans un buisson de fleurs.

Telle était la retraite choisie par la spirituelle et volage épouse du bon Henri. Comment y passait-elle ses journées ? Quels commensaux rassemblait-elle autour de sa personne royale ? Quelles joies, quelles fêtes, quels divertissements marquaient ses heures ? Joûtes, bals,

---

(1) Tout était en viager.

concerts, étiez-vous les seuls passe-temps connus dans ce séjour de féerie? Y devisait-on de vers et de prose? Quels jolis lecteurs, quels descendants courtois des anciens troubadours s'y relayaient pour distraire la Reine par de gais rondeaux ou de gracieux tensons d'amour? Peut-être, en furetant bien, on aurait retrouvé, par aventure, dans un coin du cabinet de musique, la harpe de la Dame des belles cousines ; mais il est assez probable qu'on y eût inutilement cherché dans la bibliothèque les Heures de saint Louis.

Pour nous, hôtes nouveaux de ces demeures devenues bourgeoises, nous apportions là le besoin de respirer à l'aise loin des bruits de Paris, le désir de nous plaire réciproquement, et de plus force papiers de musique, les romans du jour, et même les gazettes qui nous donnaient l'annonce des spectacles. Quant au confortable connu, pianos, tables de jeux, billards, ils étaient là pour nos plaisirs, et Dieu sait l'usage et l'abus qu'on en faisait matin et soir.

Mais voici le malheur. A peine installés dans ce séjour de délices, nous nous levons un matin pour apprendre que le patriarche de la tribu vient de repartir en toute hâte avec sa femme. Et la cause de ce brusque départ? Une fièvre violente, qui réclame la présence habituelle des médecins, l'a forcé de prendre cette mesure de sûreté; mais, en s'éloignant, il a confié l'administration des affaires aux soins de ses deux jeunes Créoles, chargées de remplir à mon égard les devoirs de l'hospitalité dans toute leur étendue. Le reste de la société avait disparu ; si bien que me voilà placé sous la garde de deux jolis minois, dont le plus ancien comptait vingt-deux ans (1) : j'en avais vingt-trois. Les gouvernantes et le

(1) Sans parler d'une vieille femme de chambre, chargée de la police intérieure.

gouverné ne prétendaient guère à l'honneur de passer pour des modèles de raison, mais ils furent des exemples de convenance.

Notre solitude ne se peupla que de plaisirs permis : nos instants ne furent employés qu'à chanter des romances sentimentales, à jouer aux jeux innocents, à faire des *manque à toucher* au billard, à nous balancer sur l'escarpolette dans le jardin, puis à courir les chaumières pour y porter de petits secours aux petits enfants. A chacune de nos promenades nos poches, remplies de friandises peu coûteuses, se vidaient de porte en porte, à la grande satisfaction des marmots, qui volaient à nous dès qu'ils nous apercevaient de loin, se jetaient dans nos bras, nous barbouillaient gaiement de leurs baisers et se mettaient à croquer de la meilleure grâce les pains d'épices distribués par nos mains.

Pendant cette opération, leurs mères recevaient, avec des pleurs de joie, dans leurs tabliers ouverts, les jolis bonnets, les chemises de toile blanche et les autres présents utiles, œuvres de mes bienfaisantes compagnes. Quelles bonnes travailleuses! quel plaisir elles éprouvaient à se lever de grand matin pour terminer plus vite leur besogne charmante! Ils ont froid, ils sont nus, disaient-elles; ne perdons pas de temps. Chaque moment gagné leur procure un soulagement et à nous une jouissance. — Ah! qu'il y a encore de bonnes âmes dans ce maudit enfer qu'on appelle le monde!

Lucile, l'aînée, était blonde; Rosine était brune. Lucile avait le caractère doux, l'humeur facile, l'esprit mélancolique; Rosine, ah! Rosine, c'était la vivacité, le mouvement, l'agilité même. Lucile était mariée sans l'être; Rosine ne songeait pas plus au mariage qu'à ce qui l'amène d'ordinaire : son âme était aussi calme que sa personne était animée. Elle ne rougissait jamais en apercevant un jeune homme, même le plus joli et le plus élégant; elle ne rêvait qu'à ses oiseaux, dont elle prenait un soin particulier, et à ses marmots, qui prononçaient son nom comme celui du bon Dieu, auquel ils la recommandaient dans chacune de leurs prières. Bonnes petites créatures! vous fûtes exaucées : Rosine est dans le ciel, où, sans doute, elle soigne encore des enfants.

La prolongation de la maladie de M. Sage nous rappela enfin à Paris. Que de regrets lorsqu'il nous fallut quitter la douce demeure, les habitudes champêtres, et nos vieux villageois, et nos jeunes innocents, et cette existence composée de charité et d'amour! Non, je ne vous oublierai pas, heures délicieuses passées dans ce paradis des bons cœurs. Non, je ne cesserai pas de redire : C'est pour cela que nous sommes nés, et nullement pour user nos jours dans ces plaisirs factices et monotones des salons, d'où l'on ne remporte jamais que de la fatigue, de l'ennui, du dégoût, des migraines et des insomnies.

Ah! cette vie pastorale, telle que les poëtes bucoliques la représentent, combien je la pleure et combien vous la pleurez avec moi, vous dont l'âme est restée sensible aux charmes de la nature! Quelle foule de réflexions mélancoliques fait naître le contraste du bruit de nos passions tumultueuses, de nos fastueux divertissements avec les jeux paisibles, les innocents ébats des bergers et des bergères! Que de fois nous soupirons en voyant s'évanouir ces illusions si riantes, que le talent magique du poëte avait rassemblées sous nos yeux! Que de fois nous rouvrons le livre qui nous les a procurées, dans l'espoir d'en retrouver le charme indéfinissable! Voici la page où nous nous sommes si souvent arrêté, en promenant notre pensée avec une douce rêverie à travers le vague de nos souvenirs. Voici le vers qui a fait battre notre cœur. Voici le mot encore humide de la trace de nos larmes. Tout, dans cette lecture aimable, nous rappelle, nous donne, nous promet des jouissances; tout nous inspire ou nous rend de bons sentiments. Point de tableaux sombres ni de scènes violentes; c'est toujours ou presque toujours le spectacle du bonheur de la vertu, des plaisirs du travail, des bienfaits de la terre et des bénédictions du ciel.

Une riche moisson, un beau jour, des luttes poétiques sur le gazon, des amours quelquefois malheureux, jamais criminels : tels sont les espérances, les biens, les divertissements, les passions des héros de ce monde idéal et enchanteur. C'est là que l'on trouve parmi les frères, les enfants, les amis, les amants eux-mêmes ces modèles de perfection dont on rirait ailleurs comme d'exagérations ridicules; c'est là que les vertus sans mélange de vices n'étonnent point, parce que dans cette nature virginale, parmi ces mœurs simples, les vertus semblent une production appropriée au sol des bergers, comme les beaux fruits, le miel délicieux qu'ils recueillent; et les vices paraissent y être aussi étrangers que ces plantes vénéneuses et ces dangereux reptiles réservés pour la terre des hommes civilisés et corrompus.

Mais nous-mêmes, enfants du luxe et des vanités, ne faisons-nous pas souvent à notre tour de la pastorale sans le savoir? Que sont toutes ces parties de campagne dans les bois, ces repas improvisés sous la voûte verdoyante des arbres et sur les tapis de mousse; ces fêtes, ces danses au milieu de la nature, ces joûtes sur l'eau, ces jeux d'arquebuses, ces mille plaisirs champêtres que nous multiplions pour échapper à la monotonie des amusements pompeux et fatigants de la ville? Ne respirons-nous pas plus à l'aise parmi ces bons villageois, avec lesquels nous nous efforçons d'échapper à cette vie factice et conventionnelle dont les salons nous offrent la théâtrale image? Il semble que chacun de nous, lassé de jouer un rôle dans le monde, éprouve l'invincible besoin de revenir à soi en revenant à la nature, et que plus on a prolongé cette représentation d'opéra, très-insupportable à la longue, plus on est heureux de reprendre ces habitudes simples et franches, ce doux et facile laisser-aller des champs, où l'on se repose des tours de force appris pour obtenir dans les cités des applaudissements qui souvent nous manquent, comme pour divertir des ennuyés qui ne cessent pas de l'être.

Eh bien, que fais-je? A quel propos ce rabâchage philosophique? Pourquoi décrier, pourquoi calomnier le monde? Tout a son beau côté, la vie des cités comme la vie des champs. Qui sait ce qui arriverait à l'homme s'il ne modifiait pas l'une par l'autre? Ne faut-il pas de la variété dans nos sensations? En repoussant une de nos ressources, craignons de nous apprêter des regrets. Acceptons tout ce qui nous est offert. Usons de tout, n'abusons de rien. N'est-ce pas là l'*ultimatum* de la sagesse? Mais c'est trop disserter, continuons notre récit.

Nous sommes donc de retour à Paris. Que d'événements allaient s'y passer! D'abord mon vieux amphitryon, à la suite d'accidents nerveux qui menaçaient sa tête, perd un œil, triste rançon qu'exigeait la nature; ensuite, remis sur pied par la faculté, il rouvre son salon, reprend ses habitudes de dépense, retombe malade, se voit, par la perte de son second œil, réduit à une cécité absolue, et finit ses longs jours avec un calme, une sérénité, une foi en Dieu qui furent le couronnement d'une vie de travaux utiles à la science et de services rendus à l'humanité. Le marquis de Marialva, cet autre bienfaiteur de ses semblables, l'avait depuis un an précédé dans la tombe.

Mais ce ne furent pas là les seules pertes que j'eus à

déplorer. Avec quelle promptitude les malheurs se suivent! A cette triste époque, je reçus la nouvelle d'une mort depuis trop longtemps prévue. M. Volfius, celui qui fut mon second guide dans la vie, venait de m'être enlevé à son tour, après une maladie assez courte. Ses derniers jours furent tristes. Parvenu à l'âge de 87 ans, il avait insensiblement perdu l'usage des hautes facultés qui le distinguaient. Cet esprit si lumineux ne jetait plus que de pâles et rares étincelles : sa mémoire le trahissait, et ses dernières dispositions se ressentirent des défaillances d'une volonté qui n'était plus libre. Il m'oublia, et moi je suis bien certain de ne l'oublier jamais. Si j'étais abandonné de ma raison, mon instinct, cette lumière confuse du juste et du vrai, me rappellerait encore tous les bienfaits de sa douce et longue paternité.

Dans les grandes afflictions, que les témoignages de l'amitié sont doux et nécessaires ! Que ses soins apportent de consolations aux cœurs malades ! Pour me distraire et me ranimer, Madame de Grollier me ramena impérieusement dans son bel Elysée, où je retrouvai ce qui fait les délices du monde choisi : les arts, les lettres, les sciences, les mœurs élégantes, la brillante conversation, tous les enchantements dont la vue de trois tombes m'avait séparé. A mesure que les jours se précipitaient devant moi dans ce néant qui les attend comme nous, je sentais mon imagination abattue et flétrie se relever et refleurir : en reprenant aux jouissances de la pensée, je me ressaisissais de moi-même.

Plusieurs semaines s'étaient passées pour moi entre la vieille et spirituelle *prima-dona*, Madame de Bouflers, M. de Sabran, Madame de Prié, dame piémontaise de fort grande naissance et, qui plus est, de la meilleure compagnie. Madame de Genlis venait à tous moments faire des apparitions parmi nous ; M. de Lacépède nous donnait des leçons d'histoire naturelle tout en parlant modes et chiffons avec son auditoire féminin; M. de Humbold apportait dans le cercle sa profonde érudition et ses récits épigrammatiques, qui nous épouvantaient également. S'il vantait les merveilles de la nature, il se dédommageait de ses louanges par des médisances à bout portant sur la société.

Je me souviens qu'à un dîner, passant en revue tous les rois de l'Europe (le grand arquebusier visait haut), il tira tant de coups sur eux, que Madame la duchesse d'Uzès, qui était présente, l'arrêta en disant d'un air d'innocence : Ah! Monsieur, grâce pour le roi de Prusse! Louis XVIII était la dernière tête couronnée qu'il venait de coucher sur le carreau.

Deux jours après, on faisait de la musique, lorsqu'on entendit un bruit de voitures qui annonçait des visites inattendues. Effectivement, c'était le vénérable baron de Monthyon, un siècle, mais un siècle de vertu, devant lequel il fallait s'incliner.

Ses rides sur son front gravaient tous ses bienfaits.

Presque aussitôt parurent le comte et la comtesse de Lostange, deux bons causeurs s'il en fut; et la perle des femmes d'esprit, la maligne, amusante et éblouissante vicomtesse de Virieu, leur fille, celle de toutes nos Parisiennes qui sait peut-être le mieux mener une conversation, celle dont les bons mots ne tarissent pas, celle, enfin, qu'on aime le plus à retrouver quand on est gai, quand on est triste, quand on a des affaires qui fatiguent ou des interlocuteurs qui excèdent; car elle parle toutes les langues, prend tous les tons, donne tous les plaisirs et distrait de tous les ennuis.

Quant au baron, je dois avouer qu'il nous surprit tous, non point par la nouveauté de son esprit (il se répétait un peu), mais par celle de son costume. Il portait régulièrement un habit marron, resté dans sa garde-robe depuis cinquante ans, comme une relique du xviiie siècle ; sa tête était surmontée d'une perruque à la financière ; des manchettes de dentelle jaune, des souliers à boucles de diamants faux et des bas chinés complétaient cette gothique parure, que nous croyions affectée de toute éternité à sa personne non moins gothique : nous nous trompions.

Pour faire sa visite *extra muros*, il avait pris son uniforme champêtre, ratine verte un peu fanée, bas presque blancs, perruque blonde sans frisure : la métamorphose était entière. (Preuve que le grave personnage avait aussi sa petite coquetterie.) Mais sous cette forme étrangère à nos yeux, respirait, causait, raisonnait le meilleur des hommes et le plus instruit des magistrats.

Que d'événements dont il avait été le témoin ! Que de personnages il avait connus ! Quelle lanterne magique d'hommes et de choses il avait vu passer sous ses yeux ! Aussi comme sa mémoire fourmillait d'anecdotes ! Il était l'*Ana* vivant du passé.

A la vérité, souvent il confondait ce passé avec le présent. Pour lui, le feu roi, c'était toujours Louis XV ; quand on parlait de Madame Princeteau, sans la nommer, il ne manquait pas de comprendre finement qu'il était question de la marquise de Pompadour. Les jeunes femmes riaient de ses bévues rétrospectives ; mais les rires cessaient lorsqu'il s'avisait, bonhomièrement ou non, de leur citer certaines historiettes légèrement compromettantes pour la mémoire de leurs respectables grand'mères. Alors la consternation gagnait ces jolis visages ; on déployait les éventails, et Dieu sait comme ils jouaient vivement ! C'était un *sauve qui peut* général. L'une prétextait une visite pour sortir ; l'autre quittait sa place pour aller se chauffer à la cheminée par contenance. La plus intrépide disait en tremblant : Bon ! le croyez-vous? Monsieur brode. Malheureusement, il était toujours en mesure de répondre : J'ai vu, j'ai entendu. Et le moyen d'arguer de faux la terrible déposition d'un tel témoin !

Des affaires m'appelaient à Paris ce soir-là même. Madame de Grollier m'offrit sa voiture ; M. de Monthyon voulut m'emmener dans la sienne. Dispute de générosité. Le baron l'emporta sur la marquise ; et moi, tout en acceptant, je mourais de peur. Entendre encore toutes ses vieilleries scandaleuses! J'en avais assez. Et puis je n'aimais pas qu'un tel homme fît le métier d'anecdotier ambulant. M. de Monthyon, lui, dont le nom doit être sacré pour quiconque chérit les hommes bienfaisants, M. de Monthyon marcher sur les traces des petits défaiseurs de réputation! C'était là pour moi le monde renversé. Cependant j'embarquai ma fortune avec lui, mais après avoir pris mes précautions.

Pour parer le coup des redites épigrammatiques, je le mis de prime-abord sur un sujet sérieux. Je parlai de son ouvrage sur les contrôleurs généraux, production estimée ; pleine de faits curieux, d'appréciations justes, et qui jette une vive lumière dans les ténèbres de l'administration financière de l'ancienne monarchie. J'eus lieu d'être satisfait du tour que prit la conversation. J'appris des faits dignes de rester dans la mémoire, et je n'oublierai jamais, entre autres choses, qu'il me conta que de tous nos surintendants de finances, de tous nos contrôleurs généraux, aucun n'avait manqué à l'admirable habitude de faire banqueroute au nom de l'Etat : confession générale qui m'édifia singulièrement. Ainsi, quelque régime que nous subissions, les mêmes abus se reproduisent : ils ne font que changer de nom : sous nos rois, ils s'appelaient tels et tels ; sous la république, c'est

Monsieur celui-ci, c'est le citoyen celui-là. Dieu sauve la France! elle a été, est et sera toujours bien mal gardée.

Quand M. de Monthyon me déposa chez moi, il me dit : Oh çà, je veux mon pourboire; c'est votre visite. Je ne vous laisse pas sortir de mes mains sans la promesse d'un second tête-à-tête. — Je me suis trop bien trouvé de celui-ci, répondis-je, pour éluder le payement d'une dette si sacrée. Depuis ce temps, je l'ai vu et revu, mais je le trouvais très-rarement chez lui. Ce Juif errant octogénaire ne se donnait pas un moment de repos. Jusqu'à la fin de ses jours il a couru le monde, et après sa mort il l'a fait son héritier; car, si l'on s'en souvient, à qui n'a-t-il pas assuré des legs? L'Académie française et celle des sciences, l'hôpital général de Paris, les bureaux de bienfaisance ont été ses exécuteurs testamentaires. Les pauvres de la capitale et des provinces élèvent tous les ans des cris de bénédiction pour leur père inconnu dont ils se partagent la fortune. De génération en génération le nom de Monthyon sera répété avec des larmes de reconnaissance; et si la première des gloires est de faire beaucoup de bruit, ne conviendrons-nous pas que la plus douce est de faire beaucoup de bien?

Après l'expédition des affaires qui m'avaient rappelé à Paris, je revins promptement au gîte de l'amitié, où je trouvai la marquise de Prié prête à partir pour Turin, sa patrie, et toute notre tribu désolée de sa désertion, qui devait être longue. Avant de nous quitter, elle nous demanda comme une dernière marque d'affection d'inscrire chacun quelques mots en vers ou en prose sur son *album*. Nous nous exécutâmes tous. Les compliments, les regrets, les désespoirs prirent les formes les plus ingénieuses pour lui laisser un agréable souvenir de l'hospitalité française. La page sur laquelle M. de Lacépède déposa son tribut fut la mieux remplie. Après lui

Corneille fit les frais d'un éloge aussi piquant que juste. Comment, Corneille? Hé, oui. Figurez-vous que le jeune Géraud de Crussol, écolier de quatorze ans, charmant lutin, espiègle comme on l'est à son âge, avait été sommé d'apporter sa contribution, qui n'était pas une contribution de guerre. Insouciant et léger, il n'avait pas envie de rêver à des rimes au lieu d'aller à la chasse; il vint donc à moi pour me prier de mettre mon esprit, si j'en avais un, au service de sa paresse. Je réfléchis, et je lui dis: Tenez, il y a quelqu'un qui s'entendra mieux que moi à vous tirer d'affaire; et je lui dictai ce vers de Rodogune:

> Elle fuit, mais en Parthe, en nous perçant le cœur.

On n'a pas d'idée du succès de cet à-propos, lequel fit beaucoup d'honneur à son auteur putatif, qui, depuis, s'est fort facilement passé de moi, ou plutôt de ma mémoire, pour faire ses preuves d'esprit.

Le vide laissé par la noble Piémontaise fut bientôt rempli. MM. de Bouillé père et fils nous arrivèrent avec l'évêque de Tulle, prélat remarquable par sa science et ses vertus, causant bien, écrivant mieux et même versifiant tout comme un autre. J'ai de lui une épître à ma louange que je garde précieusement. Il faut avoir le clergé pour soi: ses compliments sont des certificats qu'on peut toujours montrer au besoin. Cette opinion, que j'expose ici, était partagée par un homme que, dans nos excursions quotidiennes, nous allâmes chercher au fond de ses bois.

Je veux parler du comédien Larive, voisin de campagne de notre bonne hôtesse, qui ne le connaissait pas, mais que lui amena un jour la marquise de Bouflers, avec laquelle nous étions allés visiter Monlignon, jolie retraite du vieux successeur de Lekain. Cette charmante marquise n'eut qu'à lui dire deux mots pour l'ensorceler. Il était en grand négligé. Habillez-vous, Monsieur Larive. Il la regarde et obéit. Monsieur Larive, venez avec nous. Il la regarde encore et demande où l'on veut le conduire. Avez-vous peur qu'on ne vous fasse un mauvais parti? Il rit et prend son chapeau. Monsieur Larive, dites qu'on ne vous attende pas pour dîner. Je vous préviens que vous nous appartenez jusqu'à minuit; nous ne vous céderons pas plus tôt, et, prenez garde à vous, nous sommes capables de renouveler souvent l'enlèvement que nous nous permettons aujourd'hui. La nouveauté du langage et de l'action le mit en gaieté; il entra dans une de nos voitures, car nous étions une caravane, et, sans passer par le désert, il arriva dans la terre promise.

J'ai annoncé que Mme de Grollier était aimable et plus qu'aimable; je dois ajouter que son cuisinier était bon et plus que bon. Notre Larive, en recevant l'accueil que méritait son talent, trouva de quoi satisfaire son appétit. On l'enivra de vin de Champagne et de louanges. Ensuite on lui témoigna le désir d'entendre quelques scènes de ces tragédies qu'il débitait si bien, comme M. Galland contait ses contes, et les instances furent si gracieuses qu'il ne se fit pas prier longtemps. Nous eûmes du Tancrède, du Vendôme, du Bayard et du Mahomet tant qu'il nous plut. La soirée fut une soirée de triomphe pour l'acteur, qui partit enchanté de son public improvisé. Il le fut particulièrement de notre prélat, qui n'avait jamais connu les joies du spectacle, non plus que les autres plaisirs profanes, et dont l'enthousiasme s'expliqua avec toute la chaleur d'un nouvel initié. Deux jours après le voisin reparut, armé de deux gros volumes. C'était son Cours de littérature dramatique, dont il fit hommage au seul d'entre nous auquel l'offrande ne convenait pas. Monseigneur, poli comme un pasteur doit l'être, accepta de très-bonne grâce, le remercia d'un si beau présent, laissa les deux tomes hérétiques sur la cheminée du salon et n'y songea plus.

Le lendemain, à l'heure du déjeuner, j'entre dans ce salon solitaire. Le son de la cloche n'avait encore fait descendre personne : j'étais donc seul et désœuvré. J'allais me rendre dans le jardin pour y faire un tour, quand j'aperçus la brochure de Larive, qui semblait m'attendre pour me servir de passe-temps. Je prends un volume, j'ouvre, je lis debout. On arrive : une, deux, trois femmes. Que lisez-vous donc là si attentivement? me demanda Mme de Bouflers, à qui j'avais fait comme aux autres une petite révérence sans me déranger de ma grave occupation. Venez, venez nous faire part de votre jouissance.

J'obéis à cet ordre du trio; j'entame un chapitre. Je vais, je vais; on m'écoute. C'étaient des préceptes sur l'art théâtral. Voilà qui va bien; mais tout à coup vient une anecdote un peu suspecte que j'entame sans défiance d'abord, ensuite je m'effraye, enfin je m'arrête. Il était temps, en vérité; l'alarme était au camp, et à tel point que la bonne Mme de Bouflers s'écria : Mon Dieu, quelle horreur! Je me félicitais intérieurement de ma prudente réserve, lorsque, la curiosité l'emportant sur l'indignation : Eh bien, eh bien, continuez donc, dit-elle. Et nous de rire. Tout le reste du jour il ne fut question que de la naïveté de Mme de Bouflers et de ma pruderie.

Pendant mon séjour à Epinay, les visiteurs affluaient, soit du village, soit des environs, soit de Paris même. Mme de Luxembourg avait une jolie maison située tout près de notre case; elle nous amenait souvent sa société, et ce fut ainsi que je connus la princesse de Bauffremont, si remarquable par sa céleste figure, si respectable par sa conduite sainte. Toute occupée d'œuvres de charité, elle se donnait aux pauvres comme à Dieu, avec un zèle et un abandon charmants. On la vénérait en l'admirant. Elle prenait le cœur tout entier ; il n'y avait pas un doux sentiment que n'inspirât cet ange qu'on appelait princesse, pour lui donner un des noms de la terre qu'elle honorait de sa présence. Je l'ai revue depuis, j'ai fait partie des heureux qui fréquentaient sa maison ou son sanctuaire, et ne l'ai jamais trouvée inférieure à elle-même.

La vie de famille qu'on menait à l'hôtel de Montmorency rappelait les habitudes des vieux temps. On se sentait là dans la compagnie des descendants de nos premiers barons chrétiens. Cette foule de tableaux représentant une longue lignée de grands hommes qui, de siècle en siècle, avaient contribué par leurs talents et leur valeur à fonder, soutenir, élever au faîte de la gloire notre grande monarchie ; ces formes de dignité sans morgue dans la représentation ; ce sentiment de respect pour soi-même afin de ne pas déchoir dans l'opinion d'autrui ; cet assemblage des mœurs traditionnelles de la vieille Gaule sympathisant, par exception, avec les manières élégantes de la France nouvelle, offraient je ne sais quoi de piquant et d'imposant à la fois qu'on ne trouvait point ailleurs au même degré ni avec le même éclat.

Mais je m'oublie au milieu de ce monde d'élite. Et comment ne pas s'y oublier? Quand je revins à Paris, ce fut pour y tomber malade, mais malade à tel point que mon médecin me crut perdu. Je me doutai aussi du petit malheur qui me menaçait, mais je pris mon parti en homme qui n'a rien de mieux à faire. La mort ne vint pas. Je ne fus malade que quinze jours. Pour ma convalescence, elle dura si longtemps que l'air des Pyrénées me fut ordonné. Je me déterminai au voyage. Mme la duchesse d'Uzès, dont les amis étaient semés sur la route du

Midi, voulut me mener, et nous allâmes de châteaux en châteaux nous promener sur ces superbes montagnes, dont je vous épargne la description. Après avoir traversé Tours, Poitiers, Angoulême, Bordeaux, il nous restait à visiter, en revenant, Blaye, la Rochelle, Bourbon-Vendée, Nantes, dont nous admirâmes les monuments et les sites; puis, de retour à Paris, mal rétabli encore, voici ce qui m'y advint :

Immédiatement après mon débotté, je m'empressai d'aller embrasser un académicien de mes amis, homme d'esprit, de sens et de goût, qui manqua tout net de ces trois qualités, comme vous allez voir. Dans la conversation, il me dit d'un air mystérieux : Savez-vous que M. de Préameneu est mort? — Oui, lui répondis-je. — Eh bien, sa place devient vacante. Pourquoi ne la postulez-vous pas? — Oh! pourquoi? parce que je reconnais mon insuffisance. — Bon! bon! fausse modestie. — Non, ce n'est point fausse modestie, c'est conscience. — Vous ne vous rendez pas justice; il faut vous présenter. — Moi? — Vous. — Je n'aurai jamais une telle audace. — Il faudra donc vous faire violence. — Je ne crois pas que l'Académie y pense. — Peut-être. Là-dessus nous nous séparâmes.

Le soir il m'écrivit qu'il avait délibéré avec ses confrères, qu'il leur avait parlé de moi, que j'étais accepté par eux, et que mon élection était assurée. En effet, il y avait pour moi dix-huit voix, et douze seulement en faveur de mon concurrent. Me voilà donc, à l'en croire, académicien *in petto*. En sortant de la réunion, le duc de Lévis va chez le Roi, qui lui demande quel est le choix auquel on s'est arrêté. Mon nom est prononcé. Le Roi réfléchit un moment; puis il dit : C'est bien; mais Mathieu de Montmorency avant tout. Sur ce dernier mot, mes amis, instruits par le duc, ne savent plus que faire. On garde le silence, on n'ose me mettre au fait. J'attends des nouvelles qui n'arrivent pas; je patiente plusieurs jours; enfin je me détermine. Me voilà chez mon patron Auger, que je trouve au coin du feu avec son ami M. Droz. Ma vue les déconcerte; ils bégayent des paroles sans suite, ils s'embarrassent, et moi je commence à me douter de mon petit désappointement.

Tout à coup le bon M. Droz rompt la glace. Tenez, me dit-il, vous nous voyez extrêmement embarrassés, et ce n'est pas sans raison. Apprenez ce qui se passe. Aussitôt il me révèle le secret de mon ajournement prononcé par une bouche auguste. Nous n'en sommes pas moins décidés, ajoute-t-il, à passer outre. Vous avez notre parole, nous devons la tenir, et nous la tiendrons. — Oui, oui, reprit Auger, comptez sur nous; on fera entendre raison au Roi.

Riez-vous, Messieurs? leur répondis-je gaiement. Là, voyons, à votre avis, aurais-je bonne grâce à lutter avec un concurrent tel que celui qu'on m'oppose? Et encore qui me l'oppose? Le Roi. Non, non, je n'aurai pas la fatuité d'engager un combat trop inégal. Si j'en venais là, je me donnerais à moi-même un terrible démenti; car je me rappelle un mot de moi au duc de Laval. Nous étions, lui grand seigneur, et moi littérateur chétif, assis l'un à côté de l'autre dans un bal chez Madame d'Osmond. Nous causions avec vivacité sur les affaires publiques, lorsqu'une jolie femme arrive bruyamment, fend la foule et vient jusqu'à nous, cherchant une place que nos galants Français d'aujourd'hui ne songeaient pas le moins du monde à lui offrir, plus occupés de leurs aises que des siennes. M. de Laval, homme d'une autre nature, allait réparer leur tort en donnant son fauteuil, lorsque je l'arrêtai par le bras en lui disant à l'oreille :

Ah ! Monsieur le duc, qu'allez-vous faire ? Il ne faut jamais qu'un Montmorency lève le siége. Et je mis sur-le-champ le mien à la disposition de la nouvelle venue.

Ma citation eut tout le succès possible auprès de mes deux amis, qui consentirent, mais non sans regret, à m'abandonner jusqu'à nouvel ordre. Mon désistement volontaire les soulagea pourtant d'un grand fardeau. Ils allèrent à M. de Lévis, M. de Lévis au duc Mathieu, qui, touché de mon procédé, me fit dire par le comte de Langeron qu'à la première vacance tous ses amis m'apporteraient leur suffrage en reconnaissance de mon procédé ; sur quoi je répondis : Point de simonie ; je laisse à chacun son libre arbitre, content d'avoir fait ce que m'ordonnaient la raison et la justice. En effet, le seigneur duc, en sa qualité de gouverneur du duc de Bordeaux, avait tout droit au fauteuil, d'après les *us* académiques.

Le Roi, de son côté, instruit de ma conduite, eut la bonté, quand je me présentai quelques mois après pour solliciter la place vacante par la mort du marquis d'Aguesseau, de cabaler, à la lettre, pour moi. J'ai su qu'il avait gagné trois voix à ma cause, et que Messieurs Delaplace, Lainé et Lally-Tollendal me portaient *per fas et nefas*. Le croirait-on? J'eus la bonhomie d'être affligé de cet embauchage. Je n'aime pas les coups d'autorité, petits ou grands. C'était bien assez que je commisse le péché d'orgueil en me présentant, sans aller encore mériter le reproche de cabaleur en me livrant au démon de l'intrigue.

Le modeste trône de M. d'Aguesseau me fut disputé par deux hommes de mérite, M. de Barante et M. Lebrun. Leurs titres valaient mieux que les miens, mais mes prétentions étaient plus appuyées que les leurs. Le nombre des boules l'emporta, et je fus nommé. J'avoue qu'en voyant l'auteur des *Ducs de Bourgogne* me présenter le combat, j'éprouvai une vive tentation; je voulus lui céder le terrain. J'allai même consulter sa parente Madame de Vintimille, mon oracle habituel, pour lui demander ce que je devais faire. L'oracle me défendit de reculer : j'obéis. On sera sans doute étonné de mon peu d'empressement à occuper ce fauteuil si brigué par les plus grands comme par les plus petits; mais que voulez-vous? J'étais encore dans cet état de souffrance et de faiblesse qui ôte toute énergie et toute initiative à l'âme. Je ne courais pas de moi-même vers le fauteuil, je m'y laissais pousser, plus sensible au zèle de mes amis que touché des honneurs littéraires. Et d'ailleurs, comme je l'ai dit, mon bagage de lauriers ne me paraissait pas assez considérable pour justifier mon ambitieuse candidature. Poursuivons.

Mon introduction dans le sanctuaire académique me procura la bienveillance de MM. Daru, de Tracy et de Ségur : ce fut là le résultat qui me flatta le plus. M. de Ségur surtout me prit tellement en affection, qu'il me mit de tous ses dîners et de toutes ses soirées. Veuf et triste, il réunissait chez lui une compagnie peu nombreuse, mais triée. On ne s'entendait pas mieux que l'ancien grand maître des cérémonies à tenir salon. Sa table n'était pas aussi brillante que sa conversation; si les événements politiques n'avaient pas renversé la nappe, du moins ils l'avaient dégarnie; mais qui pensait à cela quand l'aimable et gracieuse causerie de l'amphitryon nous attachait des heures entières à cette table où les bons mots suppléaient les bons vins, où le matériel de la vie paraissait si indigne d'attention, les besoins de l'intelligence étant si ingénieusement satisfaits? Nous n'avons pas longtemps conservé, par malheur, l'un des derniers modèles de l'urbanité française. Il avait le tort de ne pas se soigner assez. Je le lui reprochais un jour en lui disant : Mais songez donc que vous ne vous appartenez pas ; vous êtes une propriété nationale. Il est mort, laissant un vide véritable dans le monde poli. Ses mémoires sont d'un ton exquis ; ils n'ont qu'un tort, leur brièveté. Je lui en demandai la raison ; il me fit une réponse que je ne rapporterai pas : c'est la seule fois que je ne l'ai pas entendu parler bon français.

La guerre entre partout, même dans les académies. Elle vint tout à coup troubler la nôtre à propos de cette loi d'amour qui n'engendra, comme on sait, que la haine. Le premier corps littéraire de la France crut qu'il devait soumettre au Roi quelques observations, dans son intérêt autant que pour l'honneur de la pensée, sur un projet qui lui semblait dangereux, mal conçu et, de plus, inexécutable. En conséquence, la majorité de la compagnie nomma une commission chargée de composer une adresse à notre protecteur naturel : là étaient déduites les objections contre le *fœtus* ministériel. Cette adresse, faite et envoyée dans les formes voulues, ne fut pas accueillie avec faveur. Nos commissaires perdirent les places qu'ils occupaient : la colère s'en mêla, les têtes s'exaltèrent. Je vis le moment où le plus saint des devoirs allait être proclamé parmi nous ; mais heureusement nous avions pour directeur un Daru, c'est-à-dire un sage, qui ne s'avisa point de prononcer impérieusement le *quos ego!* Il n'eût fait que soulever davantage les flots courroucés ; il se contenta de nous répéter : *Pax vobiscum*, et tout rentra dans l'ordre. Les turbulents se turent ; l'adresse ne fut point publiée, comme le demandaient certains meneurs ; le projet de loi lui-même rentra dans les cartons du ministère de la justice. On fit des feux de joie sur les boulevards, on tua des gendarmes. M. de Châteaubriand, qui avait parcouru le théâtre de ces saturnales, me dit : J'ai cru voir repasser la révolution ; et j'aurais pu lui répondre : C'est vous qui l'avez remise en selle ; car il avait été le premier agitateur de notre compagnie, très-inoffensive de sa nature.

Quoi qu'il en soit, à peu de temps de là, nous eûmes une élection à faire, et elle fut faite par l'esprit de parti, qui, du moins cette fois, ne fut pas aveugle. Royer-Collard, le chef des doctrinaires, le général de l'opposition à la chambre des députés, devint membre de l'Académie française, à l'universalité des suffrages : plusieurs de nos confrères n'étaient pas venus à la séance, de peur d'orner son triomphe par la défaite de leur candidat resté anonyme.

Qui devait aller soumettre à la sanction du Roi le choix de la compagnie? C'était moi en ma qualité de directeur. Je me rendis donc aux Tuileries, assez inquiet sur l'accueil qui m'attendait, ne craignant pas un refus formel, mais certain que l'approbation serait gâtée par plus d'une observation critique. Je me trompais. Le roi me reçut avec une grâce tout à fait encourageante, parlant du nouvel élu en termes mesurés, mais obligeants. Je n'ai point, me dit-il, d'objection contre ce choix-là. Je me rappelle que M. Royer-Collard a été royaliste avant beaucoup d'autres, et je veux oublier le reste.

Aussitôt je reprends : — Sire, je reconnais bien là Votre Majesté; vous ne voulez voir en France que des Français. Le Roi alors, me regardant d'un air charmant : — Entre nous, me réplique-t-il, ses discours ne sont pas ce qu'il faudrait. — Ah! Sire, si ses discours ne sont pas toujours à votre gré, je réponds de ses sentiments. — Bon! bon! je consens à le croire; mais à coup sûr il ne pense pas comme *nous* (1). Et votre Académie, savez-vous qu'elle était un peu sortie de ses attributions?—Me

(1) Textuel.

permettez-vous, Sire, d'essayer sa justification devant le Roi? C'est à elle que je dois l'honneur d'être aujourd'hui en présence de Votre Majesté; je ne saurais trop faire pour lui en marquer ma reconnaissance. — Dites, dites, je ne demande pas mieux que de vous entendre.

— Eh bien, Sire, repris-je, oserai-je représenter au Roi que l'Académie, en se permettant la démarche qu'on lui a reprochée, n'avait nullement l'intention de lui donner une indiscrète publicité. Sa position, ses rapports avec les hommes de lettres et les imprimeurs lui avaient procuré des connaissances précieuses, qui pouvaient éclairer l'obscure question qu'on discutait; elle a cru qu'il était de son devoir de déposer aux pieds de son auguste protecteur son tribut d'expérience et de réflexions; elle a eu tort, vous l'avez condamnée, elle s'est condamnée elle-même; vous lui avez dit de se taire, elle a gardé le silence, et ce silence vous a prouvé sa soumission.

Un sourire de satisfaction se manifesta dans les yeux du Roi. C'est vrai, c'est vrai, dit-il d'un air épanoui; depuis ce temps-là je n'ai eu qu'à m'en louer; mais il est fâcheux qu'on m'ait forcé à être sévère à l'égard de trois écrivains que j'estime, qui ont rendu des services à la monarchie, et qu'il a bien fallu punir. — En vérité, Sire, je crois que Votre Majesté ne s'y est pas déterminée sans peine. Lancer le tonnerre sur des rossignols! Est-ce que le Roi n'en a pas eu quelque regret? — Oui, oui, mais tout l'exigeait. Au surplus, cette loi, qu'en pensez-vous, là, *entre vous et moi?*

— Sire, puisque vous me permettez de m'expliquer sur ce point délicat, j'oserai vous dire qu'elle n'atteignait pas au but, à force de vouloir frapper partout. Je crois qu'on aurait dû se borner à réprimer la licence des journaux, et alors on eût trouvé, non-seulement dans les deux chambres mais encore dans la France, un assentiment général. — Il est certain, dit le Roi, que cette licence devient de plus en plus intolérable. Je leur ai deux fois accordé la liberté qu'ils désiraient, et vous voyez. A mon avénement j'ai cru qu'ils me sauraient gré de ce bienfait; je m'étais étrangement abusé! Que faut-il faire maintenant? Car enfin une loi répressive est nécessaire, vous ne le nierez pas. — Sire, elle est aussi indispensable qu'infaisable. — Comment? — Du moins, j'en ai peur, Sire. Les Français, auxquels fut accordé l'exercice d'une liberté illimitée, ont pris cette faculté pour un droit; ce qu'on leur retranchera, ils le regarderont comme un vol. C'était en créant la charte qu'il aurait fallu promulguer aussi les lois qui en expliquaient ou en modifiaient les dispositions. Maintenant, il est bien tard pour apporter des entraves à la liberté des écrits; maintenant, tout devient obstacle; et pourtant, je le reconnais, on ne peut pas laisser l'autorité désarmée. — Non, sans doute : aussi je compte bien faire adopter l'an prochain une loi qui arrête les désordres de la presse. Ah çà, vous entendez, tout ceci entre nous.

Ensuite, le Roi, qui était en train de faire des confidences, me parla de plusieurs plans politiques qui roulaient dans sa tête ou dans celles de ses ministres, me demandant mon avis sur toutes ces matières avec tant de sérieux qu'il ne tint qu'à moi de me regarder comme un homme à portefeuille. En conscience, j'étais obligé, tant il montrait de bonhomie et d'expansion, de me tenir en garde contre moi-même; car sa familiarité douce et franche me gagnait tellement que j'avais peur de m'oublier et de faire reparaître le Roi. Enfin il me ramena au premier sujet de notre conversation, en se plaignant des troubles occasionnés par le retrait de sa triste loi d'amour. Cinquante personnes blessées! s'écriait-il avec une irritation bien naturelle et bien juste. Je tâchai de l'apaiser en lui citant l'exemple des Anglais, que nous avions le malheur d'imiter un peu trop. — Et très-mal, répliqua le Roi. Moi, j'ai vu Londres; je sais comment les choses s'y passent, et je puis attester que si des désordres se manifestent un jour, le lendemain tout est tranquille. — Mais, Sire, il me semble que le lendemain nous sommes aussi rentrés dans un calme parfait.

Grâce aux mesures qu'on a prises, s'est écrié Charles X. — Hélas! Sire, Votre Majesté sait mieux que personne qu'à la suite des révolutions il reste toujours un grand nombre de mauvais esprits, d'hommes ardents, de caractères aventureux, qui cherchent à exploiter jusqu'à l'allégresse publique au profit de leurs passions, et qui parviennent quelquefois à réussir un moment. Mais il faut séparer d'eux la bonne France qui vous est dévouée, qui professe des sentiments royalistes, qui met la soumission au Prince et aux lois dans le rang de ses premiers devoirs et qui ne manquera jamais à votre appel. Sire, je suis de cette France-là. — Oh! je le sais bien, me dit vivement le Roi avec un accent qui me remua tout le cœur. Après ce mot il me renvoya, en me répétant à mi-voix : Tout ceci entre nous, vous comprenez.

A peine de retour chez moi, j'entends annoncer M. Royer-Collard. Curieux de connaître le résultat de ma visite aux Tuileries, il se hâta de me demander où en était son affaire, et si le Roi avait ou n'avait point fait de façons pour le placer définitivement au rang des quarante immortels. Je ne lui cachai rien de ce qui le concernait, mais je me tus sur le reste. — Voilà bien le Roi, me dit-il; excellent quand il est livré à lui-même. Savez-vous pourquoi je ne vais jamais au château? C'est que je crains l'ensorcellement. Oui, cet homme a je ne sais quoi de si affable et de si ouvert, que, bon gré, mal

gré, on s'y laisse prendre, et on ne s'appartient plus.
— Et vous croyez donc que toutes ces démonstrations séduisantes ne sont qu'un jeu joué? — Non, mais je défends ma liberté. Voyez où en seraient les hommes de valeur, s'ils allaient se mettre dans la dépendance de la garde-robe. — On peut être obéissant sans être esclave. — A quoi bon faire sa cour à des rois, quand on peut converser d'égal à égal avec ses amis? — Oh! si c'est une affaire de cœur, je n'ai rien à dire. — Que pensiez-vous donc que ce fût? — Peut-être une affaire d'orgueil.

Il se leva brusquement en me remerciant d'avoir si bien soutenu sa cause, sans le compromettre et sans l'avilir. Je le reconduisis par honneur jusqu'à la porte de la rue, ce qui lui parut tout simple. Un philosophe n'est-il pas plus qu'un roi? — Adieu, Monsieur, lui dis-je en refermant ma porte, jusqu'au revoir *chez vous*; car je désespère de retrouver Platon dans le palais de Denis.

Quand je fus seul, je me demandai avec inquiétude si je ne l'avais pas blessé par un langage un peu vif, et s'il convenait bien à un jeune homme de faire la leçon à son doyen. Les remords s'emparèrent alors de moi, et je n'eus point de repos d'esprit tant qu'il ne me fut pas prouvé que cet illustre penseur ne me gardait point rancune, comme je devais le craindre. De la rancune! lui! Jamais je ne l'ai vu sans éprouver les effets de sa bienveillance. Elle allait même si loin, et je la méritais si peu, que souvent j'en étais confus. Honneur à sa mémoire! respect à ses vertus!

Il est certain (j'en reviens à Charles X) qu'il faut bien du talent aux rois pour parvenir à déplaire; mais ce charme qui accompagnait toujours le nôtre, ne tenait point au prestige de la royauté; il le devait à ce besoin d'aimer et de se faire aimer, qui donnait à toutes ses paroles un accent que l'art et l'étude ne sauraient trouver. Je l'ai vu souvent au milieu de sa cour, dans les cérémonies d'apparat, et je me suis convaincu que jamais la grâce n'a manqué à ce juste. Son frère même, Louis XVIII, séduit comme les autres, lui disait un jour : Mais, mon frère, qu'est-ce qui vous souffle tous les mots heureux qui vous échappent? — Eh! Sire, peut-on mal parler quand on vous loue, par exemple? Ce n'est pas mon expression qui plaît, c'est mon sujet qui est heureux.

S'il est un roi qui ait su mettre le monde à son aise devant lui, c'est bien ce bon, cet attachant monarque. Je me souviens encore de la complaisance qu'il mit à m'écouter lorsque je lui fus présenté après ma réception dans le sénat littéraire. Le directeur, qui devait procéder à cette formalité d'étiquette, n'eut pas plus tôt fait avancer M. Guiraud et moi, les deux derniers élus, que Charles X engagea la conversation avec un enjouement et une vivacité qui nous annonçaient l'ami des lettres et non leur protecteur.

On traita divers sujets sérieux et badins. Enfin, il fut question du théâtre, lieu commun inévitable en présence de deux tragiques. Le Roi, qui avait eu du goût pour Mademoiselle Contat, ne manqua pas cette occasion de faire l'éloge de cette admirable actrice ; et puis vint naturellement la critique des acteurs nouveaux. Quel mauvais ton! quel défaut d'élégance! quelle ignorance de tous les usages! Ah! la politesse et la grâce sont perdues depuis la retraite de Mademoiselle Contat. — Sire, sire, m'écriai-je, Votre Majesté oublie Mademoiselle Mars. — Oui, oui, vous avez raison ; celle-là encore, elle est la conservatrice des bonnes traditions ; mais après elle, rien. — Aussi est-ce son désespoir, Sire. Elle a surtout un interlocuteur obligé, M. Damas, qui l'embarrasse cruellement par la brutalité de son jeu. Elle m'en parlait l'autre jour presque en pleurant; et moi je lui répondais : Tâchez de vous passer de lui. Il y a là un jeune acteur doué d'esprit et d'intelligence, formez-le, faites entrer votre âme dans cette enveloppe-là, et vous verrez. Oh, bon! réplique-t-elle; croyez-vous qu'il m'écoute? Hier j'ai voulu lui donner un conseil. Savez-vous sa réplique? Mademoiselle, je n'ai pas besoin de leçon : ici nous sommes tous égaux. — Hélas! ai-je dit à la pauvre actrice, il ne faut plus songer à ce drôle. S'il croit à l'égalité, il fera un mauvais marquis. — Et le Roi, que fit-il? — Le Roi se prit à rire.

A travers les tourbillons d'affaires, de devoirs, d'occupations et de frivolités qui m'entraînait, ma santé, toujours avariée, continuait d'inquiéter mes amis et d'embarrasser mes médecins. Plus embarrassé que ceux-ci, moins inquiet que ceux-là, je me trouvais entre Monsieur Tant-pis et Monsieur Tant-mieux, dont l'un me disait : Faites ceci, l'autre : Faites cela; et je ne faisais rien de peur des bévues. Un beau matin entre dans mon cabinet Madame d'Hilliers, que nous avons laissée à Saint-Germain, et qui me tient ce petit discours plein d'une éloquence féminine : Laissez-moi là vos donneurs de juleps; venez respirer l'air de nos champs, l'odeur de nos jasmins. Nous sommes tous aimables chez moi, nous avons tous de l'esprit : nous vous promènerons, nous vous amuserons. Nous vous rendrons la vie si douce et si agréable, que vous serez guéri par le plaisir au lieu d'être tué par les drogues. Voulez-vous plus? Vous aurez plus. Nous vous ferons dîner sous une tente de fleurs, dans une atmosphère de parfums. Vous mangerez des fraises en cueillant des roses. Vous pourrez vous croire au banquet de Platon, et vous aurez mieux qu'Aspasie; car je serai là. Comment répondre à ces folies charmantes? En riant et en allant avec celle qui les débitait si gaiement.

Je suis installé dans son bel hôtel de Saint-Germain. On m'y donne une chambre délicieuse, d'où je voyais se développer devant moi une magnifique campagne, semée de bois, entrecoupée de rivières, avec des prairies pour tapis et des aqueducs pour couronnement. Quand je me levais, je courais à ma fenêtre pour jouir de cet éblouissant panorama, qui me révélait chaque jour de nouveaux aspects, de nouvelles beautés ; et, après m'être rassasié d'admiration, je remerciais la nature, à qui je devais ces jouissances peu coûteuses, mais si douces, si pures, que toute ma journée s'en ressentait ; tant je supportais légèrement la vie, moi qu'elle écrasait de son poids quelques jours auparavant!

Enchantée de ma demi-résurrection, notre brillante comtesse triomphait. Pour achever de me ranimer, elle mettait partie de plaisir sur partie de plaisir ; une fête n'avait pas plus tôt cessé que je voyais naître une autre fête. Elle nous donna la comédie ; elle fit venir Potier, l'acteur à la mode, dont le jeu nous charma comme toujours, mais dont la conversation fut un rabat-joie. Il n'avait ni maintien ni mesure. Il jetait les trivialités à travers les jolis mots de la compagnie ; il était familier sans aisance et fat sans grâce. Nous en eûmes bien vite assez : on le congédia, comme le sage de la Grèce éconduisait les poëtes en les couronnant de fleurs ; pour lui, il eut encore un supplément de faveur auquel il ne fut pas insensible : il partit le rameau d'or à la main.

Parmi les hôtes et les hôtesses de ce palais d'Armide en raccourci, figurait assez singulièrement une femme très-connue et trop connue, une femme sans esprit mais non pas sans bonté, à qui ses flatteurs rappelaient, ce que lui taisait son miroir, qu'elle fut belle, très-belle, et qu'elle enchaîna plus d'un cœur, notamment celui du grand chambellan, dont elle devint la femme quand il n'en voulut plus pour maîtresse : en un mot la princesse de Talleyrand. Cette ci-devant merveille était alors chargée d'un énorme embonpoint ; elle avait peine à marcher, peine à digérer, peine à causer, peine à tout. On aurait dit que la vie, cette vie dont elle avait fait quelque chose de délicieux, devenait pour elle une tâche de fille repentie ; elle en ramassait péniblement les restes en regrettant feu sa jeunesse. Vous comprenez que, peu spirituelle et le soupçonnant, elle ne parlait guère ; mais quand elle nous contait quelques-uns des mille tours d'adresse de son mari, l'habile prestidigitateur, elle ne laissait pas de nous intéresser. C'est elle de qui le malin Michaud, mon confrère, disait si drôlement : Voilà pourtant la femme d'un prince et d'un évêque qui n'a de place ni à la cour ni à l'église.

Dans nos courses à travers la forêt de Saint-Germain, notre calèche se trouva vis-à-vis celle de la duchesse de Duras, malade encore comme moi, et comme moi retirée dans ce beau séjour. Elle me gronda : je n'avais pas songé à elle et je la savais établie là. Dès le lendemain je réparai mon tort. J'allai présenter le spectre à sa porte. Son valet de chambre recula. Il prit ma tête pour celle de Méduse. Quand je me fus nommé, il dit au serviteur qui m'accompagnait : Quoi, c'est lui ! mais je ne l'aurais jamais reconnu. Que lui est-il donc arrivé ? Il est toujours flatteur de produire une telle sensation.

Je trouvai la pauvre duchesse dans des douleurs cruelles. Atteinte d'un mal qu'on n'osait qualifier, et qui l'a conduite au tombeau, elle conservait tout le charme de son esprit, mais les papillons noirs l'obsédaient ; elle ne rêvait que catastrophes. Peu de personnes fréquentaient alors son salon. Une sévère consigne en éloignait la foule.

Je dînai là entre elle, sa fille aimable et bonne, la duchesse de Rauzan, le vicomte de Flavigny et deux autres personnes sans nom.

Je me souviens qu'on parla beaucoup d'un homme de grand talent (1) dont la tristesse et la sauvagerie formaient une barrière entre lui et le reste du genre humain. L'un des êtres les plus supérieurs en était le plus ennuyé. Tel est souvent le sort de l'homme de génie, disait Madame de Duras, et je sais pourquoi : il n'aime pas. D'où vient qu'il se refuse au plus doux comme au plus naturel des sentiments? C'est qu'il a laissé entrer l'orgueil dans son âme. Convaincu que pas un être ne le vaut, il dédaigne son espèce, il ne voit que lui sur la terre, il la remplit de son *moi*. Et, victime de cette superbe superstition qui le porte à s'adorer soi-même, barricadé, emprisonné de ses propres mains dans sa gloire, comme dans une tour inaccessible, il éprouve tous les supplices de l'isolement. L'ennui s'empare de ses journées; le dégoût s'étend sur tout ce qu'il touche : la nature a perdu pour lui ses grâces, ses parfums, ses couleurs : la société ne lui montre que des automates, incapables de comprendre les conceptions de sa haute intelligence. S'ils osent porter sur lui un jugement, il sourit de pitié : il ne leur permet que l'admiration. Accourez, nations, pontifes, rois, prosternez-vous, chantez dans toutes les langues les louanges du grand homme. Qu'on l'entoure de tributs, qu'on le sature d'encens. Est-ce assez? Son front ne se déride point, son sourcil reste toujours froncé. Dégoûté et non rassasié, il se fatigue de ces hommages et il en veut encore. Plus vous l'élèverez, plus sa tristesse et son dégoût augmenteront,

---

(1) Qu'on ne se figure pas qu'il était question de M. de Chateaubriand. Il fut toujours pour Mme de Duras l'objet d'un culte sacré.

puisque chacun des degrés de son ascension nouvelle le séparera davantage de la foule. Autour de lui tout lui a paru ruine, poussière, néant : au-dessus de lui il ne voit que Dieu, et il le nie pour ne pas reconnaître une essence plus sainte et plus respectable que la sienne; ou s'il l'avoue, c'est pour l'envier. Vous qui, en applaudissant à ce merveilleux génie, trouviez son sort si désirable, qu'en pensez-vous aujourd'hui? Vous voyez l'incurable plaie ouverte au fond de son cœur, le cercle de tourments où il tourne sans cesse, le vide qui se fait dans l'espace qu'il parcourt entre son berceau et sa tombe. Hélas! le secret de sa vie vous est révélé. *Le malheureux! il n'aime pas.* Quelle punition de son orgueil!

Tous les auditeurs applaudirent à cette tirade improvisée par le noble auteur d'*Ourika*. Et moi qui me sentais électrisé, je me permis d'ajouter ces paroles aux siennes : Comparez, dis-je, à ce pauvre grand homme le plus obscur des citoyens. Celui-ci n'a point fait divorce avec la nature ni avec la société, et la société comme la nature lui apporte mille voluptés secrètes. Il ne sait rien, mais il jouit de tout. Son visage sourit à l'enfant qui joue avec ses petits compagnons; à la femme qu'il voit allaiter son nouveau-né; au vieillard qui, du pied de la tombe, bénit sa nombreuse famille; au magistrat oracle des lois qu'il vénère; au guerrier défenseur de la patrie qu'il chérit; au sage dont l'expérience est le trésor de son siècle, qu'il préfère à tous les autres siècles. Une promenade paisible au bord des fontaines par un vent frais du soir, dans un mois d'été; un concert délicieux, où des voix humaines, en faisant vibrer toutes ses fibres, remuent au fond de lui-même des sensations ignorées; un entretien grave ou aimable avec l'amitié; une lecture instructive ou amusante dans le silence du cabinet, sont comptés par lui au nombre des bienfaits de la Providence. Il est heureux d'un mot bienveillant de ses semblables; il sent couler sur ses joues les larmes de la reconnaissance aux preuves de dévouement d'un serviteur. Devant les yeux de sa raison, chaque homme a un degré d'utilité ou de mérite dont il le remercie. Rien ne lui paraît avoir été créé sans but par le Dieu bon et miséricordieux. Il se croit placé dans le monde pour aider et être aidé, pour donner et recevoir, pour consoler et être consolé à son tour. S'il plie sous un fardeau, il sait quelle main l'en soulagera. S'il a besoin d'un conseil, il nomme sur-le-champ celui auquel il pourra le demander. Comme il va au-devant de tous, tous vont au-devant de lui. Un doux échange de procédés, de soins, d'affections, lui fait regarder la vie avec joie et le monde avec complaisance. Il désire peu; que souhaiterait-il? Il porte en soi le principe de toutes les félicités : il aime. Quel dédommagement de la médiocrité !

Chacun fut de mon avis. Nous sortîmes de table sur ces réflexions philosophiques, pour aller prendre le café, qui a bien aussi sa philosophie. Cette soirée fut la dernière que je passai avec la malheureuse duchesse, qui partit peu de temps après pour Nice, où une déplorable mort mit fin à des jours qui devaient être plus longs, placés comme ils l'étaient sous la protection de la gloire et des vertus.

Rentré dans le salon de ma joyeuse comtesse, j'y retrouvai la troupe des ris et des jeux, même des jeux innocents; car on y jouait avec des gardes du corps. Ma présence ne dérangea rien. Je pris part à ces divertissements décents, ainsi qu'on le pense bien, et on m'imposa une pénitence, ce qui ne pouvait manquer, puisque j'avais à retirer un gage. Cette pénitence fut remise au libre arbitre de Madame d'Hilliers, qui me dit tout bas dans l'oreille : C'est demain que je vous l'indiquerai. Je fus intrigué de ce langage mystérieux, mais il ne me tourmenta guère : tout de sa part pouvait être singulier, mais rien ne devait causer d'inquiétude. Le lendemain matin, je me présentai chez elle dès qu'elle fut visible; elle me reçut avec son enjouement ordinaire. Eh bien, me criat-elle du plus loin qu'elle m'aperçut, avez-vous deviné la peine qui vous attend? J'avouai que non. Ah! ah! savez-vous qu'il ne s'agit de rien moins que de me faire votre confession? Oui da! Point une confession générale, je ne suis pas si exigeante, mais seulement celle de vos premières amours. Tout le monde a une première passion; je veux l'histoire de la vôtre. — Eh! Madame, que demandez-vous là? Vous êtes dans l'âge où l'on reçoit des aveux, et non pas des confidences. — C'est au mieux, mais l'un n'empêche pas l'autre. Commencez par me satisfaire, et après nous verrons. Ma curiosité passe ma coquetterie. — Et qui vous a mis cette fantaisie dans la tête? — Est-ce qu'il y a dans cette tête que vous voyez autre chose que des fantaisies? J'ai celle-là aujourd'hui; ne me faites pas languir. Apprenez d'ailleurs que de tous mes amis vous êtes le seul qui ne m'ayez pas encore révélé les secrets de votre âme; il faut que cette anomalie finisse, car cela s'appelle une anomalie, n'est-ce pas? — Mais..... — Quoi, mais? — Devant votre société? — Ma société est partie. Ils sont tous allés à Paris pour affaires, et je suis seule. — Même sans Madame de Danrémont, votre fille? — Sans elle. Allons, voyons, parlez. — Si vous me promettiez une discrétion absolue? — Je vous la promets. — Vous l'exigez, là, tout à fait. — Je l'exige. — Et sera-ce à charge de revanche? Y aura-t-il réciprocité? — Oh! moi, ma confession sera bientôt faite. Je n'ai aimé personne, je me suis laissé adorer : voilà tout; c'était plus court.

Mentait-elle? ne mentait-elle pas? Je n'ai point voulu approfondir ce mystère. Allons, lui dis-je, puisque me voilà cerné, je me rends. Ecoutez-moi donc. Qu'il me soit seulement permis de vous dépayser en changeant les noms des lieux et des personnages de mon drame. — Accordé. — Bon! Je commence. Et je commençai :

Le premier objet qui éveilla mon cœur était une jeune Créole, belle et séduisante comme votre aimable fille. Elle possédait les mêmes dons; elle avait son âge, sa taille élégante et flexible, sa démarche noble et gracieuse. Des cheveux cendrés de la nuance la plus délicate couronnaient comme un diadème son front d'une transparente blancheur, et s'arrondissaient en boucles naturelles autour de ses joues rosées. Sa voix pénétrante vibrait dans le cœur aussi vite et plus profondément qu'aucune voix humaine. Ses grands yeux bleus, chargés d'une langueur mélancolique, ne se furent pas plus tôt arrêtés sur moi, que je me sentis disposé à lui consacrer ma vie.

Débarquée en France depuis deux ans, elle avait, par la révolution de Saint-Domingue (1), lieu de sa naissance, perdu son père, sa mère, sa fortune, toutes ses espérances d'avenir; et si des parents éloignés ne lui eussent offert un asile, la pauvre Armandine, isolée, abandonnée au milieu d'un pays dont elle ne connaissait pas plus les mœurs que les habitants, aurait peut-être péri en se débattant contre l'infortune. Chérie des êtres bienfaisants qui l'avaient recueillie, elle était devenue leur joie, leur parure, leur trésor. Ils la promenaient partout pour faire admirer ce phénomène d'outre-mer; et partout dès qu'Armandine paraissait, les têtes des hommes étaient tournées, les cœurs mêmes des femmes étaient conquis.

---

(1) J'avertis que cette jeune Créole n'a rien de commun avec les pupilles de Madame Sage.

J'avais un ami, Palamède, jeune homme sensé comme un vieillard, et dont la sœur, que je nommerai Apolline, brillait ainsi que lui par la raison. Leur mère, Madame de Tournai, femme riche et ennuyée, recevait indistinctement toute la ville de... pour voir si, parmi tant de gens spirituels, sots, aimables, ridicules, quelqu'un aurait le talent de l'amuser. Ce fut dans cette maison, toujours ouverte, que je rencontrai pour la première fois la jeune Créole. En l'apercevant, je restai ébloui; en l'écoutant, ce fut bien autre chose. Que disait-elle? Je n'en savais rien; mais l'expression touchante de son regard, les gracieux mouvements de sa bouche, les ondulations enchanteresses de sa voix qui me faisaient tressaillir à chaque minute, étaient des accompagnements si divins pour ses paroles, que je tombai dans le délire.

Quelle impression produisis-je, de mon côté, sur son esprit? Ce que j'observai n'eut rien de décourageant. On m'avait, sinon distingué, du moins remarqué. Plusieurs phrases, jetées comme au hasard dans la conversation, m'étaient arrivées par voie indirecte, mais rien ne m'empêchait de croire qu'on les avait envoyées à mon adresse. Qui me le persuada tout à fait? Un certain regard de côté, un certain geste inaperçu du gros des spectateurs, une inflexion de voix sans valeur pour les indifférents, mais significative et précieuse pour la partie intéressée : autant de témoignages d'une douce prédisposition à ce je ne sais quoi qui fait qu'on aime.

Le matin qui suivit cette délicieuse entrevue, je vis entrer dans ma chambre le sage Palamède, cet ami dont je vous ai parlé, ce fils de Madame de Tournai. Il paraissait sérieux et préoccupé. Après m'avoir serré la main, il s'assit à côté de moi, me regarda d'un air scrutateur, et me tint à peu près ce langage : — Eh bien, que penses-tu d'Armandine? Comment la trouves-tu? Charmante, répondis-je sans comprendre pourquoi il entamait si gravement un si gracieux sujet d'entretien. Il m'eut bientôt mis au fait. — Oh! oui; charmante, reprit-il; je l'aime.

Je fis un bond effroyable sur mon siége.—Tu l'aimes! m'écriai-je tout étourdi du coup. —Et je vais l'épouser, poursuivit-il.—L'épouser! autre haut-le-corps. Il ne s'aperçut ou ne parut s'apercevoir d'aucune de ces évolutions. — Dans trois semaines, continua Palamède, notre union sera célébrée. Les parents d'Armandine, d'accord avec ma mère sur tous les articles du contrat, pressent autant que moi l'instant de mon bonheur : il ne reste plus qu'à obtenir d'elle-même un aveu que j'ose espérer. Elle chérit ma sœur; elle témoigne le plus ardent désir de passer sa vie avec Apolline; elle n'a rien, je suis riche : que de raisons pour croire que ma proposition ne sera point repoussée! Je n'ai pas voulu que le plus important événement de ma vie se passât, mon cher, à ton insu. Voilà pourquoi tu me vois ici. — Tu l'aimes! répétai-je avec un hoquet convulsif. — A l'adoration! — Et tu l'épouses! — Si elle y consent. — Oh! elle y consentira, repris-je brusquement, la mort dans le cœur et le sourire sur les lèvres.— En ce cas, dit-il, félicite-moi. — Je te félicite, répondis-je prêt à défaillir. Il me pressa une seconde fois la main et partit.

Dès sa quatrième phrase, j'avais parfaitement compris le but de sa visite et le motif de sa confidence. Il était clair que mon goût un peu trop prononcé pour Armandine s'était manifesté aux yeux inquiets d'un amant, et que, pour couper court à mes espérances, il venait m'apprendre son prochain mariage. Cette révélation me consterna. Je fus dix jours sans paraître à l'hôtel de Tournai. Je craignais de revoir Palamède, sa mère, sa sœur, et surtout, surtout Armandine. Nous approchions du carnaval, époque destinée aux fêtes de la folie. Je ne songeais guère à participer à ces fêtes, lorsqu'un billet d'invitation de Mme de Tournai vint me jeter dans une affreuse perplexité. Refuser ! sur quel prétexte ? Accepter ! quel péril ! Je me déterminai au refus, et le lendemain j'étais au bal. Comment cela se fit-il ? Je n'en sais rien. Demandez compte aux amants des bizarreries de leur conduite.

A peine s'ouvrait-il, ce bal : on allumait encore les bougies ; la plupart des banquettes étaient vides ; quelques femmes erraient çà et là dans les salons ; une douzaine d'hommes politiquaient devant la cheminée de la principale pièce, tandis que les violons jouaient par anticipation des airs de contredanse au milieu du bruit des échelles qu'on enlevait et des tables de jeu qu'on dressait de toutes parts. En regardant assez stupidement ce spectacle, j'arrivai, de salle en salle, dans un cabinet situé à l'extrémité de l'appartement, et où se chauffaient deux femmes au coin d'un tout petit feu. O ciel ! que devins-je en reconnaissant dans une d'elles Armandine, Armandine elle-même sous le costume le plus bizarre mais le plus piquant ? Jamais ses charmes n'avaient tant brillé qu'en revêtant la veste couleur de suie et le bonnet enfumé du ramoneur, adoptés par elle avec une intention coquette qui ne m'échappa point. Hélas ! me dis-je en soupirant, ce n'est pas pour m'achever, c'est pour donner le coup de grâce à Palamède qu'elle a imaginé ce déguisement qui enlaidirait toute autre, mais qui lui prête tant d'agréments nouveaux.

A mon apparition subite son interlocutrice se lève et court à son danseur, qui la réclamait au milieu des groupes pour la valse. En effet, l'orchestre exécutait les premiers temps de cette danse légère, qui me procura le tête-à-tête le plus doux et le moins désiré, je vous l'assure. Vous n'avez pas l'idée de mon embarras sitôt que je me vis seul devant Armandine. Je restais là près de la porte, sans oser faire un pas ni dire un mot; partagé entre le désir de la fuite et le besoin d'un entretien, enchanté et désolé; disposé à tout et à rien. Dieu! que dans ces moments de perplexité nous sommes ridicules, nous qui nous vantons tant de notre imperturbable aplomb! Que notre mine est honteuse! que notre attitude est gauche! En m'apercevant dans la glace, je fus obligé de convenir du fait. Comment me tirer d'affaire? J'étais si novice encore en amour! Un sourire me sauva. Le sourire d'une femme est souvent un aveu, quelquefois une promesse, toujours un encouragement. Et quel effet il produit quand on a l'extrême bonté d'y joindre la parole! J'entendis celle d'Armandine.

— Qu'avez-vous donc? me demanda-t-elle de cette voix gracieuse qui remuait si puissamment le cœur. Ne me reconnaissez-vous pas? Ou bien vous fais-je peur sous ma nouvelle forme? — Peur! lui répondis-je tout rassuré; mais peut-être. — Singulier compliment! — Compliment!... dites reproche. — Comment? — Eh! n'aviez-vous pas assez de vos charmes sans employer ce nouveau moyen de plaire? — Si c'en est un, il m'a peu réussi près de vous. — Qui vous le prouve? — Votre hésitation à m'aborder. — J'attendais une autorisation. — Vous êtes bien timide. — Je n'ai pas le droit d'être confiant. — Et puis mon habit porte respect, n'est-ce pas?

Je souris à mon tour. Allons, voyons, ajouta-t-elle en me regardant d'un air à me faire pâmer de joie : nous sommes en carnaval, conformons-nous au temps, point de façons. Ne voyez plus en moi que le petit Savoyard, qui ne se contente pas d'enlever la suie des cheminées; il dit aussi la bonne aventure. Voulez-vous connaître la vôtre? — Je ne la connais que trop, repris-je avec un soupir. Tout mon passé que j'oubliais revint se dresser dans ma mémoire, je me sentis suffoqué à l'idée des devoirs terribles que m'imposait l'amitié.

Mon trouble déconcerta un peu Armandine. Vous aimez, me dit-elle en rougissant et en baissant les yeux. Je rougis comme elle, mais mes yeux ne se baissèrent pas comme les siens; ils se fixèrent sur ce beau visage avec des larmes de regret. Pourquoi me demandez-vous si j'aime? balbutiai-je à voix basse. Elle répliqua timidement : Est-ce vrai? vous aimez? — Trop vrai. — Quel mot du désespoir! On ne vous rend donc pas sentiment pour sentiment? — Je l'ignore. — Et vous n'avez pas cherché à le savoir? — Que me servirait cette découverte? l'honneur me défend d'aspirer au seul cœur qui m'ait révélé l'existence du mien. — L'honneur vous défend de chercher le bonheur? — Il n'est point de bonheur pour qui manque aux lois de la délicatesse. — L'objet de vos vœux en est donc indigne? — Ah! grand Dieu! tout au contraire. — Eh bien, que ne parlez-vous? — En parlant, je trahirais un ami, un ami bien cher, qui m'a confié le secret de ses feux, qui est tout près d'épouser celle que j'adore et que j'adorerai toujours. Dans ma cruelle situation, je n'ai plus qu'à me taire et à gémir. — Vous abandonnez bien vite et bien légèrement la partie. Et si cet ami n'avait point touché le cœur dont il se croit déjà le maître? — Que me dites-vous? — Si vous étiez le préféré? — Le préféré! Serait-il possible?... Mais non, non, je me trompe.—Parlez du moins, vous saurez votre sort. — Parler! Et le puis-je? Je suis lié par ma parole, j'ai promis de me sacrifier. — Et à qui avez-vous fait cette promesse? — A moi-même. — Mais celle dont vous prétendez être épris, avez-vous aussi promis à vous-même de la sacrifier?

A ce mot j'éprouvai une sensation inexprimable. Un épais rideau sembla se déchirer devant moi ; un monde nouveau s'ouvrit à mes yeux. Je me vis transporté soudain dans les délices d'un avenir de félicité dont il dépendait de moi de jouir à jamais. Je n'avais qu'à dire une parole ; la tentation était forte, j'y résistai. Apolline et son frère, qui nous guettaient, vinrent à mon secours ; nous rentrâmes tous quatre dans le bal, et la soirée finit sans qu'Armandine et moi nous eussions pu nous rejoindre.

J'avais gardé mon secret, j'avais triomphé de ma passion. Mais qu'il m'en coûtait ! que je m'en voulais de ma générosité ! que je regrettais, dans certains moments, de n'avoir pas cédé à l'abominable envie de me jeter aux pieds d'Armandine pour lui faire une déclaration en forme ! Ensuite je bénissais la circonstance heureuse qui m'avait sauvé d'une faiblesse indigne de moi. Au milieu de mes réflexions, des fluctuations de mon esprit, de mes regrets, de mes projets, tantôt nobles, tantôt misérables, je vis entrer chez moi un autre ami revenant d'Italie, où il était allé, comme tous nos amateurs, toiser des colonnes, mesurer des tombes, acheter des camées, dessiner des monuments, et surtout chercher des impressions de poëte, des sensations d'artiste. A quelle intention ? Pour enrichir le public d'une relation en prose pittoresque du voyage à Rome, à Florence, à Venise et autres lieux, par M. ***. Théodule, c'était son nom, me parut enchanté de ce qu'il avait vu, et plus encore de ce qu'il avait écrit, se promettant bien de m'assassiner doublement au premier jour par la lecture de ses ouvrages et l'exposition de ses dessins.

Ensuite il me demanda des nouvelles de toutes les personnes de notre société commune, entre autres de Mme de Tournai. Eh bien, dit-il, cette précieuse du dix-neuvième siècle a-t-elle enfin découvert ce qu'elle cherchait, des fêtes sans ennui et des gens d'esprit sans prétention? Sa fille, la prude Apolline, est-elle mariée? Et Palamède, le vertueux Palamède, est-il moins empesé cette année? On dit qu'il est occupé de la délicieuse amie de sa sœur, d'Armandine la belle des belles. Je n'en crois rien; il est incapable de sentir le prix de ces attraits-là. A propos, il y a ce soir une réunion à l'hôtel de Tournai. Hier, bal pour les grandes personnes; aujourd'hui, fête pour les enfants. Quelle maison délicieuse! un plaisir y succède à un autre. Veux-tu y venir? — Pour voir la lanterne magique? — Eh bien, oui; c'est gai, allons, point de résistance. Je t'emmène dîner avec moi; après le dîner promenade en calèche, et nous finissons par le spectacle. — Je ne suis pas habillé, lui dis-je. — Bon! habille-toi. — Cela sera long. — J'attendrai. Il fallut consentir. En un clin d'œil ma toilette fut faite, et, bon gré mal gré, je me trouvai disponible. Nous partîmes, nous dînâmes chez lui; bref, le reste de son programme fut exécuté à la lettre, et nous entrâmes à dix heures dans l'hôtel de Tournai.

Je n'allais point là en contrebande : on y comptait sur moi. Quand nous entrâmes dans le salon, une obscurité calculée masquait tous les objets, hors le théâtre, pour lequel seul était réservée la lumière. Nous nous plaçâmes comme il plut au hasard, et le hasard voulut que le siége sur lequel je m'assis touchât justement au fauteuil d'Armandine, qui me devina plus qu'elle ne me reconnut. C'est vous, murmura-t-elle tout bas; je vous attendais. Je voulus répondre, elle mit son doigt sur sa bouche et me fit signe de regarder le spectacle. Je ne regardai qu'elle, autant que me le permettaient toutefois les reflets vacillants de la lumière qui, en éclairant le petit théâtre, passaient sur cette ravissante figure.

La toile baissée, on se leva pour entrer dans une autre

pièce, dont la porte s'ouvrit à deux battants, et nous fûmes subitement inondés de la clarté de vingt bougies. Mon premier coup d'œil fut pour ma céleste voisine, à côté de laquelle je vis Théodule, le vif et familier Théodule, qui lui offrit sa main avant moi, et l'emmena sans lui laisser le temps d'opter entre nous deux. Désappointé, comme on peut croire, je devais en ce moment faire une mine affreuse. Pour me consoler, Armandine, se penchant en arrière sur moi, me dit à l'oreille : J'ai perdu un de mes gants, cherchez-le, vous viendrez me le rendre. Je le trouvai. Le rendis-je? Me le redemanda-t-on? Il fut oublié de part et d'autre. La mémoire d'Armandine, à ce qu'il paraît, n'était pas plus sûre que la mienne.

Soirée enchanteresse, que tu me promettais d'adorables journées! Ce ne fut pourtant pas celle du lendemain. Ce lendemain, voici comme il se passa. Il était midi : je reposais encore dans mon lit, moitié assoupi, moitié réveillé, lorsqu'on m'annonça Théodule, qui n'avait plus son air dégagé. Ses joues pâles, le désordre de sa toilette, présageaient quelque malheur. — Mon ami, mon ami, me dit-il tout effaré en se jetant sur ma couche, sais-tu ce qui se passe? Je changeai de couleur. — Et que se passe-t-il donc? m'écriai-je. — Des diableries, mon cher. Ce triste Palamède, ce philosophe si austère, a la tête renversée; il s'avise d'idolâtrer la femme qui lui convient le moins, cette Armandine dont tous nos jeunes gens sont épris, hormis toi, qui as sans doute d'autres affaires de cœur. — N'est-ce que cela? répondis-je. — Que cela! c'est bien assez pour me faire pester contre lui. Figure-toi qu'il est venu ce matin me faire une algarade incroyable. — Quoi! de si bonne heure! — Oui, sans ménagement. J'étais furieux; mais, comme il l'était plus que moi, il ne s'est pas même douté de mon indignation.

Théodule, m'a-t-il dit d'une voix entrecoupée, j'aime, j'adore Armandine; je lui ai déclaré mes sentiments hier au soir, devant ma mère, après le départ de toute notre société; j'ai offert ma main, et j'ai demandé la sienne. Un refus a été sa réponse. Un refus! je ne le redoutais pas. On m'a enlevé son cœur : j'ai cherché le coupable, je t'ai soupçonné, Théodule. Est-ce toi qui es venu chez moi pour me plonger un poignard dans le sein? Est-ce toi? dis. — Que veux-tu que je te dise? ai-je repris. Non, mon cher, je ne suis point le coupable que tu cherches. — Ah! s'est-il exclamé en m'étouffant dans ses bras caressants, je ne suis donc pas condamné à te haïr? ce n'est pas toi. Mais qui est-ce donc?

Là-dessus, il a passé en revue le genre humain, s'arrêtant à celui-ci, hésitant sur celui-là, menaçant, s'apaisant, perdant le sens et le recouvrant pour le perdre encore. Enfin il est parti. — Et t'en voilà quitte, répliquai-je en m'essuyant le front avec une satisfaction concentrée; car je reconnaissais là le plus touchant témoignage de l'affection d'Armandine. — Quitte! quitte! point du tout. C'est que j'ai menti en lui attestant que je n'étais pas son rival. — Tu le serais? — Eh! morbleu! oui. — Son rival préféré? — J'ai des raisons de m'en flatter, mon cher. Ah çà, *motus*, entends-tu bien?

Pour le coup je tombai des nues. Vois cet anneau, ajouta Théodule en allongeant son petit doigt. C'est un don de sa main. — Ah! murmurai-je d'une voix éteinte. Et, rassemblant ce qui me restait de forces pour me faire entendre, je poursuivis en ces mots : Depuis quand l'as-tu reçu? — Pas depuis longtemps, j'en conviens. C'est hier au soir qu'elle me l'a laissé prendre en badinant. Je conviens, en outre, qu'elle l'a réclamé; mais je l'ai mis dans mon sein, je l'ai emporté malgré sa colère, et, comme tu vois, je le possède encore. Ce qui prouve...

— Ce qui ne prouve rien, interrompis-je. — Comme tu voudras. Crois-moi ou non, peu m'importe : ce n'est pas entre nous deux qu'est le débat. Je ne viens ici que pour te conter mon aventure et pour te demander un service d'ami. — Lequel? — J'ai trompé Palamède, c'est mal. Je dois, je veux réparer ce tort en lui confessant la vérité; mais, dans l'état où je suis, mes idées sont si embrouillées que je me sens incapable d'écrire un billet sensé, d'autant plus que je n'en écris guère de la sorte. Toi qui te possèdes, tire-moi de peine, mon ami : dicte-moi ma lettre. Tu as le don de colorer les choses les plus difficiles à faire passer. Hein? consens-tu?

Sa confidence, sa prière, tout ce qu'il y avait d'original dans notre triple situation me mit dans une disposition d'esprit telle, qu'au lieu d'éprouver, comme je le devais et comme on le doit en pareil cas, une surprise et une indignation sans bornes, je me mis à pousser un grand éclat de rire, rire convulsif, rire de dédain. Mon parti fut pris sur-le-champ : mon cœur se ferma; la fierté me rendit au sentiment de moi-même, et je me trouvai de force à lutter avec ma nouvelle destinée.

Il me parut donc plaisant de remplir la fonction que Palamède m'imposait à moi l'un de ses rivaux. Au lieu de le repousser par un refus, j'acceptai ce rôle, unique dans les annales du monde amoureux. Il se mit à mon bureau, prit une plume, et s'apprêtait à tracer sous ma dictée son lamentable *mea-culpa*, quand le son d'une voix bien connue, qui le fit tressaillir ainsi que moi, l'arrêta tout court. On criait dans l'antichambre : Je veux entrer! j'entrerai! Et on entra.

Quel était le nouvel acteur dont la présence inattendue venait animer la scène et compliquer l'action?

Ce n'était rien moins que Palamède, Palamède, qui ne nous eut pas plus tôt aperçus qu'il resta pétrifié. Nous

l'étions nous-mêmes. Trois têtes de Méduse en vis-à-vis !
Nous devions être excellents à voir.

La stupéfaction générale ayant graduellement cessé, les explications commencèrent. Par quel hasard tous les deux ensemble? marmotta Palamède avec l'accent sourd des jaloux; il y a quelque chose là-dessous, Messieurs.
— Oui, mon pauvre garçon, reprit Théodule s'exécutant de bonne grâce. Je t'avouerai d'abord que je t'ai trompé. J'aime l'objet de ta passion. Si cette déclaration te paraît trop tardive, tu trouveras mon excuse dans la crainte de t'affliger. Cependant, par réflexion, je voulais déposer mon secret dans ton sein; mais je ne savais plus comment m'y prendre, et je venais consulter cet ami commun sur la conduite que je devais tenir. Te voilà; j'ai confessé mon tort, donne-moi l'absolution.

Je te donnerai la mort, et tu la mérites, vociféra son rival, qui n'entendait pas raillerie. — La mort, la mort, répliqua Théodule avec le plus grand sang-froid. Eh bien, quand tu me tuerais, en serais-tu plus avancé? On ne t'aime pas, mon pauvre garçon.— On m'a aimé. — Et la preuve? — Tu la veux, tu la veux? La voici, la preuve : ce tissu de cheveux, présent de l'infidèle... As-tu un pareil gage à offrir, toi qui parles ? — Oui, sans doute. Regarde cet anneau; il me vient d'elle. — Joignez-y ce gant, ajoutai-je en tirant de dessous mon oreiller celui qu'elle m'avait laissé emporter, et vous aurez un trophée d'amour comme on n'en a jamais vu. — Toi aussi, tu en es ! s'écria Théodule éclatant de rire. — Et pourquoi pas? repris-je en l'imitant. Palamède seul gardait son sérieux.

Messieurs, dis-je alors, nous sommes joués tous trois. Armandine est une coquette, et nous des dupes. C'est un petit malheur. Il y a peu d'honnêtes gens auxquels cela n'arrive. Qu'avons-nous à faire! Rien. Garder le silence, oublier l'ingrate et en chercher de plus constantes, s'il en est : voilà le *nec plus ultra* du bon sens, et c'est le parti que je vous propose. Tous deux convinrent que je parlais d'or ; mais aucun ne se souciait d'avoir du bon sens. Théodule voulait une vengeance éclatante : par exemple, il nous conjurait d'aller le soir même à l'hôtel de Tournai, pour y étaler sous les yeux d'Armandine, qui devait s'y rendre, les présents que nous avions reçus d'elle. Donnons-nous du moins, répétait-il, la satisfaction de la faire rougir en voyant sa friponnerie mise à l'exposition. C'est bien le moins qu'elle passe mal son temps pendant une soirée, elle qui nous a procuré une matinée infernale. Quant à Palamède, il ne parlait que de faire l'Alceste, et il débitait avec une chaleur croissante la première tirade de la scène tragique qu'il préparait à sa Célimène.

J'eus une peine infinie à désarmer l'un de son gage d'amour, dont il était disposé à faire un si mauvais usage, et à obtenir de l'autre qu'il renonçât à son effet théâtral. A la fin je réussis. Nous nous séparâmes avec promesse authentique et solennelle de pardonner beaucoup à celle qui avait beaucoup trompé, et qui s'était trompée elle-même, puisque de ses trois amants il ne lui en restait pas un.

Après le récit de ma mésaventure, qui avait souvent excité le rire de ma très-maligne auditrice, le bruit d'une voiture se fit entendre dans la cour et annonça une visite. C'était celle de Mme la duchesse d'Uzès, qui venait me prendre, selon nos traités, pour m'emmener à son tour dans son château de Wideville, situé à quatre lieues de Saint-Germain. Le déjeuner l'attendait : on se mit à table, on en sortit, on fit quatre tours de promenade dans le beau jardin, et je quittai, non sans beaucoup de remercîments, les délices bruyantes de Capoue pour les tranquilles plaisirs de la Thébaïde. Ni gothique, ni moderne, Wideville fut bâti sous Louis XIII, par le surintendant de Ballion, qui le destinait à servir de rendez-vous de chasse à son pauvre roi, dont on voit encore la chambre, le lit, la salle des gardes; le tout orné des magnificences du temps, et par conséquent l'objet de l'admiration des connaisseurs. Un vaste parc de deux cents arpents environne de ses nombreuses allées ce grand édifice, qui ne manque pas d'une certaine majesté. Là nous attendaient le comte de Sabron, la vicomtesse de La Châtre avec sa fille, un vieux baron alsacien et sa femme, qui n'était pas jeune, recrues faites dans les environs pour nous défendre contre l'ennui. Mais nous n'avions pas besoin de ce renfort; nous nous suffisions à nous-mêmes. J'aime la campagne comme on aime Dieu, parce que c'est lui, parce que c'est elle. Son plus grand charme à mes yeux, c'est de me dérober au tumulte de Paris : peu m'importe le reste. Qu'avions-nous à Wideville? Des divertissements, point : nous le savions d'avance; mais du laisser-aller, de la sécurité, du je ne sais quoi qui fait qu'on ne désire rien. Une journée se passe, une autre suit, puis une autre. Comment? On ne pourrait le dire; on trouve seulement qu'on a le cœur content, la tête libre, l'esprit en repos. On a parcouru des allées de fleurs, vu se lever et se coucher un beau soleil, causé d'amitié, lu des ouvrages intéressants, fait un peu de bonne musique, visité les pauvres et les infirmes du village, porté la consolation partout où existe le malheur, entendu des messes, et dîné avec le curé. Qu'est-ce que cela? L'ennui tout casqué pour le reste de l'univers; pour nous, c'était la béatitude. Il faut si peu, si peu aux cirons! Et nous le sommes. Tout nous fatigue, tout est pour nous trop fort, même le plaisir : aussi avons-nous arrangé notre existence sans lui et sans tout. La vie de Saint-Germain n'était qu'une exception. Nous vivons de rien, de moins que rien : voilà notre régime. Il n'appartient qu'à vous, génies aimables et mondains, de dépenser dix vies dans un jour, de courir à la fois toutes les jouissances, d'être en même temps au ciel et sur la terre, de vous multiplier et de dire encore : Ce n'est point assez.

Cependant, malgré tous les soins dont j'étais entouré, malgré mon régime hygiénique, malgré les mille précautions que je prenais pour une restauration complète de ma pauvre machine, la santé m'échappait encore. Quelquefois je me disais avec une sorte de mécontentement de moi-même : Quoi! tu respires mal sous ce beau ciel! Tu ne renais pas au milieu des rosées! Rien ne te ranime! Rien ne fait courir dans tes veines un nouveau sang! Tu vois de tes fenêtres passer le printemps sans l'appeler! Mais tu es donc la seule créature humaine sur qui la nature n'agisse pas. Cela peut-il durer? Non, vraiment. Attends, attends un peu, et tu verras un miracle. Tu entendras une voix de Zéphire, qui te murmurera : Lève-toi. Et tu quitteras ton fauteuil, et tu iras à travers champs, et tu recueilleras partout quelques-unes de ces choses avec lesquelles on fait de la vie.

Eh bien, ni Wideville ni Saint-Germain n'étaient destinés à produire ce miracle : ce fut à l'Odéon qu'il s'accomplit dans l'automne suivante. Je me souviendrai toujours que je menai un soir d'octobre, à la représentation d'une pièce nouvelle, et Madame la duchesse d'Uzès, et la princesse Charlotte de Robrau, et le marquis de Lévis dans ma loge, car j'avais là une loge donnée par le directeur Picard, mon ami. Entré au spectacle avec une affreuse douleur d'estomac qui m'accompagnait trop fidèlement partout, quelle fut ma surprise de n'en avoir plus de nouvelle! Le mal partit comme il était venu, sans me dire pourquoi. Je n'attribuai pas ce bonheur à l'intérêt de la pièce, puisqu'elle tomba. Moi je me relevai et je bénis le ciel qui m'envoyait le salut dans le séjour de la perdition.

Cette circonstance, jointe à une autre que je relaterai tout à l'heure, contribua, je crois, à me remettre en commerce avec mon lutin dramatique, d'où résulta un nouvel œuvre de démon, une comédie en cinq actes et en vers. Cependant cette pièce dut réellement le jour à deux bonnes intentions. Je voulais en consacrer le produit à une famille qui m'avait obligé, et tenter gaiement, comme si cela se pouvait soit en vers, soit en prose, la réconciliation des partis en France. Loin de réussir dans mon double projet, je me brouillai avec l'autorité : mon ouvrage fut mis à l'index. Des personnes, dont je respecte les principes et dont je partage l'opinion, me regardèrent comme un déserteur de la cause de l'ordre. Quand j'entendis le cri de guerre répondre à mes paroles de paix, je me donnai tort, j'enfermai ma comédie dans mon portefeuille; et quoique l'autorisation de la faire représenter m'ait été accordée plus tard, je me suis refusé aux chances d'un succès qui n'aurait jamais été pur ni complet, puisqu'il eût chagriné ou scandalisé de nobles esprits. Mais j'abrége trop.

Revenons. Ma pièce terminée, je commençai par la lire à Mademoiselle Mars, qui en fut tellement engouée, à tort ou à raison, qu'elle demanda pour moi la plus prompte lecture au comité du Théâtre-Français. Au bout de huit jours, je lus, je fus reçu, le tour de faveur me fut accordé, l'ouvrage envoyé à la censure, les rôles distribués, et les répétitions allaient commencer lorsque nous apprîmes l'interdit lancé sur ma pièce. Grande rumeur! La comédie comptant sur un succès, l'actrice sûre de tourner toutes les têtes dans son rôle, l'auteur désolé de sa disgrâce, tous les amis allant et venant pour désarmer l'autorité; les intrigues pour et contre se croisant, s'enchevêtrant : c'était à ne plus s'entendre. Dans ce conflit de voix s'en élève une, celle de Mademoiselle Leverd, qui me dit : Voulez-vous me donner un rôle dans votre comédie? à ce prix je la délivre de sa prison. Avant d'accepter le traité, je vole chez Mademoiselle Mars, je lui rends compte de la proposition qui m'est faite : elle consent à tout, je donne carte blanche à l'autre actrice. De son côté le vicomte Sostène de Larochefoucauld, directeur du département des beaux-arts, comme on sait ou comme on a su, écrit en ma faveur à mes geôliers ministériels. Le vent a l'air de tourner; mais fiez-vous aux vents, quels qu'ils soient! Je ne sais quel mauvais esprit souffle et fait tomber toutes les bonnes volontés sous un *ajourné* définitif. Selon ma coutume, je baissai la tête, j'acceptai l'ondée, je ne me plaignis pas : on n'a jamais vu de plaideur perdre son procès avec tant de résignation, ni d'amant éconduit par un vieux tuteur abandonner si pacifiquement ses prétentions à la main et à la dot d'une belle et riche pupille. Je suis fait ainsi. J'étais né pour vivre en Turquie. Non, non : je suis de l'espèce des bonnes gens, nullement de la nature des esclaves. Distinguons.

Sur ces entrefaites, j'appris un triste événement, qui me détourna bien vite du souvenir de ces petites tracasseries pour me plonger dans une profonde affliction, la mort de Madame la duchesse de Duras. Tant de qualités, de talent, de vertu, d'obligeance, de grâce enfouis à la fois dans la tombe! Toute une société privée de cet asile élégant et noble de la bonne compagnie! Où se rassemblera-t-on désormais pour trouver un si grand nombre d'hommes d'élite, de femmes distinguées? Qui saura mieux imprimer le mouvement à la conversation, exciter l'intérêt des jeunes comme des vieux, varier les plaisirs d'une soirée par des fêtes, des concerts, des bals costumés, par ces mille inventions de la richesse unie à la bienveillance et au bon goût? Qui le saura? Sa fille, son aimable fille (1) Madame la duchesse de Rauzan, sa représentante dans le salon les jours ou la souffrance nous enlevait notre oracle et notre modèle, sa continuatrice depuis qu'il a convenu au ciel de priver la terre d'une de ses plus brillantes parures ; Madame la duchesse de Rauzan, qu'on recherche partout où l'on veut du bonheur calme, de la dignité dans les manières, de la solidité dans l'esprit, de la justesse dans les idées, de la sécurité dans les relations ; Madame la duchesse de Rauzan, qui, tout en nous rendant sa mère, est encore elle-même, a son type, garde sa propre valeur, et donne de son fonds encore plus qu'elle n'a reçu de l'héritage maternel.

Quant à Mme de Larochejacquelain, qui eut sa bonne part dans ce brillant héritage, auquel elle ajoute aussi ses dons particuliers, je devrais la citer ici, mais je n'en ferai rien ; je lui garde rancune : elle nous prive trop souvent d'elle.

Le malheur appelle le malheur, une tombe s'ouvre à côté d'une tombe : c'est la funeste loi de la nécessité. A peine avais-je secoué mon chagrin, qu'une autre disgrâce vint affliger mon cœur : je perdis, disons avec plus de justice nous perdîmes l'inappréciable marquise de Grollier. En m'annonçant cette affreuse nouvelle, on crut modérer mon chagrin par ces mots : Mais elle était si vieille ! Eh ! que m'importait? son cœur était-il vieux ? son esprit était-il suranné ? Je ne communiquais qu'avec cela, et non avec son baptistère. Elle mourut, l'éton-

(1) Elle est bien secondée par son mari, un des meilleurs causeurs, l'un des hommes les plus instruits et les plus sociables de cette époque.

nante femme, avec une force de tête, avec une chaleur d'imagination qui ne rappellent rien de connu. Elle demandait à Dieu de la bénir, aux hommes de l'aimer. Ses longs cheveux blancs, épars sur son visage, que l'agonie n'avait point défiguré, lui prêtaient je ne sais quelle majesté qui n'appartient qu'à la vieillesse. Elle disait : Je n'ai jamais fait de mal. Et elle se rendait justice. Ses idées ne se confondaient point. On la voyait élever ses mains vers le ciel ; on l'entendait murmurer des paroles qui devaient être sacrées. Les questions de bien public l'occupaient encore dans ce moment suprême où l'on rassemble sur soi tout ce qui reste de pensées et de sentiments. Le *moi* était absent de son lit de mort. Enfin, après quatre jours entiers d'agonie, elle a expiré doucement. On a mis son corps dans une chapelle ardente au fond de son jardin ; et, quand on est venu le prendre, il a fallu lui faire traverser ces allées de fleurs qu'elle aimait tant : c'était une reine qui parcourait encore son empire avant de s'exiler.

Ses amis, accablés de douleur, ont gardé bien longtemps son souvenir, autour duquel ils revenaient sans cesse se grouper, rappelant à l'envi ses mots charmants, ses paroles éloquentes, ses aimables attentions, tout ce qui composait une âme affectueuse, bonne, élevée, la faisant revivre autant qu'ils le pouvaient, environnés qu'ils étaient de tout son passé.

Peu de temps après cette cruelle perte, parut dans les journaux la notice suivante :

« Mme la marquise de Grollier, née Fuligny-Damas, vient de terminer, à l'âge de 86 ans, une carrière honorée par l'exercice de toutes les vertus et embellie par l'emploi de tous les talents. Née avec les avantages que procurent la naissance et la fortune, elle les négligea comme des dons frivoles du hasard, pour développer en elle les facultés de l'esprit, ces solides présents du ciel. Elle ne voulut devoir sa supériorité qu'à elle-même. Aussi, peu de personnes furent en droit de lui contester la prééminence qu'elle s'était acquise dans plus d'un genre. Egalement faite pour le monde et pour la solitude, elle savait plaire et s'occuper. Au milieu d'un cercle dont elle était toujours l'ornement, on la voyait, brillante et animée, prendre tous les tons, traiter tous les sujets, étonner par l'étendue de ses connaissances, éblouir par les richesses de son imagination, enchanter par une foule de traits charmants, et déployer les séductions d'un esprit qui se renouvelait sans cesse avec un aimable mélange de force et de grâce qu'il ne fut peut-être donné qu'à elle seule de nous découvrir. Dans la retraite, les arts qu'elle appelait autour d'elle venaient lui apporter d'heureuses distractions et de nouveaux moyens de célébrité. Elle peignait les fleurs comme elle disait des bons mots. Sa conversation était un prodige, ses travaux des chefs-d'œuvre. On ne songeait pas à l'envier ; on avait mieux à faire, on l'admirait.

» Sa maison était devenue à peu près le dernier asile de la politesse et des grâces, comme le dernier rendez-vous du monde choisi. Là se retrouvaient tous les débris de cette cour élégante qui servit de modèle à l'Europe, et qui fut la majestueuse héritière des traditions du grand siècle. Là on s'assemblait non pour jouer mais pour causer, non pour disputer mais pour s'instruire. Les hommes les plus célèbres, les femmes les plus éminentes entouraient Mme de Grollier, et se faisaient un honneur de contribuer au charme des réunions dont elle était l'âme et qui vont finir avec elle.

» Citer ses amis, c'est faire à la fois leur éloge et le sien. MM. de Châteaubriand, de Lacépède, de Humbold et tant d'autres ne dédaignaient point de rapprocher leur esprit lumineux du sien, certains d'être toujours compris, souvent égalés, quelquefois éclairés. A tout ce qui séduit, Mme de Grollier joignait tout ce qui attache. Les bonnes actions coulaient de source chez elle comme les bons mots. Jamais on ne lui parlait d'un malheur sans émouvoir son âme, à laquelle aucune noble impression n'était étrangère. Elle ne se contentait pas de répandre des bienfaits, elle y ajoutait des témoignages d'intérêt plus touchants que les bienfaits mêmes.

» Son existence fut consacrée, comme nous l'avons dit, aux arts, à l'amitié, à la vertu, à tout ce qui élève la pensée, agrandit l'imagination, honore le caractère. Elle n'est plus, mais il reste d'elle ce qui ne meurt pas : les productions de son pinceau, et surtout le souvenir du bien qu'elle a fait. Après avoir laissé sur la terre une trace de gloire, elle va recueillir un héritage de félicité dans le ciel. Quelle plus belle fin peut-on désirer à une plus belle vie? »

Ai-je besoin de dire quelle fut la main qui jeta cette dernière couronne sur ses restes? La mienne.

A peu près vers ce temps-là je perdis encore, non pas des amies intimes, mais deux connaissances agréables, que j'avais rencontrées chez Talma; car elles allaient partout, notamment chez les artistes, dont elles raffolaient. La comtesse de Bellegarde, femme du feld-maréchal de ce nom, qui s'est distingué à la tête des armées autrichiennes, vivait dans le monde à Paris, tandis qu'il était à Vienne ou dans les camps. Sa sœur, Aurore, qu'on appelait ma tante Aurore, lui servait d'ombre. Jamais on ne voyait l'une sans l'autre. Toutes deux avaient été belles, mais on ne s'en doutait plus. Toutes deux étaient restées charitables, et les pauvres le savaient bien. Elles s'étaient presque ruinées à donner ou à prêter aux passants qui se moquaient d'elles en vivant à leurs dépens.

Leur maison, ouverte à tous les gens de lettres et à tous les artistes, était exactement au pillage. Elles recevaient qui voulait, pourvu qu'il eût fait un morceau de musique, barbouillé un portrait ou bâclé un vaudeville. A travers la cohue qu'elles attiraient dans leur salon, elles faisaient pourtant un triage les jours qu'elles donnaient à dîner. Alors le bas chœur n'entrait pas; le haut clergé seul était admis à leur table, qui n'était pas sainte : M. de Talleyrand y présidait, rien de plus juste. Il avait pour acolytes, le plus souvent, MM. Talma, Gérard, Ganin, Alexandre Duval, le comte Joseph d'Estourmel, et moi, jeune néophyte, reçu par faveur. La duchesse de Fleury, fille du comte de Coigny, si connu, aidait à faire les honneurs et s'en acquittait à ravir. Elle avait en esprit ce que les autres femmes possèdent en vertu. Son instruction sortait du commun, de même que sa conduite. Elle ne se réglait sur personne dans les détails de la vie. Je ne sais où elle avait puisé ses principes; mais il est heureux qu'elle n'ait pas fait école. Il aurait été à désirer, cependant, que celles de son sexe profitassent comme elle d'une savante éducation. Je l'ai vue un jour battre le poëte Lemercier sur une question d'érudition, si bien qu'il demanda grâce. Sa liberté de penser s'arrangeait assez avec la liberté d'agir de l'ancien évêque d'Autun, qui recherchait toutes les occasions de se retrouver avec elle pour faire assaut d'épigrammes, et le cliquetis de ces deux bonnes lames nous réjouissait infiniment. Je reparlerai bientôt du prince. Arrêtons-nous entre les deux sœurs.

J'aimais à les voir, d'autant plus que, connaissant tout le Paris d'alors, elles étaient de bons guides pour le voyageur égaré dans ce pays perdu. Pas une des puissances du jour qui ne fût de leur société ou dont elles ne fussent rapprochées par leurs amis ou les amis de leurs amis. Elles avaient la statistique morale ou immorale de chacun, comme Robert Walpole possédait le tarif des consciences de chaque membre de son parlement. Oh! que j'en ai appris de belles par ces vieux porte-voix de la Chaussée-d'Antin! Que j'en dirais long si j'étais en cours de médisances! mais je garde pour moi mes profondes connaissances : je ne veux pas ajouter dix volumes in-folio à la collection des chroniques scandaleuses.

Je vis chez elle un homme qui depuis joua, pour son malheur, un assez grand rôle politique : c'était le fameux comte de ***. On ne pouvait voir une figure plus noble, une taille plus avantageuse ni des manières plus élégantes. Il eut quelque envie de se lier avec moi ; mais ses opinions, qui ne cadraient guère avec les miennes, me tinrent à distance, et je me suis applaudi plus tard d'avoir résisté à mon instinct qui me portait vers lui. C'est de la terre des Marches, appartenant à Madame de Bellegarde et située en Savoie, qu'il partit pour aller rejoindre Napoléon, débarqué à Cannes. La pauvre châtelaine essaya tous les moyens de le retenir. Elle l'enferma même dans sa chambre ; mais il sauta par la fenêtre et disparut. Son empereur, avant d'avoir reconquis le secours de son bras et de son épée, avait échappé à un péril imminent et qu'il n'a jamais soupçonné. Selon le récit de la comtesse, après le débarquement, opéré sans coup férir, le hardi chef de six cents soldats, qu'il menait à la conquête de la France et peut-être encore du monde, le héros de l'histoire et du roman, las d'une route pénible, et voulant faire reposer avec lui sa petite troupe, s'arrêta dans un village où il resta deux heures à reprendre haleine. Quand il se fut un peu rétabli dans la première maison qui s'ouvrit pour lui, il descendit au jardin. On l'aperçut à travers la haie du jardin limitrophe, qui appartenait justement à l'un des plus anti-bonapartistes du pays. Ce dernier se dit : Bonne occasion pour nous défaire de notre ennemi! Ne la laissons pas échapper. Et de courir dans sa chambre et d'y prendre son fusil, de le charger, de revenir le placer dans les interstices de la haie, et de coucher en joue cette grande destinée qu'il tenait en arrêt au bout de son fusil. Tout à coup un scrupule traverse son esprit. Tuer un homme! Est-ce permis?... Allons consulter M. le curé. Il court au presbytère. Il soumet le cas au pasteur, qui lui répond : Mon ami, laissons faire la justice de Dieu. Sur cette parole, il déposa son arme, et Napoléon rentra sain et sauf dans Paris. A quoi tient, pour les plus hauts génies, le triomphe ou la chute? Quelquefois au caprice d'un manant.

Outre les grandes sommités parisiennes, Mesdames de Bellegarde recevaient aussi les petites puissances étrangères. Par exemple, je vis un soir arriver chez elles une des trente ou quarante princesses de ***, qui revenait tout effarée de l'hôtel Talleyrand, faisant des haut-le-corps et des hélas! inimaginables, et à propos de quoi? A propos d'un dîner que lui avait offert le grand chambellan. Il n'y avait rien là de répréhensible. Non, mais voici le tort. Après lui avoir donné la main galamment, après l'avoir placée encore plus galamment à sa droite, M. de Talleyrand, pendant tout le repas, était resté muet, ce qui s'appelle muet; bref, il n'avait pas desserré les dents, excepté pour manger, lui le prince de Bénévent, lui le type du savoir-vivre et du bien dire. La malheureuse princesse était inconsolable de cet affront fait en sa personne à toute la noblesse allemande. Mon Dieu, ce n'est pas sa faute, répondit Madame de Bellegarde. Je suis bien sûre qu'il a cherché quelque compliment ingénieux, quelque phrase remarquable à vous adresser; mais les fleurs sont rares dans les jardins d'hiver; il n'a rien trouvé de saillant; il s'est tu par impuissance, non par impertinence, j'en suis certaine.—Oh! bon! répliquait la princesse : quand il n'aurait fait que me dire deux ou trois mots tels quels en particulier.—Pour cela, princesse, impossible; il y a longtemps qu'il ne dit plus de messes basses.

Un autre salon, dans lequel je trouvai encore notre grand diplomate, ce fut celui du gracieux auteur d'*Adèle de Sénanges*, la comtesse de Souza, précédemment Madame de Flahaut. Peu d'amis l'entouraient, mais quels hommes! M. Maine de Biran, M. de Sismondi, deux ou trois autres esprits de la même valeur : c'en était assez pour rendre la conversation prodigieusement attachante. Au milieu de ce cercle si remarquable, celle qui le tenait se contentait du rôle d'auditrice, tandis que M. de Talleyrand, décidément fidèle à son mutisme, décourageait l'entretien en lui refusant son concours. Souvent les interlocuteurs s'en allaient convaincus qu'ils avaient ennuyé le meilleur causeur de Paris : car le moyen de supposer que son esprit ne faisait point de dépenses faute de fonds disponibles! C'était pourtant la vérité. Il est vrai aussi que ces sommeils de son intelligence n'étaient pas longs, et qu'il avait de bien brillants réveils. Il fallait l'entendre chez Madame de Rémusat, chez Madame de Duras. Oh! comme il y prenait bien sa revanche!

Tout le monde s'étonnait du mariage de ce génie avec la fée Bêtise, et personne n'acceptait son excuse : *Elle me délasse de Madame de Staël*. Il a couru plusieurs versions sur les causes qui le déterminèrent à légitimer par le sacrement, lorsqu'il fut rendu à la condition laïque, une union qui faisait scandale. La plus singulière de ces versions est celle-ci, que je dois à Madame la duchesse de Vicence, qui la devait elle-même à l'un des affidés de l'hôtel de Talleyrand, à ce fameux Saint-

James, si connu par sa grande fortune et par ses énormes dissipations : Il contait donc que Madame Grant, lassée des tergiversations de son amant suranné, qui promettait toujours de lui donner sa main, et retardait toujours par des *si* et des *mais* le moment désiré, finit par prendre de l'humeur, et que cette humeur s'exhala dans une lettre écrite par elle à une de ses amies. Cette lettre, qui n'avait pourtant pas été envoyée sous le couvert du ministre des affaires étrangères, tomba, on ne sait comment, entre ses mains. On y lisait des phrases à peu près de la nature de celles-ci : Le boiteux fait toujours des façons. Quand cet animal-là me tiendra-t-il parole? Le reste à l'avenant. Qu'on juge de l'irritation de la partie offensée. Une longue explication eut lieu. Les reproches, les récriminations, toutes les horreurs possibles furent adressées et renvoyées de part et d'autre ; enfin, rupture complète pour couronner l'œuvre.

Voilà Madame Grant qui rentre chez elle dans un état qu'on peut concevoir si on a de l'âme. Voici M. de Saint-James qui arrive et la trouve dans les convulsions du désespoir. Qu'est-ce? Qu'y a-t-il? On lui conte le fait. Il tombe de son haut, il veut gronder ; on lui impose silence. A quoi bon les réprimandes ! C'est un bon conseil qu'il faut. Quel parti prendre? Comment renouer? On le prie, on le supplie d'employer son crédit, d'apaiser le boiteux. Il démontre victorieusement la folie de la tentative, l'impossibilité du succès. N'importe : il a tant d'empire sur son ami, il a tant de ressources dans l'esprit ! Enfin, on ne lui demande pas de réussir, mais d'essayer. Vaincu par les prières, les larmes, l'obstination de la pétitionnaire, il se résout à faire la démarche en question. Il part, et revient au bout d'une demi-heure annonçant qu'on n'avait pas voulu l'entendre, que tout était fini, et qu'il fallait abandonner la partie.

L'abandonner! répond l'héroïne de la galanterie. Ah! il croit être quitte de moi à si bon marché! Eh bien! il va voir. Et vous, pauvre homme, apprenez comment il faut mener votre imbécille de sexe. En ce temps-là, le ministère des affaires étrangères était situé dans la rue du Bac; à côté de ce superbe hôtel était une maison modeste que Madame Grant avait louée, et dans laquelle on avait établi une porte de communication entre son appartement et celui de son noble ami. Cette porte, on venait de la fermer du côté opposé avec un grand bruit pour avertir que les barricades étaient là. Elle ne fait que rire de ces démonstrations hostiles, elle sonne : un valet de chambre paraît. Enfoncez-moi cette porte, il obéit. Allez-vous-en, il sort.

Quand il est descendu, Madame Grant prend un portrait de M. de Talleyrand, nouvellement terminé et encore privé de bordure. Qu'importe? Elle l'attache au bout d'une chaîne d'or, passe cette chaîne autour de son cou, jette un regard d'adieu à M. de Saint-James ébahi et entre chez le ministre en disant à son interlocuteur : Vous aurez bientôt de mes nouvelles.

Ce jour-là précisément le ministre donnait un grand dîner diplomatique, et tous les conviés se trouvaient déjà dans son salon. Tout à coup on voit entrer une personne accoutumée à faire les honneurs de ce salon. Chacun se lève, court à elle, l'entoure, lui adresse ces paroles banales auxquelles on répond ou on ne répond pas. Elle, de l'air le plus libre et le plus dégagé, reçoit les hommages universels; puis, s'apercevant que tous les yeux ont remarqué le portrait qui brandillait au bout de la chaîne d'or : Ah! Messieurs, dit-elle gracieusement, félicitez-moi; c'est le présent de noces de Monsieur que voilà. Qu'on se figure la mine de Monsieur de Talleyrand à ce trait d'audace inouï. Il veut parler, il veut confondre l'effrontée ; mais la réflexion arrive. Que va-t-il faire ? Déterminer une scène affreuse qui le rendra la fable de l'Europe. Demain, tous les ambassadeurs vont écrire à leurs cours et rendre compte de son démêlé avec cette extravagante. Il se donne un ridicule ineffaçable. Toutes ces idées le bouleversent tellement, qu'il reste bouche béante, regarde les saluts redoublés de ces grands personnages à l'épouse future de Son Excellence, entend les compliments distribués alternativement par les mêmes bouches, d'abord à elle, ensuite à lui, s'essuie le front, frappe du pied, et, faute de trouver un expédient pour se tirer d'embarras, laisse faire et dire la nouvelle Madame de Talleyrand.

On annonce le dîner, chacun s'y place ; la patronne de la case en fait les honneurs, elle cause, elle rit, elle agace celui-ci, elle attaque celui-là. Le repas fini, on rentre dans le salon, peu à peu la foule s'en va, et les deux puissances belligérantes restent en présence. Ici les mémoires manquent. De ce tête-à-tête si étrange que résulta-t-il ! Un mariage, on le sait. Mais, pour les moyens définitifs qui l'amenèrent, on en est réduit aux conjectures. Quoi qu'il en soit, il faut convenir que le bon sens de M. de Talleyrand périt dans une embuscade (1).

Après la critique, l'éloge : c'est justice. J'ai connu un homme qui avait une singulière manière de procéder dans ses jugements. Il ne manquait pas de dire : Un tel a de l'esprit, mais il n'est pas bon. J'en ai connu un autre dont la méthode est la mienne. Il disait : Un tel n'a point d'esprit, mais il est si bon ! A mon avis, il vaut mieux laisser son monde sur une impression favorable que dans des dispositions contraires. Je soutien-

---

(1) Voilà l'histoire qu'on m'a rapportée. Cette étoffe est-elle de bon teint ? A-t-on brodé sur cette étoffe ? Je ne garantis rien du tout.

drai donc que M. de Talleyrand, si diversement jugé, possédait d'éminentes qualités : serviable, généreux, incapable de ressentiment, au-dessus des petitesses de la vanité, il voyait toujours en grand, se plaisait à confondre ses ennemis par de nobles procédés, riait des injures, et ne s'en vengeait qu'en montrant plus d'esprit que ses agresseurs. Je connais de lui une infinité de beaux traits. Une très-grande dame, dont il avait fait rayer le nom de la liste des émigrés, se trouvait dans la nécessité de recourir à la bourse d'autrui : elle écrivit au prince pour lui confier sa situation. Elle lui demandait de lui prêter mille francs ; il lui en envoya trois mille sous enveloppe, sans un mot d'explication. Comme elle était d'une famille où le nom du ministre n'était pas en odeur de sainteté, il se gardait bien, quand il la voyait quelque part, d'aller à elle et de l'embarrasser par quelques paroles ; il se contentait de la saluer avec un fin sourire qui semblait dire : Ne craignez rien, je garde l'*incognito*. Aussi cette femme, charmée de sa conduite discrète, ne souffrait-elle jamais qu'on dît en sa présence le moindre mal de celui qui lui avait fait du bien. Madame de Genlis, qui gagnait toujours de l'argent, et qui trouvait le moyen de n'en avoir jamais, ne sachant de quel bois faire flèche, s'avisa d'offrir à M. de Talleyrand, quoi ? Tous ses manuscrits, c'est-à-dire un composé de chiffons indéchiffrables, le tout pour vingt mille francs. Il accepta le marché, prit la malle qui contenait ces inutiles et très-inutiles papiers, puisque tous ces romans étaient imprimés, et en fit présent le même jour à la princesse de Beauffremont (Hélène), qui en désirait la possession avec ardeur. Je ne finirais pas si je citais tous les beaux traits qui militent en sa faveur. Reste à savoir s'ils balancent le mal qu'il a pu faire, et si la plaisanterie du comte Pozzo di Borgo n'est pas autre chose qu'une plaisanterie. Quand le Nestor des diplomates mourut, l'ambassadeur de Russie s'écria : Maintenant qu'il est en enfer, je suis sûr que le diable lui dit : Mon ami, tu as dépassé mes instructions.

Talma! Talma! d'où vient donc que je ne parle plus de lui? L'ai-je donc oublié? ne veux-je rendre aucun hommage à sa mémoire? car nous l'avons aussi perdu, et le théâtre est en deuil, et il y sera longtemps. Suis-je un ingrat? Ne dois-je rien à celui qui me rendit tant de services dans ma carrière dramatique? Non, je ne l'ai point oublié; non, mon cœur n'est pas tourné à l'ingratitude. Mais il me répugne, j'en conviens, de rappeler les derniers moments d'un homme qui, faisant solennellement profession d'athéisme, un pied déjà dans la tombe et le regard vers l'éternité qu'il refusait d'apercevoir, repoussa Dieu de son lit de mort et lui défendit d'une voix éteinte de paraître à ses obsèques, trouvant beau de mourir comme son singe et de se placer lui-même sous le poids de l'interdit. Eloignez-vous, pompes saintes de la religion! prêtres du ciel, point de prières sur le cadavre de cet homme qui les appelle de ridicules momeries! Qu'il passe au milieu de la foule d'impies dont il s'avance entouré, sans qu'aucune voix s'élève, hormis celle des blasphèmes, pour honorer celui qui va conquérir, quoi? le néant. Le voilà, le voilà mort tout entier. Comme on dort bien du sommeil éternel sur l'oreiller de l'athéisme! comme il a été doux de mourir en se disant : Tu ne revivras pas!

Et que gagne-t-on à ne pas croire, à chasser Dieu du ciel, à faire un désert de son âme? Ah! ce vaste désenchantement stérilise aussi notre esprit : dès lors tout devient muet pour nous dans la nature. Ce soleil n'est plus à nos yeux qu'un fanal errant au hasard dans le vide; ces fruits, ces fleurs, ces moissons que nous recueillons chaque année, nous n'en devons rendre grâce à personne : ils sont le prix de notre culture, au lieu d'être un don de la Providence. Et la Providence elle-même, qu'est-elle?

Mais non, pauvre Talma, tu n'étais point incrédule, tu n'étais rien ; jamais tu n'avais abordé ces grandes questions que les Bossuet, les Leibnitz, les Newton, avaient seuls la faculté et le droit de résoudre ; tu vivais avec des impies, tu répétais leurs impiétés. La preuve que ta pensée n'avait rien d'arrêté sur ces profondes matières, c'est ta réponse au vicomte de Courtivron, qui était allé te visiter peu de temps avant ton agonie. Il t'engageait, en termes voilés, à rechercher la conversation de quelque apôtre, afin de procurer à ton âme défaillante les consolations et les espérances dont elle pouvait avoir besoin à la veille du grand départ. — Je vous entends, je vous entends, disais-tu. Oui, oui, je suis assez disposé à me rapprocher de ceux dont vous parlez là. Dès que je me sentirai un peu mieux, je vous promets d'aller à l'église, non pas pour les entendre, da, car ils déclament tout de travers. Ici le comédien reparaît, mais on avouera que le mécréant s'efface. J'ai assez connu Talma pour assurer que, si ceux qui se sont emparés de ses dernières heures eussent permis à M. l'archevêque de Paris d'arriver jusqu'au moribond, une âme de plus aurait été rendue au ciel.

On s'étonnera peut-être aussi qu'un poëte ne sonne mot des poëtes ses contemporains. N'ai-je donc eu aucunes relations avec eux? Nai-je compté nul de mes confrères pour ami? Bien au contraire. Je les ai presque tous vus, fréquentés, aimés, et je m'honorerai sans cesse des témoignages d'affection qu'ils m'ont prodigués, des encouragements donnés par les plus anciens, des applaudissements accordés par les plus jeunes à mes travaux littéraires. Avec quel plaisir je me rappelle nos réunions du matin, ces déjeuners sans apprêts, mais non sans agrément, où MM. Victor Hugo, Alfred de Vigny, Emile Deschamps, Soumet, Guiraud, et tant d'autres, apportaient si obligeamment chez moi leur riche contingent de vers et de prose! Mon petit appartement si joli et si frais de la vilaine rue du Bac semblait une ruche d'abeilles, dont toutes donnaient leur rayon de miel en échange des fleurs qu'elles trouvaient dans leur alvéole. C'était le bon temps alors. Nous croyions tous aux riantes choses de la vie. Nous avions foi au bonheur, nous rêvions les succès, et nos rêves valaient mieux que la réalité; car les triomphes poétiques, on sait ce que c'est; on voit d'ici le soldat qui suit toujours le char du vainqueur, le sifflet à la bouche et les verges à la main, cruel et inévitable rabat-joie pour toutes les renommées. Eh bien, nous, enveloppés dans notre nuage doré, nous ne tournions pas notre lunette de ce côté-là. Franchement admirateurs de la poésie partout où nous pouvions découvrir un de ses heureux interprètes, nous l'élevions dans nos bras avec des cris d'allégresse, nous proclamions d'avance sa gloire, et c'était de nos mains qu'il recevait la première cassolette d'encens qui venait enivrer son naissant génie. Il me semble que si chacun de nous voulait faire ici sa profession de foi, il avouerait que nos petites matinées furent les plus douces stations de sa carrière poétique.

Quant à mes aînés en littérature, j'ai bien joui si je n'ai guère profité de leurs leçons et de leur société. En songeant aux bonnes et utiles conversations des Raynouard, des Arnault, des Duval, des Picard, et surtout des Bonald et des Châteaubriand, je m'étonne encore de n'avoir pas mieux valu. Ils n'ont pas semé sur un bon terrain, et c'était dommage : la semence méritait une plus belle moisson. Je n'en ai pas moins goûté par ces derniers la satisfaction pure de puiser aux sources de l'intelligence et de connaitre jusqu'à quelle hauteur la pensée d'un homme peut s'élever, sans produire elle-même des choses dignes de ceux qui l'ont portée sur leurs ailes.

J'ai connu plus tard Lamartine, et cependant je l'avais connu plus tôt. Ceci a l'air d'une énigme : il faut en donner le mot. Nous allions souvent, lui et moi, dans une maison très-fréquentée, celle de l'aimable auteur des Croisades. Lamartine, très-jeune alors, et moi qui n'étais pas vieux, nous nous mîmes une fois à causer là ensemble. Il débutait dans le monde; il n'avait point de nom; mais il était, comme il le dit assez naïvement lui-même, un des hommes les plus remarquables qu'on pût rencontrer. Sa belle et noble figure, dont il donne une description si pompeuse et si détaillée, frappait à la première vue : la poésie se jouait sur son front, dont elle s'est trop vite envolée; ses grands cheveux bouclés lui donnaient quelque ressemblance avec l'Apollon du Belvédère : il paraissait la réalisation vivante de cet idéal jeté en marbre. S'il prenait par les yeux, c'était bien autre chose quand ses paroles d'or tombaient avec un bruit délicieux dans l'oreille. Je ne me lassais pas de l'écouter, et je me disais : Si celui-là ne fait pas son chemin, il y aura bien du malheur; puis je me rapprochais de lui pour l'écouter encore. En le quittant, j'éprouvais le désir de le revoir, et ce désir était souvent satisfait, mais ce n'était que chez Michaud. Je ne le rencontrais point ailleurs. Il savait mon nom, j'ignorais le sien; comme je ne suis pas curieux, je ne le demandai point, content et sûr de le retrouver à jour nommé dans le salon de notre ami commun. Quelquefois je le rencontrais au jardin des Tuileries et sur les quais, donnant le bras à une jeune femme au front pâle, à l'air mélancolique, à la démarche lente et molle, que je croyais être sa sœur, et que depuis...... Mais alors je m'en tenais à ma croyance, et mon imagination ne faisait pas plus de frais.

Quelques années s'écoulent. J'entends parler avec des éloges inouïs des Méditations poétiques. Je les prends chez mon libraire, je les lis, non, je les dévore, et tout en les dévorant je m'écrie : Je connais l'auteur, c'est mon ami anonyme : il n'y a que lui qui ait pu écrire avec cette verve et ce bonheur d'expression, et cette sublimité de pensées et d'images. J'en étais là lorsque M. de Lagrené, celui que nous avons vu ambassadeur à la Chine, jeune étudiant diplomatique alors, vint chez moi pour m'engager à déjeuner le jour suivant. Nous avions ensemble des rapports assez suivis, et nous vivions dans les mêmes cercles. J'accepte, surtout quand il m'a promis la présence de l'auteur à la mode, du célèbre Lamartine, de celui dont les trompettes de la Renommée répètent chaque matin les louanges. Voyons, dis-je en moi-même, si j'ai deviné juste. J'arrive à l'heure indiquée ; à peine entré, je reconnais l'homme que je cherchais, et j'éteins ma lanterne.

Si je renouai bien vite avec lui, je n'ai pas besoin de le dire. Notre matinée se passa divinement. Il nous dit des vers nouvellement éclos de son génie ; il les débitait comme un prophète sur son trépied : l'inspiration lui donnait je ne sais quoi de surnaturel. Oh ! avec quelle religieuse attention chacun de nous recueillait dans son cœur ces magnifiques stances, qui le pénétraient des joies du ciel ! Cette étroite salle à manger se changeait pour nous en un sanctuaire où les anges faisaient la répétition de leurs concerts séraphiques. Je ne le loue pas bien ; mais qui peut louer dignement de telles poésies ? Quelles paroles ont assez d'éloquence pour peindre les bouleversements de nos pensées, les ravissements de nos âmes, jetées par une magie inconnue dans cet ordre d'incomparables beautés! La langue poétique semblait s'être agrandie, épurée, perfectionnée. Lorsqu'il eut achevé son hymne lyrique, nous nous regardions tous, muets, haletants, étonnés, éperdus, comme si quelque grand événement avait changé la marche des choses sur la terre. Et qui produisait ces merveilles? Un mousquetaire réformé de vingt-neuf ans.

Depuis cette époque, nous avons vécu lui et moi dans une heureuse et douce intimité. Cependant ses courses en province, ses voyages diplomatiques, mille circonstances contrariantes nous séparèrent trop souvent; car il a toujours eu des goûts aériens qui le faisaient aller deçà, delà, à ballon perdu. J'ignore quand il se fixera ni s'il pourra jamais se fixer, et le public l'ignore aussi.

Que de sphères il a parcourues et abandonnées! Que de fortunes il a essayées et perdues! Poëte, diplomate, orateur, historien, homme de tous les partis, porteur de toutes les cocardes, armé de tous les langages, pirouettant avec une rapidité effrayante pour embrasser tour à tour tous les nuages qui passent devant lui; criant vivat! aux monarchies, aux républiques, aux conservateurs, aux destructeurs; ami de tout le monde et ne tenant à personne; jouant ses destinées avec celles de son pays sur la première carte, et s'étonnant toujours d'être accusé de légèreté; incapable d'amour et de haine, d'enthousiasme et de dénigrement; prêt à tendre la main à qui l'a offensé, comme à oublier qui le sert, mais par-dessus tout séduisant au dernier point : c'est Orphée, Lycurgue, Alcibiade, Eschine; ou plutôt c'est Protée. On peut, sans être injuste, le gronder, le fuir, l'accabler de reproches, mais jamais haïr sa personne ni mépriser son talent.

Tel ne fut point le vieil et invariable champion de la royauté absolue, M. de Bonald, dont j'eus le bonheur de pouvoir louer le caractère et les ouvrages en pleine Académie française à la séance de réception de son successeur M. Ancelot. Aurai-je l'indiscrétion de vous renvoyer au discours (1) que je prononçai alors en ma qualité de Directeur? Non ; mais, après avoir épuisé ma faible verve sur ce grand sujet, je craindrais d'y revenir maintenant que l'âge a glacé ma plume et stérilisé ma pensée.

Quant à M. de Châteaubriand, je me réserve de parler de lui plus à propos. Mes admirations ne feront pas défaut à ce génie à part entre les génies de mon siècle.

Je me reprocherais de ne point faire ici une mention particulière du bon et philosophe Raynouard, si simple, si dénué de prétentions, si peu coureur de succès que la gloire était obligée d'aller le prendre au milieu de ses livres pour lui jeter dans les mains une couronne qu'il laissait tomber dans son chiffonnier : heureux de passer de sa bibliothèque à son jardin, de son jardin à sa bibliothèque, plus heureux d'aider un jeune auteur à franchir les épineuses barrières du théâtre, ou de se dépouiller en faveur d'un frère dans la peine, auquel il apportait le prix de vingt ans de travaux, en lui disant : Tiens, je n'ai pas besoin de tout cela !

Retiré à Passy dans une maisonnette simple, proprette et saine, il n'en sortait que pour se rendre à l'Académie française, mais sans prendre le plus long comme Lafontaine. Je le connus au moment où il voulait faire jouer une nouvelle tragédie de sa façon, quelque temps après l'immense et légitime succès des Templiers, qu'il n'alla pas voir une seule fois représenter, tant le

---

(1) Voyez plus haut, p. 19.

spectacle de son triomphe lui importait peu ! Sa dernière pièce était intitulée *Charles I*. Il craignait de passer par les buissons de la police, où les infortunés auteurs laissent toujours une partie de leur toison, s'ils ne l'y perdent pas tout entière. En conséquence, il fit sonder le ministère Fouché, qui consulta lui-même Napoléon, alors maître de la France, sur ce qu'il avait à faire. Rien, dit l'Empereur ; envoyez-moi Raynouard. Celui-ci arrive. Bonaparte, prenant un air assez riant, l'apostrophe en ces mots : Eh bien ! vous voulez donc mettre le feu aux quatre coins de Paris ? Votre pièce est un vrai brûlot. Retirez-là ; que, sous mon règne, il ne soit pas question de ces ouvrages incendiaires. Je suis venu pour éteindre les passions, et non pour les laisser rallumer. Jusque-là tout allait bien ; il n'y avait rien à répondre. L'Empereur, continuant : Ecoutez, j'ai un plan dans la tête : je veux changer le vieux système dramatique, il est absurde. Vos auteurs grecs avaient fondé sur le ressort de la fatalité l'intérêt de leurs ouvrages. A ce ressort-là il faut en substituer un autre : celui de la nécessité. Il faut qu'au lieu de tuer leur père ou leur mère sans le savoir ni le vouloir, les héros, aux prises avec une situation terrible, entourés d'obstacles qui s'opposent à l'exécution de leurs grands projets, forcés, pour en assurer la réussite, de recourir aux moyens extrêmes, trouvent leur justification dans la nécessité, par qui tout est permis, comme dit Voltaire. *Salus populi suprema lex*, ajouta Napoléon. Voilà ce qu'il faut faire entendre au public. N'êtes-vous pas de mon avis ? — Sire, l'idée est neuve, mais peu dramatique. Pour moi, je n'oserais l'essayer au théâtre : j'aurais peur de glacer les spectateurs en blessant la vieille morale des nations. Le parterre français, dont l'éducation n'est pas aussi avancée qu'on le croit, ne saurait s'élever à la hauteur de vos conceptions.

Les grands hommes seuls comprennent les grands hommes, et nous autres du peuple, nous sommes si petits ! Bonaparte fronça le sourcil, et fit un signe de tête qui voulait dire : L'audience est finie. Son audacieux interlocuteur s'inclina profondément, et partit. Ainsi finit cette singulière controverse, que je livre à la judicieuse appréciation de ceux qui savent lire.

Venons au plus rude de mes amis, mais peut-être au plus sensible, à Duval le franc Breton. Né avec de rares dispositions pour le genre qu'illustra Molière, il commença comme lui sa carrière dramatique en jouant des pièces avant d'en composer. Comme lui, il eut peu de succès en qualité d'acteur ; ce qui le détermina, ainsi que son prédécesseur célèbre, à chercher une gloire plus noble. S'il n'atteignit ni au talent ni à la renommée du créateur de la comédie en France, il occupa du moins une place distinguée au-dessous de lui. Une heureuse entente de la scène, l'art de nouer des intrigues plaisantes, un dialogue vif et piquant, bien que parfois vulgaire et incorrect, des caractères tracés avec vigueur, des travers saisis avec justesse, une peinture assez vraie des mœurs de la classe commune, de faux mais épigrammatiques tableaux de la haute société, assurèrent le succès de ses comédies, dont plusieurs sont restées et resteront au théâtre. On se rappelle encore la vogue d'Edouard en Ecosse, des Héritiers, de la Jeunesse de Henri V, du Faux Stanislas, du Menuisier de Livonie : cette vogue était méritée. Je n'en dirai pas autant de l'engouement qu'excitèrent les bruyantes représentations de la Fille d'honneur, du Complot de famille, de la Princesse des Ursins : tristes productions d'un écrivain qui, jugeant la bonne compagnie sans la connaître, et lui prêtant des ridicules qu'elle n'avait jamais eus, n'a donné à ses personnages qu'une physionomie mensongère, et aux pièces où ils paraissent qu'une célébrité fugitive comme les applaudissements dont les saluait l'esprit de parti.

A l'époque où M. Duval entra dans la lice théâtrale, Paris n'offrait qu'un épouvantable pêle-mêle. Là, il était difficile et dangereux de choisir comme de signaler des ridicules et des travers. Lorsque tout le monde peut aspirer à tout, comment plaisanter sur des prétentions devenues des droits? Lorsque tous les vices sont au parterre, comment oser les fustiger sur la scène? M. Duval sentit si bien l'embarras de cette situation pour le génie comique, qu'il chercha dans des sujets empruntés à l'histoire un terrain neutre, où ni défiances ni ressentiments ne poursuivaient ses personnages, innocents comme leur siècle des erreurs du nôtre. Ce faux-fuyant lui réussit. Le public sut gré à l'auteur de l'épargner, et rit de bon cœur à des folies dont la peinture critique ne le compromettait pas. Il s'amusa surtout à ces scènes de déguisement où les rois sous l'habit de valet, et les valets sous le costume de roi, donnent lieu à une suite de quiproquos, source intarissable d'hilarité pour les bonnes gens du parterre. En peu de temps le théâtre de M. Duval obtint le premier rang dans l'opinion. Mais un revers cruel vint, à l'apogée de ses prospérités, frapper cet écrivain doué d'un noble cœur, lorsqu'il donna le drame attendrissant d'Edouard en Ecosse. La représentation de cette pièce attira sur la tête de l'auteur un si violent orage, qu'il se sauva jusqu'en Russie.....

Après une pénitence assez longue, mais dont il n'eut pas à se plaindre, M. Duval fut rendu à sa patrie et au théâtre, autre patrie pour lui. Entre cet auteur et son ami Picard, il y eut émulation : ce fut à qui des deux divertirait davantage le public, qui jouissait des produits de leur rivalité. Si, dans la distribution de ses faveurs, ce même public semblait traiter M. Duval avec plus de prédilection, celui-ci profitait de cette préférence moins pour le triomphe de son amour-propre que dans l'intérêt de nos plaisirs : il multipliait les pièces, et par conséquent nos jouissances. Presque toujours bien inspiré, il fut presque toujours heureux. Tout le secondait ; et quels ouvrages pouvaient manquer de réussir avec des interprètes tels que Mademoiselle Contat, Mademoiselle Mars, Fleury et Michot?

Si les préjugés et les habitudes de ce bon Duval l'éloignèrent du grand monde, qu'il a tant décrié, ses talents et ses goûts l'y appelaient naturellement. Une circonstance assez singulière l'en rapprocha une seule fois peut-être. Pourquoi n'y resta-t-il pas? C'était au moment de la publication d'*Ourika*, gracieuse nouvelle due à la plume élégante de Madame la duchesse de Duras. Toute la société du faubourg Saint-Germain, instruite que l'auteur à la mode s'était hâté de brocher un petit drame sur ce sujet, voulut savoir le parti qu'il en avait tiré. On envoya donc à M. Duval un parlementaire, et c'était moi, pour négocier avec lui. J'obtins facilement de sa complaisance la promesse d'une lecture dans le salon de la comtesse de Chastenay, chez laquelle on était convenu de se rassembler.

Jour assigné, société convoquée, l'auteur arrive, et prend place d'abord à un dîner splendide, au milieu de convives choisis qui le saturent d'encens. Les autres auditeurs ne se font pas attendre, la lecture commence : chaque mot heureux est saisi au passage, chaque trait de sentiment excite des murmures d'approbation. Jamais louanges plus délicates n'avaient caressé l'oreille paternelle du poëte ; jamais son cœur ne s'était dilaté au bruit d'applaudissements plus justes. Au sortir de la séance encore tout étourdi et tout transporté, il disait, en rapportant les mille compliments ingénieux et fins dont il venait d'être l'objet : Mais ces gens-là sont charmants ; mais je ne soupçonnais pas ce qu'ils valent. Que d'esprit, de grâce, de politesse! quel tact parfait! quel goût éclairé! Voilà les auditeurs qu'il nous faut, à nous autres. Parlez-moi d'eux : c'est la vraie société des hommes de lettres. Ce monde-là nous comprend bien mieux que ces sots financiers qui font les entendus.

Je ne prends pas sur moi ce petit blasphème ; je le laisse au blasphémateur. Que ceci soit bien reconnu!

Hélas! qu'est devenu ce temps où l'on amusait les Français avec des comédies, des contes, des bons mots? La nation était encore prodigieusement gaie, et tout la faisait rire : elle gagnait à cela du plaisir, ce qui a bien son prix ; mais depuis qu'elle s'est avisée d'être grave et de prendre tout au sérieux, je demande ce qu'elle y a gagné? Pauvres Français, comme cette triste manie de la politique vous a jetés loin de votre élément! qui vous y ramènera? Les joyeux conteurs, les bons comiques. Quand le cardinal de Richelieu tombait malade pour avoir pris de l'humeur au conseil, son médecin lui ordonnait d'écouter le facétieux Boisrobert : le ministre usait de la recette, et il recouvrait la santé jusqu'à nouvelle rechute. Il faudrait essayer avec nous du même moyen ; que sait-on? Le Français s'attriste de très-bonne grâce, mais il n'aime pas à s'attrister longtemps. Il va plus visiter les bals que les tombeaux ; les images sérieuses, qui l'attachent d'abord, le rebutent bien vite, et il s'en détourne dès qu'il peut. Notre nation, frivole ou non, a plus besoin de distraction que de mélancolie. Sentimentale par accès, généreuse par instinct, elle est gaie par tempérament. Le génie du *spleen* ne sera jamais parmi nous qu'un dieu de passage.

Comme j'ai peur que ma galerie de tableaux ne fatigue un peu mes amis, je vais m'en éloigner avec eux, mais nous y reviendrons. Je ne veux pourtant pas attendre pour faire le portrait du seul de nos écrivains renommés que je n'aie vu qu'en passant, et qui en est bien, à mon avis, le plus curieux à connaître. De qui veux-je parler? Ne devine-t-on pas? Faut-il dire que c'est du très-enjoué, très-fécond, très-original auteur de cent romans, de cent pièces de théâtre, M. Alexandre Dumas?

Si la gloire a ses hommes de peine, elle a aussi ses hommes de plaisir : par exemple M. Alexandre Dumas, qui court après les couronnes poétiques en faisant des haltes dans tous les cafés, compose des tragédies en jouant à la paume, se promène et conte au public ses promenades, déjeune et immortalise ses déjeuners, rit de tout, même de ses chutes, même de ses succès, ne se soucie pas plus d'amuser que d'ennuyer, et jette son talent comme sa vie au vent du hasard, de ce hasard dont il a fait son Dieu. Dernièrement les comédiens, pressés du besoin d'argent, sont allés lui demander une pièce. Lui se mettre en frais pour si peu! Il leur en offre trois. On accepte; mais quelle sera la première? Il improvise le titre, il improvise l'ouvrage, ensuite il l'écrit, ensuite on le joue. Des amis l'applaudissent, des journalistes le prônent; les oisifs vont l'entendre, les femmes vont s'y montrer. On y rit, mais décemment; on s'y intéresse si on veut, mais moins qu'on ne veut. Cela est un peu commun, cela est beaucoup trop long. Encore une ébauche et une débauche d'esprit. Quand M. Dumas prendra-t-il donc au sérieux son art et le public? Je n'en sais rien, ni lui non plus; je ne m'en inquiète guère, et lui encore moins.

J'aime les caractères originaux : en voici un autre, moins divertissant, mais aussi remarquable. Le marquis de Bonneval, ami de Madame la duchesse d'Uzès, avait reçu d'elle la promesse formelle d'aller passer une semaine dans sa terre de Soquence, située en Normandie, et de m'emmener chez lui, tout impotent que j'étais. Elle tint parole. Nous arrivâmes un beau matin dans un séjour enchanté. Rien ne peut donner l'idée de ce site délicieux. Un château élevé sur sept amphithéâtres successifs, une vue immense, la Seine formant golfe sous nos yeux, d'innombrables bâtiments pavoisés passant et repassant dans ce magnifique bassin; au delà, des près, des bois, des collines à l'horizon, et, pour couronner le paysage, des châteaux en ruines, des clochers s'élevant du milieu de grandes touffes d'arbres, des troupeaux de moutons par-ci, des groupes de moissonneuses par-là : voilà ce qui me jetait dans des extases presque ridicules. Voilà ce que ma mesquine description ne saurait rendre dans sa beauté, sa richesse, son pittoresque et son imprévu. Mais si la nature avait beaucoup fait pour l'ornement de cette contrée, il faut convenir que l'art s'était bien abstenu d'y apporter sa contribution de merveilles. Le château de Soquence, le plus délabré des châteaux, ne tenait plus à rien. Le premier coup de vent pouvait l'emporter. Depuis trente ans le propriétaire l'avait abandonné à lui-même. Partout les marques de la décrépitude, partout des menaces de chute prochaine. En dehors des murs lézardés, des portes disjointes, des plâtres tombés; en dedans des lambris détachés de leurs cadres, les poutres crevassées, les fenêtres à moitié privées de leurs vitres : c'était pitié.—Pourquoi ce délaissement? Le maître du lieu manquait-il de l'argent nécessaire pour payer des réparations?— Non, il possédait soixante mille livres de rentes en patrimoine, et une succession inattendue venait de doubler son revenu.—Qui l'empêchait donc de faire les dépenses obligées?—Manie, pure manie. Il avait la dépense en horreur ; il vivait de coquilles de noix et de petit-lait gâté. — Fi, le vilain avare ! — Point du tout ;

il était prodigue. — Oh! quel homme inexplicable! — Que voulez-vous? il avait établi ses pénates en Angleterre, il ne croyait plus à la durée de la France, et bâtir ou réparer dans un pays sans lendemain lui paraissait une vraie folie.

Comme sa prudence l'avait bien éclairé! Au moment où lui et une foule de nobles quittèrent le royaume en 1789, et qu'au lieu de partir les mains vides à l'exemple de la plupart de ses compatriotes, il avait su se munir assez bien pour vivre partout, il croyait à son esprit de prévision, et de là sa conduite parcimonieuse. L'émigration, nous disait-il, l'émigration, qui fut pour eux la détresse, n'a été pour moi que l'exil. Parlez-moi de l'Angleterre! c'est là qu'on peut fonder; le sol n'y tremble pas et n'y tremblera jamais.

Alors il se répandait en éloge sur les lois, les mœurs, les institutions, les manufactures, les vertus nationales de ce peuple unique, selon lui, dans les annales du monde industriel et civilisé. Qui de nous autres Français, ajoutait-il, pourrait offrir des exemples de patriotisme comme les Anglais? Où trouveriez-vous en France un caractère semblable à celui de lord...? Je dinais chez lui en nombreuse compagnie. D'abord on parla peu, selon la coutume; ensuite il fut question du ministre tout-puissant, M. Pitt, dont le maitre du lieu se mit à faire la critique avec une chaleur qui m'étonna, mais je ne témoignai point ma surprise. Au sortir de table, je prends mon homme à l'écart, et je le prie de me permettre une question. — Laquelle? me dit-il. — Eh mon Dieu! c'est que je n'ose m'exprimer librement. — Osez, osez : nous autres Anglais, nous écoutons tout. — Eh bien, comment se fait-il que vous disiez tant de mal d'un ministre en faveur duquel vous votez sans cesse à la chambre des communes? — Monsieur, Monsieur, sachez que M. Pitt m'a offensé personnellement : je me dois à moi-même de ne jamais lui pardonner, et il peut compter sur ma haine éternelle. Mais M. Pitt contribue à la gloire et à la prospérité de l'Angleterre : non-seulement je voterai, mais je ferai voter toujours avec lui mes amis politiques, quels qu'ils soient.

Madame la duchesse d'Uzès, qui avait passé elle-même des années d'émigration à Londres, et qui ne partageait pas tout à fait l'engouement du marquis, se mit à plaisanter sur le caractère excentrique de plusieurs Anglais, qui lui avaient paru des modèles achevés de ridicule et de mauvais goût. Par exemple, s'écriait-elle, approuvez-vous les mariages disproportionnés qu'ils se permettent ? Un lord qui épouse une fille de théâtre ; un duc et pair qui mêle le plus beau sang des trois royaumes au sang d'une race de cordonniers : fi ! cela fait horreur. — C'est qu'ils sont sans préjugés. — C'est qu'ils sont sans dignité. N'a-t-on pas vu le prince de Galles lui-même contracter l'alliance la plus disproportionnée avec une madame Fitz-Herbert ? — Oh ! pour celle-là, répliqua vivement le marquis, respectons sa conduite, respectons sa personne. C'est le dévouement, c'est la vertu même. — Belle vertu, qui consent à dégrader un prince destiné au trône ! — Mais, Madame la duchesse, vous ne savez donc pas les détails de l'affaire ? — Non, contez-moi cela. — Vous allez être émue. — J'en doute ; mais enfin mettez-moi au fait. — Eh bien, apprenez ce qui s'est passé entre le prince et cette femme étonnante.

Le premier jour qu'il la rencontra, poursuivit le marquis, cette beauté noble le frappa de telle sorte qu'il devint subitement épris. Déterminé à la connaître et à s'en faire aimer, il se présenta chez elle, amené par un de ses favoris. Reçu avec les égards dus à un rang si élevé, il ne tarda point à déclarer ses sentiments ; mais il trouva une résistance inattendue, qui ne fit qu'enflammer une passion déjà fort vive. Ses assiduités, ses instances finirent par importuner celle qui en était l'involontaire objet. Sous prétexte d'indisposition, elle ferma sa porte et resta quelque temps libre ; mais, quand il lui fallut se rendre au monde, le prince reparut et recommença ses poursuites. Il ne lui déplaisait pas, il le voyait, il le savait très-bien : quel homme ne sait pas cela s'il est pourvu d'expérience ? Il devinait donc qu'il avait des intelligences dans la place assiégée ; mais à quoi lui servait cette découverte ? La résistance n'en était pas moins obstinée. Enfin, poussée à bout, se défiant peut-être d'elle-même, Madame Fitz-Herbert prend un grand parti : elle quitte Londres et se sauve en Suisse, persuadée que l'absence produira son effet et qu'on finira par l'oublier et la laisser en repos. On ne l'oublie point, on ne la laisse point en repos. Lettres sur lettres, protestations sur protestations : elle garde le silence, elle commence à s'irriter d'un amour qui trouble sa vie. Son projet est formé : elle va passer en Orient, lorsque tout à coup arrive dans sa retraite un ami intime du prince, mais un de ces amis comme il en avait peu ; c'est-à-dire un homme grave, éminent par son caractère encore plus que par son rang, qui vient lui annoncer que ses refus ont mis l'héritier de la couronne dans un tel état de désespoir que la fièvre s'en est suivie, qu'il est au lit, qu'on n'attend que le moment de sa mort, si l'objet de sa passion ne prononce le mot qui doit le sauver.

Madame Fitz-Herbert frémit, mais sa résolution est prise : l'honneur lui est trop cher pour qu'elle le sacrifie même aux plus hautes considérations. Lisez, lisez, lui dit l'illustre envoyé, témoin des combats de son âme et de sa résolution formellement exprimée. Elle lit : c'est une promesse solennelle du prince de s'unir à elle par des liens sacrés si elle consent à retourner près de lui. A ce prix, dit l'ambassadeur, refuserez-vous encore de le rendre à sa famille, qui se détermine à fermer les yeux sur votre union, et à l'Angleterre, qui l'aime en dépit de tous ses défauts?

Vaincue par une si haute preuve d'amour, Madame Fitz-Herbert n'a plus d'objection. Elle part, elle revient pour être épouse dans ce pays où elle fut demandée pour maîtresse. Un mariage secret associe sa destinée au sort de son auguste amant, dont sa seule présence avait rétabli les forces. Le Roi, la Reine, heureux d'avoir conservé un fils chéri, ne témoignent aucun mécontentement, et le bonheur veille enfin sur le lit conjugal.

La lune de miel fut longue, et si longue, que la vieille Reine, qui avait compté sur autre chose, s'impatienta. Un soir, dans son cercle d'intimes, elle dit tout bas que celle qui se dévouerait pour arracher son fils à des liens qui avaient trop duré, lui rendrait un service digne d'une éternelle reconnaissance. Ces paroles tombèrent dans une oreille accoutumée à bien entendre. Au bout de quelque temps on apprit qu'une certaine lady s'était promenée en calèche dans la forêt de Windsor avec Son Altesse Royale. Ce bruit parvint jusque dans la demeure de l'épouse non déclarée, qui alla aux informations, et n'eut plus lieu, après les avoir prises, de douter de son malheur. Explication s'ensuivit entre elle et le prince. Il avoua son tort, en demanda pardon, jura de n'y plus retomber. On le crut, on oublia tout, et les amours recommencèrent à battre des ailes dans le pigeonnier royal.

Peu de temps après, nouvelle infidélité, mais non pas nouvelle explication. Si le prince était capable de rechute, Madame Fitz-Herbert n'était plus disposée à l'indulgence. Elle disparut. En vain toute la police de Londres fut mise en mouvement pour découvrir sa retraite : les jours se suivaient, et n'apportaient aucune lumière au prince désolé, qui adorait encore cette épouse qu'il trahissait. Ces contradictions dans le cœur humain sont si communes, qu'on ne daigne plus les noter. Un hasard fit plus que l'adresse des limiers du maire de Londres. On apprit que la femme offensée s'était réfugiée dans une campagne isolée, à quelques milles de la capitale. Le prince y vole, il arrive, il entre, il monte l'escalier. Les domestiques s'arrêtent par respect. Il est dans la chambre de sa femme, il ouvre la bouche pour lui adresser des reproches. Elle ne lui en laisse pas le temps. Elle sonne. Un valet de chambre paraît. Faites avancer la voiture de Monseigneur, dit-elle. Et sur-le-champ elle se précipite dans une chambre voisine dont elle ferme la porte sur elle.

Furieux de cet accueil, il s'éloigne, dans la ferme résolution de ne plus voir cette étrange créature ; mais tant que l'amour est de la partie, on connaît la valeur de ces résolutions.

Toujours plein d'elle, toujours occupé du besoin de recommencer cette vie de bonheur dont il sentait mieux le prix depuis qu'elle avait cessé par sa faute, il passait ses journées comme on les passe quand tout manque à l'âme, quand tout est vide et néant en nous et autour de nous. Cent projets plus insensés les uns que les autres passaient dans cette tête royale, destinée à faire le sort de la Grande Bretagne. Son Altesse n'était plus qu'un petit garçon, incapable de se conduire. On la prenait en pitié, voyant ses allées et ses venues, ses projets et ses contre-projets, ses dits et ses dédits continuels. Vous comprenez bien que le prince n'avait pas manqué de semer à la porte de la cruelle une foule d'émissaires chargés de lui rendre un compte exact et circonstancié de toutes les démarches, de toutes les actions, et, s'il se pouvait, de toutes les paroles de sa femme. Privé de sa vue, il voulait encore vivre avec elle invisiblement, connaître ses goûts, ses pensées, ses vœux. Il voulait assister à sa toilette, l'accompagner dans ses promenades; bien plus encore, il voulait se représenter à ses yeux et rentrer dans son cœur par des artifices de tendresse, par des preuves de sentiment qui pussent la désarmer et l'attendrir. Un jour il apprend qu'elle cherchait un attelage de chevaux : il fait courir chez tous les marchands, dans tous les manéges; il trouve ce qu'il désirait. Le lendemain deux magnifiques juments anglaises, menées par deux jockeys superbement vêtus, caracolaient dans la cour du château qui renfermait l'arbitre de son sort. On avertit Madame Fitz-Herbert, qui vole à sa fenêtre. Tout émerveillée de la tenue de ces bêtes si bien dressées et d'une si belle encolure, elle fait monter celui qui les avait amenées, et lui demande si cet attelage est à vendre? — C'est votre propriété, lui répond l'écuyer. — Comment? — Oui, Madame, ces chevaux sont à vous. J'ai reçu l'ordre de les laisser à vos gens. Elle comprit. — Allez, dit-elle, allez dire à celui qui vous envoie qu'un seul homme avait le droit de m'adresser des présents, mais qu'il a perdu ce droit-là. Et vous autres (s'adressant à ses serviteurs), qu'on rouvre les portes du château pour faire sortir cet homme avec ses bêtes, et qu'on les referme sur lui et sur quiconque se présentera sans mon autorisation. C'était l'arrêt irrévocable. Le prince n'osa point en appeler. Il vit que le ressort de la montre qui avait sonné son bonheur était brisé à jamais; et, pour se consoler, il dit au plaisir : Reviens à moi.

Nous admirâmes la fierté de ce cœur féminin, et nous plaignîmes le prince qui n'avait pas su le conserver. Mais Madame la duchesse d'Uzès n'en cria pas moins contre les mésalliances.

Ainsi se passait agréablement la semaine chez le marquis, dont toutes les habitudes appartenaient à une autre époque comme toutes ses doctrines. Pour lui la révolution de 1789, la République, le Consulat, l'Empire, n'avaient point existé : il ne reconnaissait que la monarchie de Louis XIV, la hiérarchie des trois ordres et le pouvoir des parlements. On pense bien que, pour être au complet, il rêvait le retour de Louis XVII, qui vivait encore, selon lui. Où? il ne le savait pas bien; mais n'importe : à lui, à lui seul la fidélité et l'obéissance du marquis.

Ces rêveries de vieux royaliste s'alliaient en lui aux plus hautes idées de devoir et de justice. Il avait, comme je l'ai dit, hérité d'un parent dont il se croyait plus rapproché que les autres membres de la famille. Vient quelqu'un qui lui dit : Ce bien ne vous appartient pas; il est à moi, voyez notre arbre généalogique. — Voyez vous-même, reprend M. de Bonneval : ma branche précède la vôtre. — Non. — Si. Procès. Le marquis gagna sa cause, et il jouit paisiblement. Tout à coup une provinciale se présente à lui, réclame l'héritage, montre ses titres. Elle avait raison, les biens du défunt devaient lui être adjugés. M. de Bonneval, sans chicaner, sans temporiser, dit : Vous êtes dans votre droit; prenez et gardez. Voilà de mes hommes.

Pendant notre court séjour à Soquence, il nous mena dîner dans le voisinage, chez le duc de Fitz-James, l'ami de cœur du duc de Crussol. Ce digne descendant du maréchal de Benvic a joué un assez beau rôle dans notre histoire parlementaire pour que je lui donne une place dans mon histoire particulière. Je ne l'ai vu de suite que dans les derniers temps de sa vie, mais je le connaissais par son ami. Il était à jour pour moi, et je puis dire qu'il y avait en lui des gouttes de sang royal. Facile et familier, il offrait pourtant toutes les apparences de la superbe et du dédain. Il marchait le front haut ; il y avait dans son geste quelque chose d'impérieux, et sa grande taille lui donnait l'air délibéré d'un homme qui ne souffre pas la contradiction. Tout au contraire : jamais on ne laissa tant de liberté à l'opinion d'autrui. Il aimait même assez les pugilats de la parole ; mais s'il admettait l'opposition, il repoussait la grossièreté. Après avoir signalé son éloquence toute naturelle, toute vive, tout empreinte de l'esprit de chevalerie, dans les discussions nobles, calmes et approfondies de la chambre des pairs, il passa dans l'autre pour y obtenir les mêmes succès par d'autres formes de talent oratoire. Mais, sans se targuer de cette gloire qui lui venait, comme ses improvisations, il ne savait d'où ; car il n'avait point travaillé à l'acquérir par de longues et pénibles études ; sans s'étonner de ses triomphes, qui nous étonnaient tous, parce que nous n'étions pas initiés dans les mystères de sa haute intelligence, il jouissait avec délices des applaudissements du public. Toutefois son peu d'amour paternel pour ses productions était tel, qu'il négligeait de les rassembler. Quand on le pressa de les livrer à l'impression, il ne savait plus où les prendre. Enfin il s'avisa de penser qu'on les trouverait toutes chez son ami Crussol, que nous venions de perdre, et il me chargea de les demander au fils de ce tendre ami. C'est ainsi que la collection parut complète, et que nous possédons tous ses titres de célébrité.

Des divers favoris de Charles X, il était le plus chéri avec son beau-frère le royal duc de Maillé. Ce dernier, à l'époque de l'assassinat de M. le duc de Berry, signala par un trait aussi courageux que touchant son dévouement à la personne du prince, qu'il servait en qualité de premier gentilhomme de la chambre. MONSIEUR (car il n'y avait pas encore un Charles X), Monsieur, instruit du fatal événement qui allait lui ravir un fils, part sur-le-champ pour le théâtre des plaisirs métamorphosé en sanctuaire de deuil. Le duc de Maillé, alors de service, s'apprête à monter dans la voiture, lorsque la voix de Monsieur l'arrête, et il entend ces mots : « Non, non, Maillé : il y a ici un danger à courir ; je te défends de m'accompagner. S'ils allaient te prendre pour moi ! » L'infortuné père du duc de Berry croyait que le poignard qui avait frappé son fils était suspendu sur toute la royale famille. M. de Maillé se retire respectueusement sans répliquer. Mais quand son maître arriva au portique de l'Opéra, quel est le serviteur qui lui ouvre la portière? C'est son premier gentilhomme de la chambre. Il était monté derrière la voiture, et n'avait pas rougi d'usurper les plus viles fonctions pour faire à son prince menacé un rempart de son vieux corps.

Rien de plus animé, de plus brillant, de plus recherché, de plus digne de l'être que les réunions de l'hôtel de Maillé. La spirituelle et élégante femme de notre excellent duc en faisait les honneurs avec une aisance merveilleuse. Tout ce qu'on pouvait voir en Europe de plus fashionable semblait se trouver là comme à son rendez-vous naturel. Madame de Maillé, jeune, jolie, armée des deux yeux les plus agaçants et les plus fiers à la fois, aimant les arts et les cultivant, éprise aussi du théâtre et jouant la comédie en actrice consommée, mère de deux enfants de la plus heureuse figure, semblait avoir été mise au monde pour être le porte-bonheur de Paris et des châteaux. Que ses hivers étaient splendides! Que ses étés offraient d'amusements! On partait de bonne heure pour Lormois, belle terre à six lieues de la capitale. On s'établissait dans un grand édifice bâti tout de travers, mais commode, mais bien orné. Là venait la troupe comique composée de la maîtresse du lieu, de Mesdames de Chastellux, de Nansouthy, de Maou, de

Volkouski, de Noailles, qui, dans nos répétitions, arrivaient couvertes de roses, enveloppées dans la mousseline et la gaze, semblables à des nymphes sortant du milieu des fleurs pour s'exercer à leurs jeux charmants. Pour leur tenir tête, on voyait venir à la file un marquis de Terme, un baron de Tourolle, un comte de Mérinville, un comte de Maussion, et votre serviteur. Ajoutez Lafond des Français, chargé du rôle d'Alceste dans le *Misanthrope*, rôle qu'aucun de nous n'avait osé accepter, tant ses dimensions nous faisaient peur! Tous nos illustres camarades avaient du talent. Je m'étais dispensé d'en montrer ; mais dans mon petit jeu terre à terre, je ne fus pourtant pas écrasé sous les succès de mes supérieurs.

Tandis que nous tournions étourdiment dans ce cercle de divertissements peu champêtres, un monarque s'en allait à côté de nous dans l'autre monde. Chacun des conviés à nos fêtes accourait, nous apportant à petit bruit des nouvelles tous les jours plus sinistres. Le duc de Guiche se jetait soudainement à travers le déjeuner pour dire : — Le Roi perd la vue, il n'a plus de mains : il a voulu verser hier de l'eau dans son verre, et il l'a répandue, sans le soupçonner, sur toute la table. Et les auditeurs de s'écrier : — Relâche au théâtre! — Non, non ; au contraire, continuez, ne faites semblant de rien, la cour le commande. Si le Roi savait que vous ne jouez pas, il devinerait tout. Alors on retournait au théâtre ; les répétitions recommençaient. Et pourquoi non? N'avait-on pas carte blanche pour s'amuser? Le lendemain, autre alerte, mais toujours défense d'abandonner notre poste comique. On joua donc presque devant le lit d'agonie du Roi de France, et deux jours après Araminte, Dorante, Lisette et Crispin portaient des pleureuses. O monde frivole! ô monde heureux de l'être!

Ici une petite réflexion. La malignité humaine va se récrier contre les flatteries multipliées de mon pinceau. Je sais que la monotonie de la louange fatigue et ennuie. Que voulez-vous? Est-ce ma faute, à moi, si j'ai trouvé dans Paris tant de justes auxquels la grâce n'a pas manqué? Je ne fais point de portraits de fantaisie, je peins toujours d'après nature. Qu'on procède, j'y consens, à une enquête : mes originaux sont encore là presque tous ; on verra si j'exagère ou si j'invente. Eh! vraiment, invente-t-on jamais l'éloge dans un pays où l'on sait que la critique seule est en passe de faire fortune? Ceci dit, je continue de sacrifier à la vérité, dussé-je être victime de mon amour pour elle.

En parlant des spectacles de Lormois, j'ai un peu rétrogradé : c'est un de mes torts. Dans ma vile prose, je me permets des licences approuvées par Boileau, mais pour la poésie. Je ne garde pas l'ordre didactique. J'en avertis sans promettre de me corriger. Avançons vers la catastrophe que j'ai maintenant en perspective. On me devine : il s'agit de la troisième chute du trône de saint Louis.

Elle ne fut pas imprévue, et il n'était pas un homme sensé en France qui ne fît écho à M. de Salvandi lorsqu'à la fête donnée par le duc d'Orléans au roi de Naples, il lui disait : Nous dansons sur un volcan. Il pouvait ajouter : Nous sommes tous des volcans nous-mêmes. Voici ce que je trouve dans mes notes à propos de cette commotion si terrible et dont les contre-coups sont incalculables :

Tout est prodigieux dans notre siècle et dans notre nation. Ceux qui ont remué le peuple ne voulaient faire qu'un mouvement, et ils ont accompli une révolution. Les voilà maintenant plus embarrassés et plus inquiets de leur ouvrage que nous : car le peuple est là, il sait sa force, il l'a essayée contre un trône, il peut l'employer contre un trône nouveau, et comment apprécier les suites d'un événement que les hommes qui l'ont créé dans leur aveuglement ne peuvent plus diriger? Nous sommes entrés dans une ère de rajeunissement ou de dissolution. J'ignore laquelle; mais il est certain que d'autres destinées commencent et pour la France et pour l'Europe.

Il y a longtemps que j'ai prédit ce qui arrive. J'ai toujours regardé la liberté de la presse, née de la civilisation, comme un enfant dénaturé qui tuerait sa mère. Cette puissance qui abat les autres puissances, qui soulève sans cesse les passions contre la raison, l'imagination contre l'expérience, les sujets contre les souverains, les fils contre les pères, les petits contre les grands, ceux qui ne possèdent pas contre ceux qui possèdent; cette puissance, dis-je, est appelée à changer la face du monde policé. Par le moyen des journaux, les télégraphes les plus actifs, elle remue chaque matin les nations, elle détruit tous les principes, elle met en question tous les droits, elle se joue des institutions; avec elle rien n'est et rien ne peut être. Le terrain sur lequel nous marchons est ébranlé par elle à tout jamais : on n'y peut fonder trônes, autels; tout s'y écroulera, tout y disparaîtra jour à jour. Le chaos nous menace, il nous presse, il nous enveloppe; il est en nous, sur nous, autour de nous. Plus de sûreté ni pour les Etats ni pour les individus. Ce qui existait n'a plus de force de résistance, nous l'avons éprouvé. Ainsi les règles qui régissaient les sociétés vont faire place à je ne sais quels violents caprices de la multitude. La propriété, l'hérédité, la légitimité, deviennent des chimères, que peut faire évanouir un souffle de la colère des peuples.

Après les épouvantables changements que nous avons

vus, nous ne pouvons plus croire à la durée ni des choses ni des hommes. Aussi, qu'arrive-t-il? Que chacun se retire au fond de sa pensée, qu'on s'enferme dans son égoïsme, qu'on regarde sans étonnement comme sans curiosité ces grands spectacles des catastrophes royales. Les monarchies s'en vont; personne ne se met à la fenêtre pour les voir passer : c'est un convoi comme un autre; on n'y fait plus attention, tant on a vu de ces cérémonies, tant elles deviennent indifférentes. En voilà une qui s'évanouit, on en fagote une autre. Vient un général, nommé Lafayette, qui dit : Le peuple est souverain. Et quand il a dit cela, il détrône le souverain d'hier pour donner la couronne au premier qu'il a sous la main. En déclarant que l'aristocratie est un mauvais ingrédient dans la cuisine politique, ce sublime restaurateur nous sert un roi à la bourgeoise, et il s'écrie : Tout est fini, voilà la révolution close, nous avons la république couverte d'un manteau royal.

Hélas! qu'en sait-il? Rien n'est fini, rien n'est clos que l'ordre social. On le verra, on le voit déjà. Les prolétaires, devenus nos maîtres, élèvent vers le trône des mains menaçantes ; avec le ton de l'autorité, ils demandent qu'on leur paye la conquête du pouvoir. Ils veulent beaucoup, et ils ont le droit de vouloir tout. Les soldats chassent leurs officiers pour en nommer d'autres de leur choix. Nulle juridiction reconnue : qui oserait donner un ordre à des vainqueurs?

Ce qui me fait trembler sur notre sort futur, c'est que nous n'avons en France les éléments de rien. Royauté, aristocratie, ce sont des mots : je cherche les choses. Les institutions ne valent que par les hommes qui les défendent; et où les hommes manquent, adieu les institutions. D'ailleurs, il est des temps, et je crois que ces temps sont venus, où l'espèce humaine a le vertige, où les nations font folie de leur corps, où les sociétés s'en vont, parce que rien ne doit rester, excepté celui qui est assis sur l'éternité.

Nous voilà, nous, avec une royauté bâclée, comme on dit, par cent dix-neuf députés sans titre et sans mission pour la faire; avec une chambre haute décimée par la chambre basse; avec des ministres sans responsabilité établie par une loi; avec trois pouvoirs, dont les deux premiers dépendent de la fantaisie du troisième.

Gouvernement *métis*, gouvernement impossible, qui se donne pour une transaction et qui ne sera qu'une transition...

Me suis-je trompé?

Peu de temps après cet événement prodigieux, je rencontrai M. de Châteaubriand chez Madame la marquise d'Aguesseau, sa plus ancienne amie. Revenu avec elle d'Angleterre, où il l'avait connue pendant les jours de l'émigration, il parlait chez elle en toute liberté. Je lui demandai comment il envisageait la situation nouvelle que les partis nous avaient faite. Il me répondit : Ceci durera quinze ans, ensuite le déluge. En plongeant les yeux dans l'avenir, vous y verrez l'Europe couverte de petites républiques bien grossières, bien turbulentes, bien dénuées de lumière et de raison. Pour moi qui lorgne déjà l'éternité, peu m'importe; mais, comme disait Voltaire dans son temps, nos neveux entendront un beau tapage. Voilà mon horoscope.

Je lui ai rappelé souvent cette prophétie, surtout à l'expiration des quinze ans de grâce qu'il avait accordés à la nouvelle monarchie, dite bourgeoise. Eh bien! lui disais-je, la voilà encore debout, malgré vos pronostics et les miens. — Laissez faire, répliquait-il : son heure fatale ne peut tarder. Six mois après, je revenais à la charge, et il riait. Attendez donc. Un an ou deux ans de vie, soit en plus, soit en moins, qu'est-ce que cela? Ne voyez-vous pas comme cette monarchie est malade? Elle ne peut aller loin. — Et après? lui dis-je. — Après, vous aurez ce que je vous ai annoncé.

J'avais peu de penchant pour le gouvernement de fait; mais le monstre de l'anarchie, levant déjà ses griffes sanglantes et ouvrant sa formidable gueule pour dévorer le monde, me jetait dans une telle épouvante, que je préférais tout à son horrible triomphe. Je disais comme Madame Swetchine : Quand le gouvernement s'affermit, je m'afflige; quand il s'ébranle, je m'inquiète.

Pour Madame d'Aguesseau, que j'ai nommée, sa joie éclatait sans contrainte. J'ignore pourquoi elle avait pris en aversion Charles X, qu'elle fit profession d'aimer jusqu'à l'époque de son règne; mais personne ne lui était devenu plus hostile. Elle aurait formé une opposition à elle seule. Douée d'un esprit remarquable, mais altière, mais impérieuse, elle ne souffrait jamais la réplique; il fallait penser comme elle ou se taire. Dans ses affections même violence que dans ses opinions. Plus vous lui plaisiez, plus vous étiez sûr d'essuyer des scènes à propos de tout et de rien. Il fallait être à ses ordres, ou plutôt à sa sonnette : autrement, point d'excuse, point de rémission; les moindres péchés devenaient à ses yeux des péchés mortels. Bref, Madame d'Aguesseau était l'autocrate de l'amitié, toujours le knout à la main.

Un tel caractère aurait mis en fuite les anges mêmes, tout patients qu'ils sont. Eh bien, la conversation de ce dragon femelle avait un tel charme, qu'on ne pouvait se détacher de sa chaîne. Je n'ai pas vu un seul des nombreux esprits qui lui formaient une cour assidue renoncer à leur servage. Après les avoir maltraités horriblement, elle s'avisait de mille moyens ingénieux pour les amadouer. Ils étaient partis furieux, déterminés à rompre : un billet plein de grâce, un service rendu à propos, les ramenaient à ses pieds, et peu s'en fallait qu'ils ne lui demandassent pardon de ses propres torts. Ce prestige fascinateur a duré près d'un siècle ; car elle est morte à quatre-vingt-dix ans, et morte de la mort des bons et des justes. Rien de plus édifiant que sa fin.

Parlementaire jusqu'au bout des ongles, en sa qualité de fille du garde des sceaux Lamoignon, voltairienne sans impiété mais sans pratiques religieuses, elle avait vécu de la vie des indifférents. Enfin, presque sur le bord de sa tombe, elle perdit une personne sur qui elle avait concentré tout ce qu'elle possédait de tendresse dans le cœur. Cette séparation l'affecta si douloureusement, qu'elle ne voulut plus de commerce avec le monde. C'est là que Dieu l'attendait. Dieu lui envoya son petit-fils, le respectable abbé de Ségur, qui pleura avec elle, et lui dit ces paroles que le ciel envoie toujours aux siens, ces paroles qui renouvellent les âmes, purifient les volontés et redonnent le goût des choses saintes. La pauvre nonagénaire sentit renaître son courage ; elle se retrouva en présence du seul consolateur, elle accepta pieusement la main qu'il lui présentait pour la relever et l'amener vers lui. Elle dit avec effusion : O mon Dieu, je viens à vous. Je viens à vous, mon père! mais il est bien tard. Voudrez-vous de moi? Et celui qui appelait les petits enfants embrassa la vieille grand'mère, heureuse d'être acceptée par sa clémence et de le suivre dans son éternité. Quelle joie dut éprouver M. l'abbé de Ségur, lui qui, en échange d'une vie passagère qu'il avait reçue d'elle, la dotait à son tour de la vie sans fin!

Ce fut chez Madame d'Aguesseau que je retrouvai Madame la vicomtesse de Virieu. Cette femme tout esprit faisait les délices de nos dîners et de nos soirées. Instruite comme un bénédictin, aimable comme une mondaine, elle ne laissait jamais languir ni tomber l'entretien. Egalement savante dans l'art de parler et d'écouter, elle n'usurpait jamais le dé, elle le recevait; mais comme elle jouait bien à ce jeu de la conversation ! Quel feu ! quelles saillies ! quelles répliques inattendues ! Point de hasard dans ses bonnes fortunes ! Elle n'en devait rendre grâce qu'à son esprit toujours prêt, toujours étincelant, toujours complaisant, au point qu'elle n'avait qu'à l'appeler pour qu'il parût, comme ces génies des Mille et une Nuits arrivant aux ordres des fées dès qu'elles avaient frappé du pied. Si je ne me lasse point de vanter cette vicomtesse, c'est qu'elle ne s'est jamais lassée de m'amuser ou de m'intéresser par la magie de sa parole.

Les premiers bruits de la nouvelle révolution avaient jeté Madame la duchesse d'Uzès dans de si vives alarmes, qu'elle courut se réfugier dans ses bois, bien résolue à n'en sortir qu'à bonnes enseignes. Je ne l'abandonnai point, et là nous passions des jours d'une douceur charmante, tout en contraste avec les journées d'agitation qui suivirent la grande semaine. Parmi les occupations simples mais agréables qui nous faisaient oublier les malheurs publics, la lecture comptait pour beaucoup. Quant à moi, l'un des plus intrépides liseurs, je consacrais à ce plaisir la moitié de mon temps. Je me souviens qu'un jour, obligé de faire une recherche dans les vieux journaux, je fus frappé de la violence des débats à la chambre des députés qui suivit la chambre introuvable. Cette lutte des partis me sembla si curieuse, que j'abandonnai ma recherche pour m'attacher au nouvel objet de mon attention. En parcourant une série assez longue de séances toujours plus orageuses et plus menaçantes, je m'étonnai que la monarchie eût pu résister si longtemps au choc incessant et terrible des partis. Quand on ne fait cette lecture que matinée à matinée, au coin de son feu, en prenant son café ou son thé après un sommeil tranquille et sans entendre de bruit dans la rue, on n'éprouve qu'une demi-sensation, bientôt effacée par les événements insignifiants et paisibles du reste de la journée. Mais au milieu des scènes révolutionnaires, lorsque le tocsin sonne à toute heure, lorsqu'on prend pour ainsi dire l'émeute sur le fait, lorsque rien ne sépare les fureurs de la veille de celles du lendemain, du surlendemain et des jours suivants, ah! qui peut donner l'idée de l'effroi qu'un lecteur éprouve à ce spectacle où l'accumulation des péripéties amène la multiplicité des émotions.

Les humides soirées de l'hiver rendirent Wideville inhabitable. Il fallut revenir, et dans quel moment! le procès des ministres de Charles X commençait. Les caravanes de l'émeute se remettaient en marche : les pairs, dévoués à tout, même à la mort, pour remplir leur mission de justice, ne craignant rien pour eux, mais tremblant pour leurs femmes et leurs enfants, les envoyaient se cacher dans les campagnes voisines de Paris. On avait eu grand soin de les avertir du danger qui les menaçait. Nous assistions tristement à ces déménagements douloureux, à ces adieux qui serraient le cœur ; car chacun disait à part soi : Nous reverrons-nous? Le dénoûment de cette grande affaire honora les juges, le gouvernement, les colléges, la garde nationale : tous firent leur devoir, maintinrent l'ordre, et cinq malheureux échappèrent à la mort du plus malheureux Bailly. L'échafaud, dressé en pensée pour eux par une multitude effrénée, ne fut en réalité qu'une prison. Pourquoi faut-il rappeler ces odieuses scènes? Mais le moyen de les passer sous silence, à moins de laisser une lacune dans le récit de ma vie !

Peu à peu l'agitation du peuple cessa : le gouvernement ne fut plus opprimé par la rue. Les pouvoirs réguliers ne virent plus fonctionner à côté d'eux ces rois de contrebande, dont les haillons disputaient aux fracs et aux robes de pourpre le droit de s'étaler sur les bancs parlementaires ou sur les siéges de la justice. Les honnêtes gens respirèrent, le commerce reprit confiance, les boutiques se repeuplèrent d'acheteurs, et les salons se rouvrirent au plaisir.

En recueillant mes souvenirs de cette époque, j'en trouve un qui n'a jamais été sans charme pour moi. Un pauvre Vendéen, fidèle à la vieille race de ses rois, s'était avisé de lever l'étendard contre la naissante dynastie ; lui et quelques imprudents amis furent saisis les armes à la main, jetés dans les cachots, et traduits en définitive devant les tribunaux, qui prononcèrent leur sentence de mort. On m'instruisit de cet événement, peu remarquable en lui-même ; mais Mandar était un homme, mais une tête allait rouler sur l'échafaud, et moi, qui ai toujours soupiré après l'abolition de la peine de mort, je ne pouvais résister aux prières des protecteurs du malheureux, ou, si l'on veut, de l'insensé prêt à périr. C'étaient des Coislin, des Dubot, des Ru, qui me pressaient d'employer mon crédit au Palais-Royal pour obtenir la grâce de Mandar, qui s'était pourvu en cassation. J'en avais indirectement, du crédit. Le comte Anatole de Montesquiou, mon ami, était chevalier d'honneur de la nouvelle souveraine. Je lui demandai son intérêt pour le protégé de ma pitié. Il m'engagea à lui remettre une pétition, qu'il reçut le lendemain, accompagnée d'une lettre pressante et respectueuse signée de moi. Les deux papiers furent rendus le même jour. Promesse de s'occuper de l'affaire quand elle passerait à la cour de cassation, et de commuer la peine. Il y eut, mè dit M. de Montesquiou, rivalité de bonne volonté entre l'épouse et l'époux tout-puissant. Je ne saurais trop peser sur cette circonstance honorable pour tous les deux.

Maintenant, me dit Anatole, soyez prêt, veillez sur le tribunal, sachez au juste le jour où le pourvoi sera discuté et rejeté ; car il sera rejeté, aucun vice de forme n'étant reconnu dans l'arrêt de condamnation. Dès que la décision de la cour suprême aura été prise, avertissez-moi : je parlerai à la Reine, qui parlera au Roi ; le Roi ordonnera au garde des sceaux de lui rendre compte de l'affaire, et le reste me regarde.

Aussitôt dit, aussitôt fait. J'étais lié intimement depuis quelques années avec un magistrat non moins éminent par son mérite que par ses vertus, M. Rives, membre de la cour qui devait décider du sort de Mandar. Je vole chez lui, je le mets au courant ; il me promet de me servir comme il sert toujours, avec autant de zèle que d'efficacité. Enfin, pour abréger, la peine est commuée. J'en reçois la nouvelle, je me jette à genoux devant Dieu, et je le remercie de m'avoir placé dans l'heureuse situation de sauver les jours d'un de mes semblables. Mais qu'est-ce que j'apprends ? Qu'un honnête villageois, chrétien, pur de toute faute, estimé pour sa bonne conduite, va partager au sein de nos bagnes le sort ignominieux des malfaiteurs, lui qui n'est coupable que d'une erreur de date, lui qu'on ne peut punir que d'un anachronisme de fidélité ! Oh ! je l'avoue, j'étais loin de m'attendre à une grâce si flétrissante. Mon cœur resta muet ; le cri de la reconnaissance n'en put jamais sortir, et malgré moi je fus ingrat.

Cette aventure, qui resserra mes liens d'affection avec le magistrat, me fit encourir la disgrâce du courtisan. Comme il vit que de ma part il n'était pas question d'aller me prosterner aux pieds de ces bienfaiteurs qui souillaient le bienfait, M. le chevalier d'honneur cessa subitement de me voir. Ni la sensibilité que je lui témoignai pour son compte, ni les actions de grâces dont je le chargeai pour ses maîtres, ni mes visites, ni mes caresses, ne le désarmèrent. Je fus abandonné à mon sens réprouvé, et vraiment j'en ressentis un vif chagrin. Plus tard, je le retrouvai; il revint à moi comme il était parti, à l'improviste, et je le reçus à bras ouverts, en ami qui n'avait pas été négligé.

Je ne dois pas omettre, car je suis un témoin à charge et à décharge, qu'après la grande semaine je reçus l'invitation d'aller toucher le dernier trimestre d'une pension qui m'était allouée sur les fonds particuliers du Roi, en ma qualité d'homme de lettres. Je ne répondis point à cet appel, ne voulant rien devoir au nouveau prince, dont la générosité ne se rebuta point, j'en fais l'aveu. Au bout de six mois, je fus averti par le ministère de l'intérieur que ma pension m'était conservée; mais mon fanatisme bourbonien me défendait d'accepter. Aussi répondis-je en ces termes :

« Honoré des bienfaits du Roi déchu, je me vois dans l'impossibilité d'en recevoir d'autres. Je ne puis ni ne veux déplacer ma reconnaissance. Puisque le gouvernement est généreux, j'espère qu'il me pardonnera d'être fidèle. »

Depuis ce temps je n'entendis parler de rien, et j'en suis resté là, regrettant de m'être éloigné d'une famille dont l'auguste mère m'avait comblé de ses bontés, et qui m'avait elle-même témoigné un vif intérêt en m'appelant à l'honneur de lui faire souvent ma cour, quand je pouvais accomplir ce devoir sans manquer à ce que je me devais à moi-même. Retournons à M. Rives, qui mérite une mention plus longue (1).

(1) J'aurais supprimé tout ce que l'amitié a bien voulu dire de

Sa capacité reconnue détermina Madame la duchesse d'Uzès à le prier de se mêler un peu de ses affaires. Il accourut, il porta la lumière dans une belle fortune où l'on ne voyait plus clair du tout. Grâce aux mesures proposées par ce magistrat intelligent, en peu de temps la plupart des terres doublèrent de valeur ; tout prit une face riante dans ces magnifiques propriétés, et les bénédictions de la famille furent le noble prix de services aussi grands que désintéressés. Depuis ce temps, une véritable intimité s'établit entre des êtres si dignes de s'entendre; et quand M. Rives se maria, sa femme fut accueillie à l'hôtel d'Uzès comme une amie attendue et désirée.

Ces deux époux, riches de tous les bons sentiments, menaient une vie pieuse et cachée; mais on n'ignorait pas avec quelle générosité ils se refusaient jusqu'au nécessaire pour alimenter de pauvres familles. Sans rechercher l'approbation, ils l'obtenaient par leur conduite. S'en apercevaient-ils? Je l'ignore. Je sais seulement qu'ils n'y pensaient pas : tant les bonnes œuvres semblaient toutes simples ! Jamais le type de la vertu ne fut mieux empreint que sur ces figures calmes et sereines, où l'œil aurait en vain cherché la trace des passions du monde. Ils s'aimaient et ils aimaient comme au temps des premiers chrétiens. Quand l'un des deux avait imaginé quelque nouvel acte de bienfaisance qui contribuait à les dépouiller, l'autre pleurait de joie en se voyant devancé si bien sur le chemin de la charité. Heureux qui rencontre dans sa vie des êtres de cette nature ! heureux qui peut obtenir l'honneur d'être placé au rang de leurs amis !

moi, si la volonté de l'auteur (voir l'avertissement placé en tête de ce volume) ne s'était pas expressément opposée à tout retranchement. *(Note de M. Rives.)*

Quoique leurs pieuses habitudes ne s'accommodassent guère avec mes goûts mondains, au moyen des concessions réciproques, nous vivions en bonne intelligence. Je leur passais ceci, ils m'accordaient cela. Le rigorisme de leur sagesse consentait à s'adoucir pour moi, qui leur sacrifiais à mon tour tout ce qui ne gênait pas trop les caprices de ma déraison. J'aimais et les plaisirs permis, et même ceux qui ne l'étaient pas tout à fait. Leurs exemples, non leurs conseils, car ils ne s'avisaient nullement d'en donner, m'apprenaient à bien vivre; et, pour m'élever à la hauteur de leurs vertus, je m'appuyais sur ces bras forts de la première des forces. Comme il est bon d'avoir devant soi des modèles! Outre d'autres passions plus difficiles à vaincre, mes amis m'ont guéri de celle du théâtre. Je l'adorais ce théâtre, mais à tel point que j'aurais voulu voir Paris couvert de salles de spectacle. Cependant l'orgueil de mes goûts me faisait dédaigner ceux des boulevards, qui me semblaient la honte de l'art et l'égout de l'intelligence. Par mes vœux et par mes instances j'avais contribué à la réouverture de l'Odéon, où, comme je l'ai rapporté, Picard m'avait donné une loge, dont je profitais souvent ainsi que d'autres amis mondains comme moi.

Un jour, ce spirituel directeur vint me demander un service. Je me mis tout de suite à sa disposition. De quoi s'agissait-il? De recommander un jeune auteur à M. de Maleteste, secrétaire général de l'administration des droits réunis. Cet auteur, nommé Richard, n'était pourvu que d'une médiocre place dans les bureaux de la rue Sainte-Avoie, et il désirait un prompt avancement. Je sollicitai et j'obtins. Vous dire la joie, les transports du protégé de Picard serait une trop longue affaire : vous devinez, d'ailleurs, comment ces choses-là se passent. Quelque temps après, notre commis auteur tombe malade, il ne peut quitter son lit. Il faut demander pour lui un congé ; je suis assez heureux pour le lui faire accorder. Ce n'est pas tout : les besoins du ménage augmentent. On était l'époux d'une femme adorée qui n'avait apporté en dot que ses beaux yeux. Cela suffisait au mari ; mais les médecins, les apothicaires, le boucher, le boulanger, ne se payaient pas de doux regards ; il leur fallait de la monnaie courante, on en trouva dans ma bourse. Je pris mille biais pour leur faire délicatement accepter ce qu'ils happèrent sans façon, une petite somme assez ronde qui fut bien vite dégrossie ; après quoi on n'attendit plus mes offres, on les prévint. Je m'exécutai encore d'assez bonne grâce, ce qui fit qu'on ne se gêna plus, et tous les jours on tendait la main en me disant : Encore un petit don, s'il vous plait : il ne me plaisait guère, mais je donnais toujours.

Pour surcroît d'infortune, le mari meurt. Voilà une veuve, un deuil, des obsèques, etc. On vient pleurer devant moi ; je comprends, je m'exécute derechef ; mais à force de m'exécuter, je sentais ma bourse à l'extrémité et ma complaisance aussi. Dès lors il me fallut prendre une grande résolution : ma porte se ferma, on essaya inutilement d'y frapper ; les mesures étaient prises, rien ne put la faire rouvrir ; la veuve éplorée s'éloigna, et je respirai.

Un an après, je reçois d'elle un billet qui m'annonce qu'elle veut débuter sur le théâtre, et qu'elle me demande ma protection près du maréchal Lauriston, ministre de la maison du Roi, lequel maréchal avait l'Odéon dans son département. Je connaissais son gendre, Edouard Hocquart, très-superficiellement à la vérité, mais assez pour lui demander son intérêt en faveur de la postulante. J'envoie donc à Madame Richard, que je ne veux pas voir, pour raison que l'on conçoit bien ; je lui envoie donc un mot, un passe-port que M. Hocquart reçoit avec beaucoup de grâce, promettant d'avoir égard à ma recommandation ; puis il renvoie la solliciteuse et n'y pense plus.

Comme elle n'était pas femme à en rester là, et que rien n'avançait pourtant, elle découvre un nouveau protecteur dans la personne du comte de T..., qui parle d'elle en termes si pressants à M. Hocquart, que celui-ci la rappelle et lui donne une lettre pour le chef de division que l'affaire concernait. Enchantée, elle sort, elle court au ministère ; mais chemin faisant, elle laisse tomber l'écrit, le relève, le retourne, et voit le cachet tout brisé. La tentation lui prend de savoir en quels termes le gendre du ministre s'explique lorsqu'il prend sous sa protection les héroïnes de coulisses : elle lit donc ; mais quel désappointement ! quelle horreur ! Elle était jouée, bafouée, tournée en ridicule. « Je vous envoie cette folle, écrivait-on ; moquez-vous d'elle : voilà tout ce qu'elle mérite. »

La malheureuse arrive chez moi la tête perdue, la lettre ouverte à la main, pâle, haletante, furieuse : Tenez, lisez, s'écrie-t-elle en se jetant sur le premier fauteuil ; voyez à quel monstre je m'étais adressée. Je me rends à sa prière ; et pendant ma lecture je l'entendais jurer, maugréer, donner les plus étranges épithètes au perfide, qu'elle aurait étranglé si elle l'eût tenu là. — Eh bien ! eh bien ! me dit-elle quand je lui rendis le papier, qu'en pensez-vous ? a-t-on jamais vu un tel scélérat ? Et tout d'un coup elle fond en larmes, répétant d'une voix lamentable : C'est fini, je suis perdue. — Vous êtes sauvée, répliquai-je après un moment de réflexion. — Comment, Monsieur, après un trait si noir, vous espérez ? — Tout. Retournez à l'instant chez notre homme. — Y retourner pour être bafouée ? — Laissez-moi dire, je vous prie. Entrez dans son cabinet comme vous êtes arrivée dans le mien. Montrez-lui sa lettre. Dites-lui : Monsieur, je sais tout : j'ai lu votre billet. Ce billet est-il bien de vous ? de vous, monsieur Hocquart ? d'un gentilhomme ? appuyez bien sur ce mot-là ; d'un gentilhomme distingué dans le monde par la noblesse de ses sentiments ? Non, je ne puis me le persuader : non, vous n'avez pas eu le méprisable courage de vous jouer d'une femme qui venait invoquer votre générosité, qui croyait trouver en vous un appui, qui s'applaudissait d'avoir touché votre cœur, qui se regardait comme la plus heureuse des créatures, puisque vous jetiez sur elle un œil de compassion. Mais dites, dites, Monsieur, n'est-il pas vrai que vous ne m'avez point trompée, que vous êtes toujours digne de vous-même, que vous me protégerez comme vous me l'avez promis ? et un gentilhomme (ici élevez encore la voix), un gentilhomme n'a que sa parole. Je veux me persuader que j'ai mal lu, je déchire ce billet qui n'exprime pas votre pensée ; je vous en demande un digne de cette signature respectable que je vois là... Enfin, Madame, vous avez le canevas, brodez là-dessus ; vous êtes animée, désolée, vous êtes comme il faut être pour faire de l'éloquence ; je m'en rapporte à vous. Une femme trouve toujours le mot propre dans une situation passionnée.

Elle me comprit tout de suite. Il s'agissait d'une scène de théâtre. On n'est pas actrice pour rien. Je pars, dit-elle, arrangeant déjà son effet dans sa tête. Aussitôt elle reprend son châle et s'envole en me balbutiant des paroles de remerciment que je n'entendis pas, et auxquelles je ne tenais guère. Une demi-heure après elle était de retour. Victoire ! je le tiens, je le tiens enfin ce mot désiré et payé si cher, me dit-elle d'un air de délire. Ensuite elle s'arrêta, elle étouffait de bonheur. — Contez-moi donc comment la scène s'est passée, lui demandai-je, curieux de savoir de quelle manière elle l'avait filée. — Oh! mon Dieu, me dit-elle, je vous ai répété mot pour mot. Qu'avais-je de mieux à faire? — Et vous l'avez touché, je le vois. — Touché! laissez donc! touché! dites attendri, accablé, abasourdi. A mesure que je parlais, je voyais mon homme changer de couleur, tomber sur son siége, baisser la tête, la cacher dans ses deux mains, et enfin la relever toute ruisselante de pleurs, précisément comme j'étais il y a une heure devant vous. Il voulait parler, les sanglots étouffaient sa voix. Enfin j'ai entendu ces mots sortir péniblement de sa bouche : Pardonnez! pardonnez! je me suis oublié un moment; mais je vais tout réparer, je le dois. Attendez; vous allez voir comme j'expie mes torts. Et, se jetant sur un papier, il s'est mis à écrire rapidement la lettre que je vous apporte.

On sait d'avance que cette lettre était tout à fait la contre-partie de l'autre, et on voit d'ici le dénoûment de la pièce. L'ordre de début fut expédié, l'actrice parut sur le théâtre; elle eut un demi-succès, ne s'en contenta pas, chercha un mari, le trouva dans les coulisses, où je les laisse tous deux, fort satisfait de l'avoir servie et perdue de vue.

Toutes les fois que je me suis rappelé cette petite drôlerie, j'ai ri, et, en vous la racontant, je ris encore. Enfant que je suis!

Rentrons à l'hôtel d'Uzès. Quoique la mort y eût laissé bien des vides, on y voyait encore l'évêque de Tulle, aux mœurs austères et au langage malin; le vicomte de Montchenu, qui savait imperturbablement tout le passé, et pour qui le présent était un livre clos; la princesse de Rohan, toujours touchante de bonté et de tristesse, mais presque dépourvue de mémoire à force d'avoir respiré de l'éther; la spirituelle Madame de Bellecroix, cette nièce de l'ultra-spirituelle marquise de Grollier; M. de Feletz, dont le nom est le synonyme d'esprit et de grâce (1); quelques autres encore, remarquables par leur mérite; et, enfin, le comte Elzéar de Sabran. C'est à celui-ci que je m'arrête : il en vaut la peine.

Mais comment le peindre? comment le définir? Qu'était-il? que n'était-il pas? Moitié animé, moitié engourdi; tantôt puissante intelligence; tantôt machine sans ressort. On aurait dit que Dieu, en le fabriquant, l'avait laissé à l'état d'ébauche, et qu'il oubliait de lui donner ce je ne sais quoi d'achevé dont parle Bossuet. En fait de distraction seulement, notre ami était au complet. La distraction, qu'est-ce? La surdité de l'esprit. Le sien était si sourd, qu'il faisait de la conversation une suite de coq-à-l'âne. On lui parlait blanc, il répondait noir. On lui demandait s'il voulait se promener, il disait : Je n'ai pas faim. Entendait-il la cloche du dîner, il se hâtait de prendre ses Heures pour aller à la grand'messe qu'on venait de sonner selon lui. Souvent, éblouissant de traits de lumière, son esprit nous enchantait tous; puis venait l'éclipse totale : c'était un soleil, c'était un brouillard. Indéfinissable, insupportable, adorable, et toujours le meilleur des êtres quand il passait à l'état d'être : voilà Elzéar de Sabran.

Or, quand il sortait de ses limbes et qu'il reprenait possession de lui-même, il avait l'air d'un homme endetté qui veut honnêtement vous payer votre arriéré. Alors il vous intéressait par des récits curieux sur les personnages de haute volée, soit en politique, soit en littérature, qu'il avait connus et étudiés. J'eus un certain jour avec lui un tête-à-tête de deux heures dans sa

---

(1) J'avais dessiné son portrait; mais M. Villemain nous en a donné un si achevé, que j'ai déchiré mon esquisse.

voiture. Nous allions ensemble dîner à Andilly chez la duchesse de Duras, qui avait promis de nous lire son beau roman d'Olivier. Je mourais de peur. Je me disais : Que vais-je devenir à côté de ce dormeur? Ce fut le dormeur éveillé. Je le mis par bonheur sur un chapitre qu'il savait par cœur, le chapitre de Copet. Dieu! que d'anecdotes amusantes, piquantes, inédites, il publia pour moi seul! Que je regrette d'en avoir oublié la plus grande partie! Que l'intérieur de ce château-lycée présentait de personnages originaux! Que ce Schlegel l'érudit, que ce Benjamin le tribun, contrastaient bien avec la gracieuse Récamier et les étourdies comtesses de Bellegarde! Selon mon historien, Madame de Staël avait contracté un mariage d'esprit avec le versatile Benjamin, dont elle n'aimait pas l'enveloppe. Il n'y avait que la brillante causerie de cet homme qui la rendît folle de plaisir. Elle le regardait comme le plus grand faiseur de tours de force en faconde, après elle pourtant, dont elle reconnaissait naïvement l'immense supériorité. Il ne tenait qu'à ce génie en cornette de s'appliquer la phrase qu'il avait inventée pour les gens toujours émerveillés d'eux-mêmes : Ils s'enivrent de vin du cru, disait en riant notre Sapho. Ce qu'il y a de certain, c'est qu'elle croyait avoir besoin, un indispensable besoin de l'autre pour faire sa partie dans les concerts spirituels de Copet. Aussi tout fut-il sacrifié au désir de garder l'heureux Constant pour son chef d'orchestre. On dit que cette fantaisie lui coûta cher : elle la paya de son repos. Le personnage, accoutumé à jouer aux révolutions, en fit une terrible dans cette vie poétique et à laquelle ne manquait aucun des éléments du bonheur.

De Madame de Staël au prince de Ligne la transition n'avait rien que de naturel. Le nom de ce Belge si français arriva de lui-même au milieu de l'entretien, et je demandai au comte de Sabran ce qu'il pensait d'un de mes auteurs favoris; car les lettres du prince ont toujours fait mes délices. Il m'en parla en amateur forcené. Jamais on ne lui avait tant plu. Jamais, à son avis, on n'avait dépensé tant d'esprit dans la conversation : c'étaient des traits de lumière perpétuels, une fusée n'attendait pas l'autre. On aurait pu le prendre pour le dieu de l'à-propos. En voici une preuve. Lorsque la Belgique, fléchissant encore sous le sceptre impérial, voulut relever la tête et que sa tentative d'insurrection fut réprimée, l'empereur Joseph II, devant lequel se présenta le prince, le mena tambour battant, lui reprochant d'avoir été l'un des fauteurs de cette insurrection. — Moi, Sire! lui répond l'accusé avec le plus grand sang-froid, jamais je ne m'insurge en hiver. — Mais vous n'avez cessé, m'a-t-on dit, de déclamer contre les abus. — Oh! pour le coup, Sire, comment pouvez-vous croire que je décrie les abus? J'en suis un. A de si bonnes raisons qu'opposer? L'esprit gagna la cause que le non-savoir-dire eût perdue. On ne finirait pas si on voulait citer une foule d'autres bons mots qui ont fait fortune et qui courent le monde sous la raison *de Ligne*, mais non pas *et compagnie*; car ils ne furent jamais faits en société.

Le bon Etzéar s'était tellement mis en frais pour moi, qu'arrivé à notre rendez-vous, il se trouva au dépourvu. Madame de Duras n'en put rien tirer; j'avais tout pris. Au retour, même disette. Je ne pouvais pas me plaindre : ma quote-part avait été assez bonne, et je ne demandais pas plus. Pardonnez-moi : pour passer le temps, je m'adressai à la mémoire de mon compagnon de route. — Allons, une fable, lui dis-je : les vôtres sont ravissantes. Il était disposé à tout pour moi : il me donna tout son fablier.

Non-seulement il marchait, en boitant un peu à la vérité, sur les traces de notre La Fontaine, mais il se permettait des excursions dans les terres de Racine et de l'abbé Delille. Nous avons de lui une tragédie de Tibère en un acte, et un poëme didactique ou philosophique sur le Repentir, en quatre chants, qui ne sont pas les chants du cygne. La haute poésie était inabordable pour lui.

Le Repentir, quel sublime sujet! Dignement traité, comme il viendrait à propos dans notre temps!

Madame de Bellecroix, dont j'ai deux fois cité le nom et à laquelle je reviens avec plaisir, s'était introduite dans le cœur de Madame d'Uzès par la droite voie, en la captivant à force de bonnes manières et par l'expression d'un sincère attachement. Fille du marquis de Fuligny-Damas, elle avait vu l'éclat de la richesse environner son berceau; mais son père émigra, et toute sa fortune émigra avec lui. Ses terres furent saisies par la nation, qui se constituait la légataire universelle de quiconque allait respirer l'air au delà du Rhin. Chassée avec sa mère du château paternel, la jeune infortunée se réfugia dans une campagne voisine de Dijon et de Chalon-sur-Saône. Là s'écoula tristement sa première jeunesse. Là elle se maria, croyant trouver une fortune qui lui échappa comme celle de ses aïeux, grâce à la probité de son mari, dont le père allait perdre l'honneur si M. de Bellecroix n'était pas venu à son secours. Quand le consulat s'offrit à réparer les torts de la convention, le marquis de Fuligny rentra en France pour y retrouver sa fille, mais sa fille seule. En vain il sollicita sa réintégration dans ses bois restés invendus. Après diverses aventures, il mourut, ne laissant à cette fille que les minces débris d'un riche patrimoine. Sa mort fut affreuse. Le feu prit aux rideaux de son lit pendant qu'il parcourait les pages trop attachantes d'un ouvrage nouveau : il expira enveloppé de la flamme, qui le suffoqua en peu de temps; et sa fille, sans autre appui qu'une tante, mais quelle tante ! la rejoignit à Paris à l'époque du retour des Bourbons.

C'est là que Madame d'Uzès connut cette jeune femme, dont la destinée l'intéressa, et à qui, sans le vouloir, elle joua cependant un tour cruel. Le bailli de Crussol, ami et parent de la marquise, avait procuré à M. de Bellecroix une place avantageuse à la direction des postes. Le marquis d'Herbouville arrive à la tête de cette administration, dans laquelle voulait entrer une autre victime des fureurs révolutionnaires, le marquis de Renty. Celui-ci fait présenter par Madame d'Uzès une requête au nouveau directeur, lui demandant précisément l'emploi occupé par M. de Bellecroix ; il l'obtient, et voilà que la femme du dernier arrive un matin en pleurant et en contant sa disgrâce, dont elle ignore les auteurs. On juge de la surprise et du regret de celle qui en est la principale cause et qui était loin de s'en douter. Nul moyen de revenir sur ce qui est fait ; mais on agit si chaleureusement qn'on parvient à réparer le mal, au moins en partie, et un autre poste, mais moins lucratif, console à demi M. de Bellecroix de son expulsion. Que de destinées se trouvent ainsi livrées aux plus bizarres chances de la fortune !

Quant au vicomte de Montchenu, dont je dois bien aussi faire une espèce de mention, il était exactement le *fac-simile* du marquis de Bonneval : croyance à la vie de Louis XVII, espoir du retour des parlements, horreur de tout ce qui s'était passé depuis cinquante ans en France, sans distinction d'époque ; mais aussi loyauté, honneur, probité, et acceptation complète de la belle devise : Fais ce que dois, advienne que pourra.

Nous ne pouvons pas, nous autres, nous faire une idée de ce qu'ils étaient, ces hommes du siècle précédent. Quand j'ai vu revenir de l'émigration les derniers représentants de la noblesse française, un grand ébahissement m'a s'aisi. Quoi! me disais-je, ils ont tant souffert, et les voilà encore gais et sereins, nulle trace du malheur et de la détresse sur leur visage, nulle apparence d'humeur dans leurs discours. Ils ont tout perdu, et ils reviennent contents. Ils ne connaissent plus personne ici, et ils nous parlent comme à des amis de cœur. Voyez-les donc encore pleins de grâce et de séduction sous leurs cheveux blancs. Ce sont eux qui nous mettent en joie; ils ont l'air de nous apprendre le plaisir; ils ne négligent rien pour nous donner, sans affectation, des leçons d'amabilité, et si nous ne profitons pas, c'est notre faute : nous sommes à bien bonne école. Point de distraction dans leur politesse, point de lacune dans leur savoir-vivre. Egalement empressés, flatteurs, mais de la charmante flatterie née du besoin de plaire, il s'adressent aux petits comme aux grands les prévenances, les compliments, douces coquetteries de l'esprit qui ressemblent si fort aux avances du cœur que c'est à s'y tromper. D'où vient aujourd'hui que l'antichambre est si grossière et si rechignée avec nous? La raison en est toute simple : cela saute aux yeux. Nous ne regardons, nous ne saluons personne en passant. On nous rend mauvaise grâce pour mauvaise grâce : c'est la peine du talion. Mais je défie que la livrée traite si lestement nos vieux hommes de cour, eux qui ont toujours un mot agréable à dire dans ce pays-là. Bonjour, André. Comment va votre femme? Et vos enfants, sont-ils déjà grandelets? Eh bien! Mademoiselle Agathe, vous ne voulez donc pas cesser d'être jolie? Voilà le véritable art de plaire; voilà le secret de se faire aimer et même respecter. Qu'en dites-vous, jeune France? Ah! si vous vouliez!

Une femme que la grande semaine avait forcée de sortir de notre cercle pour aller vivre aux champs, et que nous regrettâmes à frais communs, c'était la comtesse d'Hautefeuille. Elle et son mari contribuaient si fort par leur esprit et leur instruction aux plaisirs de notre société! Quel malheur de perdre l'auteur, l'attendrissant auteur de l'*Ame exilée;* l'Ame exilée, fleur du ciel tombée sur la terre des hommes ! Et que dirons-nous des Sœurs des Anges, autre composition gracieuse, poétique et surtout morale? Tous les ouvrages d'Anna Marie (c'est sous ce nom que l'aimable auteur se révèle ou se déguise au public) sont marqués au coin de la vertu et tendent au même but : l'amélioration du genre humain.

Dans ce siècle où s'agitent les plus hautes questions d'ordre, on aime à voir les femmes elles-mêmes participer au grand mouvement social, renoncer au plaisir d'amuser pour l'honneur d'instruire, échanger l'éventail contre la plume, et descendre du trône de la frivolité sur le siége de la raison. Mais ne croyons pas qu'en se faisant écrivains elles cessent pour cela d'être aimables. Leur plan est mieux combiné que le nôtre. Tandis que nous ennuyons savamment notre monde avec nos œuvres métaphysiques et autres, elles charment leur public en lui présentant, sous les formes les plus attrayantes, le petit nombre de vérités saisies par elles dans leurs jours de réflexions; car elles en ont de ces jours-là, et beaucoup par le temps qui court. Au moment où nous étayons tant bien que mal nos systèmes sur des arguments très-contestables et très-contestés, elles attaquent leur lecteur par le sentiment, le subjuguent par la grâce, et lui font adopter toutes leurs idées avant même qu'il ait pu prendre le temps de les examiner. Nous procédons avec méthode, elles se jouent de la méthode; nous dissertons, elles intéressent; nous formulons nos doctrines, elles dramatisent les leurs. Et d'où vient leur plus grande force? A quelle source ont-elles puisé les trésors de leur imagination, les ressources de leur âme, tout ce qui fait leur puissance et leurs succès? A une source qui ne tarit jamais, qui suffit à tous les besoins, qui étanche la soif de tous les désirs et calme l'ardeur de toutes les passions; à une source céleste, la religion.

Comment ne pas leur applaudir et les encourager dans leurs nobles et utiles travaux? Parmi ces femmes qui pensent au lieu de broder, et qui aiment mieux faire du roman moral que de la tapisserie au petit point, il en est une bien spirituelle et bien modeste, dont les ouvrages, soit comédies, soit nouvelles, ont procuré tant de soirées amusantes à ses auditeurs et à ses lecteurs, tant d'agréables matinées qu'on lui reproche de ne pas produire assez, tandis que d'autres produisent trop : c'est Madame de Bawr que je veux dire. Lié d'amitié avec elle depuis des siècles, je ne sais pourquoi je ne faisais plus que la rencontrer. Par bonheur pour moi[1], par malheur pour elle, je la retrouvai dans un de mes jours de deuil. Elle me montra tant d'intérêt, que nous resserrâmes les nœuds de notre ancienne affection. Sans s'effaroucher de ma tristesse, elle s'y prit si bien, que j'en sentais moins les atteintes. Depuis ce temps, nous nous revoyons comme autrefois, tantôt chez elle et chez moi, tantôt chez un ami commun, le comte de Belisle, qui cause à la manière de Chamfort, mais avec plus de charme, car il est aussi bienveillant que l'autre était hargneux; qui n'est pas fameux, comme le président Hénault, par ses soupers et par sa chronologie, mais qui donne des dîners excellents, où il se garde bien de faire de l'érudition; qu'on aime parce qu'il aime, qu'on recherche parce qu'il est bon à tout, et qui n'a qu'un défaut, la manie des fugues. Il est perdu pour nous six mois de l'année. Le moyen de lui pardonner le nouveau crime de désertion, non prévu par le Code pénal, si incomplet par le temps qui court!

Le mariage de sa jolie nièce avec le vicomte de Toqueville l'avait heureusement allié à cette illustre famille où les talents et les vertus se transmettent de père en fils. Le chef de cette tribu sainte, après avoir signalé sa haute capacité dans l'administration sous Louis XVIII et Charles X, qui le nommèrent à diverses préfectures et lui ouvrirent le chemin de la pairie; rejeté par les orages populaires au sein de la vie privée, loin de se laisser aller à ses oisives douceurs, le comte de Toqueville employa ses loisirs à d'utiles travaux : témoin l'histoire de Louis XV qu'il a publiée récemment, et qui dépose de ses profondes connaissances en administration comme de l'étendue et de la sûreté de son coup d'œil politique. On sait ce qu'a fait son fils pour parvenir avant l'âge à la plus haute réputation. Son bel ouvrage sur la formation de la république américaine, cet ouvrage qui lui a conquis les suffrages de tous les penseurs, passera, au milieu d'un cortége de louanges, jusqu'à la dernière postérité, malgré la réprobation d'un certain *bas bleu* à qui j'ai entendu dire : A quoi bon cette rapsodie! N'avions-nous pas l'Esprit des lois? L'auteur n'a fait que piller et gâter ce chef-d'œuvre.

Cependant, quand parut l'étonnante production d'Alexis de Toqueville, j'avoue qu'en la lisant je ne pus me défendre d'un sentiment de frayeur. Mais c'est M. de Lafayette qui se fait livre! m'écriai-je tout éperdu. Ensuite, après avoir étudié cette étude du génie d'un peuple né soudainement pour la liberté, je compris la sage intention de l'auteur, dont l'instinct prophétique devinait pour nous l'avenir. Le jeune mais pénétrant esprit de M. de Toqueville essayait de nous préparer aux nouvelles destinées qui nous attendaient; et parmi tant d'intelligences tardives ou préoccupées, il prévoyait seul le but où se précipitait la France entraînée par un courant irrésistible. Dès lors j'admirai, je ne blâmai plus (1).

Tandis que la nation rassurée riait, à sa manière habituelle, du dernier tremblement de terre qui aurait dû lui en faire redouter d'autres, il n'était question que de fêtes dans deux grandes familles du faubourg Saint-Germain. Mademoiselle Anastasie d'Uzès, fille chérie du duc de Crussol, allait recevoir la main du marquis de Tourzel, dont la grand'mère était, comme on sait, l'ancienne gouvernante des enfants de France. Jamais union plus désirable ne parut promettre plus de bonheur. La jeune et gracieuse Anastasie, avant de contracter des nœuds qui ne devaient plus se rompre, voulut consulter le cœur de celui qu'elle allait rendre maître de sa destinée. Dans une conversation tête-à-tête avec lui, toutefois en présence des grands-parents placés de manière à ne pouvoir entendre, elle lui dit d'un air de confiance et d'abandon qui le toucha : Ecoutez : nous ne nous connaissons pas encore, et il est bon pour tous deux de savoir sur quel terrain nous posons le pied vous et moi. Je n'ai pu juger de votre caractère, vous n'avez que de confuses notions du mien. Je sais que votre âme est droite, noble, élevée; vous savez que je ne suis pas difficile à vivre : voilà tout. Ce n'est pas assez. Dites-moi, est-il vrai que vous aimez la solitude, les relations intimes, les occupations sédentaires? Moi j'ai du goût pour le monde, les bals et les plaisirs, je ne vous le cache pas; et j'ajoute aussi que le désir de vous plaire et de rendre votre vie aussi heureuse qu'elle peut l'être m'engagera bien vite à sacrifier

---

(1) Ce n'est pas notre contrefaçon de république américaine que j'admire, c'est la sagacité de M. de Toqueville.

mes goûts aux vôtres. Si le choix de vos parents est celui de votre cœur, épousons-nous, et ne craignez de moi ni caprice, ni humeur, ni changement dans mes volontés et dans mes promesses : je vous prouverai que je suis bonne femme. Si vos inclinations secrètes ne sont pas pour moi, vous pouvez me le déclarer avec franchise : je ne serai point offensée de cet aveu, qui me servira de motif pour demander à mon père de renoncer à l'alliance projetée, sans vous compromettre aux yeux de votre famille. Vous voyez que je vous ouvre mon âme : ne me cachez point les secrets de la vôtre.

Pénétré d'admiration pour cette candeur si rare de notre temps, M. de Tourzel se leva en lui tendant la main. A vous pour la vie! lui dit-il, et le mariage s'accomplit le surlendemain. Qui n'aurait eu foi à l'avenir brillant promis à ces deux êtres partagés de tous les dons de la fortune? Et de l'époque de leur union datent les misères de leur vie! Deux fausses-couches successives commencèrent la série de leurs infortunes. Ensuite vint la maladie dont le duc de Crussol mourut quelques années après. Envoyé aux eaux par la faculté, il n'y éprouva qu'un soulagement passager. Les rechutes se multipliaient, chaque fois plus menaçantes. Averti par la nature du triste sort qu'elle lui préparait, il se hâta d'assurer par un hymen brillant l'avenir de son fils unique : il chercha et trouva. Jamais il n'avait eu la main si heureuse. La petite-fille du comte Roi, l'ancien ministre des finances, la fille du marquis de Talhouet, passa dans la famille d'Uzès, où elle apporta le premier des trésors, un caractère charmant. Elle n'eut qu'à paraître pour s'y voir adorée. Elle et son mari formaient le plus délicieux couple. Je disais en parlant d'eux : Ce sont deux diamants placés sur deux lingots, et je disais vrai. Voyons, voyons ce que vaut la nouvelle venue, me répondait la bonne grand'mère un peu défiante. Alors elle fait son inspection; elle regarde... on est très-bien; elle écoute, on cause à merveille. Mais l'humeur, le caractère? Il y aura sans doute à redire de ce côté-là. Point du tout. Voilà notre jeune femme qui rend son époux heureux, qui tourne la tête à son grand-père, à sa grand'mère, la mienne, celle des voisins, des amis, des ennemis; pas une n'en réchappe. C'est une contagion; c'est beaucoup mieux, c'est un enchantement.

Cependant vous devenez plus souffrante que jamais, pauvre aïeule : l'aimable Fanny vous soigne. Vous êtes triste : elle vous distrait. Que demandez-vous encore? Une petite Laurette! Elle vous la donne. Quelle obligeance! Et puis maintenant vos matinées, vos soirées, tout cela est plein des jeux, des agaceries, des mines délicieuses de cette enfant. Au moment où vous y pensez le moins, la porte s'ouvre. On entre. Qui est là? C'est elle. La voyez-vous qui avance, trottine, chancelle, se redresse, vous tend ses petits bras, se jette joyeusement dans les vôtres, et les baisers pleuvent.

Que sera-ce donc quand, au lieu de sa pantomime enfantine, seul plaisir qu'elle puisse à présent vous faire savourer, elle vous réjouira l'oreille de ces jolis mots, de ces phrases naïves que les enfants savent trouver, où? Dieu seul peut le dire, car ils sont inspirés par lui. Et alors comme tout va bien entre la bisaïeule et son arrière-petite-fille! Comme le temps coule doucement! Comme on prend sur ses genoux la gracieuse créature! Comme on l'y retient pour jouer avec elle! Noble ascendante d'une race privilégiée, Dieu a béni votre maison; toutes les pertes y sont réparées; les berceaux y cachent les tombes. Vous pleurez vos enfants disparus : aussitôt accourent de petits anges. Vous appelez ceux qui ne peuvent répondre; mais des voix naissantes vous disent :

Nous voici. De jolis visages bien frais, bien purs, se penchent sur vos joues pour les caresser ; des mains blanchettes et rosées passent sur vos yeux pour essuyer les larmes qui y coulent encore, et vous êtes heureuse.

Vos pertes sont réparées ! Hélas ! ces mots expressifs n'annoncent que trop à mes amis la série terrible de catastrophes tombées coup sur coup dans cette famille désolée. La jeune duchesse de Tourzel (elle portait depuis peu ce titre, on devine pourquoi) venait de finir ses jours dans le Midi, où les médecins l'avaient envoyée pour la guérir d'un ulcère à la poitrine. Six semaines n'étaient pas écoulées, et son père, atteint d'une phthisie pulmonaire, la suivait au tombeau. Un seul enfant restait pour conserver le nom de Tourzel et pour perpétuer les vertus de sa race. Du côté du jeune comte de Crussol, devenu duc, tout prospérait : un fils était venu se joindre à sa sœur, et la rosée du ciel pleuvait sur cette heureuse branche que les coups de la foudre avaient du moins respectée.

Mais je vous dois quelques détails sur les moments suprêmes de ces deux regrettables victimes de la cruauté du sort. Ce fut un message secret qui m'apprit la pénible fin de Madame la duchesse de Tourzel, entre son mari et son père, qui ne l'avaient pas quittée d'un moment. Sa mort fut douce comme celle de l'innocence. Quand elle eut rendu le dernier soupir, le duc de Crussol, agenouillé devant le lit funeste qui allait la céder à la tombe, lui ferma les yeux en pleurant. Celui qu'elle aimait se mit en prière ; car il croyait, et par conséquent il espérait. Nous ne serons pas longtemps séparés, dit-il. Va, précède-moi, je ne te ferai pas attendre. Et il ne l'a pas trompée. La cérémonie religieuse n'offrit aucun des signes du faste qui accompagne la grandeur. Mais ceux qui étaient restés sur la terre versaient des larmes, tandis que du haut des cieux ouverts Dieu tendait ses bras paternels à la douce martyre : pensée consolante au milieu de tant d'afflictions.

Et moi, quelle était ma situation? Quel devoir avais-je à remplir alors? Le devoir de l'amitié. Je fus chargé par toute la famille d'annoncer à la malheureuse aïeule qu'elle ne reverrait plus son enfant. J'arrivai, je la trouvai confiante, presque tranquille, se flattant de la protection d'en haut; enfin, dans de telles dispositions de cœur, qu'en lui avouant son infortune, je sentais que c'était lui donner la mort à elle-même. Refoulant donc ma douleur dans mon sein, je m'exprimai avec elle en termes ambigus qui ne pouvaient ni la rassurer entièrement, nt l'inquiéter d'une manière fâcheuse. Cependant, pour la préparer à de tristes aveux, je portai sa pensée sur la fragilité des destinées humaines, lui recommandant la résignation aux volontés du maître de tout. Elle ne comprenait pas, ou peut-être ne voulait pas comprendre. Je passai la journée avec elle. Enfin je la quittai sans avoir osé lui insinuer même un soupçon de l'affreuse vérité.

Ma nuit fut cruellement agitée. Plus je rêvais aux moyens d'éclairer son ignorance, plus je me troublais dans mes plans. Quand le jour parut, je n'avais pas encore de parti pris. Cependant il fallait me rendre au poste de l'amitié. J'y suis, je la trouve évanouie au milieu de ses femmes, qui ne la quittaient pas. Une bouche indiscrète l'avait instruite. Qu'on juge de mon anxiété en présence de cette image de la mort. Par degrés elle revint à elle, mais pour gémir et sangloter, pour se répandre en plaintes et en reproches contre toute la nature et contre elle-même, contre elle, qui n'avait pas suivi sa pauvre fille, et qui était peut-être la cause de cette fin précipitée. Si j'eusse été là, s'écriait-elle, non, ma fille, tu n'aurais pas péri. Non, Dieu n'aurait pas voulu te ravir à moi. Et elle se levait de son grand fauteuil, et, marchant à grands pas dans la chambre, elle refusait mon bras qui s'offrait à la soutenir ; puis elle me rappelait en me demandant pardon, et, les forces lui manquant, elle se laissait tomber sur le premier siége. O désespoir maternel, qui ne vous connaît pas est encore neuf pour la douleur !

Pour moi, péniblement affecté de cette lamentable scène, je me taisais, mais mes gémissements involontaires lui attestaient ma sympathie. — Oh ! oui, me dit-elle en jetant sur moi un regard que je n'oublierai jamais, un de ces regards qui nous révèlent tout ce qu'il y a de désolation et de ravage au fond de l'âme : oui, regrettez-la, gémissez sur elle, vous le devez. Elle vous aimait tant ! — Je le sais, répondis-je au comble de l'attendrissement ; et, par un mouvement tout instinctif, je tombai à ses genoux. Qu'allais-je lui dire ? Je l'ignore ; mais dans le même instant son vénérable confesseur entra. Je me levai pour courir à lui et pour le supplier de ne pas l'abandonner d'un moment ; car elle ne pouvait recevoir de soulagement à son affliction que par la bouche de celui dont l'auguste mission est de représenter Dieu. Il me serra la main en signe de consentement, et je partis tout hors de moi.

Rentré dans ma triste demeure, je ne pus m'y souffrir. Comme elle, j'allais, j'errais dans mon appartement, qui me semblait tout noir de deuil. Une soudaine pensée me saisit, je m'élançai vers mon bureau, je pris une plume, et, pour me soulager du fardeau de tristesse qui m'écrasait, je traçai avec une incroyable rapidité les lignes que voici (1) :

(1) Elle avait conservé toutes mes lettres, qui m'ont été rendues par son ordre à la plus cruelle époque de ma vie.

« Oh! que vous avez raison de dire notre malheur! (Cette expression, qui ne m'avait point frappé d'abord, me revenait à la mémoire.) Oh! oui, c'est bien le nôtre. Nous la regrettons bien en commun, cette jeune et aimable femme dont le caractère semblait un emprunt fait au vôtre. Aussi me trouvé-je dans la position d'un homme qui croit avoir perdu une partie de l'être auquel il tient le plus. Je ne me consolerai qu'avec vous et par vous. Quand je pense à toute sa jeunesse, à nos rapports, à nos entretiens, à nos soirées, à nos promenades, à nos jeux, à tout ce qui composait notre vie commune; quand je me rappelle ses naïves confidences, ses révélations si pures, ses abandons de cœur et la simplicité gracieuse avec laquelle elle disait dernièrement encore devant moi qu'elle ne s'était jamais trouvée mieux que dans ma société, puis-je ne pas pleurer l'être angélique qui me témoignait une telle affection?

» Son amitié me semblait un reflet de la vôtre. Les expressions de ce sentiment étaient comme des échos de votre cœur; c'était encore vous que j'aimais en elle. Et aujourd'hui qu'elle n'est plus, je crois avoir perdu quelque chose de vous-même. Il ne me faut pas moins que vous pour remplir le vaste vide laissé dans mon âme par le départ de cet ange envolé trop vite dans les cieux. Pleurons, mais aimons-nous; prions pour elle, mais gardons-nous l'un pour l'autre. Il nous reste encore des jours à occuper par de bons sentiments, par de bonnes actions. Redoublons de tendresse entre nous, comme de bienfaisance à l'égard des malheureux. Que nos douleurs profitent aux pauvres, que nos larmes enrichissent les indigents. A force de bien faire, nous mériterons que les intercessions de votre enfant auprès de Dieu nous attirent de nouvelles bénédictions d'en haut, et c'est encore un lien de plus entre elle et nous. De la terre où nous sommes, nous communiquerons avec l'ange par la voie la plus douce et la plus belle : celle des vertus et des bienfaits. »

Quand je retournai vers cette mère de douleurs, je la trouvai au lit, les rideaux fermés. Elle dormait, mais de quel sommeil! Son médecin, assis à côté d'une petite table, écrivait rapidement une ordonnance, tandis que sa fille, Madame de Rongé, debout devant la cheminée, dans une attitude silencieuse, passait à chaque instant son mouchoir sur des yeux chargés de larmes. Venez, venez, me dit-elle à voix basse ; votre billet lui a fait du bien. Les exhortations du vieux prêtre qui possède sa confiance l'avaient préparée : vous avez achevé l'ouvrage du saint homme. Ah! que vous êtes bien notre ami! Mais pourquoi, dans cet écrit (elle le tenait à la main), pourquoi ne parlez-vous pas de moi? Me croyez-vous peu digne de m'associer à des douleurs comme les vôtres? Ne savez-vous pas que j'aimais notre Anastasie presque autant que ma fille Emérance? J'allais répliquer, lorsqu'on entendit un long soupir : il annonçait le réveil maternel. Nous courûmes au lit, dont nous ouvrîmes les rideaux, chacun de son côté. La pauvre mère nous regarda d'un œil égaré : ses idées étaient encore toutes confuses ; mais bientôt, nous reconnaissant : C'est vous? c'est vous? dit-elle. Oh! que votre présence m'est douce! Ne me quittez pas : j'ai besoin de vous ; je suis si faible! Nous nous précipitâmes, pour toute réponse, sur les mains qu'elle nous tendait, et que nous couvrîmes de baisers.

Silence! interrompit le docteur : point d'émotion dangereuse. En disant ces mots, il sonna. Un domestique parut. Tenez, ajouta-t-il en lui remettant son papier, portez cela chez le pharmacien ; qu'il se hâte de faire et d'envoyer ce que je lui prescris. Ensuite, se rapprochant de la malade, il lui tâta le pouls, qu'il trouva meilleur; et, après nous avoir promis de revenir dans la soirée, il fit un salut et sortit.

Nous passâmes le reste de cette journée à exprimer les mêmes regrets, à répéter les mêmes discours, et surtout à chercher dans notre mémoire tous les traits honorables qui pouvaient contribuer à l'éloge de celle que nous pleurions en commun. Enfin la journée, la soirée, tout se termina, grâce au ciel, sans accident.

Tant de secousses n'avaient pas impunément attaqué ma frêle constitution. Rentré chez moi, je me sentis saisi de telles douleurs qu'il me fallut, à mon tour, me mettre au lit et recourir à la faculté. Récamier, le bon Récamier arriva. Il me prescrivit le régime le plus sévère : claustration étroite, diète absolue, absence de toute occupation. Nul moyen de communiquer désormais avec le cœur déchiré qu'il me fallait abandonner à lui-même. Seulement une correspondance, mais peu active, me fut permise. Qu'on juge de ma cruelle situation !

Cependant les lettres de Marseille, dernier séjour du duc de Crussol, étaient pleines d'effrayantes révélations. Le mal dont il était frappé faisait chaque jour des progrès plus rapides. On n'attendait que le moment fatal. Comment la triste mère pourrait-elle supporter cette seconde épreuve? Je songeai à l'amener peu à peu à la connaissance de l'affreuse vérité, sans danger pour sa vie. Mes billets ne nourrissaient pas ses espérances. Je hasardais quelquefois des mots qui devaient lui donner à réfléchir. Il le fallait. Quelques jours avant le malheur trop prévu, je lui écrivis :

« Hélas! que je pense douloureusement à votre fils ! Il est suspendu sur le bord de sa tombe par la volonté de son médecin; mais il peut à chaque instant s'y voir précipité. Tant de maux l'accablent : ces obstructions énormes, ce commencement d'hydropisie, cette dyssenterie qui est survenue, et par-dessus tout le chagrin : en voilà plus qu'il n'en faut pour hâter sa fin et pour vous l'enlever. Quelle perte! si elle arrive, j'en pleurerai comme vous et avec vous; mais je vous crois trop soumise à Dieu pour ne pas respecter ce qu'il a résolu ; mais je me flatte que vous voudrez encore vivre pour vos autres enfants, pour vos amis, pour moi, pour moi qui ne saurais plus que devenir sur la terre si je cessais de vous y voir. »

Les jours du duc de Crussol étaient comptés. Nous le perdîmes six semaines après la mort de sa fille. Chaque mois donna son cadavre. Un matin on m'annonce un envoyé de Madame de Rongé. Je le fais entrer avec inquiétude : c'était l'homme d'affaires du duc d'Uzès. Il venait m'apporter la funeste nouvelle dont le télégraphe instruisait la famille. Madame la marquise, me dit-il, vous prie de vous charger encore d'une triste mission : celle d'apprendre à sa mère le surcroit de malheur qui les accable tous. Elle compte sur votre amitié, dont elle a déjà reçu tant de gages. Je promis d'obéir, quoiqu'il m'en coûtât. Obéir! mais comment? Allons, pensais-je en moi-même; Dieu m'inspirera.

Resté seul, je saisis ma plume avec une vivacité fiévreuse, et je traçai, en respirant à peine, ces mots vingt fois interrompus par mes soupirs :

« Du courage, fille des Chastillon ! Vous n'en manquez jamais dans les grandes épreuves de la vie. C'est alors que le sang de vos aïeux s'émeut et vous élève au-dessus de vous-même. Ce cœur, qui tient d'eux quelque chose d'héroïque, sent qu'il se doit de ne pas dégénérer, et les fortes résolutions ne lui sont point difficiles. Il est beau, quand on porte votre nom, de savoir se mesurer avec le malheur et de le vaincre. C'est un de vos priviléges, vous n'y renoncerez pas. J'attends de vous tout ce qui est élevé, et je ne l'attendrai pas en vain. Ne tournez pas vos yeux ailleurs que vers le ciel, d'où descendent les consolations; mais si vous les abaissez sur la terre, voyez-y vos enfants, vos amis, tant d'êtres auxquels vous êtes bien chère. En pleurant ce que vous avez perdu, n'oubliez pas ce qui vous reste. Vous m'entendez : votre fils a cessé de souffrir.

» Hélas! je cherche à sécher les larmes dans vos yeux, quand les miens en sont encore remplis. Mais moi que suis-je? Rien; au lieu que vous, vous êtes Chastillon, vous appartenez à une famille où l'on n'a jamais connu les faiblesses, et vous vous en êtes toujours montrée digne. Hier au soir Madame votre fille voulait aller se jeter dans vos bras avec tous les siens; on l'en a empêchée : il était tard; cette scène vous eût bouleversée, et que serait devenue votre nuit? Vous les verrez tous avant midi : à trois heures arrivera M. le duc d'Uzès : alors vous serez tous rassemblés, pauvres naufragés que la Providence cache sous ses ailes et à qui elle a dit : Ne perdez pas confiance en moi.

» Non, ne perdez pas confiance. Aimez-vous pour ceux qui ne sont plus. Appuyez-vous les uns sur les autres, et recommencez à marcher dans cette vie si épineuse, la tête baissée sous la volonté de Dieu et les mains tendues vers les derniers appuis qui vous soutiendront à travers de nouvelles épreuves. »

Que sa réponse fut touchante! Comme toutes ses expressions allèrent à mon cœur! Aussi ne tardai-je point à lui témoigner toute ma gratitude dans le billet suivant :

« Oui, oui, je suis, je veux être tout ce qui vous fait du bien, tout ce qui vous console, tout ce qui vous dédommage de vos pertes. Oui, oui, mon cœur, ma pensée, ma vie, ne sont remplis que de vous. C'est pour vous appuyer que j'étends mon bras, c'est pour vous servir que mes pieds courent d'eux-mêmes, c'est pour vous bénir que mes lèvres s'entr'ouvrent. Pas une heure, pas une minute de mon existence n'est perdue pour l'amour filial. Rien de moi ne se détache de vous. C'est ainsi que ma mission, donnée par le ciel, doit s'accomplir ; et je remercie tous les jours cette Providence qui m'a dit : Tiens, la voilà ; je te la confie pour qu'elle soit plus heureuse dans les temps prospères, moins à plaindre dans les journées de l'affliction. Et j'ai accepté cette douce tâche, et j'ai regardé ma vie comme votre bien, mes pensées comme votre propriété, mes actions comme des services quotidiens que je devais vous rendre. Aussi combien ma destinée s'ennoblit à mes yeux ! Avec quel soin je me conserve pour vous ! Que j'ai peur de manquer à quelques-unes de ces obligations sacrées que mon cœur a contractées devant Dieu ! Que ce cœur a de plaisir à payer ses dettes !

» Gardons-nous, oh ! gardons-nous l'un pour l'autre, et que notre double existence atteste les miracles de l'amour maternel et de l'amour filial. Vivez, vivez, vous si bonne, si tendre, si parfaite pour moi, afin qu'on voie plus longtemps sur la terre une âme qui a compris la langue du cœur, cette langue céleste qu'elle seule sait parler et que moi seul je sais entendre. »

Le soir, j'étais solitaire au coin de mon feu. — Solitaire. — Non, je ne l'étais pas, je restais en présence de son souvenir, lorsque je vois s'ouvrir brusquement ma porte, cette porte fermée à tout le monde sans distinction de personne. — Et qui forçait la consigne ? Ah ! qui l'aurait pu forcer, sinon celle qui en avait seule le droit ? Oui, surmontant sa faiblesse, triomphant de tous les obstacles, elle entre dans ma chambre, accompagnée de la marquise de Frondeville, son amie, amie bien rare. Transporté de bonheur, je vole à elle, je l'installe à ma place, je remercie Madame de Frondeville qui me l'amène. J'avais les larmes aux yeux, je les regardais l'une et l'autre comme deux divinités qui m'apparaissaient dans un songe pour me dédommager un moment des tristesses de la réalité.

Madame de Frondeville, née en Allemagne, mariée dans les jours de l'émigration à ce député de la droite qui montra tant de courage et même d'audace à l'assemblée constituante, était un de ces êtres aimables qu'on a du plaisir à rencontrer et surtout à retrouver. Son esprit, sa grâce, sa conversation tour à tour solide et badine, cet art qu'elle avait de tout faire valoir, d'embellir les riens, de donner une forme agréable aux choses les plus graves, de varier les sujets en les rendant toujours dignes d'être traités par elle, la faisaient rechercher dans les plus hautes régions de la société française et étrangère. Son amitié était une bonne fortune. Jamais elle ne manquait à ses amis dans l'occasion. Jamais on ne voyait son attachement se démentir ou s'affaiblir. D'un caractère toujours égal, d'un esprit toujours fécond, elle donnait sans demander qu'on lui rendit; toujours prête à servir, à obliger, à instruire, à plaire, à raisonner, à badiner : elle convenait à tout et à tous.

Avec quelle ardeur on la voyait courir du cabinet d'un malheureux au chevet du lit d'un malade! S'il y avait quelque bonne action à faire, elle était là; quelque mot affectueux à dire, il sortait de sa bouche. Le cœur de Madame de Frondeville et celui de sa vieille amie avaient été formés pour s'entendre, se répondre, s'associer, et je ne sais si l'on eût osé donner la préférence à l'une ou à l'autre. Ils se balançaient par des qualités diverses; ils étaient à part comme tous les cœurs que le ciel a enrichis de ses dons, et qu'il montre de temps en temps à la terre pour prouver sa magnificence.

La soirée que nous passâmes ensemble depuis la double catastrophe que nous déplorions, fut la première où mon âme éprouva quelque soulagement. Elles-mêmes, ces deux excellentes femmes, sentirent que la consolation arrivait. Cet espoir les détermina au parti le plus doux pour moi : ce fut de revenir tous les soirs dans ma retraite, où nul bruit de la ville, nul pas d'importun ne venait nous distraire. Bientôt je pus sortir pour aller les remercier toutes deux, ainsi que le duc d'Uzès, qui venait souvent se réunir à nous pendant son court séjour à Paris.

Que dirai-je? A peine nous respirions, un nouveau coup de foudre tombe sur nos têtes. Le marquis de Rongé, emporté soudainement par une attaque d'apoplexie, laisse après lui le triste vide que l'absence du père de famille fait toujours. Et pour fermer cette chaine d'infortunes, au moment où je m'y attendais le moins, lorsque rien ne semblait plus nous menacer dans notre vie d'amitié, redevenue sinon heureuse, du moins paisible, celle que j'aimais de toute ma tendresse, celle qui m'avait donné si libéralement une part d'enfant dans son cœur... Comment achever?

Ici je n'ai plus de parole, mais des larmes. Ici je m'agenouille et je prie. Mon Dieu, vous m'avez enlevé la consolatrice de mes jours. Que m'enverrez-vous, ô mon Dieu, et qui souffrirai-je à sa place? Un ange même dédommagerait-il d'une mère? Et celle-ci fut plus que la mienne. Pour moi l'ère du bonheur est passée : quelques distractions peut-être suspendront parfois le cours de mes chagrins ; mais le ver est dans la fleur et la corrompt; mais la vie du cœur n'est jamais suppléée par la vie du monde. Toujours les souvenirs du passé viendront me désenchanter le présent. De pâles rayons de soleil peuvent éclairer encore les hivers ; mais s'ils fondent un moment les neiges, ce n'est point pour montrer une terre couronnée de verdure et semée de roses, c'est pour nous découvrir le spectre de la nature dépouillée de tous ses trésors et silencieusement couchée dans la froide nudité de sa tombe.

FIN DU TOME PREMIER.

Dijon. Imprimerie de Peutet-Pommey.

TABLE DES MATIÈRES.

Avertissement, par M. Rives. VII
Notice sur M. Charles Brifaut, par M. A. Bignan. XI
Discours de réception à l'Académie. 3
Réponse de M. le marquis de Pastoret. 13
Réponse de M. Brifaut, directeur de l'Académie française, au discours de réception de M. Ancelot, élu à la place vacante par la mort de M. le vicomte de Bonald. 19
Réponse de M. Brifaut, directeur de l'Académie française, au discours de M. le comte de Falloux, élu à la place vacante par la mort de M. le comte Molé. 32
Du Religionisme moderne. 1re partie. 45
                             2e partie. 82
                             Conclusion 128
Notice sur Fénelon. 131
Notice sur Louis XVI. 147
De la Réorganisation sociale, servant d'appendice au *Religionisme moderne*. 169
Récits d'un vieux parrain à son jeune filleul.
1re époque (1804-1819). 209
2e époque (1819). 423

ERRATA
DU PREMIER VOLUME.

Page 472,	ligne 3,	*au lieu de*	Ballion,	*lisez*	Bullion.
—	— 10,	—	Sabron,	—	Sabran.
— 492,	— 12,	—	Lagrené,	—	Lagrenée.
— 495,	— 6,	—	ministère,	—	ministre.
— 508,	— 27,	—	Benvic,	—	Berwik.
— 510,	— 34,	—	Maou,	—	Manou.
— 520,	— 23,	—	Dubot, des Ru,	—	Dubotderu.
— 545,	— 8,	—	Rongé,	—	Rougé.
— 547,	— 14,	—	idem,	—	idem.
— 551,	— 15,	—	idem,	—	idem.

www.ingramcontent.com/pod-product-compliance
Lightning Source LLC
Chambersburg PA
CBHW060505230426
43665CB00013B/1402